Despoten dichten

Albrecht Koschorke lehrt Allgemeine Literaturwissenschaften an der Universität Konstanz, wo er die Forschungsstelle »Kulturtheorie und Theorie des politischen Imaginären« begründete.

Konstantin Kaminskij ist wissenschaftlicher Mitarbeiter an der Universität Konstanz.

Albrecht Koschorke,
Konstantin Kaminskij (Hg.)

Despoten dichten

Sprachkunst und Gewalt

Konstanz University Press

Gedruckt mit Unterstützung der
Deutschen Forschungsgemeinschaft.

Bibliographische Information der Deutschen Nationalbibliothek

Die Deutsche Nationalbibliothek verzeichnet diese Publikation in der Deutschen Nationalbibliografie; detaillierte bibliografische Daten sind im Internet über http://dnb.d-nb.de abrufbar.

(Konstanz University Press ist ein Imprint der
Wilhelm Fink GmbH & Co. Verlags-KG,
Jühenplatz 1, D-33098 Paderborn)

www.fink.de | www.k-up.de

Einbandgestaltung: Eddy Decembrino, Konstanz
Printed in Germany.
Herstellung: Ferdinand Schöningh GmbH & Co. KG, Paderborn

ISBN 978-3-86253-015-1

Inhalt

Einleitung

Albrecht Koschorke und Konstantin Kaminskij

1. Poesie vor Gericht

Im Dezember 2010 ging die Nachricht durch die Medien, ein junger Amerikaner namens Johnny Logan Spencer sei wegen eines Gedichts zu zwei Jahren und neun Monaten Haft verurteilt worden. Das Gedicht trägt den Titel *The Sniper* und beschreibt in ungelenken Versen die Ermordung des amerikanischen Präsidenten Obama, der überdies mit rassistischen Beschimpfungen bedacht wird. Spencer hatte es 2007 und noch einmal nach Obamas Amtsantritt 2009 unter dem Nutzernamen Pain1488 ins Netz gestellt.[1] Das Gericht beurteilte die Verse als »extrem gefährlich« und ordnete zusätzlich eine dreijährige Bewährungsauflage nach Abbüßen der Haftstrafe an.[2]

In dem Gedicht wird Obama als »Tyrann« bezeichnet, während der Scharfschütze sein Leben als »Patriot« opfert. Spencer knüpft so an eine lange Tradition tyrannomachischen Schrifttums an, die bis in die Zeiten der frühneuzeitlichen Monarchie zurückreicht. Sein Fall erinnert an die Gesetzgebung im England des 16. und 17. Jahrhunderts, als unter Strafe gestellt war, an den Tod des Herrschers auch nur zu denken, geschweige denn diesem Gedanken poetischen Ausdruck zu verleihen. Auch in den totalitären Regimes des 20. Jahrhunderts galt Dichtung bekanntlich als politische Waffe; sie wurde dementsprechend zensiert und kriminalisiert. In den liberalen Demokratien dagegen hat sich das Bewusstsein dafür, dass Poesie politisch brisant sein könnte, weitgehend verloren. Die akademische Literaturwissenschaft trägt zu dieser politischen Neutralisierung das Ihre bei. Sie tut dies nicht zuletzt vermittels der Regel, dass

1 http://www.wlky.com/download/2010/0219/22615404.pdf (letzter Aufruf 4.4.2011).

2 http://www.huffingtonpost.com/2010/12/06/johnny-logan-spencer-obama-threat_n_792894.html (letzter Aufruf 4.4.2011).

man den fiktiven Sprecher in einem literarischen Text nicht mit dem Autor des Textes gleichsetzen dürfe – ein methodisch gut begründeter Vorbehalt, der es jedoch erschwert, Verbindungslinien zwischen literarischen Texten und politischer Praxis zu ziehen. Von dieser Grundregel, an der kein Teilnehmer eines Einführungskurses vorbeikommt, hat sich das amerikanische Gericht allem Anschein nach nicht beeindrucken lassen. Es fand in der personalen Erzählhaltung des Gedichts, die den Präsidenten als Mordopfer durch das Fadenkreuz des Gewehrs anvisiert, schlicht und einfach die Wünsche des Autors wiedergegeben, und mehr noch: dessen Appell, den Worten Taten folgen zu lassen.

Ob Gedichte politische Absichten zum Ausdruck bringen, ist vor wenigen Jahren noch in einem ungleich prominenteren Fall zum Thema geworden: in der Diskussion um den Lyriker, Psychiater, Naturheilkundelehrer und wegen Völkermordes angeklagten Serbenführer Radovan Karadžić. Am deutlichsten hat sich der Jurist Jay Surdukowski in einem Artikel im *Michigan Journal of International Law* dafür ausgesprochen, Karadžićs Lyrik als Beweismittel vor dem Internationalen Gerichtshof zuzulassen. Schließlich würden, so argumentiert er, alle Arten von Medienpropaganda und politischer Verlautbarung in die Erhebungen einbezogen: »Why should poetry, perhaps the most powerful maker of myth and in the Yugoslavia context, a great mover of dangerous men and women, be any different in the eyes of international law?«[3]

Mit einem von Slavoj Žižek entlehnten Ausdruck nennt Surdukowski den Führer der kosovarischen Serben einen »Dichter-Krieger«[4], bei dem sich poetisches Wort und militärische Tat nicht voneinander trennen ließen. Wo Kunst und Leben in einem solchen Maß übereinstimmten, sei auch die übliche Unterscheidung zwischen Autor und lyrischem Ich nicht aufrechtzuerhalten.[5] Be-

3 Jay Surdukowski, »Is Poetry a War Crime? Reckoning for Radovan Karadzic the Poet-Warrior«, in: *Michigan Journal of International Law* 26 (2) 2005, S. 5.

4 Ebd., S. 10. Vgl. den Beitrag von Slavoj Žižek in diesem Band. Den Mythos des *poeta-condottiero* hatte Gabrielle D'Annunzio in Italien schon zu Beginn des 20. Jahrhunderts geprägt und damit sowohl für Tomasso Marinetti, den Begründer des italienischen Futurismus, als auch für Mussolini eine Vorlage geschaffen.

5 Surdukowski, »Is Poetry a War Crime?«, S. 15.

sonders anschaulich führt *Serbian Epics*, ein Dokumentarfilm von Paweł Pawlikowski im Auftrag des BBC, diese Verschmelzung des Dichters mit dem Krieger vor Augen. Er hält eine Begegnung zwischen Karadžić und seinem russischen Schriftstellerkollegen Eduard Limonov fest, die in den Bergen über dem belagerten Sarajevo stattfand. Hier scheint alles eine organische Einheit zu bilden: soldatische Kameraderie, das Kreisen der Flasche mit Slibowitz, die Rezitation nationalchauvinistischer Verse und die Beschießung von Zivilisten. (Der Dauerbeschuss von Sarajevo kostete über 10.000 Menschen das Leben, darunter viele Kinder.) Während der Dichter Limonov, nach kurzer technischer Einweisung, wie zum Spaß eine Maschinengewehrsalve abfeuert, spricht Karadžić davon, den Kampf um Sarajevo bereits vor vielen Jahren in seinen Gedichten vorhergesehen zu haben.[6] Doch da er selbst es ist, der die Erfüllung seiner angeblichen Prophezeiung betreibt, ließe seine frühere lyrische Produktion, meint Surdokowski, einen Rückschluss auf vorsätzliches Handeln zu.[7] Der Vorsatz des Täters ist nach internationalem Recht eine Bedingung für eine Verurteilung wegen Genozids.[8] In Ermangelung eines öffentlichen Bekenntnisses könnten ersatzweise die Gedichte als juristisches Beweismittel dienen.

2. *Die bipolare Ordnung von Geist und Macht*

Poetische Herrschaftskritik – bis hin zu dem offenen Aufruf, den Herrscher zu stürzen oder gar zu töten – ist wohl so alt wie die Dichtung selbst. Sie stellt die Kehrseite einer Beziehung dar, in der Herrscher und Dichter sich wechselseitig zum Nutzen gereichen. Über viele Jahrhunderte war Dichtung in erster Linie Hofdichtung. Sie wurde durch den Herrscher oder seine engste Umgebung gefördert und war entsprechend abhängig von deren Gunst. Im Gegenzug hatte der Dichter Panegyrik, Legitimation, Geschichtsschreibung und Unterhaltung zu liefern. In dieser Hinsicht war der Herrscher seinerseits abhängig von den Hofpoeten; er bedurfte des Spie-

6 »And many other poems have something of prediction, which frightens me sometimes«, sagt er auf Englisch zu Limonov. Ein Protokoll dieser Äußerung auch bei Surdukowski, »Is Poetry a War Crime?«, S. 15.

7 Surdukowski, »Is Poetry a War Crime?«, S. 5 und S. 15.

8 Ebd., S. 8.

gels, eines poetisch erzeugten »Doubles«, um vor seinen Untertanen (und vor sich selbst) verklärt und vollkommen zu scheinen.[9] In ihrer beiderseitigen Verbundenheit konnte man den poetischen Souverän, der eine Welt aus Worten, und den politischen Souverän, der eine Welt aus Taten erschafft, sogar als Gleichgestellte ansprechen. Goethe etwa, der entsprechende Privilegien genoss, nennt den Dichter einen »Mitregenten«, spricht gar von einem »Dichterkönig«[10]. In der Moderne ist diese literarische Funktion von der Dichtung im engeren Sinn an Massenmedien, PR-Abteilungen und *spin doctors* übergegangen.

Schon die antiken Überlieferungen erzählen davon, wie vielfältig und spannungsreich das Verhältnis zwischen dem Alleinherrscher auf der einen, dem Dichter oder Philosophen auf der anderen Seite war. Die größten Dichter haben die Höfe der Tyrannen »aufgesucht und gepriesen«, ohne darum nur als Schmeichler aufzutreten, während die Tyrannen ihrerseits ein Bedürfnis nach »Philosophenumgang« empfanden.[11] Politische Autorität und literarische *auctoritas* gingen hier eine Art Symbiose ein. Wenn sich die Umstände veränderten, konnte aber der freundschaftliche Gesprächspartner, Apologet und Chefsemantiker vor Ort schnell des Hochverrats verdächtigt werden. Wie gefährlich das Amt des philosophischen Ratgebers war, zeigt die berühmte Episode von Platons Aufenthalt bei dem Tyrannen Dionysios II. von Syrakus und seiner anschließenden Flucht nach Athen (360 v. Chr.).[12]

Ob freundlich oder feindlich, Herrscherlob oder Herrschaftskritik: Für die politische Ordnung, jedenfalls innerhalb einer langen europäischen Tradition, stellt die Spaltung von Geist und Macht eine elementare Voraussetzung dar. Und dies nicht trotz, sondern wegen ihrer Grundspannung, die in beiden Richtungen der Ampli-

[9] Vgl. Louis Marin, *Le portrait du roi*, Paris 1981, S. 55.

[10] Johann Wolfgang von Goethe, *Westöstlicher Divan. Noten und Abhandlungen: künftiger Divan*, in: ders. *Goethes Werke*, Hamburger Ausgabe, Bd. 2, München [11]1982, S. 195–206, hier S. 198. Vgl. Albrecht Koschorke, »Macht und Fiktion«, in: Thomas Frank et al., *Des Kaisers neue Kleider. Über das Imaginäre politischer Herrschaft. Texte, Bilder, Lektüren*, Frankfurt 2002, S. 73–84.

[11] Jacob Burckhardt, *Griechische Kulturgeschichte*, in: ders., *Gesammelte Werke*, Bd. 5, Darmstadt 1956, S. 174 f.

[12] Vgl. Ludwig Marcuse, *Plato und Dionys. Geschichte einer Demokratie und einer Diktatur*, Berlin 1968, S. 239 f.

tude, nach der Seite der Verbrüderung und der tödlichen Feindschaft, ausschlagen kann. In dieser gedoppelten Ordnung steht dem Regenten ein Beobachter zur Seite, der ihm semantischen Kredit liefert oder verweigert, die Zustimmung der Untergebenen sichert oder entzieht. Gleichzeitig aber können beide Seiten ihre stillschweigende Kooperation leugnen und jeweils ein Bild eigener Vollkommenheit pflegen. Der politische Souverän darf sich (und er wird darin in der Regel vom Dichter bestärkt) für den selbstherrlichen Urheber seiner Macht halten; die Kunst wiederum darf sich für rein und machtfern erklären. Dies entspricht einer verbreiteten Vorstellung, derzufolge Politik und Poesie wenig miteinander gemein haben. Herrschaft und Dichtkunst bewohnen, so will es das Klischee, weit auseinanderliegende Welten; das mitunter brutale Geschäft des Regierens lässt sich nur um den Preis der Kunstferne ausüben, während poetischer Schönheitssinn am ehesten in der Distanz zum Gebaren am Machtpol gedeiht.

3. *Autokraten als Autoren*

Zu dieser Vorstellung steht die Tatsache in eklatantem Widerspruch, dass gerade Gewaltherrscher auf ihre Weise oft die größten Kunstfreunde sind und sich, mehr noch, als Künstler in Szene setzen. Sie durchkreuzen also die Aufteilung zwischen intellektueller und politischer Sphäre und ziehen beide Souveränitäten, die des Künstlers und diejenige des Regenten, in einen einzigen unumschränkten Herrschaftsanspruch zusammen. Im Reigen solcher Macht-Künste – zu nennen sind unter anderem Malerei, Architektur, Schauspiel und Gesang – spielt literarische Produktion eine herausragende Rolle.[13] Auch hierfür liefert die Antike viele Beispiele; emblematisch ist die Gestalt des Kaisers Nero geworden, dem seine Historiographen nachsagen, er habe die Bewohner von

[13] Vgl. Burkhard Müller, »Dichter und Lenker. Schwache Staaten brauchen starke Worte.« Eröffnungsartikel zu einer Themenseite unter der Überschrift: »Die literarische Achse des Bösen: Blut an den Händen und an den Fingern Tinte – Wenn Schurken zur Feder greifen.« *Süddeutsche Zeitung*, 17. April 2003, S. 16. Müller betont in einer treffenden Formulierung, man müsse »das befremdende Zugleich von Dichtung und Gewalt« bei den der Poesie zugetanen Tyrannen »als Einheit begreifen«.

Rom nicht nur durch seine Grausamkeiten, sondern auch mit talentlosen künstlerischen Darbietungen gequält.[14]

Was die politischen Ideologien der Moderne betrifft, so stellt die Literatur für sie ein besonders geeignetes Laboratorium dar, zumal sie der mächtigsten ideologischen Kraft dieser Epoche, dem Nationalismus, zur Brutstätte diente. Im Verbund mit der Ausübung exekutiver Gewalt und massenmedial verstärkt, bildet sie als »poetisch-militärischer Komplex« (Slavoj Žižek) einen entscheidenden Faktor bei der Auflösung und Umbildung staatlicher Strukturen. In solchen Umbruchsituationen betritt häufig der Typus eines von literarischen und Gewaltneigungen gleichermaßen getriebenen politischen Aktivisten die Szene. Überhaupt gehört offenbar eine poetische Ader zu der Fähigkeit, radikalen Ideen politische Gestalt zu verleihen, und so ist tyrannische Staatsführung oft mit einer exzessiven Sprachlust verbunden. Das gilt vor allem in Fällen von charismatischer Herrschaft, in der die Sprachgewalt des Führers ein wesentliches Bindeglied zwischen ihm und dem Volk und damit ein Einheit stiftendes Element bildet.

Gewaltherrscher müssen die politische Ordnung, die sie auf ihre Person hin ausrichten, in der Regel unter äußerst labilen äußeren Umständen erst erzeugen. Weil sie sich nicht auf eine schon bestehende Legitimationsgrundlage und auf eingespielte Automatismen stützen können, sind sie gezwungen, in originärer Weise schöpferisch tätig zu werden – und sei es, um eine Vergangenheit zu erfinden, als deren Erbe sie sich ausgeben. So trägt das von ihnen etablierte System Züge einer aus dem Nichts entstandenen, in die Wirklichkeit entlassenen Fiktion. Der Despot kann sich auf diese Weise als Autor eines gigantischen Kunstwerks fühlen, das rein aus seinem Inneren entsprungen ist. All dies rückt paradoxerweise gerade unmenschliche und brutale Regimes in die Nähe von ästhetizistisch unwirklichen Gebilden. Hier tut sich eine abgründige Verbundenheit von Tat und Geist, von politischem und künstlerischem Formwillen auf, an die in normaleren Zeiten gewöhnlich keine der beteiligten Parteien, weder Politiker noch Intellektuelle oder Kunstschaffende, erinnert werden will.

Das literarische Engagement werdender oder amtierender Despoten im 20. Jahrhundert ist keineswegs auf offen propagandisti-

[14] Tacitus, *Annalen* XIV, 14–16 und XVI, 4–5. – Sueton, *Nero*, 20–24.

sche Texte beschränkt. Es umfasst ein breites Spektrum: von der Begründung staatsreligiöser Buchkulte (Hitler, Mao Zedong, Nyýazow) über literaturkritische Einlassungen (Lenin, Stalin, Mussolini, Kim Jong-il) und das Abfassen von Romanen (Gaddafi, Saddam Hussein) bis hin zum Duett von Schüssen und lyrischen Rezitationen (Karadžić). Stark verallgemeinernd sind in den Biographien von Gewaltherrschern zwei Phasen zu unterscheiden. Da ist zunächst die Jugenddichtung, die politisch noch unspezifisch sein kann: Mao mit seinen frühen Landschaftsgedichten, Stalin unter dem Einfluss der georgischen Spätromantik[15]; auch Joseph Goebbels, der als Romancier mit expressionistischen Anklängen begann[16], mag als wichtigster Propagandist des NS-Regimes und seiner Greuel Aufnahme in diesen Kreis finden. Sofern nach erfolgter Machtübernahme die dichterische Schaffenskraft nicht erlahmt, ist sie oft von der Idee eines politischen Künstlertums, von der Erneuerung des Staates als Gesamtkunstwerks angeleitet, in der man, wie Boyan Manchev in seinem Essay am Schluss dieses Bandes vermutet, einen Nachhall der europäischen Romantik und ihres Erben Richard Wagner vernehmen kann – selbst noch in der Oper *Der Blutsee* des vormaligen nordkoreanischen Herrschers Kim Il-sung. Zuweilen legt die auf der Höhe der Macht erfolgende Produktion auch Zeugnis von der Einsamkeit, sogar Amtsmüdigkeit des Alleinherrschers ab oder gibt dies jedenfalls vor (Mussolini, Gaddafi).

In Entsprechung zur jeweiligen Lebensetappe kommen dem literarischen Schaffen in der Karriere von Gewaltherrschern unterschiedliche Funktionen zu. Zwar gibt es kein Generalschema, das auf alle Biographien von Diktatoren des 20. Jahrhunderts anwendbar wäre; dazu sind die Entstehungsumstände ihrer Regime zu disparat. Dennoch lassen sich einige wiederkehrende Charakteristika herausarbeiten. Eine der Laufbahnen führt über das Militär. Ein Paradefall ist Muammar al-Gaddafi, der 1969 durch einen Offiziersputsch an die Macht kam. In einem Beduinenzelt geboren, durchlief er nach der Koranschule einen klassischen kolonialen

[15] Donald Rayfield, »Stalin the Poet«, in: *PN Review* 11 (1985), Bd. 41, S. 43–48.

[16] Zum literarischen Werdegang von Goebbels und zu den verschiedenen Fassungen seines Tagebuchromans *Michael*: Kai Michel, *Vom Poeten zum Demagogen. Die schriftstellerischen Versuche Joseph Goebbels'*, Köln u. a. 1999.

Bildungsweg, der ihn bis zu einer britischen Elite-Militärausbildung brachte. Der westliche Einfluss wurde jedoch durch die Ausbreitung sozialistisch-panarabischer Propaganda konterkariert. Bei seinem Staatsstreich konnte Gaddafi ideologisch wie militärisch auf das Beispiel Gamal Abdel Nassers zurückgreifen, der 1954 nach seiner Machtergreifung das von einem Ghostwriter verfasste Buch *Die Philosophie der Revolution* publiziert hatte, das nicht nur für die Konspirateure im Nachbarland Libyen instruktiv war.[17] Gaddafi scheint seinen erfolgreichen Putsch ohne Unterstützung traditioneller Eliten durchgeführt zu haben, gestützt nur auf eine Gruppe junger Offiziere. In den ersten Jahren verstand er sich als gesellschaftlicher Modernisierer und fand mit seiner antikolonialistischen Haltung Anklang auch bei westlichen Intellektuellen, die in ihm eine Art von Wüsten-Che Guevara sahen. Mit dem 1975 unter seinem Namen erschienenen *Grünen Buch*, das die Idee eines islamischen Sozialismus als dritten Weg zwischen Kapitalismus und Kommunismus verficht, versuchte Gaddafi das normative Vakuum zu füllen, in dem sich sein Land während dieser Umbruchphase befand. Nach dem Beispiel von Maos *Rotem Buch* sollte das Gaddafi zugeschriebene Werk ein Grundbuch des neuen Staates Libyen werden: Pflichtlektüre in den Schulen und fast von Verfassungsrang in allen politischen Fragen.

Auch Kim Il-sung verdankte seine politische Existenz dem Militär, allerdings nicht dem Militär des eigenen Landes, sondern der sowjetischen Armee, von der er ausgebildet und eingesetzt wurde. Umso ausufernder gebärdete er sich in seinem literarischen Werk und in seinen Bemühungen, einen autochthonen koreanischen Sozialismus, die Juche-Ideologie, zu etablieren.[18] Kennzeichnend für Kim wie für viele seiner Amtskollegen (darunter die in diesem Band vertretenen arabischen Despoten) ist der Schleier, der über seine familiäre Herkunft gelegt ist.

Will man eine Typologie dieser Herrscherfiguren entwerfen, dann ist als eines der regelmäßigen Merkmale die geringe und in jeder Hinsicht unbedeutende Herkunft zu nennen. In den offiziel-

[17] David Blundy, Andrew Lycett, *Quaddafi and the Lybian revolution*, London 1987, S. 40. Vgl. Efraim Karsh, *Islamic Imperialism: A History*, New Haven (CT) u. a. 2006, S. 149–169.

[18] Andrei Lankov, *From Stalin to Kim Il Sung: The Formation of North Korea 1945–1960*, London 2002, S. 59 und S. 67.

len Biographien findet die Herkunftsfamilie kaum Erwähnung und wird durch die Zuschreibung einer revolutionären *persona* verdeckt. Der Grund dafür ist nicht schwer zu erschließen. Diktatoren sind irreguläre Herrscher, die sich weder von einer namhaften genealogischen Linie herleiten noch aus den Eliten des Landes rekrutieren. Sie stammen, physisch und legitimatorisch, aus dem Nirgendwo und sind alles, was sie sind, durch eine rückwärts auf ihren Werdegang angewandte, also einen Selbstbestätigungskreis durchlaufende Erzählung. Das verbindet ihre Biographien mit archaischen Männlichkeitsmythen, zu deren Struktur es gehört, die Schwäche des Geborenseins, des heteronomen Ursprungs, nachträglich zu tilgen. Es setzt sie aber auch zu deren moderner und ins Feld des Ästhetischen verpflanzter Version in Beziehung, nämlich zu dem Ideal des künstlerischen Genies, das sich voraussetzungslos selbst erschafft.

Häufiger und charakteristischer noch als die militärische Karriere ist ein zweiter Weg zur Macht. Entscheidend für diesen Werdegang ist die Schwellenphase, in der ein typischerweise aus niederen Verhältnissen gebürtiger, mittelloser junger Mann unter prekären Lebensumständen mit einer radikalen Ideologie in Berührung kommt, die er sich rhetorisch oder schriftstellerisch zu Eigen zu machen versucht. Hier dient Literatur dem Zweck der *Arrivierung*, des Anschlusses an eine radikale, oft hauptstädtische intellektuelle Elite. Als Beispiel kann Hitler gelten, der in die vorliegende Sammlung Aufnahme findet, obwohl er sich bekanntlich als verhinderter Kunstmaler und nicht als Schriftsteller sah, der aber nichtsdestotrotz ein Sprachkünstler eigener Art wurde. Ian Kershaw hat in seiner Hitler-Biographie plastisch jene Jahre beschrieben, in denen der künftige Führer als arbeitsscheuer und großsprecherischer Bohemien durch Linz vagabundierte und später als »Aussteiger« in Wien lebte, heruntergekommen und verwahrlost, aber ein manischer Leser und politischer Schwadroneur an seinem Stammtisch im Männerheim.[19] Auch in seiner Münchner Zeit knüpfte er an diesen Lebensstil an.

Nach einem strukturell ähnlichen Muster verläuft die intellektuelle Biographie des späteren Serbenführers Karadžić, der bäuerlicher

[19] Ian Kershaw, *Hitler*, 2 Bde., Bd. 1: *1889–1936*, Stuttgart ²1998, S. 51 ff., S. 61 ff. und S. 91 ff.

und wie Hitler etwas obskurer Herkunft ist.[20] In seiner Zeit als Medizinstudent an der Universität Sarajevo suchte er Anschluss an die literarischen Zirkel der Stadt, wo er seine Dichtungen und Kompositionen zum Klang der Gusla, der serbischen Kniegeige, selbst aufzuführen pflegte. Allerdings hielt man ihn dort für einen Amateur und »hoffnungslosen Fall, was die Literatur betraf« (Marko Vesovic).[21] Immerhin fand er bei einem Aufenthalt in Belgrad 1975 in dem Romancier Dobrica Ćosić einen literarischen Förderer. In den Folgejahren praktizierte er in der Psychiatrie, betreute Fußballclubs als Teampsychiater, versuchte sich überdies in diversen Geschäften und geriet dabei mit dem Gesetz in Konflikt, so dass er ein knappes Jahr im Gefängnis verbrachte. Auch Kriminalität ist übrigens ein wiederkehrendes biographisches Merkmal bei Diktatoren – im kleinen Maßstab (Mussolini) oder im großen Stil (Stalin, wegen Bankraub und Mord in Tiflis polizeilich gesucht; Saddam Hussein, der sich als Auftragsmörder verdingte).

4. *Von der Boheme zum Spätstil*

Die Despoten des 20. Jahrhunderts sind in mehrfacher Hinsicht *self-made men*; sie folgen keiner vorgezeichneten Spur, sondern bahnen sich ihren eigenen Weg, mit lauteren und unlauteren Mitteln. Auf dem Weg aus dem Nichts an die Spitze eines autokratischen

[20] Der Vater wird als »itinerant with a history of incest and theft« beschrieben (Robert M. Caplan, »Dr Radovan Karadzic: psychiatrist, poet, soccer coach and genocidal leader«, in: *Australasian Psychiatry* 11 [März 2003], S. 74–78, hier S. 75).

[21] Ebd. Allerdings wurde Karadžić für seine Lyrik auch ausgezeichnet. Der englischsprachigen Wikipedia zufolge erhielt er schon 1969 den Jovan Dučić-Literaturpreis. 1994 wurde er in Russland mit dem Šolochov-Preis für Literatur und Kunst geehrt. Dieser 1992 ins Leben gerufene Preis ist eine äußerst dubiose Auszeichnung, die unter anderem an Fidel Castro, den weißrussischen Diktator Aleksandr Lukašenko und 2002 sogar an Slobodan Milošević erging, als dieser sich bereits in Den Haag befand (Begründung: »For his courage, vigilance and his selfless resistance to injustice in the struggle for citizens' rights and the freedom of yugoslav and other slavonic peoples, for exposing, in the sessions of the ›International Hague Tibunal‹, the Nato-US agression in Europe«. http://www.mail-archive.com/news@antic.org/msg03067.html [letzter Aufruf 4.4.2011]).

Regimes führen sie oft für eine gewisse Zeit ein Dasein als Bohemiens, in dem sie eine nachhaltige politische Radikalisierung erfahren. In Hannah Arendts Worten rekrutieren sie sich aus dem »Mob«, »den Pöbelschichten ihrer Völker«:

> Hitlers Biographie ist in dieser Hinsicht wie ein Schulbuchexempel, und auch Stalin ist wesentlich dadurch gekennzeichnet, daß er nicht eigentlich aus der Partei, sondern aus dem konspirativen Apparat aufgestiegen ist, in dem sich gerade das Gesindel der revolutionären Parteien mit Vorliebe zu versammeln pflegt. Die Nationalsozialistische Partei, die in ihren Anfängen fast ausschließlich aus gescheiterten Existenzen und Abenteurern, denen das bürgerliche Leben zu langweilig war, bestand, repräsentierte in der Tat einmal jene »bewaffnete Bohemiengesellschaft« (Konrad Heiden), die seit der Mitte des vorigen [d. h. des 19.] Jahrhunderts die Kehrseite der guten Gesellschaft gebildet hatte [...].[22]

Als Teil eines nervösen, großsprecherischen, in allen Richtungen auf der Suche befindlichen, zu Konspiration und Konspirationstheorie neigenden Untergrundes werden künftige Despoten von den Ideen angesteckt, in deren Dienst sie sich fortan zu stellen behaupten – einschließlich der Überspanntheiten und Verrücktheiten, die dem intellektuellen Prekariat eigen sind. Mehr noch: In diesem chronisch unruhigen Milieu, das so etwas wie eine innere Peripherie der alten Gesellschaft darstellt, finden sich Weggefährten aus anderen Schichten, stellen sich erste Mentoren, Verleger, Förderer ein. Hier wird der politisch noch unerfahrene Diktaturanwärter (ein »Sohn des Volkes«, der keine Beziehungen hat) nicht nur an die semantischen Bestände, sondern auch an das Kommunikationsnetz der geistigen, finanziellen und militärischen Eliten angeschlossen.[23]

Nichts davon hat den Charakter einer Schulung, eines institutionell geordneten Werdegangs, durch den sich in normalen Zeiten das Führungspersonal rekrutiert. Der Grund dafür liegt nicht allein in der marginalen Herkunft der späteren politischen Führer. Häufig

[22] Hannah Arendt, *Elemente totaler Herrschaft*, Frankfurt a. M. 1958, S. 75.

[23] Vgl. Walter Görlitz, *Geldgeber der Macht. Wie Hitler, Lenin, Mao Tse-tung, Mussolini, Stalin, Tito ihren Aufstieg zur Macht finanzierten*, Düsseldorf, Wien 1976.

fällt ihr Emporkommen in eine Zeit, in der sich auch Erziehungskonzepte und Bildungssysteme im Umbruch befinden – entlang einer kulturellen Grenzlinie zwischen lokalem Traditionalismus und kosmopolitischer Modernisierung. So war der junge Stalin Nutznießer einer Bildungsexpansion, die im Rahmen der Russifizierung Georgiens stattfand. Am orthodoxen Priesterseminar in Tiflis, wo er seine Ausbildung erhielt, war Unterhaltung in georgischer Sprache streng verboten, ebenso wie die Lektüre westeuropäischer Literatur. Das hinderte Stalin nicht daran, einen nächtlichen literarischen Zirkel im Schlafsaal zu organisieren und georgische Gedichte in nationalistischen Zeitschriften drucken zu lassen.[24] Wie andere zukünftige Revolutionäre an der Peripherie des Zarenreiches, darunter Trotzki, geriet Stalin in dieser Zeit gewissermaßen zwischen die Mühlsteine unterschiedlicher edukativer Vorgaben: zwischen nationalistischen Strebungen, imperialer Russifizierung und marxistischem Internationalismus. In ähnlicher Weise fanden die antikolonialen Diktatoren des arabischen Raumes widersprüchliche Verhältnisse vor, die sie dazu zwangen, nicht nur sich selbst, sondern auch das gesamte Bildungssystem neu zu erfinden.

Mehrere Faktoren spielen also zusammen, um werdende Gewaltherrscher ihren Weg als Autodidakten beginnen zu lassen. Im Zentrum ihres persönlichen Mythos steht die Vorstellung, sich aus eigener Leistung, kraft ihres eisernen Wissens und des Glaubens an ihre Mission, heraufgearbeitet zu haben. Das schließt ein ideologisches *self-fashioning* ein, das sich bestehender weltanschaulicher Systeme bedient, ihnen jedoch ein individuelles Signum einprägt, das durch Anspruch auf Original-Autorschaft gewissermaßen zertifiziert wird. Dies kann auf verschiedene Weise geschehen. Im Unterschied zu Mussolinis Schriften, die eine private Note bewahrten – als Autobiographie oder literarische Nachrufe auf seinen Bruder und seinen Sohn – und zu Stalins Schriften, deren Urheberschaft oft konspirativ verschleiert wurde, stellte der Nationalsozialismus ein einziges Buch, von Hitler während seiner Landsberger Festungshaft verfasst, in das semantische Kraftzentrum der Bewegung und stattete es mit Elementen sakraler Verehrung aus. Dem Beispiel einer solchen monozentrischen, quasi sakralen Buchautorschaft sollten spätere

[24] Simon Sebag Montefiori, *Der junge Stalin*, Frankfurt a. M. 2007, S. 105 ff.

Diktaturen folgen (Maos *Rotes Buch*, Gaddafis *Grünes Buch*, Nyýazows *Ruhnama*).

Auch diese den Machtanspruch fundierende Weltanschauungsprosa trägt alle Merkmale einer herrschsüchtigen Autodidaxe. Sie ist kompilatorisch und über weite Strecken noch von der Debattenerregtheit, dem gierigen Ekklektizismus der Lehrjahre des Despoten geprägt; doch zielt sie darauf ab, die Ergebnisse des weltanschaulichen Sturm und Drangs in ein festes, unverbrüchliches System von Dogmen zu übertragen. In dieser Schaffensphase des autokratischen Autors steht der Zweck der Konsolidierung im Vordergrund, zumal der an die Macht gelangte Diktator sich regelmäßig vor einer doppelten Herausforderung sieht: Er muss die revolutionären Energien stillstellen, die ihn ins Amt getragen haben, was mit einer Abkehr von früheren avantgardistischen Positionen einhergeht; und er muss sich aufstrebender, konkurrierender Strömungen erwehren. Das bringt es mit sich, dass sein Schreiben bürokratisch verkrustet, einen Zug ins unentwegt Repetitive annimmt und vor allem, da die vollendete Alleinherrschaft kein Gegenüber und folglich keinen Gegenstand der Auseinandersetzung mehr hat, eine Neigung zu Tautologien entwickelt, die sich in leerer Selbstgenügsamkeit in sich verschließen. Sogar die schon ausgefochtenen Kämpfe werden umgeschrieben und der erreichten Omnipotenz des Diktators angeglichen, wie Evgenij Dobrenko in diesem Band am Beispiel der Stalin-Propaganda vor Augen führt. So verfängt sich am Ende auch die Heldensaga vom Kampf um die Macht in einem tautologischen Zirkel, ohne deshalb weniger von der paranoiden Allgegenwart des zugleich drohenden und doch rhetorisch immer schon besiegten Feindes besessen zu sein.

Wo neben solchen ideologischen Normierungsversuchen Raum für eine ›private‹ literarische Betätigung bleibt, treten andere Motive und Stilemente in den Vordergrund. Auffällig ist, in welcher Weise dort, wo die Autoren so etwas wie eine persönliche Seite zu zeigen versuchen, der Stil ins Süßlich-Sentimentale kippt. Saddam Husseins Roman *Zabiba und der König* ist dafür ein Beleg[25], ebenso wie Gaddafis Novellistik und früher schon Mussolinis Totenklagen auf

[25] Saddam Hussein, *Zabiba und der König. Eine Liebesgeschichte*, Bad Wiessee-Holz 2004. Diese deutsche Ausgabe könnte allerdings zensiert und umgeschrieben worden sein, hat also nur einen eingeschränkten Quellenwert.

Bruder und Sohn, die sich alle in einem persönlich-tragischen, ja resignativen Grundton gefallen. Dass Tyrannen in Selbstmitleid schwelgen, sich für die Ärmsten der Menschen halten und nach der Liebe ihrer Untertanen verzehren, ist ein antiker Topos seit Xenophons Hieron-Schrift.[26] Aber hinter der falschen, mitunter wohlklingenden Sanftmut, für die auch ein Autor wie Pol Pot (ein großer Verehrer des französischen Symbolisten Verlaine) bekannt war[27], zeigt der schroffe Gegensatz zwischen Freund und Feind, den die literarischen Texte aufrecht erhalten, die Bedrohlichkeit solcher Nähegebärden an. Generell nimmt die Stilsicherheit ab, wo nicht Konfrontation und Hassrede den Ton beherrschen. Die weicheren Empfindungen gehen schnell ins Schwülstige, ja Kitschige über und stützen sich stets auf eine melodramatische Orchestrierung. Über diese Nähe zwischen Terror und Melodram wäre manches zu sagen. Überhaupt gibt es auf dem Gebiet der ›vergleichenden Diktatorologie‹ noch eine Menge zu tun.

5. *Terror und Fiktion*

Wenn der hier vorgelegten Sammlung ein weiter Begriff von ›Dichtung‹ zugrunde gelegt wurde, dann hat das seinen Grund nicht allein darin, dass die dichtenden Despoten des 20. Jahrhunderts kein einheitliches Bild abgeben und nur partiell auf einen gemeinsamen Nenner zu bringen sind. Es liegt auch daran, dass sie alle in irgendeiner Weise das Erbe der Kunstavantgarden zu Beginn des Jahrhunderts ausagieren, die bekanntlich die Kunst ins Leben tragen und mit dem Leben verschmelzen wollten – ein schon von Richard Wagner formuliertes Programm, der seinerseits »unter dem Einfluß der revolutionären Ideen Bakunins« stand.[28] In der Ansicht,

[26] Xenophon, »Hieron oder über die Tyrannis«, in: Leo Strauss, *Über Tyrannis. Eine Interpretation von Xenophons »Hieron« mit einem Essay über Tyrannis und Wahrheit von Alexandre Kojève*, Neuwied 1963, S. 7–29.

[27] Vgl. Soth Polin, »The Diabolic Sweetness of Pol Pot«, in: *Manoa* 16 (2004), Heft 1: *In the Shadow of Angkor: Contemporary Writing from Cambodia*, S. 21 und S. 23–25.

[28] Tzvetan Todorov, »Künstler und Diktatoren. Die Energien der Avantgarde und die Vision vom neuen Menschen«, in: *Lettre International* 85 (2009), S. 66–74, hier S. 66.

dass der politische Herrscher ein Künstler höchsten Grades sei, stimmten Mussolini, Hitler, Goebbels mit russischen Konstruktivisten wie Malevič überein. Auch wenn das dafür gebräuchliche Bild dasjenige des Bildhauers war, der das Volk wie einen »Block kostbaren Materials« zu formen hatte (Mussolini[29]) – woraus sich die Option ableiten ließ, politisches Scheitern der Unzulänglichkeit des »Materials« anzulasten –, diente als wichtigstes Medium dieser Formung doch das gesprochene oder geschriebene Wort. Wie schon die Nation des 19. Jahrhunderts[30] ist das »Volk« der Diktaturen ein verbales Kunstgebilde, eine aus der Idee in die Empirie überstellte Fiktion.

Hannah Arendt hat die bis heute wohl eindringlichste Analyse solcher totalitaristischer Scheinwelten geleistet. Was totalitäre Führer auszeichnet, schreibt sie, sei weniger ihr Talent zur Demagogie als vielmehr »die unbeirrte Sicherheit, mit der sie sich aus bestehenden Ideologien die Elemente heraussuchen, die sich für die Etablierung einer den Tatsachen entgegengesetzten, ganz und gar fiktiven Welt eignen«[31]. Von einem bestimmten Moment an ist der Terror solcher Regime nicht mehr gegen Feinde gerichtet, sondern dient allein dazu, die »Stimmigkeit« der geschaffenen »fiktiven Welt« gegen jeden Einspruch der Realität, ja überhaupt gegen dessen Denkmöglichkeit abzudichten.[32] Der Terror verselbständigt sich von pragmatischen Erwägungen, er wird sich selbst zum Zweck, oder genauer: er »dient positiv der jeweiligen totalitären Fiktion«[33]. Der Terror macht sich also nicht, anders als man landläufig meint, die sprachlichen Möglichkeiten der Vorspiegelung einer scheinhaften Welt zunutze. Es ist genau umgekehrt: Die Fiktion, die sich in

[29] Zitiert nach ebd., S. 71. Ähnlich Goebbels: »Aus Masse Volk und aus Volk Staat formen, das ist immer der tiefste Sinn einer wahren Politik gewesen. [...] Der Staatsmann ist auch ein Künstler. Für ihn ist das Volk nichts anderes, als was für den Bildhauer der Stein ist. Führer und Masse, das ist ebensowenig ein Problem wie etwa Maler und Farbe.« (Joseph Goebbels, *Michael. Ein deutsches Schicksal in Tagebuchblättern*, München 1929, S. 31)

[30] Vgl. Eric J. Hobsbawm, *Nationen und Nationalismus. Mythos und Realität seit 1780*, Frankfurt a. M. 1991; Ulrich Bielefeld, *Nation und Gesellschaft. Selbstthematisierungen in Frankreich und Deutschland*, Hamburg 2003.

[31] Arendt, *Elemente totaler Herrschaft*, S. 135 f.

[32] Ebd., S. 136.

[33] Ebd., S. 219.

ihrer inneren Folgerichtigkeit nicht stören lassen will, ruft zu ihrer Realisation den Terror herbei.

6. Zur Gestaltung des Buches

Den Hauptteil dieses Bandes bilden Studien zu dichtenden Despoten des 20. Jahrhunderts in der Reihenfolge ihrer Machtübernahme. Bis auf den Beitrag von Karl-Heinz Pohl über die Lyrik Mao Zedongs, der bis heute den Forschungsstand auf diesem Gebiet markiert, handelt es sich um Originalbeiträge von international eingeworbenen Autoren. Vorangestellt ist ein Essay über Nero, den die römischen Geschichtsschreiber zum karikaturhaften Urbild des Grausamkeit und Kunstsinn vereinigenden Gewaltherrschers gemacht haben. Den Abschluss bildet eine Betrachtung von Boyan Manchev über Zusammenhänge zwischen Romantik, Avantgarde und tyrannischer Poesie.

Die Auswahl der dichtenden Despoten erhebt keinen Anspruch auf Vollständigkeit. Sie wäre unter anderem durch Studien zu Pol Pot, Ayatollah Khomeini und wohl auch einigen afrikanischen und lateinamerikanischen Despoten zu erweitern gewesen. Auch soll der vorliegende Band keine Theorie der Gewaltherrschaft bieten, sondern lediglich einen ihrer überraschendsten und am meisten kontraintuitiven Aspekte beleuchten (der in einer Theorie der Gewaltherrschaft allerdings einen zentralen Platz einnehmen müsste). Die Begriffe »Despot«, »Tyrann« und »Diktator« werden in den hier versammelten Aufsätzen nicht definitorisch strikt voneinander geschieden. Ihre begriffsgeschichtlichen Verläufe sind uneinheitlich und miteinander verwoben; zudem herrschen im Englischen, aus dem einige der Beiträge übersetzt sind, andere terminologische Konventionen als im Deutschen.

Es wäre wünschenswert gewesen, diese Sammlung durch einen Essay über die Rolle von politisch aktiven Dichtern in posttotalitären Transformationsgesellschaften abzuschließen, vor allem mit Blick auf Ostmitteleuropa. Dafür hat sich aber in der zur Verfügung stehenden Zeit kein Autor finden lassen. Nach 1990 gelangten in vielen Staaten des Ostblocks dissidentische Autoren als erste demokratisch gewählte Präsidenten ihres jeweiligen Landes zu höchster staatlicher Autorität. Das Spektrum der politischen Optionen ist breit: Neben demokratischen Erfolgsstories europäischer Integration (Václav Havel in Tschechien, Árpád Göncz in Ungarn, Lennart Meri in Estland, Schelju Schelew in Bulgarien und Ibrahim Rugova im Kosovo) stehen die Instrumentalisierung von Intellektuellen durch altkommunistische Machteliten (Mircea Dinescu und Ana Blandiana in Rumänien) und schließlich die Installierung nationalistischer Demokraturen auf dem Balkan (Franjo Tuđman in Kroatien, Dobrica Ćosić in Serbien und Radovan Karadžić in Bosnien).[34]

Nur zum Teil kann die große Wende, die sich zu Beginn der 1990er Jahre in dem riesigen geopolitischen Raum zwischen Beringstraße und Balkan vollzogen hat, auf den ökonomischen und militärischen Wettbewerb des Kalten Krieges zurückgeführt werden, den die Sowjetunion verlor. Nach zwanzig Jahren bleibt es noch immer ein Rätsel, wie sich die Dissidenten zwischen Berlin und Moskau gegen die repressiven Mechanismen sozialistischer Parteiapparate letztendlich erfolgreich durchsetzen konnten, denen sie schutzlos ausgeliefert zu sein schienen.[35] Dem Dissidentenkampf standen keinerlei finanzielle oder gar militärische Mittel zur Verfügung; der Spielraum dissidenter Autoren beschränkte sich darauf, immer wieder den semantischen Bankrott des autoritären Regimes zur Sprache zu bringen. Dessen Sturz führte unweigerlich zu einem Normenvakuum, das nach einer gänzlich neuen politischen Urheberschaft verlangte. Dieser Bedarf war es wohl, der in einer zutiefst krisenhaften Übergangszeit die Dichter in die höchsten Staatsämter brachte. Es scheint, als habe die Macht des Dichters über das Wort,

[34] In einer Essaysammlung skizzierte Dubravka Ugrešić bereits 1994 einige markante Züge der politisch-literarischen Systeme im ehemaligen Jugoslawien. Die Kulturpolitik und die mediale Repräsentation der Führungsgestalten Tuđman, Ćosić und Karadžić beschreibt sie als »nationalistischen Populismus und intellektualistischen Neofaschismus«. Die Situation der Intellektuellen auf dem Balkan sei dadurch geprägt, dass Jugoslawien durch seine frühzeitige Abspaltung vom Stalinismus und die damit einhergehende Westannäherung keine ausgeprägte Dissidentenkultur entwickelt habe. Sowohl Tuđman als auch Ćosić waren im jugoslawischen Kulturbetrieb angesehene Funktionäre. Den Ausbruch der Kriege auf dem Balkan beschreibt Dubravka Ugrešić als eine Art poetische Metamorphose – im Sinn einer Realsetzung von Metaphern, die den literarischen Projekten von Ćosić und Karadžić entstammen. Vgl. Dubravka Ugrešić, *Die Kultur der Lüge*, Frankfurt a. M. 1995, S. 83 ff.

[35] Wobei die Rolle von internationalen Netzwerken, wie etwa des PEN-Clubs, eine gesonderte Betrachtung verdient.

über das erzählerische Herstellen von gesellschaftlichen Synthesen, seine semantische Kompetenz im Umgang mit Nationaltraditionen und Identitätsnarrativen die Sprachgewalt zur Staatsgewalt ermächtigt. Zwar hat auch dieser Prozess keineswegs nur zu wünschenswerten Ergebnissen geführt. Dennoch liegt etwas Versöhnliches darin, dass die Dichter in der politischen Geschichte des 20. Jahrhunderts nicht nur auf dem Weg in revolutionäre Gewaltregime hinein, sondern auch bei ihrer Überwindung und beim Wiederaufbau zivilgesellschaftlicher Strukturen eine Schlüsselfunktion innehatten.

Der Tyrann mit dem Rücken zur Wand
Neros artistische Selbstexpansion

Ulrich Gotter

Warum eigentlich Nero? In der Tat: Er hat als antiker Muster-Tyrann eine beispiellose Rezeptions-Karriere hinter sich. Sollte man heutzutage ganz assoziativ drei beliebige Verbrecher der Antike nominieren, wäre Nero wohl sicher unter ihnen. Unter diesen Umständen ist es auch von einiger Konsequenz, ihn als einzigen »Klassiker« unter die dichtenden Despoten der Moderne zu versetzen, als paradigmatischen Auftakt gleichsam. Auf den zweiten Blick allerdings ist seine privilegierte Vergesellschaftung mit den Großverbrecher-Poeten des 20. Jahrhunderts eher aphoristisch und basiert nur auf einem schmalen *fundamentum in re*. Denn das, was Nero tatsächlich getan hat, hält etwa *in puncto* Opferzahlen den Vergleich mit den Massenmördern der Moderne in keiner Weise aus. Mit seinem Namen verbinden sich keine großflächigen Säuberungen, kein Völkermord, keine Zwangskollektivierung mit Myriaden von Toten, ja nicht einmal ordentliche und für das römische Normensystem völlig unbedenkliche Expansionskriege. Nicht, dass es dergleichen in der Geschichte der römischen Monarchie vor ihm (oder nach ihm) nicht gegeben hätte: Doch gemessen an anderen römischen Alleinherrschern, auch und gerade denen mit gutem Leumund bei der Nachwelt, ist Neros Gesamtbilanz bemerkenswert unblutig. Zum Vergleich: Der große europäische Staatsmann Caesar hat nach eigener Aussage bei der Eroberung Galliens über eine Million Indigener hingeschlachtet;[1] zählt man die Opfer des von ihm begonnenen Bürgerkrieges hinzu, kommt man durchaus auf Zahlen, die auch im Kontext der Moderne konkurrenzfähig sind. Und Augustus, immerhin der Schöpfer der römischen Monarchie und emphatisch besungener Friedenskaiser, hat in den von ihm nahezu im Alleingang vom Zaun gebrochenen Bürgerkriegen das römische Volk und vor allem die römische Aristokratie in konkur-

[1] Plut. Caes. 15, 5.

renzlos effektiver Weise dezimiert. Über die Verluste in seinen Kriegen in Germanien, Pannonien, Raetien, Spanien, Kleinasien, Ägypten und Nordafrika gibt es keine genauen Aufstellungen, doch dürften diese militärischen Unternehmungen zu den größten Menschenvernichtungen der Vormoderne gezählt haben.[2] Gegenüber diesen Leistungen ist der vielgeschmähte Nero eher ein Waisenknabe geblieben. Die Kolonialkriege, die er in Britannien und Judäa führen musste, waren das Ergebnis von Aufständen, die das Regime weder provoziert noch herbeigesehnt hat, und auch der erfolgreiche Partherkrieg, den er durch seinen General Corbulo führen ließ, war ihm aufgezwungen worden.[3] Militärische Ambitionen hatte Nero nicht, Truppen hat er weder im Ernstfall noch für die Abhaltung von Manövern besucht. Wie also konnte es unter diesen Voraussetzungen zu dem tiefschwarzen Bild des Despoten Nero kommen, wie es nahezu alle antiken, mittelalterlichen und die meisten neuzeitlichen Texte spiegeln? Die Lösung des Rätsels liegt wohl darin, dass Nero, zumindest rezeptionsästhetisch, die Falschen hat umbringen lassen: Gerade die Kombination der mit seinem Namen verbundenen Tötungen hat für eine bemerkenswerte semantische Stabilität gesorgt.

Exemplarische Reperkussionen haben der ihm zur Last gelegte Mord an seiner Mutter Agrippina, der Tod Senecas (und einiger weiterer prominenter Aristokraten) sowie die Hinrichtung von Christen in der römischen Arena hervorgerufen. Alle drei Tötungskomplexe finden distinkte negative Echos in jeweils unterschiedlichen Textgattungen und kommunikativen Kontexten. Für die klassische römische Geschichtsschreibung waren das größte Anathema naturgemäß die Aristokratentötungen und der erzwungene Selbstmord Senecas;[4] einen Philosophen von einiger Reputation auf dem Gewissen zu haben, machte einen Herrscher zwangsläufiger zum Tyrannen als irgendeine andere Tat. Die Stigmatisierung des Muttermordes in denselben Texten sollte dagegen eher die Perversion

[2] Zur augusteischen Militärpolitik siehe Dietmar Kienast, *Augustus. Prinzeps und Monarch*, Darmstadt ³1999, S. 332–379.

[3] Suet. Nero 18; Tac. Ann. 12, 50; vgl. Karl Christ, *Geschichte der römischen Kaiserzeit. Von Augustus bis zu Konstantin*, München ²1992, S. 235–236; Edward Champlin, *Nero*, Cambridge (MA) 2003, S. 216–217 und S. 221–224.

[4] Tac. Ann. 15, 60, 2–65; 16, 17–18; 16, 21–25; Suet. Nero 35, 5–37, 2.

des Kaisers beglaubigen als besonderes Bedauern über das Ableben Agrippinas bekunden, die sowohl bei Tacitus als auch bei Sueton als intrigant, verbrecherisch und machtgierig erscheint.[5] Kaum negative Sentiments kultiviert die heidnische Geschichtsschreibung gegenüber der Tötung der Christen. Sie galten – etwa bei Tacitus – als »Feinde des Menschengeschlechts«, und wenn ihre Hinrichtung verurteilt wurde, dann eigentlich nur, weil Nero damit Ziele verfolgt haben soll, die die Autoren nicht billigten.[6] Dieser primäre negative Rezeptionshorizont verwandelte sich naturgemäß mit dem Sieg des Christentums radikal. Aus der Perspektive der spätantiken Texte waren heidnische Senatoren und selbst ein gern gelesener und ausgeschlachteter Philosoph wie Seneca eher eine zu vernachlässigende Größe, verglichen mit dem Martyrium römischer Christen und der Tötung der Apostel Petrus und Paulus. Dazu kommt noch die heilsgeschichtliche Qualität, die sich an die Nero-Figur seit der Spätantike anlagerte: Als erster Verfolger der Christen nahm er eine exzeptionelle Position in der Historie des Martyriums ein, das mit dem Sieg des neuen Glaubens untrennbar verbunden war. So ist es auch kein Wunder, dass sich seine Gestalt bisweilen sogar mit apokalyptischen Aspekten verband. Der Christenverfolger Nero wurde zum Element der Naherwartung des Heils, des Jüngsten Gerichts, entweder als einer der transgressiven Herrscher, deren Auftreten ein Zeichen für das nahende Ende der Welt sein soll, oder als der Antichrist selbst.[7]

Indem die christliche Literatur des 3.–5. nachchristlichen Jahrhunderts kanonisiert wurde, in der diese Vorstellungen eingeschrieben waren, wurde auch ein spezifisches und in der Sache kaum revidierbares Nerobild an die Nachwelt weitergereicht. Es fand seinen dominierenden Ausdruck in mächtigen Narrativen von Grausamkeit, Perversion und Tyrannei. Will man Tyrannei wirkungsvoll erzählen, braucht man allerdings nicht in erster Linie analytische Texte, sondern Erzählungen, die mit symptomatischen Aussprüchen und verqueren Sinnüberschüssen Glaubwürdigkeit und emo-

5 Tac. Ann. 12, 59; 12, 66; 13, 1; Suet. Claud. 28, 2; 44.

6 Tac. Ann. 44, 3–5; Suet. Nero 16, 2.

7 Robert Konrad, »Kaiser Nero in der Vorstellung des Mittelalters«, in: Karl Schnith (Hg), *Festiva Lanx. Studien zum mittelalterlichen Geistesleben*, München 1966, S. 1–15, hier S. 2–12; Waltraud Jakob-Sonnabend, *Untersuchungen zum Nerobild der Spätantike*, Hildesheim 1990, S. 128–152.

tionale Reaktionen generieren.[8] So ist es nur konsequent, dass sich die Geschichten über Nero durch eine hohe Bildhaftigkeit und Detailliertheit, wenn auch nicht gerade durch die Treue zur verfügbaren Überlieferung auszeichnen: Daran erkennt man im Umkehrschluss wiederum die grundsätzliche Negativ-Festlegung der Nero-Imago. Hyperbolische Erfindungen orchestrieren das Grundmotiv der moralischen Transgression, und sie können dies erfolgreich tun, weil man von Nero ohnehin das Schlechteste meinte annehmen zu müssen. Die Ergebnisse dieser Gedächtnisarbeit sind durchaus kurios: So lässt Nero im *Moriz von Craun*, einem Versepos aus dem frühen 13. Jahrhundert, seine Mutter aufschneiden, um zu verstehen, wie die von ihm selbst ersehnte Schwangerschaft physiologisch abläuft – eine Szenerie, die wegen ihrer graphischen Effizienz auch in Illustrationen überführt wurde.[9] Dabei geht es wohlgemerkt nicht um den Nero angelasteten Muttermord, wohl aber um die Rücksichtslosigkeit des Muttermörders und die menschliche Kälte des Tyrannen. Diese kompakte Negativ-Imago machte, wie sich durch das Mittelalter hindurch immer wieder zeigte, die Übertragung der Nero-Assoziationen auf aktuell missliebige Fürsten, wie etwa Childerich, Heinrich IV. oder Friedrich II., zu einer profitablen Sache.[10]

Das einflussreichste aller Narrative freilich, mit denen Nero moralisch liquidiert wurde, stellte einen anderen Aspekt seiner Person in den Mittelpunkt: den Herrscher als Künstler. Auch in diesem Fall ist es ein Bild, das die Vorzeichen setzt und sich in der Tat tief in das Gedächtnis der Menschen eingebrannt hat: das des römischen Kaisers Nero, wie er, auf der höchsten Zinne seines Palastes stehend, in das Kostüm eines Kithara-Spielers gehüllt, vor der Kulisse des brennenden Rom, den Untergang der Stadt Troja besingt. In diesem Bild geht der Künstler, für den alles, selbst die

8 Zur Erzeugung von Tyrannennarrativen siehe Nino Luraghi, »Sterben wie ein Tyrann«, in: Martin Treml, Wolfgang Pircher (Hg.), *Tyrannis und Verführung*, Wien 2000, S. 91–114.

9 Bernd-Ulrich Hergemöller, *Krötenkuss und schwarzer Kater. Ketzerei, Götzendienst und Unzucht in der inquisitorischen Phantasie des 13. Jahrhunderts*, Warendorf 1996, S. 118. Die vielgelesene *Kaiserchronik* des 12. Jahrhunderts hat ebenfalls die neronische Schwangerschaft mit Krötengeburt, die die Etymologie für den Lateran abgibt (Hergemöller, *Krötenkuss und schwarzer Kater*, S. 117).

10 Gregor v. Tours (Hist. Lib. VI 46); vgl. Konrad, »Kaiser Nero in der Vorstellung des Mittelalters«, S. 9–12.

Realität, nur Schauspiel ist, mit dem Despoten, der sich nicht nur über den Brand als kontingentes ästhetisches Ereignis freut, sondern die Stadt selbst hat anzünden lassen, um sie auktorial neu zu errichten, eine intime, wenn auch perverse Verbindung ein. Dieses despotische Künstlerimage ist das genaue Gegenbild zum verantwortungsvollen, pflichtbewussten Herrscher und mitleidenden Menschen. Genau darin liegt bereits der Plot von Neros antikem Biographen Sueton:

> Sechs Tage und sieben Nächte wütete dieses Unheil, und das einfache Volk drängte sich an den abgelegenen Grabmälern und Leichenverbrennungsplätzen. Damals brannten außer einer riesigen Zahl von Wohnblocks die Häuser altehrwürdiger Feldherren, die mit den Beutestücken noch geschmückt gewesen waren ebenso ab wie die von den Königen und später in den Punischen und Gallischen Kriegen gelobten und geweihten Göttertempel und was sich sonst noch aus alter Zeit an Sehenswürdigem und Bemerkenswertem erhalten hat. Diese Feuersbrunst betrachtete er [Nero] vom Turm des Maecenas aus, freute sich über die Schönheit der Flammen, wie er sagte, und sang in seinem berühmten Theatergewand die Einnahme von Ilion.[11]

Um das ganze Ausmaß des Verbrechens voll zu machen, so die kanonische Überlieferung, habe Nero schließlich, als er in den regimegefährdenden Verdacht der Brandstiftung geriet, einen Sündenbock gesucht und in den Christen gefunden, die er sodann, unter dem Beifall der vergnügungssüchtigen Masse, auf die grausamste Weise in der Arena zu Tode bringen ließ.[12]

Die wesentlichen Elemente dieses Master-Narrativs sind über die Zeiten hinweg affirmativ weitergetragen worden, mit jeweils unterschiedlichen Akzentsetzungen. Neros Christenverfolgung rückte konsequenterweise seit der Spätantike zunehmend von der Peripherie der Geschichte in ihr Zentrum, die Faszination des ästhetischen Aktes, des pathetisch-transgressiven Verbrechens, blieb dabei allerdings stets präsent.[13] Der das Unheil seiner Stadt besin-

[11] Suet. Nero 38, 2 (Übers.: Wittstock).

[12] Tac. Ann. 15, 44, 4–6.

[13] Konrad, »Kaiser Nero in der Vorstellung des Mittelalters«, S. 7 f.; unverständlich anders Jürgen Malitz, »Der Herrscher als Künstler«, in: Andreas

gende Herrscher taugte als perverses Faszinosum ebenso wie als charismatisches Signum für einen schlechten Fürsten.

In diesem Sinne war die Künstler-Kaiser-Rolle Neros durch einen durchlaufenden *basso continuo* bis ins 20. Jahrhundert metaphorisch festgelegt. Ihre finale Popularisierung wurde durch die *belles lettres* und das neue Medium des Films, der Bildhaftes am direktesten umsetzen kann, geleistet. Die größte Breitenwirkung erzielte dabei der 1896 entstandene Roman *Quo Vadis* von Henryk Sienkiewicz, dem polnischen Nobelpreisträger für Literatur von 1905. Dieses Monument historistischen Religionskitsches, das das Bekehrungserlebnis eines römischen Aristokraten und Offiziers im Angesicht des Tyrannen erzählt und den kommenden Sieg der christlichen Kirche an die Wände des römischen Kaiserpalastes schreibt, traf offenbar präzise den Nerv der zeitgenössischen europäischen Leselandschaft. Rasch in viele Sprachen übersetzt, wurde das Historiendrama bereits 1901 das erste Mal auf Zelluloid gebannt und 1912 der erste Monumentalfilm der Filmgeschichte.[14] Nach dem II. Weltkrieg hatte das Thema »Widerstand gegen den Tyrannen mit transzendenter Erlösungshoffnung« naturgemäß noch einmal stark an Aktualität gewonnen, und 1951 kam es zu der für das Nero-Bild des medialen Zeitalters autoritativen Verfilmung: Der zum Brand von Rom Klampfe spielende und lächerlich jaulende Kaiser in der brillanten Verkörperung Peter Ustinovs ist zweifellos zu einer Ikone des kollektiven Imaginären geworden.[15]

So wurde das Bild vom Turmsänger Nero über Jahrhunderte hinweg als Metapher für menschenverachtende Selbstverwirklichung zementiert. Diese metastasenartige Sinnexpansion wiederum führte zu bezeichnenden, wenn auch durchaus holprigen Assonanzen. Dabei steht die berühmte Namensgebung der aktuellen Brenn-Software *Nero Burning Rom* keineswegs allein. Schon für den Führer-

Hartmann, Michael Neumann (Hg.), *Mythen Europas. Schlüsselfiguren der Imagination*, Bd. 1: *Antike*, Regensburg 2004, S. 145–164, bes. S. 145.

14 Zur Stoff- und Filmgeschichte Ralf Krebs, »Nero. Despot, Wahnsinniger oder Dämon? Die filmische Konstruktion einer ›Bestie‹ in *Quo Vadis*«, in: Martin Korenjak, Karlheinz Töchterle (Hg.), *Pontes II. Antike im Film*, Innsbruck 2002, S. 201–211, bes. S. 201.

15 Vgl. dazu ebd.; siehe auch Thomas Paulsen, »›Was für ein Künstler geht mit mir zugrunde!‹ Peter Ustinovs Nero-Psychogramm und die antiken Quellen«, in: Mischa Meier, Simona Slanicka (Hg.), *Antike und Mittelalter im Film. Konstruktion – Dokumentation – Projektion*, Köln 2007, S. 219–232.

erlass vom 19. März 1945 bürgerte sich bezeichnenderweise rasch die Bezeichnung »Nero-Befehl« ein. Darin hatte Adolf Hitler angeordnet, »alle militärischen Verkehrs-, Nachrichten-, Industrie- und Versorgungsanlagen sowie Sachwerte innerhalb des Reichsgebietes, die sich der Feind zur Fortsetzung seines Kampfes irgendwie sofort oder in absehbarer Zeit nutzbar machen kann«, zu zerstören.[16] Dies war in der Öffentlichkeit als neronische Handlung offenbar sofort verständlich, obwohl die Anordnung herzlich wenig mit der Konstellation des Katastrophenbesingers von 64 n. Chr. zu tun hatte.

Es ist bezeichnend für die Bildmächtigkeit des Narrativs, dass es in seiner Sequenz stabiler als in seiner moralischen Bewertung war. In einem veränderten normativen Kontext konnte man daraus auch durchaus andere Erscheinungen formen als den bekannten Mainstream-Unhold – man musste nur Rücksichtslosigkeit und Verbrechen als (künstlerische) Unbedingtheit lesen. Der Begründer dieser Perspektive war im Grunde bereits der Marquis de Sade, der mit dem Hohelied auf die konsequente Perversion Nero als Artisten des Scheußlichen besingen ließ und in dieser Verbindung von Künstlertum und Macht die wahre Freiheit und das echte Glück pries. Programmatisch wird das Motiv in seiner *Histoire de Juliette*, wo er die anomische Heldin Clairwil ausrufen lässt: »O Nero, ich will dein Andenken verehren. Wärst du noch am Leben, würde ich dich anbeten, und für ewig wirst du mein Vorbild sein und mein Gott«. Hier zeigt sich das Potential für die nihilistische Selbstreflexion, die das klassische Nerobild eben auch entfalten konnte. Mit dem Faszinosum des Dionysischen als Gegenentwurf zur vermeintlich klassischen Ordentlichkeit konnte man die Nero-Figur trefflich auf dem Spielbrett provokativer Umwertungen der Werte verschieben. Byron besang wortmächtig die Grausamkeit des Zirkus' als des Kaisers *imperial pleasure*, und Graf von Platen assoziierte im »Turm des Nero« die elementare, dem Göttlichen nachgeschöpften Macht des Feuers mit einer titanischen Existenz.[17] Die affirmierte Dekadenz

[16] Für den Führererlass vgl. Heinrich Schwendemann, »›Verbrannte Erde‹? Hitlers ›Nero-Befehl‹ vom 19. März 1945«, in: Ralph Giordano (Hg.), *Kriegsende in Deutschland*, Hamburg 2005, S. 158–167.

[17] Vgl. zur Rezeption der Dekadenz Roger Bauer, *Die schöne Décadence. Geschichte eines literarischen Paradoxons*, Frankfurt 2001, passim, hier S. 97–100, mit Nachweis und Übersetzung von De Sade (S. 99).

als Referenzpunkt für echtes Künstlertum machte den Weg frei für einen Nero, der als Hohepriester des Ästhetischen amtierte. Ganz in diesem Sinne verherrlichte Flaubert die Verbindung von Macht und Kunst in einer ganzen Reihe seiner frühen Werke. In den *Memoires d'un fou* geht er damit wohl am weitesten: Dort lässt er Nero als Akteur rauschhafter Bilder auftreten und Satan einen Totenreigen ankündigen, an dessen Spitze der tote Kaiser zieht: »Hör zu! Der Anführer ist Nero, der geliebte Sohn meines Herzens, der größte Dichter, den es je auf Erden gab«. Dass es sich bei den Flaubert'schen Inszenierungen nicht nur um wirkungsvolle Phantasmagorien handelt, zeigt ein Brief des Dichters an Louis de Cornemin vom 7. Mai 1844:

> Wir sollten das Gähnen des Bourgeois vor Homer nicht verwechseln mit der tiefen Meditation, mit der intensiven, fast schmerzlichen Träumerei des ins Herz getroffenen Poeten, wenn er sich an den Kolossen mißt und geschlagen geben muß. [...] In diesem Sinne bewundere ich Nero; er ist die herausragende Figur der antiken Welt. Wehe all denen, die die Lektüre Suetons nicht zu erschüttern vermag! Vor kurzem habe ich die Vita des Heliogabal gelesen [...]. Ihm ist eine andere Schönheit eigen als die Neros. An ihm ist alles asiatischer, fieberhafter, romantischer, hemmungsloser; es ist der Abend des Tages, eine Raserei bei Fackellicht. Dagegen ist Nero ruhiger, schöner, antiker, gelassener, kurz: er ist der Überlegene.[18]

Worum es bei der ästhetisierenden Nero-Rezeption eigentlich ging, zeigt nicht zuletzt eine Passage, die bisher noch nicht in diesen Zusammenhang gesetzt wurde: die vielleicht umstrittenste Stelle in Ernst Jüngers *Strahlungen*, nämlich der Eintrag zum 27. Mai 1944:

> Alarme, Überfliegungen. Vom hohen Dache des »Raphael« sah ich zwei Mal in der Richtung von St. Germain gewaltige Sprengwolken aufsteigen, während Geschwader in großer Höhe davonflogen. Es handelt sich um Angriffe auf die Flußbrücken. Die Art und Aufeinanderfolge der gegen den Nachschub gerichteten Maßnahmen deutet auf einen feinen Kopf. Beim zweiten Male,

[18] Zu Flaubert und Nero siehe Bauer, *Die schöne Décadence*, S. 103 f.; dort auch die Nachweise und Übersetzungen der zitierten Passagen.

> bei Sonnenuntergang, hielt ich ein Glas Burgunder, in dem Erdbeeren schwammen, in der Hand. Die Stadt mit ihren roten Türmen und Kuppeln lag in gewaltiger Schönheit, gleich einem Blütenkelche, der zu tödlicher Befruchtung überflogen wird.[19]

Die Kälte des Despoten ist hier die Kälte des Beobachters, der die Zerstörung seines Umfeldes (und die eigene Gefährdung) als primär ästhetisches Ereignis wahrnimmt, das er selbst zwar nicht beeinflussen kann, sich aber durch eine spezifische Haltung aneignet.[20] Neronisch ist die Attitüde, und die gängigen Reaktionen auf die Passage dokumentieren, wie immer noch wirksam das Sängermotiv als Provokation ist.

Lässt man in diesem Sinne die Nero-Rezeption über die Jahrhunderte hinweg Revue passieren, muss man bei aller normativen Differenz doch konstatieren, wie unhintergehbar die Überlieferung zu Nero für die literarische Tradition Europas gewesen ist. Denn auch das dionysisch-verklärte Nerobild ist nichts anderes als die ästhetisierte Kehrseite des menschenverachtenden Künstler-Verbrechers und bestätigt auf seine Weise, freilich wider den Stachel des bigotten Bürgertums löckend, die Orthostaten des traditionellen Nero-Bildes: Die Liebe zur Dekadenz setzt nur andere Akzente bei stabiler Akzeptanz der gleichen faktischen Basis. So oder so wird ein neronischer Gestus in der Selbstbeschreibung aktiviert und vom Publikum identifiziert: die solipsistische Rücksichtslosigkeit des Einen gegenüber allen und allem anderen.

19 Ernst Jünger, »Das zweite Pariser Tagebuch«, in: ders. *Strahlungen II*, Stuttgart 1980, S. 270.

20 Die Passage ist jüngst von Tobias Wimbauer (»Kelche sind Körper. Der Hintergrund der Erdbeeren in Burgunder-Szene«, in: ders. [Hg.]: *Anarch im Widerspruch – Neue Beiträge zu Werk und Leben der Gebrüder Jünger*, Schnellroda 2004, S. 23–70) vom realen Kriegsgeschehen völlig abgelöst und ganz metaphorisch (für Jüngers Verhältnis zu seiner Pariser Geliebten) gelesen worden. Hauptargument dafür ist die Nichtnachweisbarkeit eines zweiten alliierten Luftangriffes auf Paris am Nachmittag des 27. Mai. Diese Argumentation überzeugt mich nicht, textuell vor allem deswegen nicht, weil bei der Neuinterpretation die Passage über die ›Flußbrücken‹ und den ›feinen strategischen Kopf‹ gegenüber den ›Blütenkelchen‹ und der ›Befruchtung‹ unziemlich in den Hintergrund rückt – offenbar passen diese Sätze nicht ganz so gut in das Metaphern-Netz, das Wimbauer, von der Passage ausgehend, über die *Strahlungen* legt.

Diese Orgie der Akzeptanz durch Wiederholung lässt ganz in den Hintergrund treten, wie ungeheuerlich das Bild eines Kaisers unter römischen Auspizien ist, der den Untergang seiner eigenen Hauptstadt besingt, ungeheuerlich genug jedenfalls, um zumindest einen kurzen Seitenblick auf die Evidenz für das Narrativ zu werfen. Die Geschichte findet sich bei den Historikern Tacitus und Cassius Dio sowie beim Nero-Biographen Sueton,[21] wobei Tacitus und Sueton Zeitgenossen sind, während Dio seine Geschichte im frühen 3. Jahrhundert nach Chr. schreibt. Zunächst scheint die Sache klar: Alle drei kennen den singenden Kaiser, alle drei reden vom Brandstifter Nero. Schaut man etwas genauer hin, bekommt das klare Bild allerdings Risse. So herrscht bereits über den Ort des neronischen Ständchens keineswegs Einigkeit. Dio nennt den höchsten Punkt des Palastes (oder des Palatin) als Tatort, während Sueton den Turm des Maecenas (auf dem Esquilin) dingfest macht. Für die wirkmächtigste Transgression des Kaisers stand also auch wenige Jahrzehnte *post festum* keine kanonische Version bereit. Den Befund bestätigt Tacitus auf eindringliche Weise. Der Historiker, der weder der römischen Monarchie noch der Person Neros positiv gegenüberstand, lässt sich die Gelegenheit entgehen, den Turmgesang zum kaiserlichen Sündenfall zu stilisieren. Im Gegenteil: Er beschreibt Neros Versuche, die Stadt zu löschen, und schildert sein Engagement, das Leid der Obdachlosen zu lindern, indem er seine Gärten öffnete und den Preis für Getreide auf ein Minimum herabsetzen ließ. Dann beschließt Tacitus den Abschnitt wie folgt: »So volkstümlich diese Maßnahmen waren, sie blieben wirkungslos, weil sich das Gerücht verbreitet, eben zu dem Zeitpunkt, da die Stadt brannte, habe er seine Hausbühne betreten und den Untergang Trojas besungen, indem er das gegenwärtige Unglück mit den Katastrophen des Altertums verglich.«[22]

Nicht nur, dass hier noch ein dritter Ort für den anstößigen Gesang aufgeführt wird – Tacitus' Formulierung legt zwingend nahe, dass es sich dabei lediglich um ein Gerücht handelte. Wer es ausgestreut hat, bleibt im Unklaren. Negative Gerüchte sind allerdings durchaus bedeutsam: sie entbergen politische Nichtaffirmation in einem System, das den Herrscher zumindest teilweise dem

[21] Tac. Ann. 15, 38–40; Suet. 38, 1; Dio 62, 16.

[22] Tac. Ann. 15, 39, 3 (Übers.: Heller).

öffentlichen Blick entzogen hat.[23] Aus dieser Perspektive ist das neronische Katastrophenbesingen vor allem *bien trouvé* – wie etwa die Geschichten über die sexuellen Perversionen, denen Kaiser Tiberius angeblich ein paar Jahrzehnte zuvor auf Capri nachgegangen ist.[24] Auch wenn man seine Nicht-Faktizität akzeptiert, verrät uns das Narrativ allerdings eine bemerkenswerte Tatsache: dass nämlich für Nero selbst das Künstlertum von hoher identifikatorischer Bedeutung war – sonst hätte die kalkuliert delegitimierende Erzählung nicht gerade an diesem Punkt angesetzt.

1. *Triumph und Manipulation*

Seine größte Stunde als Künstler feierte Nero Anfang 68 n. Chr. Nach fast eineinhalbjähriger Abwesenheit im griechischen Osten war sein Wiedererscheinen in der Hauptstadt von geradezu epiphanischer Qualität. Beladen mit vielfältigsten Siegespreisen zog er in einer Weise durch Rom, die sehr provokant Verweis auf die regulären und den Zuschauern allseits vertrauten militärischen Triumphalfeiern verwies. Die problematische Inszenierung beschreibt Sueton eindringlich:

> Aus Griechenland nach Neapel zurückgekehrt, zog er, weil er hier zuerst seine Kunst öffentlich gezeigt hatte, mit weißen Pferden durch eine eigens in die Stadtmauer gebrochene Lücke in die Stadt ein, wie das bei Siegern in heiligen Spielen üblich ist, ebenso auch in Antium, darauf in Albanum und in Rom, dort aber auf demselben Wagen, auf dem Augustus selbst seinen Triumph gefeiert hatte, in purpurner Kleidung und einem mit goldenen Sternen besetzten Mantel, einem olympischen Siegeskranz auf dem Kopf und einen pythischen in der Rechten. Dabei wurden die übrigen Siegeskränze in feierlichem Zug vor ihm hergetragen und Aufschriften, die angaben, wo und über wen, mit welchem Gesang und mit welchem Bühnenstück er gesiegt hatte. Hinter seinem Wagen gingen die Beifallsklatscher

[23] Zum Gerücht als Waffe vgl. Egon Flaig, »Wie Kaiser Nero die Akzeptanz bei der Plebs urbana verlor. Eine Fallstudie zum politischen Gerücht im Prinzipat«, in: *Historia* 52 (2003), S. 351–372, hier S. 358–363.

[24] Suet. Tib. 43–44.

> wie bei einem kleinen Triumph und riefen immerzu, sie seien die Begleiter des Augustus und die Soldaten seines Triumphzuges. Sodann begab er sich durch einen aus dem Circus Maximus herausgebrochenen Bogen über das Velabrum und das Forum zum Palatium und dem Apollontempel. Wo er auch vorbeizog, überall wurden ihm zu Ehren Opfertiere geschlachtet und immer wieder die Straßen mit Safranwasser besprengt, er selbst aber mit Vögeln, farbigen Schleifen und verschiedenen Süßigkeiten überschüttet. Die heiligen Siegeskränze stellte er in seinen Schlafgemächern rings um die Betten auf, ebenso auch Standbilder von sich in der Kleidung eines Kitharaspielers. Auch Münzen mit diesem Bild prägte er.[25]

Nun war der Triumph in Rom durchaus nicht so hieratisch, wie man angesichts eines über Jahrhunderte hinweg tradierten Staatsrituals erwarten könnte.[26] An szenischen Idiosynkrasien und mitunter das Lächerliche streifenden Aufführungen großer Einzelner jedenfalls herrschte kein Mangel.[27] Davon war auch die Kleidung des Triumphators nicht unberührt geblieben, so dass Nero keineswegs der erste in die Hauptstadt einziehende Sieger war, der einen im Lichte der strikten Traditionsobservanz unüblichen Habit trug. Der große Pompeius hat etwa, statt in der traditionsgemäßen Gewandung als Jupiter mit dem Purpurmantel zu triumphieren, den von ihm erbeuteten Sternenmantel Alexanders des Großen übergeworfen[28] – wahrscheinlich war dies sogar die Referenz der neronischen *mise en scène*.[29] Doch – und hier betrat der Kaiser in der

[25] Suet. Nero 25, 1–2 (Übers.: Wittstock).

[26] Zur Bandbreite der Inszenierungen vgl. die Aufstellung Tanja Itgenshorst, *Tota illa pompa. Der Triumph in der römischen Republik*, Göttingen 2005.

[27] In diesem Sinne erlangte Pompeius' Versuch Berühmtheit, anlässlich seines ersten Triumphes den Triumphwagen statt von Pferden von Elefanten ziehen zu lassen. Als diese allerdings nicht durch eines der Tore auf dem Weg zum Kapitol passten, musste der Sieger zu den traditionellen Zugtieren zurückkehren (vgl. Mary Beard, *Roman Triumph*, Cambridge [MA], London 2007, S. 17).

[28] Vgl. Alfred Heuß, »Alexander der Große und die politische Ideologie des Abendlandes«, in: *Antike und Abendland* 4 (1954), S. 65–104, hier S. 69 und S. 81 f.; Beard, *Roman Triumph*, S. 13 f.

[29] So bereits Heuß, »Alexander der Große und die politische Ideologie des Abendlandes«, S. 86.

Tat Neuland – war jede Prozession dieser Art mit dem militärischen Kontext verbunden gewesen. Siege bei Singwettbewerben dagegen zur Basis einer Zeremonie zu deklarieren, die eigentlich die Rettung des römischen Volkes gegen Angreifer oder die Unterwerfung fremder Völker feierte, war schon ein starkes Stück und eine programmatische Geste. Die Assonanz an den Triumph war dabei so präzise, dass sie genau kalkuliert gewesen sein muss. Dafür sprechen sowohl die auf Tafeln verkündeten Einzelerfolge wie auch die religiöse Überhöhung des Siegers durch das Volk von Rom. Dass die Prozession als Zielpunkt nicht den Tempel Jupiters auf dem Kapitol hatte, sondern den des Apollo, entschärfte die Sache nicht wirklich. Denn damit wurde nur deutlich, wie ernst es Nero mit seiner Inszenierung meinte: die künstlerischen Siege wurden dem für sie zuständigen Gott geweiht, ebenso wie die militärischen Siege im traditionellen Triumph dem höchsten Staats- und Expansionsgott. Kurzum: Nero hat 68 n. Chr. das bildmächtigste Ritual Roms neu semantisiert.

Aus dem Nichts kam dies allerdings nicht. Denn dem skandalösen Einzug in die Hauptstadt war eine ebenso beispiellose Reise des Kaisers in den Osten des Reiches, genauer nach Griechenland, vorhergegangen. Diese Reise war von langer Hand vorbereitet und generalstabsmäßig durchgeplant worden – und musste dies auch sein, nicht nur weil der Kaiser inmitten einer Entourage von mehreren Tausend Funktionsträgern reiste.[30] Nero hatte schlichtweg im Sinn, jeden bestehenden Erfolg vor ihm auf gewissermaßen statistischem Weg so weit in den Schatten zu stellen, dass noch nicht einmal mehr ein Vergleich zwischen ihm und allen anderen Siegern möglich sein würde: Sein Auftritt sollte sie nicht nur alle übertreffen, sondern die Erinnerung an jeden anderen Siegeszug auslöschen. Um dies zu erreichen, ließ er die vier größten Wettbewerbe

[30] Zur Griechenlandtournee Neros vgl. Keith R. Bradley, »The Chronology of Nero's Visit to Greece in AD. 66/67«, in: *Latomus* 37 (1978), S. 61–72; Helmut Halfmann, *Itinera Principum. Geschichte und Typologie der Kaiserreisen im Römischen Reich*, Stuttgart 1986, S. 173–177 (zur Reiseroute); Nigel M. Kennell, »ΝΕΡΩΝ ΠΕΡΙΟΔΟΝΙΚΗΣ«, in: *American Journal of Philology* 109 (1988), S. 239–251 (zu den Siegestiteln); Susan E. Alcock, »Nero at Play? The Emperor's Grecian Odyssey«, in: Jás Elsner, Jamie Masters (Hg.), *Reflections of Nero. Culture, History & Representation*, London 1994, S. 98–111; Mischa Meier, »›Qualis artifex pereo‹ – Neros letzte Reise«, in: *HZ* 286 (2008), S. 561–603, hier S. 561–564 und S. 594 f.

der griechischen Welt, die jeweils alle vier Jahre und normalerweise zeitlich versetzt stattfanden, auf ein Jahr konzentrieren.[31] Auf diese Weise konnte er während seiner Griechenlandreise nicht nur an den Wettkämpfen in Olympia, sondern auch an denen in Delphi, am Isthmos von Korinth und in Nemea teilnehmen. Dazu kamen als Sahnehäubchen noch die Panathenäen in Athen sowie Dutzende kleinerer Festspiele, die ebenfalls sorgsam auf das kaiserliche Itinerar abgestimmt waren. Die Totalität seines Auftretens formierte sich allerdings nicht nur in der enormen Zahl von Wettkampforten, sondern auch in der disziplinären Multiplikation der kaiserlichen Teilnahme. So trat Nero nicht nur als Sänger und Kitharöde auf, sondern auch als Schauspieler, Herold und, *last but not the least*, als Wagenlenker. Bezeichnend ist, dass er zur weiteren Ergebniskosmetik den traditionell rein sportlichen Agonen in Olympia eine musische Sparte oktroyierte. Der Erfolg dieser konzertierten Anstrengungen war eine exorbitante Bilanz: 1808 Siegespreise hat er aus Griechenland zurückgebracht,[32] und diese Zahl wurde anlässlich seines Einzugs nach Rom wohl mit demselben Zahlenfetischismus aufgelistet wie vom normalen Triumphator der Republik die Getöteten, Gefangenen und eroberten Städte. Dass das ganze Design von Neros Kulturreise auf die Produktion von säkularer Unvergleichbarkeit zielte, zeigt sich etwa daran, dass er als Sieger die Statuen der Sieger vor ihm mit Haken wegschleifen und in die Latrinen werfen ließ. Und auch in einer anderen Hinsicht waren Neros Auftritte vorbildfrei: Nach der Zuerkennung des Sieges durch die Jury rief er sich grundsätzlich selbst zum Sieger aus, war gewissermaßen sein eigener Herold.[33] Damit war sein Triumph auf der Ebene der Sichtbarkeit fast vollständig von anderen Instanzen autonom. Die anwesende Umwelt benutzte er im Wesentlichen als Bühne und als Resonanzkörper seines epochalen Genies.

Natürlich war diese artistische Selbstexpansion alles andere als unproblematisch, von ihrer Konstruktion her wie in der Rezeption der Zeitgenossen. Für den traditionellen Römer, insbesondere für ein Mitglied der Führungsschicht, war ein Kaiser, der als Schausteller auftrat – noch dazu im griechischen Osten – ebenso ein Anathema wie ein Mann, der auf dem Triumphwagen des Augustus

[31] Suet. Nero 22, 3–23, 1.

[32] Meier, »Qualis artifex pereo«, S. 597.

[33] Suet. Nero 24, 1.

seine Siege im Singen, Komponieren, Dichten und Kitharaspielen feierte, in verbissener Konkurrenz mit Personen, die man zwar als Unterhaltungsspezialisten hochschätzen mochte, im öffentlichen Diskurs der Hauptstadt allerdings eher im Domestikenstand verortete.[34] Doch selbst dort, wo die Selbstdarstellung als Künstler keine unbedingte Statusfrage war wie in Griechenland, musste der Auftritt des Kaiser-Künstlers zumindest ambivalent sein. Natürlich war es grundsätzlich äußerst schmeichelhaft, dass der mächtigste Mann des (römischen) Universums demonstrativen Anteil an den kulturellen Errungenschaften der Besiegten nahm und deren Normen nicht nur paternalistisch als Veranstalter, sondern emphatisch als Komplize teilte. Doch auf der anderen Seite waren die Kollateralschäden der kaiserlichen Kulturreise durchaus erheblich. Vom gutwilligen Zuschauer wurde immerhin verlangt zu akzeptieren, dass jahrhundertelang geheiligte Traditionsbestände wie der Festspielkalender durch kaiserliches Diktat außer Kraft gesetzt und Wettkampfheroen vergangener Zeiten durch das Abräumen ihrer Statuen verächtlich gemacht wurden.

Noch problematischer war das ungesunde Verhältnis von Macht und Kunst, das in Neros sängerischem Engagement sichtbar wurde. Bei den griechischen Spielen handelte es sich um hochspezialisierte und konkurrenzlos prestigiöse Veranstaltungen, die auf Professionalisierung und Wettkampf basierten. Dass das dafür benutzte Wort »Agon« jede Form von Kampf bezeichnet und auch den existenziellen Konflikt meinen konnte, unterstreicht die kulturelle Bedeutung des Wettkampfs als Duell. Wie war in dieses kulturelle Muster ein singender Kaiser zu integrieren – und noch dazu einer, der, wie Sueton notierte, seiner Umgebung Freundschaft oder Feindschaft anbot, »je nachdem ihn einer mehr oder weniger gelobt hatte«, und der von Städten, die seine Gunst verwirkt hatten, alles zurückforderte, was er ihnen jemals gewährt hatte?[35] Dass Fehlverhalten die-

[34] Zum sozialen Ort der Schauspieler in Republik und Kaiserzeit vgl. Hartmut Leppin, *Histrionen. Untersuchungen zur sozialen Stellung von Bühnenkünstlern im Westen des Römischen Reiches zur Zeit der Republik und des Principats*, Bonn 1992; Catherine Edwards, »Beware of Imitations: Theatre and the Subversion of Imperial Identity«, in: Jás Elsner, Jamie Masters (Hg), *Reflections of Nero. Culture, History & Representation*, London 1994, S. 83–97, hier S. 83–86.

[35] Suet. Nero. 25, 3; 32, 3.

ser Art Karrieren, zumindest vorübergehend, beenden konnte, wurde allenthalben herumerzählt: Der spätere Kaiser Vespasian etwa soll aus der engeren Entourage des Hofes entfernt worden sein, nachdem er es gewagt hatte, bei einer kaiserlichen Darbietung vernehmlich einzuschlafen.[36]

Wie also konnte man solche Empfindlichkeiten der Macht in die geheiligte Vorstellung vom Agon integrieren? Nun, eigentlich gar nicht. Denn natürlich tat man, was evidentermaßen getan werden musste: den Kaiser siegen zu lassen, wo immer er auftrat – und mochte er auch eindeutig nicht der beste gewesen sein. Praktiken dieser Art waren zwar schon vor Neros Griechenlandreise eingeübt. Nicht wenige Städte hatten, um sich den Kaiser wohlgesonnen zu stimmen, anlässlich wichtiger oder weniger wichtiger Festspiele, Kränze und Siegpreise nach Rom geschickt, die Nero auch stets erfreut annahm.[37] Auszeichnungen – und Manipulationen des Agonismus – waren in diesem Gewand jedoch weitgehend schmerzfrei, weil niemand zu einem sichtbaren *sacrificium* des Geistes oder der Wahrnehmung gezwungen war. Den Kranz an den Kaiser zu schicken war gewissermaßen ein ritueller Akt, vergleichbar der Überhöhung des fernen Mächtigen durch kultische Verehrung. Dem Herrscher wurde damit einfach etwas gegeben, was sozialen Nutzen hatte, dem strukturellen Ungleichgewicht zwischen Zentrum und Peripherie entsprach und die raumüberwindende Genossenschaft beschwor, ohne die Kosten für das eigene kulturelle Biotop hochzutreiben. Wenn der Allmächtige allerdings in der direkten Konkurrenz sichtbar wurde, lagen die Dinge anders. Denn dann mussten die Preisrichter Aug in Aug mit Tausenden von Zuschauern entscheiden. Dass ihr wenig überraschendes Votum in irgendeiner Form durch Demonstrationen des Publikums in Zweifel gezogen werden würde, war zwar nicht zu erwarten. Zu realistisch war man gegenüber den Sehnen der Macht; doch mochte es hinter vorgehaltener Hand anders aussehen. In jedem Fall war in einer Kultur, die hypersensibel auf den Vorwurf der Durchstecherei reagierte, der Ansehensverlust der gegen den Augenschein agierenden Preisrichter bei allem Verständnis für deren Zwangslage unvermeidlich und ein gravierender Kollateralschaden. Sie wurden dadurch als Unfreie enttarnt, und Unfreiheit war, nach allgemeiner Auffassung, dem

[36] Suet. Vesp. 4, 4.

[37] Suet. Nero 22, 3.

Raum der Kunst wesensfremd. Besonders dramatisch war diese Konstellation, wenn der Schwindel sich nicht mehr verdecken ließ. Als dem Kaiser bei einer Tragödienaufführung das Zepter aus der Hand fiel, hätte er den Satzungen entsprechend eigentlich disqualifiziert werden müssen; bei den frenetischen Beifallskundgebungen des Publikums habe niemand das Malheur bemerkt, lautete jedoch die einfallsreich-schmeichelhafte Auflösung der aporetischen Situation durch einen Gefolgsmann. Als allerdings Nero in Olympia, während er, hypertroph genug, ein Zehngespann lenkte, vom Wagen geschleudert wurde und das Ziel nicht erreichte, half keine noch so eloquente Verkrümmung des Geschehens. Dass er auch nach diesem Rennen als Sieger bekränzt wurde,[38] legte die Doppelbödigkeit des Agons unter kaiserlicher Beteiligung offen.

Gleiches galt für sein Verhalten: Dass er in seiner Selbstinszenierung athletisches Benehmen imitierte, mochte auf den ersten Blick integrativ erscheinen. So berichtet Sueton, Nero habe immer Erregung und Angst vor dem Wettkampf an den Tag gelegt, sei den Gegnern mit Eifersucht und den Kampfrichter mit Furcht begegnet. »So als stünden seine Gegner mit ihm auf gleicher Stufe, pflegte er sie zu beobachten, um ihre Gunst zu werben, sie heimlich zu diffamieren, mitunter auch, wenn er ihnen begegnete, zu beschimpfen und, wenn jemand besonders hervorragend in seiner Kunst war, auch zu bestechen.«[39] Auf den zweiten Blick zeigt sich aber, dass der Kaiser als Athlet oder Künstler wohl doch eher Distanz statt Nähe produzierte. Auch wenn er gewissermaßen die klassischen Topoi athletischen Verhaltens abrief, war dies nicht echte Interaktion, sondern nur ein sich selbst dementierendes Zitat, denn die Opfer des kaiserlichen Mitspielers konnten ihm nicht in gleicher Münze heimzahlen. So verleiht die Aura der Gewalt (konkretisiert durch Tausende von Soldaten, die mit dem Kaiser reisten) dem Normalen ein hässliches Gesicht: Was sich hier strukturell zeigt, ist, dass die Verbindung von Macht und Kunst fast zwangsläufig auch negative Interferenzen hervorbringt. Wenn sie zustande kommt, ist sie ein kommunikatives Risikogeschäft. Da die Freiheit künstlerischen Urteils in der Sphäre der Macht aufgehoben ist, lässt sich das Werk des Despoten nicht abstrakt beschreiben; die Bewertung folgt vielmehr den Gesetzen der Opportunität oder der Einschätzung der

[38] Suet. Nero 24, 1–2.

[39] Suet. Nero 23, 2 (Übers.: Wittstock).

politischen Gesamtperformanz. Wird der Herrscher als Herrscher positiv gesehen, gelten gegenüber seiner künstlerischen oder intellektuellen Leistung mildernde Umstände. Unter den römischen Kaisern ist dafür Mark Aurel ein herausragendes Beispiel, der für durchaus mittelmäßige intellektuelle Produkte hohes Lob geerntet hat.[40] Erscheint das Regime des Kaisers hingegen defizient, grausam und in jeder Hinsicht übel, kann auch seine Aufführung im anderen Feld nicht anders als indiskutabel sein. Oder umgekehrt formuliert: Wo die Nichtaffirmation grassiert, lauert auch die Diffamierung von Kaiser-Kunst, ja diese wird zum privilegierten Ziel von Spott und Hohn der Zeitgenossen und der Nachwelt. Das Singen eines schlechten Kaisers setzt zwangsläufig Narrative des Lächerlichen frei; die an sich unangemessene Intervention der Macht im Reich der Kunst provoziert eine gnadenlose diskursive Revanche. Und genau dies ist es, was wir sehen, wenn wir die antike Überlieferung über Nero Revue passieren lassen. In der vermeintlichen Absurdität des Künstlerkaisertums wird durchaus detailreich geschwelgt, wie etwa in der folgenden Passage Suetons: »Während seiner [Neros] Auftritte war es nicht einmal aus dringendem Grund erlaubt, das Theater zu verlassen. Daher sollen etliche Frauen während der Aufführungen niedergekommen sein, und viele Männer, des Zuhörens und Applaudierens überdrüssig, entweder heimlich von der Mauer heruntergesprungen oder, nachdem sie sich totgestellt hatten, im Leichenzug herausgebracht worden sein.«[41]

Im Aggregatszustand des Verlachens liegt ein mächtiges delegitimierendes Potential, das bis in die Moderne reicht. Denn die Insinuation, hier habe es sich um schlechte Kunst gehandelt, mit der der Kaiser seine Untertanen gleichsam terroristisch überzogen hat, lässt sich von der ferneren Nachwelt nicht empirisch überprüfen: Von Neros Dichtung sind nicht einmal aussagekräftige Fragmente erhalten.[42]

Da Kunst und Herrschaft zumindest im römischen Reich also nicht ohne performative Widersprüche kombinierbar waren: Hat

[40] Siehe dazu nur ganz aphoristisch Anthony R. Birley, *Mark Aurel. Kaiser und Philosoph*, München ^{2}1977, S. 380–400; Jörg Fündling, *Marc Aurel*, Darmstadt 2008, S. 45–51 und S. 115–129. Die Liste ließe sich beliebig verlängern.

[41] Suet. Nero 23, 2 (Übers.: Wittstock).

[42] Siehe Anm. 48.

dann nicht Mischa Meier recht, wenn er jüngst in einem großformatigen Artikel über Nero zu dem Schluss kommt, dass dessen Künstlertum unmöglich aus einer sozialen oder politischen Logik heraus zu erklären sei, sondern stattdessen, wie von den antiken Autoren behauptet, aus dem Willen Neros, eben ein Künstler sein zu wollen? Als Kaiser habe er sich, so Meier, diesen Traum erfüllen können, indem er, im Besitz der Allmacht, gewissermaßen das Nicht-Kaisersein simulierte.[43] So verführerisch der psychologische *deus ex machina* in diesem Fall sein mag – ich kann mich dieser Auffassung nicht anschließen. Bevor es allerdings um alternative Deutungen des Kontexts von Neros sängerischen Inszenierungen gehen soll, ist es vielleicht sinnvoll, noch einen genaueren Blick auf die Art der kaiserlichen Selbstexpansion als Artist zu werfen.

2. *Ausbildung und Auftritt*

Zunächst: Dass sich ein römischer Aristokrat, Thronfolger oder Kaiser mit den schönen und performativen Künsten beschäftigte, war im ersten nachchristlichen Jahrhundert keineswegs eine Besonderheit oder gar anstößig. Und dieser Grundsatz galt bereits für die späte Republik,[44] wenngleich man bisweilen im zweiten oder ersten Jahrhundert v. Chr. für allzu Schöngeistiges in der Öffentlichkeit denunziert wurde. Dass man dafür öffentlich verhöhnt werden konnte, ist allerdings gleichermaßen bedeutsam und meines Erachtens die Matrix für das neronische Problem. Denn die Ambivalenz von Hochschätzung und Denunziation spiegelt einen historischen Kompromiss über standesgemäße Statusformeln wieder, den die römische Elite mühsam mit sich ausgehandelt hatte. Zentraler Artikel dieser Übereinkunft war eine janusköpfige Position gegenüber Griechenland und der griechischen Kultur, die auch für alle römischen schöngeistigen Tätigkeiten den unvermeidlichen Referenzpunkt bot. Die römische Inkohärenz gegenüber Hellas verlief allerdings nicht zwischen verschiedenen Individuen oder sozialen Gruppen, sondern zwischen strikt voneinander geschiedenen Räumen, zwischen denen zumindest die Angehörigen der republikanischen

43 Meier, »›Qualis artifex pereo‹«, S. 588–591.

44 Verweise bei Champlin, *Nero*, S. 64–67; Meier, »›Qualis artifex pereo‹«, S. 579 f.

Elite mitunter tageweise hin- und herpendelten. Im *otium*, der Abwesenheit von Rom, konstruierte man sich ein artifizielles Umfeld, dessen Elemente nahezu sämtlich aus Hellas importiert waren, und verwendete viel Zeit und Geld auf die Beschäftigung mit den Akquisitionen *à la mode grecque*; in der hierarchisch gemischten, stadtrömischen Öffentlichkeit dagegen vermied man Handlungen und Äußerungen, die als Kunstkennerschaft ausgelegt werden konnten, und mimte den von hellenischer Kultur weitgehend unbeleckten Altrömer. Für diese groteske Opposition ist das Verhältnis zur griechischen Dichtung und *performance* nur ein Indikator, wenn auch ein überaus markanter. Ähnliches ließe sich auch für die Beschäftigung mit bildender Kunst, Naturwissenschaften und Philosophie konstatieren. Kurzum: Die römische Elite der späten Republik bewegte sich und kommunizierte gleichzeitig in zwei Welten.[45]

Diese Zweiteilung der normativ-ästhetischen Welt hat sich zwar seit der frühen Kaiserzeit spürbar entdramatisiert, vor allem wohl deshalb, weil sie nicht mehr so politisch instrumentalisierbar war wie in der Republik. Indem sich das politische System immer stärker auf den Kaiser statt auf die römische Senats- und Stadtöffentlichkeit ausrichtete, verlor die demonstrative Haltung von Oberschichtangehörigen gegenüber der elaborierten griechischen Kultur an Brisanz. Gleichwohl blieben die normativen Grundlagen des Griechenlanddiskurses präsent und erwiesen sich als tief in die Selbstauffassung der römischen Elite hinab sedimentiert. Noch immer ließ sich kulturelles Engagement als Ausweis von Dekadenz begreifen, noch immer galten *belles lettres* und künstlerische Leistungen gegenüber dem politisch-militärischen Komplex als defizient, noch immer gab es den radikalen und nicht umkehrbaren Statusunterschied zwischen Aufführendem und Zuschauer. Diese Leitdifferenz, die seit Augustus auch immer wieder eingeschärft wurde, war so grundsätzlich, dass der *performer*, wie populär auch immer er sein mochte, gegenüber dem gewöhnlichen Vollbürger nur einen reduzierten Rechtsstatus hatte und es den imperialen Sta-

[45] Zur janusköpfigen Griechenlandrezeption in Rom siehe Ulrich Gotter, *Griechenland in Rom? Die römische Rede über Hellas und ihre Kontexte (3.–1. Jhdt. v.Chr.)*, unveröffentl. Habilitationsschrift Freiburg 2001, bes. Kap. 6 und 7.

tusgruppen bei Androhung des Statusverlustes verboten war, in der Arena, im Zirkus oder im Theater aufzutreten.[46]

Vor diesem Hintergrund gewinnt der kulturelle Kontext, in dem der Künstler Nero agierte, schärfere Konturen. Dichtung und Kitharaspiel gehörten offenbar zum Standardrepertoire aristokratischer Sozialisation. Wieviel man damit im späteren Leben machte, war allerdings nicht vorgegeben. Verse geschmiedet haben nicht nur Cicero und Caesar, sondern auch Augustus und Tiberius.[47] Und die Leier war das Modeinstrument des Jahrhunderts. Sie spielen zu können bedeutete auch für den Angehörigen der politischen Elite im besten Fall ein rühmenswertes Gut, zumindest aber keine abträgliche oder gar absonderliche Qualität.[48] Weit weniger häufig waren dagegen die Auftritte von Standespersonen in der Öffentlichkeit. Natürlich gab in der frühen Kaiserzeit immer wieder Senatoren- und Rittersöhne, die sich entgegen der Rechtslage engagierten, vor allem auf der Theaterbühne und in der Arena, und dass entsprechende gesetzliche Verbote wiederholt wurden, könnte man durchaus als Reflexe auf derartige Versuchungen lesen. Doch andererseits handelt es sich dabei zweifellos um zahlenmäßig marginale Phänomene. Wohlgemerkt: Es soll damit nicht gesagt sein, junge oder nicht mehr ganz junge Angehörige der Elite hätten sich nicht passiv oder aktiv mit Dichtung und musischer Betätigung abgegeben. Selbstverständlich gab es entsprechende Zirkel, in denen auch das beteiligte Statuspersonal in unserem Sinne »aufgetreten« wäre. Doch öffentlicher Auftritt im normativ relevanten Sinne bedeutete eine Zurschaustellung der eigenen Fähigkeiten vor einem sozial gemischten, hierarchiesensiblen Forum, nicht die Selbstpräsentation innerhalb einer Gruppe mehr oder weniger Gleichgestellter.

Zwischen diesen Polen von selbstverständlicher musischer Ausbildung und öffentlicher Kunstausübung oszillierten auch Neros Perfomanzen seit den späten 40er Jahren des ersten nachchristlichen Jahrhunderts. Mit fast allen freien Künsten, so Sueton, sei er schon als Knabe in Berührung gekommen, darunter auch der Musik. Dichtung soll ihm leicht von der Hand gegangen sein. Er »schrieb gern und ohne Anstrengung Gedichte und gab auch nicht,

[46] Suet. Aug. 43, 3.

[47] Suet. Caes. 56, 7; Suet. Aug. 85, 2; Suet. Tib. 70, 2.

[48] Hartmut Leppin, »Die *Laus Pisonis* als Zeugnis senatorischer Mentalität«, in: *Klio* 74 (1992), S. 221–236, hier S. 225 f.

wie einige meinen, fremde als seine eigenen aus«, bezeugt wiederum Sueton: »Mir sind Schreibtafeln und Notizbücher mit einigen sehr bekannten von ihm selbst geschriebenen Versen in die Hand gekommen, so dass unschwer deutlich wird, dass sie nicht übernommen oder nach jemandes Diktat geschrieben, sondern eindeutig von einem erarbeitet wurden, der dabei überlegt hat und schöpferisch tätig war; so viel war darin durchgestrichen, getilgt und darübergeschrieben. Er besaß auch ein keineswegs mittelmäßiges Talent für das Malen und Formen.«[49] Die Publikumsreaktionen bestätigen Suetons Einschätzung. Neros Verse haben sein gewaltsames Ende um teilweise erhebliche Zeitspannen überlebt: sie wurden nicht nur unmittelbar nach seinem Tod in provozierend positiver Erinnerung rezitiert, sondern auch bis in die Spätantike tradiert.[50] Elementarer noch als seine Neigung zur Dichtkunst oder zum Gesang scheint allerdings in seinen Jugendjahren seine Leidenschaft für das Wagenrennen gewesen zu sein: Eine ganze Reihe von Anekdoten aus einer Zeit, von der wir sonst nicht viel über ihn wissen, beziehen sich auf den Zirkus.[51]

Schärfer – und provokativer – wird sein musisches und artistisches Profil mit seinem Regierungsantritt. In einem durchaus programmatischen Akt rekrutierte er einen der angesehensten Kithara-Virtuosen, den Griechen Terpnos, für seinen Hof und ließ sich von ihm unterweisen. Sueton sagt, Nero habe viele Tage bei ihm gesessen und zugehört, dann aber auch so eifrig studiert, dass es offenbar um ernsthafte Professionalisierung gegangen sei.[52] Wenn man von Neros Liebe zu Kunst und Gesang spricht, sollte man allerdings nicht vergessen, dass diese Liebe offenbar nicht allein dem Singen, Deklamieren, und Gedichtschreiben galt, sondern in erster Linie dem »Auftritt«. Er habe, heißt es, vor seinen Freunden wiederholt das griechische Sprichwort zitiert: »Für verborgene Musik gibt es keine Achtung.«[53] Darum ging es also. Die Konsequenzen waren das Experimentieren des Kaisers mit verschiedenen hierarchisch

[49] Suet. Nero 52; zur literarischen Produktion Neros mit allen Quellenangaben siehe Christoph Schubert, *Studien zum Nerobild in der lateinischen Dichtung der Antike*, Stuttgart 1998, S. 96–100.

[50] Champlin, *Nero*, S. 83 f.

[51] Suet. Nero 22, 1–2.

[52] Suet. Nero 20, 1–2; 25, 3.

[53] Suet. Nero 20, 1.

gemischten Öffentlichkeiten, zunächst fast improvisiert, als er 59 n. Chr., anlässlich der *Juvenalia* in Rom, vor einer ausgewählten Zuschauergruppe sang. 64 n. Chr. war es dann aber soweit: Im immer noch griechisch geprägten Neapel gab er sein Debut als öffentlicher Artist, indem er mit großem Aplomb und ohne Einschränkungen den Künstler-Herrscher in Szene setzte. Doch war auch dies noch nicht Rom, sondern gewissermaßen ein von der italischen Leitkultur exempter Schutzraum kultureller Differenz. Ebenfalls 64 n. Chr. stellte er sich der breiteren römischen Öffentlichkeit das erste Mal als Wagenlenker vor. Zu diesem Zeitpunkt war Nero wohl schon längst entschlossen, den Weg auch auf dem musischen Feld bis zum Ende zu gehen: Bereits im Jahre 60 hatte er in Rom neue, prächtige und griechisch orientierte Festspiele initiiert, die *Neronia*, die in der Publikumsgunst so erfolgreich waren, dass er sie 65 n. Chr. wiederholte. Dabei trat er dann nun auch in der Hauptstadt vor aller Augen als Sänger, Kitharaspieler und Tragöde auf. Im Herbst 66 schließlich brach er zu seiner Griechenland-Tournee auf, die in dem charismatischen Siegespreis-Triumphalismus in Rom mündete.[54]

Betrachtet man die artistische Bilanz Neros aus der Vogelperspektive, fällt sie nicht als ganze aus dem Rahmen. So ist etwa in der Tatsache, dass sich Nero in relativ jungen Jahren den schönen Künsten widmete, keine markante Differenz zu einer ganzen Reihe seiner aristokratischen Peers zu sehen. Wesentlich erstaunlicher ist allerdings die disziplinäre Breite, auf die er es angelegt hat. Im Zentrum seiner Auftritte standen zum einen und als ganz basale Fertigkeiten das Kitharaspielen und freie Singen, sodann das Singen von Tragödienrollen, schließlich in seinen letzten Jahren der Pantomimus, eine Art Ausdruckstanz.[55] Die Verbindung von Kitharaspielen, Singen, Dichten und Tragödie-Spielen mag dabei noch halbwegs natürlich gewesen sein, und die Erweiterung zum Pantomimus zumindest folgerichtig. Mir ist allerdings kein anderer Artist bekannt, der auf einem relativ fortgeschrittenen Professionalisierungsniveau auch noch Wagenrennen gefahren wäre. In dieser Hinsicht war Nero eine singuläre Erscheinung im Performanzbetrieb der frühen Kaiserzeit, und wenn man den musischen Selbstverwirk-

[54] Zur Entwicklung Neros als Künstler siehe den sehr hilfreichen Abriss bei Champlin, *Nero*, S. 53–77.

[55] Zu den einzelnen Disziplinen vgl. ebd., S. 77–83.

lichungstrieb des Machthabers beschwört, sollte man diese Anomalie nicht verschleiern. Die musische Bühne und die zirzensische Rennbahn aber gehen wohl nur in einer Hinsicht zusammen: in ihrer Bühnenwirksamkeit, in ihrer Potenz, durch charismatische Auftritte Publikum zu mobilisieren und Emotionen zu wecken.

3. *Singen und Herrschen*

Wer auftritt, will wirken. Welche Wirkung aber konnte oder wollte ein als Sänger und Wagenlenker auftretender Herrscher erzielen? Mischa Meier hat diese Frage beantwortet, indem er eine Lanze für die Intention gebrochen hat, die Nero in den antiken Texten unterstellt wird: Er sei als Kaiser Künstler geworden, weil er schon immer ein Künstler sein wollte.[56] Nun ist der Rekurs auf das Gefühlsleben historischer Akteure unter den Quellenbedingungen der Vormoderne methodisch nur statthaft, wenn sich gewissermaßen in der Gegenprobe keine sinnvolle konkurrierende Handlungslogik abzeichnet. Ganz in diesem Sinne ist Meiers psychologische Deutung denn auch das Ergebnis eines aporetischen Experiments: Er prüft die verschiedenen in der Forschung formulierten Optionen, Neros öffentlicher Inszenierung einen sozialen Sinn zu unterlegen. Anders als etwa Rolf Rilinger in seinem Aufsatz über Seneca und Nero[57] kommt Meier allerdings zu dem ernüchternden Ergebnis, dass diese Deutungsversuche nicht überzeugend seien. Das Singen habe weder im römischen Mikrokosmos noch im imperialen Makrokosmos eine herrschaftslegitimierende Funktion gehabt. Da es im Lichte der traditionellen Normen des Staates suspekt war, habe sich jede machtgestützte Investition in den musischen Sektor verboten.[58]

Hier ist allerdings ein erneuter Blick auf die Sachlage notwendig. Es ist in der Tat Meiers Verdienst, die kommunikativen Probleme noch einmal auf den Punkt gebracht zu haben, die der singende

[56] So auch schon Christ, *Geschichte der römischen Kaiserzeit*, S. 229 f.; Schubert, *Studien zum Nerobild in der lateinischen Dichtung der Antike*, S. 96.

[57] Rolf Rilinger, »Seneca und Nero. Konzepte zur Legitimation kaiserlicher Herrschaft«, in: *Klio* 78 (1996), S. 130–157.

[58] Meier, »›Qualis artifex pereo‹«, S. 573–578.

Herrscher in Rom verursachen musste. Doch liegt seinem Argument meines Erachtens eine euphemistische Einschätzung von Neros Handlungsspielräumen zugrunde. Meier geht davon aus, dass der junge Herrscher die Felder seiner Selbstdarstellung frei wählen konnte. Diese Annahme halte ich für falsch. Um zu verstehen, was Neros künstlerische Selbstexpansion bedeutet, ist ein Blick auf die Optionen vonnöten, die Nero hatte, als sein Adoptivvater Claudius starb. Die Frage nach den damaligen Handlungsspielräumen ist allerdings aufs engste mit dem paradoxen politischen System verbunden, das wir in glorreicher Komplexitätsreduktion zumeist »Monarchie« oder »Kaiserreich« nennen.

Die spezifische Form der römischen Autokratie, die Nero mit 17 Jahren ausfüllen sollte, hatte Augustus mit der Senatsaristokratie ausgehandelt und sich selbst auf den Leib choreographiert. Sie bestand in ihrem semantischen Kern in der expliziten Leugnung, dass das neue Regime überhaupt eine Monarchie sei. In der Tat war und ist es schwer, den augusteischen Staat nomenklatorisch korrekt anzusprechen. Augustus selbst bestand darauf, ihn als *res publica* zu bezeichnen, die er gewissermaßen wiederhergestellt habe und in welcher er selbst, wegen seiner Verdienste um den Staat, nur der *primus inter pares* sei.[59] Offiziell und staatsrechtlich hieß Rom weiterhin, als ob nichts geschehen wäre, *senatus populusque Romanus.* Auf der anderen Seite konnte allerdings kein Zweifel daran bestehen, dass der Wille des einen Mannes die Macht jeder anderen Institution weit überstrahlte. Auch die informierten Zeitgenossen hielten Rom am ehesten für eine Alleinherrschaft. Diese strukturelle Uneindeutigkeit des politischen Systems war das Ergebnis eines historischen Kompromisses: Zu Beginn des Jahres 27 v. Chr. war es im römischen Senat zu zwei denkwürdigen Szenen gekommen: Am 13. Januar legte der Bürgerkriegsgeneral C. Iulius Caesar, vulgo Oktavian, feierlich alle außerordentlichen Gewalten der Bürgerkriegszeit nieder, entließ den römischen Staat, wie er später selber schrieb, aus seinem Machtbereich und überstellte ihn der freien Verfügung von Senat und römischem Volk. Zwei oder drei Tage später fügte er sich dann den allseitigen Bitten der Senatoren und akzeptierte die Sorge und Vormundschaft über die *res publica.* Konkret hieß dies, dass er sich die Befehlsgewalt über eine ganze Reihe

[59] Aug. res gest. 34.

von wichtigen Provinzen – zumeist an den Grenzen des Imperiums – auf 10 Jahre übertragen ließ. Da in diesen Provinzen nahezu alle Truppen des Reiches stationiert waren, bedeutete dies den faktischen Oberbefehl über das römische Heer. Zugleich wurde Oktavian wegen seines Machtverzichts mit dem Namen Augustus, der Erhabene, geehrt und weit über das Niveau seiner aristokratischen Mitbürger erhöht.[60]

Diese augusteische Formulierung der Ordnung blieb nach seinem Tod als ideologische Grundlage intakt. Auch jenseits des ersten Prinzeps oszillierte die römische Alleinherrschaft zwischen zwei Polen. Auf der einen Seite wurde immer deutlicher, dass selbst der Tod des Machthabers nicht den Weg zur traditionellen *res publica* zurück eröffnete. Selbst diejenigen, die dem Regime mit tiefem Ressentiment gegenüberstanden, konnten sich der Erkenntnis immer weniger entziehen, dass die Alleinherrschaft an sich in Rom alternativlos war.[61] Auf der anderen Seite waren Irritationen ganz offensichtlich an der Tagesordnung, und kein Herrscher nach Augustus hat *post mortem* auch nur eine einigermaßen wohlmeinende Presse gefunden. Wir hören von Verbrechen, Perversionen und den ganzen blutigen Klatschgeschichten, mit denen die antiken Autoren die schwüle Atmosphäre in der Umgebung des Herrscherhauses ausstatteten.[62] Und dabei handelte es sich durchaus nicht nur um ein Diskursphänomen innerhalb einer de-privilegierten Schicht. Das böse Narrativ findet seine Objektivierung in Majestätsprozessen und hingerichteten Senatoren, in Verwandtenmord, Verschwörungen, erbitterten Machtkämpfen und offener Gewalt auf den Straßen. Auch die persönliche Bilanz der Herrscher ist alles andere als überwältigend. Nur Claudius wurde nach seinem Tod rituell unter die Staatsgötter versetzt – wenn auch möglicherweise vorher ermordet –, Caligula wurde in einem dunklen Säulengang in Stücke gehauen, und die auf natürlichem Wege entstandene Leiche des

[60] Vgl. Kienast, *Augustus*, S. 82–93; Helmut Castritius, *Der römische Prinzipat als Republik*, Husum 1982, hat allerdings die diskursive Oberfläche für die Realität genommen.

[61] Tac. Ann. 1, 1–4.

[62] Für die Funktion sexueller Devianz in der Beschreibung des Politischen vgl. Eckhart Meyer-Zwiffelhoffer, *Im Zeichen des Phallus. Die Ordnung des Geschlechtslebens im antiken Rom*, Frankfurt a. M. 1995.

Tiberius wollten viele am liebsten in den Tiber werfen.[63] Der Grund für diese Irritationen scheint mir in der für alle Seiten beunruhigenden Komplexität des Anforderungsprofils zu liegen, das an den Herrscher gerichtet wurde. Denn die Choreographie des Augustus verlangte von allen Partnern die präzise Kenntnis der eigenen Rolle und eine extrem hohe Disziplin im Spielen derselben. Sucht man danach, lassen sich klar die Sollbruchstellen auf der einen und anderen Seite benennen, die die Bühne rasch unkontrollierbar zum Schlachthaus werden ließen.

Das zentrale Problem war für den Prinzeps und seine Elite prinzipiell dasselbe: Er wie sie bewegten sich gleichzeitig in zwei verschiedenen und miteinander nicht kompatiblen Normensystemen. Die Aristokraten mussten ihr Verhalten an der Faktizität der Monarchie ausrichten, während Normenwelt und öffentlicher Diskurs republikanisch blieben. Für den Prinzeps wiederum war die Zurückhaltung des *primus inter pares* geboten bei gleichzeitigem Bewusstsein absoluter Macht, für die es jenseits von persönlicher Ethik und vermutungsweiser politischer Opportunität keine wirksamen institutionellen Schranken gab.[64] Dieses prinzipielle kommunikative Problem wurde durch den von Augustus zur Basis der neuen Ordnung erklärten Anspruch, nur durch seine Leistungen den Vorrang im Staate innezuhaben, dramatisch verschärft.[65] Denn diese Schuhe waren für die folgenden Kaiser mehr als nur eine Nummer zu groß: Lediglich sein unmittelbarer Nachfolger Tiberius konnte für sich in Anspruch nehmen, eine nach ausgusteischen Maßstäben akzeptable Conduite aufzuweisen. Die übrigen waren bei ihrem Herrschaftsantritt im Lichte der meritokratischen Idee Niemande, im besten Fall noch unbeschriebene Blätter: Caligula war ein sehr junger Mann ohne politisches Kapital, Claudius zwar

63 Suet. Tib. 75, 1.

64 Vgl. Ulrich Gotter, »Die Nemesis des Allgemein-Gültigen. Max Webers Charisma-Begriff und die antiken Monarchien«, in: Pavlína Rychterová, Stefan Seit, Raphaela Veit (Hg.), *Das Charisma. Funktionen und symbolische Repräsentationen,* Berlin 2008, S. 173–186, hier S. 178–180. Egon Flaig hat das staatsrechtliche Paradigma für Analyse der römischen Alleinherrschaft zurecht zugunsten eines soziologischen (»Akzeptanz durch die wichtigsten gesellschaftlichen Gruppen«) verworfen (Egon Flaig, *Den Kaiser herausfordern. Die Usurpation im Römischen Reich,* Frankfurt a. M. 1992, bes. S. 174–207).

65 So schon Rilinger, »Seneca und Nero«, S. 132.

im richtigen Alter, aber wegen seinen Behinderungen bisher von der gesamten Familie als für jede öffentliche Karriere ungeeignet angesehen.[66] Was die Ordnung von einem Herrscher verlangte, nämlich ein eigenständiges Profil vorweisen zu können, um die eigene Übermacht als das Natürliche zu etikettieren, fiel unter diesen Umständen schwer. Bei der Jagd nach einer herrschaftslegitimierenden Rolle waren sie nahezu ausschließlich auf die Faktizität der eigenen Macht zurückgeworfen. Unter diesen Umständen war es für den jungen Kaiser doppelt schwer, das von Augustus zur Norm erhobene Konsens-Theater aufrechtzuerhalten. Spielte die Aristokratie nicht mehr mit, indem sie etwa die Qualität des Prinzeps in Zweifel zog, oder nahm der Monarch von der konstitutionellen Selbstbeschränkung Abstand, um die infrage stehende Überlegenheit *par force* zu demonstrieren, wurde die Ordnung ganz rasch fragil. Die Folge waren Angst, Verschwörungen gegen den Kaiser, präventive Hinrichtungen von Senatoren und allseitige Drohkulissen. Wie Tiberius es bei seinem Herrschaftsantritt hellsichtig formuliert hatte: Die Herrschaft im imperialen Rom auszuüben war wie der Versuch, einen Wolf bei den Ohren zu halten.[67]

So standen die Auspizien für das neue Regiment, als Nero 54 n. Chr. in die Rolle des Augustus schlüpfen sollte, alles andere als gut. Dass sie für seinen Fall noch schlechter waren als für andere junge Prinzen, hängt mit einer Reihe ganz spezifischer Faktoren zusammen. Insgesamt war Nero weitaus weniger autonom, als es jeder andere Prinzeps vor ihm bei seinem Regierungsantritt gewesen war. Entscheidend dafür war nicht allein sein Alter, obwohl dies schon mehr als grenzwertig war. Für die Übertragung der imperialen Gewalten an einen 17-jährigen gab es in der noch kurzen Geschichte der römischen Monarchie keinen Präzedenzfall; selbst Caligula war beim Tod seines Adoptivvaters bereits 25 gewesen. Natürlich hatte Claudius seinen Adoptivsohn zum Nachfolger aufgebaut,[68] aber von einem eigenständigen Profil, geschweige denn von autonomen Meriten Neros konnte keine Rede sein. Mindestens ebenso schwer wog, dass die Nachfolge nicht eindeutig war. Denn Claudius hatte neben Nero, den Agrippina mit in die Ehe gebracht hatte, noch einen natürlichen Sohn aus erster Ehe, der

[66] Suet. Claud. 3, 2; 4, 7.

[67] Suet. Tib. 25, 1.

[68] Vgl. Gerhard Waldherr, *Nero. Eine Biographie*, Regensburg 2005, S. 47 f.

ausgerechnet den programmatischen Siegesnamen Britannicus trug und damit an den wichtigsten Triumph des alten Kaisers erinnerte. Da im römischen Erbrecht Adoptivsöhne den leiblichen Kindern prinzipiell gleichgestellt waren, konnte keiner der beiden Söhne des Claudius einen Vorranganspruch geltend machen; sie waren grundsätzlich, als Erben von Vermögen und politischer Macht, gleichrangig. Dennoch machte Nero das Rennen ziemlich anstandslos: Dies hängt einerseits damit zusammen, dass er entscheidende drei Jahre älter als sein Stiefbruder war, und andererseits mit den wichtigsten Strippenziehern im römischen Staat nach dem Ableben des Claudius: Agrippina (Neros Mutter), Seneca (Neros Erzieher) und Burrus (der Prätorianerpräfekt). Ihn im Boot zu haben, bedeutete den Zugriff auf die einzige in Italien verfügbare Truppe in Legionsstärke. Damit war jeglicher Widerstand, wie alle Welt wusste, zwecklos, und so passierte die Belehnung Neros mit der alleinigen Macht (unter Beiseitedrängung von Britannicus) den Senat anstandslos. Mit diesem Akt begann das *Quinquennium Neronis*, die ersten fünf Jahre der Regierungszeit des Kaisers, die in den Quellen und zumeist auch in der Sekundärliteratur als besonders glückliche Epoche der römischen Kaisergeschichte figurieren.[69] Diese Perspektive ist allerdings, gelinde gesagt, etwas naiv. Denn sie verkennt sowohl den Charakter der Herrschaft, die in diesen ersten Jahren neronischer »Monarchie« ausgeübt wurde, als auch den zwar verdeckten, aber gleichwohl verbissenen Machtkampf hinter den Kulissen, dessen Ergebnis der Tod nahezu aller Beteiligter war und der nicht zuletzt die Atmosphäre innerhalb der römischen Oberschicht so vergiftete, dass die bekannte Eskalation mit dem finalen Ende des Kaisers selbst nahezu unvermeidlich wurde.

Der Kern des Problems war meines Erachtens, dass es sich bei der Herrschaftsorganisation nach Claudius' Tod um die unheilige Allianz einer kleinen Clique machtversessener Akteure handelte, die das politische System, in dem sie agierten, nur sehr rudimentär verstanden zu haben scheinen. Das galt insbesondere für Agrippina. Sie ließ – übrigens schon zu Lebzeiten des Claudius,[70] vor allem aber danach – sowohl die Luzidität als auch die emotionale Intelli-

[69] Siehe auch Barbara Levick, »Nero's *Quinquennium*«, in: Carl Deroux (Hg.), *Studies in Latin Literature and Roman History III*, Brüssel 1983, S. 211–225.

[70] Suet. Claud. 43–44.

genz einer Livia vermissen, der als Ehefrau des Augustus und als Mutter des Tiberius das Meisterstück gelungen war, für eine halbe Ewigkeit an den Schalthebeln der Macht zu überleben. Agrippinas Idee nach dem natürlichen oder weniger natürlichen Tod ihres Mannes war es wohl schlichtweg, die Regentschaft für den jungen Nachfolger zu übernehmen – und nicht wieder loszulassen. Verständlich mochte dies gewesen sein – schließlich hatte sie ihren Sohn durch massiven Einsatz und fleißiges Intrigieren überhaupt erst in seine aktuelle Position gebracht[71] –, doch klug war es nicht. Ein Haremssystem, in welchem der nominelle Herrscher eine entmündigte Marionette in goldenem Käfig ist, die von anderen bewegt wird,[72] war im Rom des ersten nachchristlichen Jahrhunderts nicht zeitgemäß und schlug der meritokratischen Orientierung des Regimes ins Gesicht. So wie das System von Augustus installiert war, durfte ein Herrscher nicht ohne Autorität, ohne Beweis seiner Exzellenz sein. Eine solche Rolle aber hatte das selbsternannte Triumvirat für Nero nicht vorgesehen. Im Gegenteil: Man war offenbar übereingekommen, dem jungen Mann keinerlei politisch relevante Qualität auf den Leib zu schneidern, ja ihn bewusst von der Entfaltung einer standesgemäßen Rolle abzuhalten. Diese Feststellung deckt sich nicht so recht mit dem, was der humanistische Blick gerne für das Verhältnis zwischen Seneca und Nero annehmen möchte. Natürlich würde es uns allen besser gefallen, wenn es so gewesen wäre, wie wir so oft lesen: Dass nämlich Senecas Erziehungsauftrag darauf angelegt gewesen wäre, den jungen Mann zu einem besseren und qualifizierteren Herrscher zu machen, unter anderem dadurch, dass ihn der renommierte Vertreter der römischen Intelligenz von allzu bodenständigen Vergnügungen wie Schauspiel, Gesang, Zirkus und Amphitheater abgehalten und statt dessen seine geistigen Interessen gestärkt hätte.[73] Dann könnte man auch glauben, dass sich der Vertreter des Geistes redliche Mühe mit einem Schüler gegeben habe, der aber selbst durch einen Tugendmenschen wie Seneca nicht von seiner natürlich-schlechten Veran-

71 Tac. Ann. 12, 64; 12, 69; Suet. Nero 6, 2; 6, 4; 7, 1; Dio 61, 7.

72 Dio 61, 4.

73 Manfred Fuhrmann, *Seneca und Kaiser Nero. Eine Biographie*, Berlin 1997, S. 164–174.

lagung abzubringen war.[74] Leider nur behaupten die relevanten Quellen etwas ganz anderes. So schreibt Sueton, der nicht eben dafür bekannt ist, Nero über Gebühr in Schutz zu nehmen, über die Erziehung des Prinzen folgendes: »Mit allen freien Künsten kam er [Nero] schon als Knabe in Berührung. Aber von der Philosophie brachte ihn seine Mutter durch den Hinweis ab, sie sei für einen zukünftigen Herrscher ungeeignet, und vom Studium der alten Redner sein Lehrer Seneca, um sich Neros Bewunderung länger zu erhalten. Daher neigte er der Dichtkunst zu [...].«[75]

Hier firmiert das Verseschmieden eindeutig als nachrangige Option gegenüber den stärker statusrelevanten intellektuellen Alternativen. Dass die Philosophie der Ausübung politischer Macht abträglich gewesen sein soll, erscheint gerade vor dem Hintergrund von Senecas starker Position im römischen Staatsapparat lediglich als billiger Vorwand. Offensichtlich sollte Nero schon vor seinem Herrschaftsantritt von der Idee einer autonomen Herrschaft abgebracht werden; sein Marionettenstatus war von langer Hand vorbereitet. Als Sänger und Dichter, so mochte es scheinen, und ohne jede militärische und Verwaltungserfahrung wäre seine Rolle irreversibel ins Unpolitische überführt und würde dem Regiment der anderen nicht im Wege stehen. Dass diese Rechnung nicht aufging, liegt im Wesentlichen am politischen Analphabetismus der Möchtegern-Regenten. Sie hätten eigentlich wissen müssen, dass die politische Neutralisierung des nominell mächtigsten Mannes des Erdkreises unter den römischen Kommunikationsbedingungen nicht gelingen konnte – zum einen, weil der neue Herrscher ein eigenständiges Profil zeigen musste, um zu überleben, und zum anderen, weil es genug Mitglieder der römischen Elite gab, die an einer Einhegung des Herrschers durch eine partikulare Gruppe naturgemäß kein Interesse hatten. Der junge Mann war, *rebus sic stantibus*, Kapital, das auf der Straße lag und nach dem sich Interessierte gewissermaßen nur zu bücken brauchten. Und genau dies taten wohl einige, die selbst Karriere durch Kaisernähe machen wollten bzw. die mit dem patronalen Regime von Agrippina und Seneca nichts am Hut hatten. In einem System, in dem Statusgewinn als Nullsummen-

[74] Ebd., S. 175–196; Gregor Maurach, *Seneca. Leben und Werk*, Darmstadt [3]2000, S. 35.

[75] Suet. Nero 52 (Übers.: Wittstock).

spiel galt, musste jeder Gewinn innerhalb einer engen Gruppe für jemand anderen als Verlust erscheinen.

Folgerichtig brachen die Konflikte schon sehr rasch nach Claudius' Tod auf. Insbesondere die Auseinandersetzungen zwischen Nero und Agrippina eskalierten, als deutlich wurde, dass der junge Mann sich mit der ihm zugedachten Rolle nicht zufriedengeben würde, Agrippina ihrerseits aber nicht bereit war, ihre Vorstellungen von der Machtverteilung im Staat zu ändern. Dass sie gegenüber ihrem Sohn die finale Drohung ausgesprochen haben soll, man könne schließlich statt seiner auch Britannicus zum Herrscher machen,[76] unterstreicht, mit welch harten Bandagen hier gekämpft wurde. Unter diesen Umständen bedeutete es eine nicht unbeträchtliche Stärkung von Neros Position, dass sein Stiefbruder bereits im Februar 55 n. Chr., d. h. ein knappes halbes Jahr nach dem Regimewechsel, umgebracht wurde.[77] Damit war die Autokratie Neros, zumindest aus der Perspektive seines persönlichen Umfeldes, alternativlos geworden. Die Tötung des Britannicus selbst war allerdings, obwohl es die Gewichte eindeutig zugunsten Neros verschoben hat, sicherlich kein Alleingang des jungen Mannes. So etwas gegen den Willen der wirklich Mächtigen Roms ins Werk zu setzen, hätte seine Kapazitäten zu diesem Zeitpunkt sicherlich überstiegen. Nein, gerade wenn Nero keine scharf profilierte Rolle auf den Leib geschrieben bekam, musste die Existenz eines zweiten Thronanwärters ein steter Unsicherheitsfaktor für das Regime sein, wie es sich soeben etabliert hatte. Eine zweite Marionette hätte, wie dies schon des öfteren in der Geschichte der römischen Kaiserzeit geschehen war, der senatorischen Elite einen mächtigen Spaltpilz implantiert, der wiederum beträchtliche Risiken für den inneren Frieden und das Überleben Neros und seiner Entourage mit sich gebracht hätte. Insofern war die Ermordung des Britannicus, aller Wahrscheinlich-

[76] Tac. Ann. 13, 14, 2. Suet. Nero 34, 1 bezeugt, dass Nero durch die wiederholte Andeutung, er werde wegen seiner Mutter abdanken und nach Rhodos gehen, Hass gegen sie zu erregen versucht habe. Diese halböffentlich ausgetragenen Konflikte sprechen ganz entschieden gegen Meiers These vom unpolitischen jungen Nero (Meier, »›Qualis artifex pereo‹«, S. 588 f.). Hier ging es zwar nicht um das klassische Feld der Außenpolitik, aber, indem die *persona* des Kaisers verhandelt wurde, gleichwohl um eine zentrale und kontroverse politische Agenda.

[77] Vgl. Champlin, *Nero*, S. 151.

keit nach, eine Gemeinschaftsleistung der Profiteure von Claudius' Tod. Doch war dieser Akt zugleich der erste Schritt zu einer Emanzipation Neros von seinen vielen Vormündern. Jedenfalls scharte sich mittlerweile wohl ein Kreis von Aristokraten um seine Person.[78] Dass in dieser Runde die Auffassung regierte, eine Autonomie Neros würde ohne das Abtreten Agrippinas nicht möglich sein, lässt sich wohl voraussetzen. Um die Modalitäten dafür wurde zumindest in den nächsten Jahren verbissen gerungen. Da die Zusammenarbeit zwischen Seneca, Burrus und Agrippina eher ein labiles Zweckbündnis war als eine stabile Gemeinschaft, gelang es Nero, seine Mutter Stück um Stück von der Schaltzentrale der Macht zu verdrängen. Erst wurden ihr die Wach- und Schutzmannschaften weggenommen, dann wurde sie aus Rom entfernt.[79] Wer schließlich die radikale Emanzipation Neros durch den Muttermord organisiert hat, lässt sich nicht mehr genau nachvollziehen; aber spätestens mit dem Tod Agrippinas war die Goldene-Käfig-Lösung für den jungen Kaiser endgültig gescheitert. Danach war Burrus nur noch ein Prätorianerpräfekt auf Abruf und kam 62 n. Chr. auf mehr oder weniger natürliche Weise ums Leben.[80] Der ehemals dritte im Bunde, Seneca, erkannte sofort die Zeichen der Zeit und zog sich nach Burrus' Tod weitgehend aus der Öffentlichkeit zurück.[81] Er überlebte, bis er, 64 n. Chr., mit einer größeren Verschwörung vergemeinschaftet wurde und von Nero die imperative Anregung erhielt, Selbstmord zu begehen.

Seine Rolle bei all dem war eine ebenso unglückliche wie unschöne. Einerseits den von den Zeitläuften unbeeinflussbaren stoischen Philosophen zu geben und auf der anderen Seite sehr sichtbar nach politischen (und wirtschaftlichen) Profiten aller Art zu streben, war im Grunde wohl von Anfang an keine geschickte Kombination. Seine quasi-kaiserliche Hofhaltung und enorme Bereicherung bei gleichzeitigem Anspruch auf moralische Autorität stieß jedenfalls bei den Standesgenossen auf durchaus erheblichen Unmut.[82] Zweifelsohne gab es viele, die sich nichts sehnlicher als

[78] In erster Linie werden hier Salvius Otho und Claudius Senecio genannt (Tac. Ann. 13, 12; Suet. Otho 2, 2–3, 1).

[79] Suet. Nero 34, 1.

[80] Suet. Nero 35, 5; Tac. Ann. 14, 51.

[81] Tac. Ann. 14, 56, 3.

[82] Tac. Ann. 14, 52–14, 53, 1.

den Sturz Senecas wünschten – von einer aristokratischen Solidarität mit dem großen Philosophen konnte jedenfalls keine Rede sein. Und dies ist auch kein Wunder: Lässt man einmal die philosophischen Abhandlungen des Mannes beiseite, über deren Originalität man übrigens sehr geteilter Meinung sein kann, ergibt sich das Bild eines bedenkenlosen Opportunisten. Seinen verstorbenen Gönner, den soeben vergöttlichten Kaiser Claudius, mit einer beißenden Satire lächerlich zu machen,[83] war ebenso eine Dienstleistung an dem jungen Nero, der sich von seinem Adoptivvater zu distanzieren trachtete, wie die Beteiligung an Britannicus' Ermordung. Tacitus versichert überdies, dass Seneca auch bei der Planung des Mordes an Agrippina dabei gewesen sei. In jedem Fall verfasste er den Schriftsatz, in dem alle guten oder weniger guten Gründe, die die Staatsraison für ihren Tod geltend machen konnte, aufgezählt und dem Senat präsentiert wurden. Nach Burrus' Tod versuchte er schließlich in klarer Erkenntnis der Tatsache, dass das Spiel um die Macht endgültig verloren war, mit geradezu peinlich-servilen Offenbarungseiden, wenigstens das Leben und zumindest einen Teil seines in den fetten Jahren zusammengerafften Vermögens zu retten.[84] So war er insgesamt weder der Architekt einer besseren Autokratie noch der überzeugte Widerstandskämpfer gegen die despotische Willkür des schlimmen Herrschers, sondern eher ein Carl Schmitt oder Albert Speer. Zu der konkurrenzlos schwülen Intri-

[83] Die sog. Apokolokynthosis (»Verkürbissung«) des Claudius; siehe dazu Schubert, *Studien zum Nerobild in der lateinischen Dichtung der Antike*, S. 15–33.

[84] Tac. Ann. 14, 53, 2–14, 54. In diesem von beiden Seiten geheuchelten Streitgepräch über die Rolle Senecas in Neros Staat lässt Tacitus Nero klar gewinnen (siehe auch Fuhrmann, *Seneca und Kaiser Nero*, S. 272 f.). Das etwas unfreundliche Seneca-Bild, das in meinem Aufsatz gezeichnet wird, folgt denn auch in seinen Grundzügen dem römischen Historiker, für den Seneca allenfalls eine zwielichtige politische Figur war (insbesondere im Vergleich zu Thrasea Paetus). Methodisch erscheint es mir insgesamt ertragreicher, Senecas öffentliches Handeln zunächst von seinen philosophischen Schriften zu separieren, statt das eine mit dem anderen zu erklären und dann zu so problematischen Schlussfolgerungen zu kommen, wie etwa dass Seneca nach der Machtposition, die er innehatte, nie gestrebt habe (so Fuhrmann, *Seneca und Kaiser Nero*, S. 174), oder über die psychologischen Kollateralschäden von blutiger Realpolitik (wie der Mord an Britannicus und Agrippina) auf die sensible Philosophenseele zu spekulieren (so Malitz, »Der Herrscher als Künstler«, S. 21–40).

ganz am Kaiserhof während Neros erster Jahre jedenfalls hat er Substantielles beigetragen.

Die Geschichte der Emanzipation Neros, und hier schließt sich der Kreis, war zugleich die Geschichte seiner musischen Rolle. Es ist in der Tat auffällig, dass jeder Zuwachs an faktischer Macht mit der gesteigerten Sichtbarkeit seiner sängerischen Qualitäten einherging. Unmittelbar nach Claudius' Tod holte er sich durchaus öffentlichkeitswirksam den Kithara-Virtuosen Terpnos an den Hof und legte damit auch demonstrativ seine Rollenpräferenz fest. Dass Nero dann präzise im zeitlichen Zusammenhang mit dem Muttermord das erste Mal öffentlich auftrat, war sicherlich keine zufällige Koinzidenz. Und der ultimative theatralische Durchbruch im Jahre 64 schließlich fiel mit der Pisonischen Verschwörung zusammen, der auch Seneca zum Opfer fiel. Das mehr oder weniger öffentliche Singen, das Dichten und Auftreten wurde auf diese Weise zur Basis seiner imperialen Rolle, zum spezifischen Signum seiner Selbstdarstellung.

Damit hatte er sich eine neue, in aristokratischen Kreisen immerhin praktizierte und positiv konnotierte Fertigkeit angeeignet. Wenn er etwas besser konnte als sein statusnahes Umfeld, dann war es dies. Dass er daraus die persönliche Ressource seiner Exzellenz generierte, ist erst einmal nur konsequent.[85] Natürlich wären traditionellere Ressourcen wie militärische Leistung oder rhetorische Brillanz risikoloser gewesen, aber über dergleichen konnte Nero nun einmal nicht verfügen. Was er als mächtigster Mann des Erdkreises aber konnte – oder zu können meinte –, war, die Regeln für Prestigeerwerb in Rom zu ändern. Bezeichnend dafür sind seine systematischen Anstrengungen, Angehörige der traditionellen Führungsschicht auf die Bühne zu holen[86] und damit dem Vorwurf zu begegnen, Bühnenpräsenz sei nur etwas für Fremde und Unterprivilegierte. Eine ebenso systematische Abwertung des Militärischen im römischen Kontext[87] sollte diese diskursiven Anstrengungen

[85] Siehe auch C. E. Manning, »Acting and Nero's Conception of the Principate«, in: *Greece & Rome* 22 (1975), S. 164–175.

[86] Suet. Nero 11.

[87] So verlieh Nero die *Ornamenta triumphalia* als Ehrungen ohne vorhergehende militärische Siege (Suet. Nero 15, 2). Im übrigen versuchte Nero den militärischen Sektor als Konkurrenz zu sich selbst zu neutralisieren, indem er einerseits den erfolgreichen und hochrangigen General Corbulo

offenbar flankieren. Und schließlich baute er konsequent Resonanzböden aus, die für den Zusammenhang von Macht und Kunst oder von Auftritt und Status auch politisch relevante Öffentlichkeiten bereitstellen konnten. Dazu gehörte zum einen die Aktivierung des griechischen Kulturraums in Unteritalien,[88] zum anderen die Aufwertung der östlichen Reichshälfte. Dass er am Ende seiner Griechenlandtournee die Griechen für frei von Abgaben und römischer Bedrückung erklärte,[89] zeigt die Durchlässigkeit zwischen Rollenästhetik und Verwaltungshandeln. Wie wirkungsvoll die neronische Performanz im Osten trotz aller momentaner Irritationen war, zeigt sich nicht zuletzt daran, dass es dort nach seinem Tod mehrere Wiedergänger gegeben hat, die als re-inkarnierte Nerones ihre politischen Ziele epiphanisch zu befördern suchten.[90]

Prekär für ein machtgestütztes Künstlertum blieb allerdings die stadtrömische Öffentlichkeit. Doch auch hier entwickelte der Kaiser eine kontextsensible Strategie des Werbens um Akzeptanz. Er setzte dabei ganz auf die Kommunikation mit der *plebs urbana*, die grundsätzlich schauspielbegeistert war. Bei der breiten städtischen Masse in den Amphitheatern und Theatern, den Odeia und dem Zirkus versuchte er mit allen Mitteln zu punkten, um den unvermeidlichen Hiat zu den traditionellen Normen der Elite so irrelevant wie möglich zu machen.[91] Mit Wagenrennen (Breitenwirkung) und den musischen Wettkämpfen (Elitenkultur) besetzte der Kaiser immerhin die wesentlichen Öffentlichkeiten der Hauptstadt. Dass seine Rechnung dennoch nicht ganz aufging, zeigt Neros erzwungener Selbstmord (»qualis artifex pereo« – »welch ein Künstler stirbt mit mir«[92]), nachdem der Altaristokrat Serv. Sulpicius Galba gegen

zum Selbstmord zwang (Suet. Nero 20, 2) und andererseits Vespasian als im Lichte der Hocharistokratie sozialen Niemand mit der Führung des jüdischen Krieges beauftragte.

88 Suet. Nero 25, 1 (zu Neapel als Kulturhauptstadt Italiens) und 22, 3 (zur besonderen Befähigung der Griechen, Neros Talent zu schätzen).

89 Zur Freiheitserklärung Suet. Nero 24, 2; Alcock, »Nero at Play?«, S. 103; Meier, »›Qualis artifex pereo‹«, S. 594 f.

90 Siehe dazu Paul A. Gallivan, »The False Neros: A Re-examination«, in: *Historia* 22 (1973), S. 364 f.

91 Ein wesentliches Element dieser innerstädtischen Selbstdarstellung ist das Stiften neuer und sehr opulent ausgestatteter Spiele, der *Neronia* (Suet. Nero 11–12); siehe dazu Champlin, *Nero*, S. 72 f.

92 So sein angebliches Abschiedswort nach Suet. Nero 49, 1.

ihn geputscht und der Senat ihn zum Staatsfeind erklärt hatte.[93] Doch sollte man dabei nicht übersehen, welche Wirkungen seine Neudefinition von Statusformeln auch in der Hauptstadt hinterlassen hat: In deren verwinkelten Straßen wurde ihm eine dezentrale und unautorisierte Verehrung zuteil, wie sie sonst wohl nur nach der Ermordung Caesars, 100 Jahre zuvor, zu verzeichnen war.[94]

Dass öffentliches Singen kein gangbarer Weg war, um den Wolf der römischen Alleinherrschaft bei den Ohren zu packen, hing letztendlich wohl mit der elementaren Präsenz des Militärischen in der Verfasstheit des Imperium Romanum zusammen. Bei den Grenztruppen des Reiches vom Rhein bis an den Euphrat konnte ein langhaariger, parfümierter, apollinisch-effeminiert wirkender, dichtender und singender Kaiser kaum auf Akzeptanz rechnen. Dass dies ein Totschlagsargument gegen die künstlerische Selbstexpansion des Herrschers sein musste, war vor der neronischen Probe aufs Exempel indessen alles andere als klar. Um das zu verstehen, bedurfte es immerhin eines Paradigmenwechsels in der Wahrnehmung des Reiches, oder, um mit Tacitus zu sprechen, der Entbergung des *arcanum imperii*, dass man nämlich den Kaiser auch außerhalb Roms machen konnte.[95] Nach Neros Tod wusste man dies – und die Verbindung von Singen und Herrschen blieb Episode.

[93] Zu den Vorgängen im einzelnen vgl. Flaig, *Den Kaiser herausfordern*, S. 240–292.

[94] Suet. Nero 57, 1; dagegen aber Egon Flaig, »La fin de la popularité Néon et la Plèbe à la fin du règne«, in: Jean-Michel Croisille, Yves Perrin (Hg.), *Rome à l'époque néronienne. Institutions et vie politique, économie et société, vie intellectuelle, artistique et spirituelle*, Brüssel 2002, S. 361–374; zu Caesar: Ulrich Gotter, *Der Diktator ist tot! Politik in Rom zwischen den Iden des März und der Begründung des Zweiten Triumvirats*, Stuttgart 1996, S. 40 f.

[95] Tac. Hist. 1, 4.

Benito Mussolini (1883–1945)

BABEUF (1902)

Thermidor triumphiert und verdammt
fällt die Schar der Rebellen. – Es späht
mit scheelem Auge der Priester aus der Verbannung
in den Adern des Volkes das bluttriefende Beil.

Taub schreitet der Furor der Rache voran
aufgekeimt in den Exilen und Gefahren.
Oh, die schönen Tage sind vergangen wie der Blitz
die Heldentage der ›Kanonade‹.

Aber Baboeuf lächelt. – In den erlöschenden
Augen leuchtet der Blitz der Idee auf,
die Vision kommender Jahrhunderte.

Und der letzte Gedanke, der ihn aufrichtete,
als er schon besiegt war, verlangte rächend
die höllische Legion der Ardennen.

»Ich schreibe, um mich selbst neu zu schreiben« Der Fall Benito Mussolini

Richard Bosworth

1. Zwischen Dante, D'Annunzio und Marinetti

Was Wörter betrifft, war Benito Mussolini, faschistischer *Duce* und Herrscher über Italien von 1922 bis Juli 1943 (und danach von seinen Nazi-Verbündeten in der problematischen Rolle als »Marionetten-Diktator« wieder eingesetzt von September 1943 bis zu seinem Tod am 28. April 1945) ein fruchtbarer Schöpfer. Seine »gesammelten« Werke füllen 44 Bände[1] und schließen trotz ihres Umfangs weiteres Material aus. Das vielleicht nachhaltigste Bild dieses italienischen Diktators zeigt ihn, wie er eine Rede hält, Körper, Gesicht und Hände in dauerhafter, ja ruckartiger Bewegung zu seinen Phrasen, und wie er Wörter von einem Balkon oder einem anderen erhöhten Punkt aus zur Menge unten bellt. Zuschauer waren ein notwendiger Bestandteil seiner *mise en scène*. Der Diktator erscheint bis in die Gegenwart als Dirigent eines modernen politischen Wechselgesangs, der Antwort von einer euphorischen Menge braucht und bekommt, die »Duce, Duce, Duce«, »Eia, Eia, Eia, alalà«, »A Noi« und die anderen einfachen Slogans des Regimes singt. Die Rolle der Menge bestand darin, ergeben alle Pausen in der Rede zu füllen. Wenn dann schließlich Ruhe eintrat, behaupteten die Propagandisten des Regimes (mit Zustimmung einiger zeitgenössischer Historiker), dass dieses inszenierte Charisma Führer und Volk in einer mystischen Vereinigung verschmolzen habe. Die Aufführung des *Duce* hatte sozusagen eine moderne politische Version eines Orgasmus oder einer religiösen Transsubstantiation geliefert. Hier war die totalitäre Herrschaft über den menschlichen Geist zu ihrem vollen Ausdruck gelangt.

[1] Benito Mussolini, *Opera omnia*, hg. von Edoardo und Duilio Susmel, 36 Bde., Florenz 1951–1963; Bde. XXXVII–XLIV, Rom 1978–1980. Im Folgenden BMOO.

Vielleicht. Als Historiker der faschistischen Politik und Gesellschaft hege ich große Zweifel, ob unter dieser »italienischen Diktatur« das kurzzeitige Drama politischer Feierlichkeiten oder die allgegenwärtige (wenn nicht gar höchst zahlreich vertretene) Geheimpolizei wirklich die Seelen der Leute im Sinne einer rein faschistischen Modernität manipuliert haben.[2] Trotzdem sind Mussolinis Ausflüge in die Literatur im weiten Sinne einer Betrachtung wert. Hier haben wir einen politischen Führer, der zunächst als Volksschullehrer (für Französisch) ausgebildet worden ist, der rasch Furore als Journalist machte, eine Laufbahn, die er nie ganz verlassen und die er selbst in den verzweifelten Tagen des Zweiten Weltkriegs in Italien mit Wehmut betrachtet hat. Hier haben wir zudem einen Autor, der in seiner Jugend Gedichte veröffentlicht hat, einen Roman, etwas Religionsgeschichte und eine unvollständige Autobiographie. 1913/14 gab er eine philosophische Zeitschrift heraus (offiziell alle vierzehn Tage, allerdings mit erratischer Erscheinungsweise) unter dem hochambitionierten Titel *Utopia.*[3] Vom Sozialismus einmal abgefallen, um Italiens Version des Ersten Weltkriegs zu befürworten, und selbst schließlich an der Front im Dienst, verfasste er ein Kriegstagebuch, das nach 1922 zum heiligen Text patriotischen Soldatenlebens und zur Pflichtlektüre für jedes Schulkind erhoben wurde.[4] Selbst nachdem er Diktator geworden war, fand er Zeit, die Schirmherrschaft über eine weitere, allgemeinere (wenn auch von einem Ghostwriter verfasste) Autobiographie zu übernehmen, wenigstens offiziell drei Dramen mitzuverfassen und zwei scheinheilige Erinnerungsbücher selbst zu schreiben, eines über seinen Bruder Arnaldo (der 1931 starb) und ein anderes über seinen zweiten Sohn Bruno (der am 7. August 1941 als Testpilot im Zweiten Weltkrieg fiel). Es gab sogar einen letzten Versuch einer Zeitgeschichtsschreibung, als Mussolini einen kurzen Bericht der

[2] Für meine eigene Bewertung der Debatten in der Geschichtswissenschaft siehe Richard Bosworth, *The Italian dictatorship: problems and perspectives in the interpretation of Mussolini and Fascism*, London 1998.

[3] Sie wurde von Mussolinis unermüdlichem italienischen Biographen Renzo De Felice wieder veröffentlicht unter Benito Mussolini, *Utopia: rivista quindicinale del socialismo rivoluzionario italiano*, Mailand 1973.

[4] Benito Mussolini, *Il mio diario di guerra (1915–1917)*, Mailand 1923.

Ereignisse vom Juli 1943 zusammenstellte, über seinen ersten Sturz und dessen Nachwirkung.[5]

Diese Schriften machten sich alle sehr gut, aber wie viele seiner Zeitgenossen hielt Mussolini an einer Hierarchie der Geisteswissenschaften fest, bei der die Philosophie am Gipfel der intellektuellen Bestrebungen stand. Wenn der Diktator seine eigene Brillanz betrachtete, was er oft tat, wenn auch gelegentlich mit einem beinahe liebenswerten Unbehagen, dann gefielen ihm seine Ausflüge in die Philosophie am besten. Dann wusste er, dass es seinem Geist gelungen war, die Bedeutung des Faschismus zu formen, »*der* Ideologie des zwanzigsten Jahrhunderts«, und dass er dies in jeder Rede, jedem Kommentar und Artikel weiterhin tun würde. Als eingängigste Zusammenfassung gab es die »Lehre des Faschismus«, die vom Diktator aus einem Entwurf des Regierungsphilosophen Giovanni Gentile »neu verfasst« und in einem Band der neuen *Enciclopedia italiana* zur großen Zwanzig-Jahr-Feier der Regierung 1932[6] veröffentlicht wurde. Danach waren Studenten in Italien gezwungen, Kurse in Mussolinis Philosophie zu belegen, während der *Duce* für gewöhnlich Werke von z. B. Platon geöffnet auf seinem Schreibtisch liegen hatte, wenn er von einheimischen oder fremden Würdenträgern besucht wurde (bisweilen wurden solche auffälligen Lektüren durch italienische oder fremdsprachige Poesie ergänzt).[7] Als Mussolini am 29. Juli 1943 in seinem königlichen Gefängnis sechzig wurde, bekam er von seinem Freund Adolf Hitler vermutlich zu seiner Genugtuung die *Gesammelten Werke* von Friedrich Nietzsche auf Deutsch zur stärkenden oder belebenden Lektüre. Zumindest zu Lebzeiten des Regimes wurde »das Denken Benito Mussolinis« als selbstverständlicher Bestandteil der Liste aus Aristoteles, Thomas von Aquin, Kant und den anderen gepriesen. Und Mussolini scheint philosophische Diskussionen ernsthaft geliebt zu

[5] Für eine englische Biographie siehe Richard Bosworth, *Mussolini*, überarbeitete Ausgabe, London 2010. In Italien bleibt die Studie von Renzo De Felice, *Mussolini*, 8 Bde., Turin 1965–1997, grundlegend.

[6] BMOO XXXIV, S. 115–138. Für eine Analyse des Beitrags von Mussolini und Gentile siehe Renzo De Felice, *Mussolini il duce 1. Gli anni di consenso 1929–1936*, Turin 1974, S. 35–38.

[7] Für einen solchen Fall nach dem September 1943 siehe Rudolf Rahn, *Ambasciatore di Hitler a Vichy e a Salò*, Mailand 1950, S. 287. Rahn bemerkte auch, dass Mussolini offensichtlich gerade einen Band des deutschen Romantikers Eduard Mörike beiseite legte.

haben, wenn auch lieber mit bewundernden jungen Frauen als mit wahrheitssuchenden unabhängigen Intellektuellen.[8]

Über die Tiefgründigkeit und Konsistenz von Mussolinis eigener Philosophie lässt sich streiten, und einige Kommentatoren bestehen darauf, dass er ein origineller und bedeutender Denker war.[9] Eine weit verbreitete Sicht und sicherlich auch meine eigene ist die, dass Mussolini mehr auf unmittelbare Macht denn auf dauerhafte Bedeutung zielte; aber in jedem Fall ist ein kurzer Essay nicht der Ort, um einen vollständigen Bericht darüber abzuliefern, was Mussolini aus Italien und dem Faschismus gemacht hat und diese aus ihm.

Dennoch lohnt es sich, den Fokus auf Mussolinis literarische Versuche zu richten und zu betrachten, was sie über ihn, Italien, den Faschismus und dessen Version des Totalitarismus enthüllen. In dieser Hinsicht war der Diktator kaum der einzige Politiker in Italien, der sich in *Creative Writing* versucht hat (oder der stolz darauf war, als »Professor« angesprochen zu werden).[10] Einer der »Helden« des Risorgimento, Giuseppe Garibaldi, verfasste mindestens vier Romane von unterschiedlichem Erfolg (der letzte, *Manlio*, fand erst 1982 einen Verleger).[11] Guiseppe Mazzini war sich seiner als poetischer Philosoph der Nation bewusst, und seine erste Veröffentlichung von 1826 war ein Essay über die Vaterlandsliebe Dantes. In seinen Lehrjahren las Mazzini viel europäische Poesie und Literatur und hoffte, selbst einmal historische Romane und Dramen zu schreiben.[12] Das blieb schließlich anderen Nationalisten überlassen wie Massimo D'Azeglio aus dem Piemont oder Francesco Guzerrazzi aus der Toskana, doch hat Mazzinis Rolle als Revolutionär und Prophet nie ihren poetischen Glanz verloren. Mit dem Ergebnis, dass in jüngster Zeit der Historiker Alberto Banti erneut die Ansicht

8 Siehe dazu Bosworth, *Mussolini*, S. 314, für den Fall von Elena Curti.

9 Der hartnäckigste Verteidiger dieser Sicht im englischen Sprachraum ist A.J. Gregor. Siehe zum Beispiel A.J. Gregor, *Mussolini's intellectuals: Fascist social and political thought*, Princeton u. a. 2005.

10 In ihren eigenen, fremdverfassten Memoiren berichtet seine Frau, dass von ihr erwartet wurde, ihn bis 1927 mit diesem Titel anzureden (den er durch seine Qualifikationen als Volksschullehrer erhalten hatte). Siehe Rachele Mussolini, *The real Mussolini as told to A. Zarca*, Farnborough 1973, S. 66.

11 Lucy Riall, *Garibaldi: invention of a hero*, New Haven 2007, S. 374.

12 Denis Mack Smith, *Mazzini*, New Haven 1994, S. 2 f.

vertreten hat, dass Italien in gleichem Maße aus Worten wie aus Blut und Eisen »gemacht« worden sei.[13] Und auch die katholische Kirche, obwohl sie das unterlegene »Opfer« des politischen Triumphs des liberalen Italiens war, kapitulierte mitnichten vor der nationalen Version der Moderne und ihrer ökonomischen und militärischen Macht. Viel eher arbeitete sie weiter daran, sich einen eigenen Platz in der Seele und Identität der Italiener einzurichten, indem sie sich hauptsächlich auf Worte und deren Mysterium stützte.[14]

Es ist daher von beträchtlicher Ironie, dass der mittelalterliche religiöse Dichter Dante Alighieri von den liberalen Nationalisten zum einzigartigen »Vater der Nation« hochstilisiert wurde. Von 1889 an konnten Patrioten der *Società Dante Alighieri* beitreten, die in Rom gegründet worden war und in den politischen und intellektuellen Zirkeln, die nicht dem Sozialismus anhingen, die Besten und Brillantesten unter ihrem Banner versammelte. Pasquale Villari, Professor an der Universität, renommierter Renaissance-Historiker und ehemaliger konservativ-liberaler Kultusminister, war der erste Präsident dieser Vereinigung. Dante, so wurde behauptet, hat sowohl die Nationalsprache erfunden als auch die politische Unabhängigkeit Italiens vorhergesehen und die ideellen Grenzen der Nation festgelegt, ob in Süd-Tirol zur germanischen oder in Triest und Istrien zur »slawischen« Welt. Eine der politischen Sensationen im Europa vor dem ersten Weltkrieg war das Aufstellen einer Statue von Dante mit Lorbeerkranz und einer Geste, von der später die Faschisten behaupteten, sie sei ein »römischer Gruß« – 1896 in Trient, einer italienischsprachigen Stadt, die immer noch von den Habsburgern regiert wurde und Objekt des italienischen »Irredentismus« war. Durch den großen Verbreitungsgrad des Mythos Dante war es vermutlich unvermeidlich, dass Italiens erstes modernes Schlachtschiff, das 1911 als Teil der Feierlichkeiten des 15. Geburtstages der Nation vom Stapel lief, den Namen *Dante Alighieri* verliehen bekam.[15]

[13] Siehe zum Beispiel A.M. Banti, *La nazione del Risorgimento: parentela, santità e onore dell'Italia unita*, Turin 2006.

[14] Für einen Überblick siehe Lucy Riall, »Martyr cults in nineteenth-century Italy«, in: *Journal of Modern History* 82 (2010), S. 255–284.

[15] Richard Bosworth, *Italy, the least of the Great Powers: Italian foreign policy before the First World War*, London u. a. 1979, S. 49–52. Die Dante-Statue

Die Poesie und die anderen Künste bewahrten einen prominenten Platz in den politischen Kontroversen und Bestrebungen, deshalb auch in der Weltanschauung des Italien der Zeit nach dem Risorgimento. Die liberale Elite war erklärtermaßen humanistisch. Abgeordnete des Parlaments waren üblicherweise Anwälte und/oder Journalisten und stolz darauf, den Titel »Prof.« oder »avv.« (avvocato) mit ihrem Namen verbunden zu haben. Ein Soziologe schätzt, dass die Mitglieder der Abgeordnetenkammer zwischen 1903 und 1913 sich zu 27 Prozent aus Anwälten, zu 7 Prozent aus anderen Berufen, zu 28 Prozent aus Intellektuellen jedweder Art, zu 16 Prozent aus Bürokraten, zu 16 Prozent aus Menschen mit einem militärischen Hintergrund zusammensetzten, aber nur 4 Prozent Grundbesitzer waren und 1 Prozent aus der Wirtschaft kam.[16] Jeder Beobachter der Rhetorik im liberalen italienischen Parlament bemerkt sofort, dass philosophische, poetische und literarische Zitate damals mehr zählten als »die Fakten«. Kein Wunder, dass der aufstrebende Darsteller auf der nationalen politischen Bühne, Benito Mussolini, zuviel sozialistisches Gerede über Gleichheit zügelte und auf der Anerkennung seiner (bescheidenen) akademischen Qualifikationen bestand, ohne Zweifel ein *compagnero* (Kamerad), aber auch ein *professore*.

Die Dinge änderten sich aber auch nicht, als das Herannahen des Ersten Weltkrieges die allzu behaglichen und in wachsendem Maße scheinhaft gewordenen Sicherheiten der liberalen Regierung in Frage stellte. Italien hätte die letzte der Großmächte bleiben können, gemessen an der Kohle- und Stahlproduktion, seiner Kriegssehnsucht, seiner imperialen Verbreitung und selbst seiner Bevölkerung, aber als wortgewandte Schreiber nahmen Italiener einen prominenten Platz in dem ein, was die »Generation von 1914« genannt worden ist. Besonders lebendig waren die Futuristen, die von F.T. Marinetti angeführt wurden. Das Manifest der Gruppe verkündete, dass Krieg »die einzige Hygiene der Welt« sei, während ein wagemutiger gotteslästerlicher Intellektueller die Bergpredigt parodierte, um die Modernisierung und die spirituelle Vereinigung Italiens durch das Sakrament vergossenen Bluts anzutreiben. Was die Poesie

war eine Antwort auf die des mittelalterlichen deutschen Dichters Walther von der Vogelweide, die in Bozen (Bolzano) 1886 errichtet worden war.

16 Paolo Farneti, *Sistema politico e società civile: saggi di teoria e ricerca politica*, Turin 1971, S. 180.

betraf, so waren die Futuristen sehr kreativ in ihren Versuchen, Wörter zu industrialisieren und zu militarisieren, mit Marinettis »Zang Tumb Tumb«, das eine Klanglandschaft der Schlacht von Adrianopel während der Balkankriege schuf und Pionierstück einer Bewegung wurde, die später »Konkrete Poesie« genannt worden ist. Zumindest an der Oberfläche verkündeten die Futuristen eine Überwindung der Vergangenheit und »Freiheit« von allen Zwängen, mit einem Marinetti, der 1913 bezeichnenderweise behauptete, der neue Mensch

> wird zunächst beim Sprechen brutal die Syntax zerstören. Er wird keine Zeit mit dem Bau von Sätzen verlieren. Er wird auf die Interpunktion und das Setzen von Adjektiven pfeifen. Er wird nicht darauf achten, seine Rede auszufeilen und zu nuancieren, sondern er wird ganz außer Atem in Eile seine Seh-, Gehör- und Geruchsempfindungen in eure Nerven werfen, so wie sie sich ihm aufdrängen. Das Ungestüm seiner Dampf-Emotion wird das Rohr des Satzes zersprengen, die Ventile der Zeichensetzung und die Regulierbolzen der Adjektive. Viele Handvoll von essentiellen Worten ohne irgendeine konventionelle Ordnung. Einzige Sorge des Erzählers: alle Vibrationen seines Ichs wiederzugeben.[17]

Einige Kommentatoren sind sich sicher, dass die futuristischen Texte und Gedanken, ihr militanter Irrationalismus, eine Vorahnung des Faschismus waren, und zumindest 1919 war Marinetti ein Aktivist aus denselben Gründen, die auch die ersten Mitglieder der *fasci di combattimento* angezogen hatten, die unter Mussolinis Führung im März dieses Jahres in Mailand gegründet worden war.[18] Während der ganzen faschistischen Herrschaft und sogar als sie ihre Unterordnung unter ihren mächtigeren nationalsozialistischen Verbündeten akzeptiert hatten, legten Mussolini und andere Häuptlinge des Regimes nie ihre positive Reaktion auf den Futurismus ab

[17] F.T. Martinetti, »Zerstörung der Syntax. Drahtlose Phantasie. Befreite Worte«, in: Hansgeorg Schmidt-Bergmann (Hg.), *Futurismus. Geschichte, Ästhetik, Dokumente*, Reinbek 1993, S. 213.

[18] Für einen vollständigen neueren Überblick siehe W.L. Adamson, *Avant-Gardes: modernism's resistance to commodity culture in Europe*, Berkeley 2009.

und blieben für alle Formen des »Modernen« in der Kunst offener als Adolf Hitler mit seiner altmodischen kleinbürgerlichen Vorliebe für das Gegenständliche.[19]

Doch wenn man sie nicht an ihren eigenen Begriffen misst, dann haben die italienischen Futuristen es selbst niemals geschafft, größere Widersprüche zu überwinden, als sie so mannhaft die Bourgeoisie in ihrem behaglichen Leben zu piesacken versuchten. Die Aggressivität ihrer nationalistischen Parolen muss man vor dem Hintergrund ihres offenkundigen Wunsches bewerten, in Paris vergöttert zu werden, der internationalen Hauptstadt der Kultur, die so viel größer war als das rückständige, klerikale und provinzielle Rom. Marinettis explosive Berichte aus dem Balkankrieg sind zuerst auf Französisch in der Zeitung *L'Intransigeant* veröffentlicht worden.[20] Auch sein offener Beifall für die »Verachtung der Frauen« muss mit dem Wissen betrachtet werden, dass er irgendwann eine jüngere Frau mit eigenen intellektuellen Ambitionen geheiratet hatte, unter deren Pantoffel er anscheinend stand. Das beste Beispiel aber für Zweideutigkeiten dieser rhetorischen Revolutionäre ist Umberto Boccionis Gemälde *La città che sale*, das zuerst im April 1911 in Mailand ausgestellt worden ist, ein internationaler Erfolg wurde (ironischerweise mit Hilfe des Zufalls, dass das liberale Italien 50. Geburtstag hatte) und sich nun im MoMA in New York befindet. Boccioni hatte seine Absicht erklärt, »die Früchte unseres industriellen Zeitalters« darzustellen, und die offensichtlichste Botschaft seines Bildes ist das tumultartige und dynamische Wachstum einer Stadt aus Fabriken und Mietshäusern. Doch die Pferdestärke, die das Bild beherrscht, ist die des Tieres, nicht der Maschine.[21] Ohne es zu merken, drückt daher *La città che sale* stärker die Rückständigkeit als die Modernität Italiens aus, verglichen mit Nord- und Westeuropa oder den USA.

[19] Die beste allgemeine Studie über die Kulturszene im faschistischen Italien ist M.S. Stone, *The Patron State: culture and politics in Fascist Italy*, Princeton (NJ) 1998.

[20] M.W. Martin, *Futurist art and theory 1909–1915*, Oxford 1968, S. 186. Seine weniger konkrete Poesie ist ebenfalls auf Französisch verfasst worden, ebenso sein wichtigstes Drama *Le Roi Bombance*. Sogar das ursprüngliche »Futuristische Manifest« ist zuerst 1909 auf Französisch in der Pariser Zeitung *Le Figaro* erschienen.

[21] Siehe Umberto Boccioni, *L'opera completa*, hg. von G. Bruno, Mailand 1969, S. XX–XXI und S. 119.

Doch die Futuristen sorgten für das kulturelle Feuerwerk, das Italiens Teilnahme am Ersten Weltkrieg begleitete und das auch während des Aufstiegs und der Herrschaft des Faschismus zu bestimmten Anlässen seine Funken versprühte. Um ein Beispiel zu geben: Fortunato Depero, ein junges Mitglied der Bewegung, blieb als Faschist selbst unter Salò wichtig. Von ihm findet sich die Aussage, dass das schwarze Hemd der Partei auf magische Weise fähig sei, jedem chemischen oder kriegerischen Angriff zu widerstehen, und dass es »daheim weich ist, aber fest beim Feiern und undurchdringlich für Maschinengewehre, mit Dolchen genäht und mit Knöpfen aus Kugeln versehen«.[22] Ob solche inbrünstigen Phrasen wirklich alle Italiener überzeugten, welche die Parteiuniform trugen (gewöhnlich nur samstags), oder die Kriegsanstrengungen des Regimes sehr gestählt haben, muss fraglich bleiben.

Der prominenteste Dichter in der Zeit von 1914 bis 1922 jedenfalls war nicht Marinetti, sondern Gabriele D'Annunzio, ein Mann, dessen üppigen Texte, schwülstiger Stil und geschniegelte Sexualität all das waren, was die Futuristen in Italien verachteten. D'Annunzio ist eine außergewöhnliche Figur und das bemerkenswerteste Beispiel für politische Kunst in allen Ländern des gesamten 20. Jahrhunderts. Es war letzten Endes D'Annunzio, der den sogenannten »Interventionismus der Straße« anführte und Antonio Salandra und Sidney Sonnino, Italiens liberal-konservative politische Führer 1914/15, mit mehr oder weniger großer Wirkung zu ihrer Entscheidung drängte, in den Krieg einzutreten. Viele Historiker stimmen darin überein, dass die nationalistischen Demonstrationen in den italienischen Städten im Mai 1915 dem parlamentarischen Dekorum und der Herrschaft des Gesetzes einen Schlag versetzten und der Gewalt der faschistischen Schwarzhemden nach 1919 den Weg bahnten. Als dann Italien am Krieg teilnahm, war es D'Annunzio und nicht die Politiker, der den modernen »totalen« Kampf verkörperte, zumindest in den Köpfen der jungen Offiziere; er war mit dem Charisma des Krieges gewappnet, mit dem es unmöglich der winzige König Victor Emmanuel II., die zögerlichen, nervösen und depressiven Heerführer und die Gruppe fader

22 Antonio Spinosa, *Starace*, Mailand 1981, S. 49. Als Beispiel für das hartnäckige Überleben seiner Ansichten siehe Fortunato Depero, *A passo romano: lirismo fascista e guerriero programmatico e costruttivo*, Rovereto 1943.

liberaler Politiker aufnehmen konnten.[23] Es war D'Annunzio, der 1919 den »Marsch auf Fiume« (Rijeka) anführte. Dort errichtete er eine »lyrische Diktatur«, die eine erste Darbietung vieler Elemente dessen bot, was später die Inszenierung des Faschismus werden sollte, und daher ist er der »erste *Duce*« genannt worden.[24] Der Dichter war so angesehen, dass ihm Mussolini im Juli 1920 unterwürfig von seiner Bereitschaft schreiben konnte, als »Ihr einfacher Soldat« zu dienen, während die Faschisten zweifelten, ob Mussolini wirklich ihr idealer Führer sei, und nur ein paar Monate vor dem Marsch auf Rom immer noch auf ein Abkommen mit D'Annunzio hofften.[25] Selbst nach diesem Ereignis genoss D'Annunzio weitläufige Zustimmung, und Mussolini war immer auf der Hut, um ihn abzulenken, beförderte den Dichter bald zum Prinzen von Montenevoso und sicherte ihm die komfortabelste Rückzugsmöglichkeit in seinem Palast Vittoriale am Gardasee zu. Heute ist der Ort ein »nationales Kulturerbe« und offenbart auf bemerkenswerte Weise den Ekklektizismus und die Konfusion von D'Annunzios Interessen und Geschmack, ist aber ebenso ein Beweis dafür, dass sein Charisma sich nie ganz verbrauchte.

Alles in allem kann D'Annunzio, mit freundlichen Augen betrachtet, als ein Schriftsteller von großer Spannbreite und Leistung angesehen werden, mit weniger Wohlwollen als ein Wichtigtuer, dessen Qualitäten seinem Auftreten nicht entsprachen. Sollte ein »virtueller Historiker« in der Nachfolge von Niall Ferguson[26] eine kontrafaktische Geschichte Italiens zusammenstellen, in der D'Annunzio und nicht Mussolini der *Duce* der Nation geworden ist, dann wäre die Aufgabe sehr mühsam, sich einen solchen Mann auszumalen, der mit einem Budget umgeht (seine Gläubiger warteten ständig vor der Tür) oder mit irgendeinem gewöhnlichen Detail jeder ernsthaften Politik. Was auch immer die Schwächen des zweiten *Duce* waren,

[23] Für eine Fallstudie von 1916 in dieser Angelegenheit siehe Richard Bosworth, *Mussolini's Italy: life under the dictatorship*, London 2005, S. 80 f.

[24] Für eine Beschreibung siehe M.A. Ledeen, *The first Duce: D'Annunzio at Fiume*, Baltimore 1977.

[25] Renzo De Felice, Emilio Mariano (Hg.), *Carteggio D'Annunzio-Mussolini 1919–1938*, Mailand 1971, S. 35; Bosworth, *Mussolini's Italy*, S. 110–115 und S. 174.

[26] Niall Ferguson (Hg.), *Virtual history: alternatives and counterfactuals*, London 1997.

und es waren ihrer viele, er war sicher eine zuverlässigere Führungskraft als der Dichter. Kunst und Realität mögen keinen strikten Gegensatz bilden, doch man muss zugeben, dass ›Fakten‹ für Mussolini immer von größerem Belang waren als für Gabriele D'Annunzio.

2. *Zwischen Liebeslyrik und Tagesjournalismus*

Doch was ist mit dem Schriftsteller Mussolini? Seine Geschichte beginnt, als er noch ein Schuljunge in Forlimpopoli in der Romagna war und in seinen letzten Jahren unter einem Rektor zum Star wurde, der der Bruder von Giousè Carducci war, der am meisten gefeierte, wenn auch oft missgelaunte Dichter des liberalen Italien (und Nobelpreisträger für Literatur im Jahre 1906). Mussolini war damals ein engagierter Sozialist und entschlossen, dem Weg seines Vaters Alessandro zu folgen oder des ersten nationalsozialistischen Anführers Andrea Costa, eines Bekannten der Familie und aus der gleichen Gegend stammend (er kam aus der Nähe von Imola). Es war daher vorhersehbar, dass Mussolini mit dem Verfassen von Sonetten beginnen würde; manchmal handelten sie von solch kraftlosen Themen wie der Schönheit des Frühlings und der Genesung eines schwerkranken Freundes der Familie.[27] Aufschlussreicher war ein Versuch, Gracchus Babeuf zu verherrlichen, den gescheiterten Anführer der »Verschwörung der Gleichen« im Paris von 1796 und für seine Anhänger der »erste Kommunist«.[28] Er verdient es, zitiert zu werden:

> Thermidor triumphiert und verdammt
> fällt die Schar der Rebellen. – Es späht
> mit scheelem Auge der Priester aus der Verbannung
> in den Adern des Volkes das bluttriefende Beil.
>
> Taub schreitet der Furor der Rache voran
> aufgekeimt in den Exilen und Gefahren.
> Oh, die schönen Tage sind vergangen wie der Blitz
> die Heldentage der ›Kanonade‹.

[27] BMOO I, S. 229 f.

[28] Siehe zum Beispiel die englische Biographie von R.B. Rose, *Gracchus Babeuf: the first revolutionary communist*, Stanford 1978.

Aber Baboeuf lächelt [*sic*]. – In den erlöschenden
Augen leuchtet der Blitz der Idee auf,
die Vision kommender Jahrhunderte.

Und der letzte Gedanke, der ihn aufrichtete,
als er schon besiegt war, verlangte rächend
die höllische Legion der Ardennen.[29]

Obwohl wahrscheinlich 1899/1900 verfasst, wurde das Sonett erst 1902 veröffentlicht, zum passenden Datum am ersten Mai und am passenden Ort, nämlich in der ehrenwerten sozialistischen Lokalzeitung *L'Avvenire del Lavoratore*.

Die Themen des Gedichts beschäftigten Mussolini auch im nächsten Jahrzehnt, als er zum Redakteur sozialistischer Blätter in Trient und dann in seiner Heimatstadt Forì aufstieg (das letzte Blatt trug den wenig überraschenden Namen *La lotta di classe*). Sie blieben 1912 weiterhin seine Themen, als er von der Provinz in Italiens wichtigste Stadt Mailand übersiedelte und Chefredakteur von *Avanti!* wurde, der überregionalen Tageszeitung der sozialistischen Bewegung. Nach dem Ausbruch des europäischen Krieges im Oktober 1914 brach Mussolini mit seinem Sozialismus, als er seinen Kameraden sagte, dass jedermann, der seine Hoffnungen auf eine wirkliche Revolution setzte, den Kriegseintritt Italiens unterstützen müsse. Das also waren die Jahre eines marxistischen Mussolini, der wie Babeuf einem großen Ideal diente – mit einem Meta-Narrativ bewaffnet, das Vergangenheit, Gegenwart und Zukunft erklärte, sich für das unterdrückte Proletariat einsetzte und in aller Schärfe das falsche Bewusstsein zurückwies, das von korrupten und ignoranten Priestern, deren Ablehnung von Wissenschaft und Modernität schädlich war, gepredigt wurde.

Oft jedoch gab es Hindeutungen auf etwas anderes, das nicht ganz mit den heiligen Texten des Vulgärmarxismus übereinstimmte. Mussolinis allererste Veröffentlichung war ein Essay über »Il romanzo russo«, der sich fast schmerzhaft um eine große Bandbreite bemüht und gleichzeitig behauptet, dass die internationalistischen Überlegungen der Jugend einen Voluntarismus mit sich brächten, der über das »strikte« wissenschaftliche Denken hinausgehe. Des-

[29] BMOO I, S. 27 (übers. von Bernice Kaminskij). Vgl. auch das längere »Nei Dì dei morti«, S. 21 f.

halb, so verkündete der Artikel, würde große Literatur »Grenzen überschreiten« und das »Universelle« ausdrücken. Die Italiener, behauptete Mussolini, wären von einer allzu individuellen Subjektivität »verhext«, die Franzosen von einem »drängenden Nationalismus« und die Deutschen von der »Metaphysik«. Nur die russischen Schriftsteller, schlussfolgerte er entschieden, »entlarvten« trotz der Unterdrückung durch den zaristischen Absolutismus »die gesellschaftliche Korruption und sezierten das Krebsgeschwür«, was ihnen als engagierten Intellektuellen eine Notwendigkeit war.[30]

Es ist deutlich, dass der junge Mussolini von der Romagna aus die Hand ausstreckte, um die Welt zu umfassen. Doch man versteht ihn nicht richtig, wenn man bloß einen überzeugten internationalistischen Sozialisten in ihm sieht. Auch er war einer der Italiener, die sich mit Dante einließen, der eine allgegenwärtige Figur in den kulturellen Debatten vor 1914 war. Unter dem Regime mit seiner Errichtung eines Personenkultes, der den *Duce* unfehlbar machte – ein weit verbreiteter Slogan prahlte damit, dass *Mussolini ha sempre ragione* –, hegte ein argloser Kommentator keinerlei Zweifel, dass Dante mit seiner »vollkommen erhabenen und mächtigen italienischen Intelligenz« das »erdacht und geahnt hat, was nun unter der wunderbaren Hand unseres großartigen Duce erschaffen wird«. Für einen amtlichen Faschisten verschmolzen der mittelalterliche Dichter und der zeitgenössische politische Führer durch die Jahrhunderte hindurch, wobei Mussolini dazu bestimmt war, einer vereinten Nation das zu bringen, was Dante für sie prophezeit hatte: »Ordnung, Ehrlichkeit, Weisheit, Liebe und Tugend«.[31] Doch ist auch eine weniger vorteilhafte Erklärung für die Beschäftigung des künftigen Diktators mit Dante möglich. Als Schüler, erinnerten sich Zeitgenossen, galt Mussolinis besondere Leidenschaft dessen Schriften: »Er kannte ganze Gesänge der *Divina Commedia* auswendig.« Aber es war nicht die Politik, geschweige denn die religiöse Bedeutung des mittelalterlichen Dichters, die den jungen Mann für sich einnahm, sondern eher der Klang der Worte. Wenn er nachts durch die Straßen von Forlimpopoli zog, alleine und schwarz gekleidet, liebte er es, Dante'sche Verurteilungen menschlichen Ver-

[30] BMOO I, S. 3 f.

[31] Domenico Venturini, *Dante Alighieri e Benito Mussolini*, Rom 1927, S. 7 f. und S. 43.

sagens und Bestrafungen herauszuschreien.[32] Mussolini verwandelte die *Göttliche Komödie* in seine eigene politische Waffe und überfiel die stumme Stadt im Schlaf (und versprach wild, zumindest sich selbst, dass er irgendwann einmal ein größeres und empfänglicheres Publikum gewinnen und beweisen würde, dass es nichts außerhalb des Textes gebe und nicht einmal innerhalb, außer Klang und Emotion).

Vieles davon hätte ein Herrschaftsversprechen durch wohlgesetzte Worte sein können. Doch die Poesie hatte für diesen jungen und rastlosen Romagnoler ein viel alltäglicheres Ziel. Eine der entlarvenden Publikationen der letzten Jahre war die Edition der Tagebücher von Claretta Petacci, Mussolinis letzte Geliebte und diejenige Frau, die im April 1945 an seiner Seite starb. Petacci hielt zwanghaft jeden Gedanken und jede Tat Mussolinis, besonders seine sexuellen, auf Tausenden bekritzelter Seiten fest. Sie zeigen einen nackten *Duce* in mehr als einer Bedeutung. Im vollen Bewusstsein der Tatsache, ein älter werdender Mann zu sein (umso mehr, als Petacci zwei Jahre jünger als seine älteste Tochter Edda war), konnte Mussolini mit Blick auf seine Jugend nostalgisch werden. So erzählte er der aufmerksamen Claretta 1937, dass er für seine erste Liebe ein Gedicht geschrieben habe, das mit den Worten »Bimba, perché mi guardi« (»Mädchen, warum siehst du mich an«) anfing und das Leute aus dem Ort so wohlformuliert fanden, dass die örtliche Kapelle aus Predappio es vertont hat.[33] (Einem späteren Beobachter könnte die charakteristische Unterstellung auffallen, dass er schon mit achtzehn Jahren Gegenstand weiblicher Bewunderung war.) Ähnlich, erinnerte sich Mussolini, habe er auf seiner ersten Stelle als Volksschullehrer seine unreife Liebe automatisch mit »Blumen und Gedichten« ausgedrückt.[34]

Später, versicherte er Claretta, war er eine ganze Weile lang sehr gefühlvoll in seinen sexuellen Träumereien. Er habe, sagte er, »wie ein Dichter« gelebt und Frauen mit der reinen Liebe betrachtet, von der er in Bezug auf Werther, Jacopo Ortis und andere literarische Helden gelesen hatte. Schließlich beseitigte ein Besuch in einem

[32] Sante Bedeschi, Rino Alessi, *Anni giovanili di Mussolini*, Mailand 1939, S. 24 f.

[33] Claretta Petacci, *Mussolini segreto: diari 1932–1938*, hg. von Mauro Suttora, Mailand 2009, S. 71.

[34] Ebd., S. 99.

Bordell diese rosafarbige Sicht des Lebens.[35] Doch sogar mit Claretta traf man ihn manchmal beim Lesen von Poesie an, bei einer aufschlussreichen Gelegenheit derjenigen von Luigi Orsini, einem weiteren Romagnoler, der 1911 Professor für Poesie und dramatische Literatur in Mailand wurde und nach 1922 eine Berühmtheit des Regimes und öffentlicher Redner war. Laut Claretta las ihr Liebhaber

> mit seiner ausdrucksvollen Stimme und mit seiner eigenen ungewöhnlichen Modulation. Dann blätterte er weiter und las ein trauriges Gedicht über einen Jungen, der im Sterben lag und seine Mutter um seine Uniform bat. Es war einfach und klar, zutiefst menschlich und so bewegend, dass seine Stimme erstarb. Er war bewegt und konnte nicht fortfahren, er hatte einen Kloß im Hals und musste aufhören. Dann versuchte er es erneut. Doch als der Junge zitternd an seine Mutter appellierte, die während seines Todeskampfes tröstend zu lächeln versuchte, hörte er auf. Er hatte genug, seine Augen waren voller Tränen. Er schob das Buch zu mir herüber. [36]

Und so schritt ihr Liebesleben voran, doch bald wurde dieser zarte oder rührselige poetische Moment durch eine zornigere Diskussion darüber ersetzt, warum Mussolini seiner älteren Geliebten Romilda Ruspi keine Ruhe ließ. Dann liebten sie sich auf dem Fußboden »mit einer solchen Wut, dass mich seine Schreie an ein verwundetes Tier erinnerten«[37]. Neben anderem diente gefühlvolle patriotische Dichtung, so schien es, noch als Aphrodisiakum eines alternden *Duce*, der nur einen Tag zuvor Claretta pathetisch gefragt hatte: »Sag mir, dass ich immer noch jung bin, dass ich nicht wirklich 55 bin, dass ich stark bin, dass Du [meinen Niedergang] nicht sehen kannst. Ich will nicht sterben.«[38] Zu einem Diktator mit gottähnlichen Kräften erhoben, konnte Mussolini anscheinend immer noch Liebe und Lust in konventionellen Versen finden, obwohl Claretta und er nie die zahllosen Gefühlsausbrüche der faschistischen Dichter diskutierten, die aufrichtig oder aus Eigeninteresse im Personen-

[35] Ebd., S. 236 f.

[36] Petacci, *Mussolini segreto*, S. 224.

[37] Ebd., S. 225.

[38] Ebd.

kult gefangen waren und weniger über die Nation als über ihren Diktator und Führer ins Schwärmen gerieten.[39]

Dieses Schweigen ist von einigem Interesse. Andere Quellen deuten an, dass Mussolini, wenn er in der rechten Stimmung war, gerne bescheiden seinen Anteil am Superman-Image leugnete, das von den Propagandisten des Regimes für ihn geschmiedet worden war, obwohl er gegenüber allen Herausforderungen seines Charismas oder Einschüchterungen, dass andere Zeitgenossen ihm gleichkommen könnten, höchst wachsam blieb. Ein Großteil der hoffnungslos abgedroschenen Mussolini-Literatur lässt sich am besten als eine automatische Klang- und Bildlandschaft verstehen, in der das Regime arbeitete. Offiziell wurde behauptet, dass ihm so eine totalitäre Besitznahme der Seelen aller Italiener gelang, woran aber die große Mehrheit nicht glauben wollte und schon gar nicht der *Duce*, dessen Älterwerden einen tiefen Zynismus gegenüber jedem Aspekt des Lebens und der Politik bewirkte.[40]

3. Die Geliebte des Kardinals

Nach 1902 veröffentlichte Mussolini keine Gedichte mehr. Stattdessen richtete sich sein Schreiben auf den Journalismus, und er selbst war bereit, es gebieterisch mit jedem Thema aufzunehmen, das seinen Namen noch glänzender unter den jungen Intellektuellen der Bewegung aufscheinen ließ. Sein nächster Ausflug in etwas, das man als Literatur betrachten kann, kam mit der Veröffentlichung eines Liebesromans (zuerst im Frühjahr 1910 als Fortsetzung in siebenundfünfzig Teilen als Anhang der Lokalzeitung *Il Popolo*) in Trient, aus dem er im September 1909 von den habsburgischen Behörden vertrieben worden war. Er trug den Titel *Claudia Particella: l'amante del Cardinale (grande romanzo storico dell'epoca del Cardinale Carlo Emanuele Madruzzo)*.[41] Die Geschichte wurde

[39] Ein Beispiel ist Domenico Venturini, der oben mit seinen Bemerkungen über Mussolini und Dante zitiert worden ist. Siehe seine Bücher *L'era fascista: poema*, Rom 1936; *L'impero fascista: poema*, Rom 1936.

[40] Dieser Prozess ist in Bosworth, *Mussolini*, nachgezeichnet.

[41] BMOO XXXIII, S. 39–147. Eine englische Ausgabe des Buches erschien 1929, dem Jahr der Unterzeichnung der Lateranverträge, die die »Römische Frage« zwischen der Katholischen Kirche und dem faschistischen italieni-

angekündigt als »aus den Dokumenten von einem jungen Schriftsteller von brillanter Genialität verfasst«, doch ist sie fiktional, obwohl die Madruzzos eine größere Familie der Ortschaft waren. Einer ihrer Angehörigen war der Kardinal und Erzbischof von Trient während des dortigen Konzils, das die Lehren der Gegenreformation beschloss und der Stadt ihren historischen Ruhm verlieh.

Die Themen von *L'amante del Cardinale* sind offensichtlich und setzen den Antiklerikalismus fort, der eine konstante Beschäftigung des jungen Mussolini war und mit einem Schleier überzogen werden musste, als der *Duce*, an die Macht gelangt, mit dem Vatikan viel direkter zusammenarbeitete als seine liberalen Vorgänger. Schon 1904 hatte Mussolini seine üblichen kurzen Polemiken zu einem dreißigseitigen Pamphlet über *L'uomo e la divinità* ausgeweitet, das den Triumph der rationalen Wissenschaft und die Überwindung jeglicher Göttlichkeit pries unter der Voraussetzung, »dass ein religiöser Gott ein begrifflicher Widerspruch« sei. Jede dauerhafte Religion, so behauptete er, sei eine soziale »Krankheit«.[42] Der Roman spielte dasselbe Argument in einem Genre durch, das man ›historisches Groschenheftchen‹ nennen könnte. Die erste Seite führte den Kardinal und seine Geliebte ein, die ihre Hand gelangweilt in einem See badet, »während ihr Seidenkleid die reine Form ihres Leibes umschmiegte und ihr bleiches Gesicht von ihren schwarzen Locken schroff umrahmt wurde. Ihre Augen, von einer giftigen Leidenschaft geknechtet, waren geschlossen.«[43]

Mussolini schrieb im Europa vor 1914, und das Pornographische, das seine Geschichte durchzieht, ist weniger ausgeführt als der Imagination überlassen. Weder die Story noch die Charaktere reichen über krasse Stereotypen hinaus, und man kann leicht daraus schließen, dass der *Duce* kein verlorener Star am Verlagshimmel von

schen Staat klärten. Nun bezeichnete Papst Pius XI den *Duce* schmeichelnd als »Mann von Voraussicht«. Die Übersetzung muss in böswilliger Absicht angefertigt worden sein; siehe Benito Mussolini, *The Cardinal's Mistress*, London 1929. Der englischen Übersetzung folgten 1930 eine polnische, spanische und deutsche und 1932 eine bulgarische, die beweisen, dass Mussolini bis dahin eine Berühmtheit war. BMOO XXXIII, S. VII–VIII.

42 BMOO XXXIII, S. 8 und S. 25.

43 BMOO XXXIII, S. 41.

Heftchenromanen und Liebesschmonzetten in Italien war.[44] Der historische Wert des Romans besteht darin, dass er die Spannweite von Mussolinis Denken sichtbar macht – gerade zu der Zeit, als er von Predappio und Forlì aus nach Höherem strebte. Hier war kein strikter Ideologe am Werk, der sich darauf konzentrierte, dass seine Ideen einen philosophischen Sinn ergaben, sondern eher ein erfindungsreicher und aktiver Journalist mit einer Wachsamkeit für die große Chance, der heutzutage besser durch den Radau-Moderator als durch den seriösen politischen Kommentator charakterisiert wird. Als Mussolini seinen Weg in einer Welt machte, die kaum Angst davor hatte, ihm einen Platz einzuräumen, war jedes Mittel recht, öffentliche Aufmerksamkeit zu erregen.

Mussolini war auch kein Purist, wenn es um die Veröffentlichung ging. So erschien *L'amante del Cardinale* in der Zeitung von Trient, die von Cesare Battisti herausgegeben wurde, der Italiens erster nationaler »Märtyrer« im Ersten Weltkrieg werden sollte und 1909/10 irgendwie radikal, aber kein orthodoxer Sozialist war. Die gleiche Offenheit gegenüber nicht- oder sogar anti-sozialistischen Kreisen wird bei anderen von Mussolinis Publikationsunternehmungen deutlich. 1911 veröffentlichte er einen hundertseitigen Überblick über Trentino (Süd-Tirol), »wie es von einem Sozialisten gesehen wird«. Er tat das durch einen florentinischen Verleger[45] im Umfeld von *La Voce*, einer »literarischen Wochenzeitschrift«, die von Guiseppe Prezzolini herausgegeben wurde und heute für gewöhnlich als die wichtigste Zeitung der nichtmarxistischen intellektuellen Kritiker des liberalen Italien gilt, deren große Mehrheit (einschließlich Prezzolini) als Faschisten endete. *Il Trentino visto da un socialista* lag kaum auf der amtlichen marxistischen Linie, dass der Nationalismus falschem Bewusstsein entspringt, und argumentierte zumindest implizit dafür, dass Ethnizität und nicht die Klasse das Hauptfeld politischer Auseinandersetzungen und Möglichkeiten in Süd-Tirol sei. Die Habsburger Behörden, so behauptete der Autor, wären mit einem »De facto-Krieg« gegen die örtliche italienische Kultur beschäftigt. »Ein solcher Krieg wird vielleicht kein öffentliches Massaker verursachen, aber er ist so dauerhaft, gewalt-

[44] Auch wenn eine Webseite, die kritisch zum Roman steht, einige Verteidigungen von verbliebenen Mussolini-Fans provoziert hat. Siehe http://www.oddbooks.co.uk/oddbooks/musso.html (letzter Aufruf 4.4.2011).

[45] Casa Editrice Italiana di A. Quattrini. BMOO XXXIII, S. IX.

tätig und leidenschaftlich wie jede Schlacht zwischen Armeen.« Das Trentino, fügte Mussolini hinzu, sollte nicht in »die tragische Situation« geraten dürfen, »die jetzt in Triest herrscht«, und würde dies wohl auch nicht tun – angesichts der Tatsache, dass das Proletariat und die Bauern der Region sowohl Italiener seien als auch ökonomisch aktiv, modern und daher auf natürliche Weise geneigt, nach Norden gegen ihre alten und defensiveren deutschen Feinde vorzudringen.[46]

Doch die nationalistische Ketzerei auf Seiten Mussolinis war unvollständig. Seine Abhandlung endete mit der Bemerkung, dass, unterstelle man die Feindseligkeit der österreichischen Regierung gegen eine ernsthafte Modernisierung und Industrialisierung, die *trentini* in der Emigration Trost finden würden. Ein linguistischer Anhang räumte ein, dass der örtliche Dialekt eine »Mischung aus Ladinisch, Lombardisch und Venezianisch« sei, während das »literarische Italienisch« dort kaum als Umgangssprache in Gebrauch sei. Es gebe keinen Grund, aus der Fassung zu geraten, schloss Mussolini mit einer Art von standfestem Internationalismus, da »heutzutage alle Sprachen mehr oder weniger unecht« seien. Allerdings kam sein letzter Abschnitt auf patriotische Themen zurück, denn er riet dazu, Freiexemplare solch wichtiger Zeitungen wie *La Voce* nach Trient zu schicken, um »die Reinheit der vaterländischen Sprache zu verteidigen und die Gefahr zukünftiger gefährlicher [sprachlicher] Korruption zu überwinden.«[47]

4. *Autobiographisches und Nekrologe*

In jedem Fall ging es dem aufstrebenden Schriftsteller ebenso um die Person Mussolini wie um irgendwelche Ideen, mochten sie sozialistisch oder nationalistisch sein. Der Beweis dafür kam über Weihnachten und Neujahr 1911/12, als Mussolini im Gefängnis von Forlì eine Strafe verbüßte, weil er eine Demonstration gegen den imperialistischen Krieg organisiert hatte – einen Krieg Italiens gegen jenes Gebiet, das einmal die Kolonie Libyen werden sollte. Mussolini nutzte den Aufenthalt, um eine Autobiographie zu verfassen. Noch nicht ganz dreißig (er wurde am 29. Juli 1883 gebo-

[46] BMOO XXXIII, S. 171–173.
[47] BMOO XXXIII, S. 211–213.

ren), erachtete es Mussolini bereits für wert, eine Darstellung »seiner brillanten Karriere« zu verfassen (auch wenn das Werk nicht vor 1947 veröffentlicht wurde). Wie er erklärte, habe er in der Nacht zum 2. Dezember zu schreiben begonnen (dem Geburtstag der Schlacht von Austerlitz, wie er aufgrund seiner Identifikation mit dem Schicksal Napoleons hätte wissen können). Als ob er den *linguistic turn* vorhergesehen hätte, kündigte Mussolini an, dass seine Absicht darin bestünde, »nicht für die Neugierigen zu schreiben. Ich schreibe eher, um mich selbst neu zu schreiben« – und zwar indem er zu seiner Familie, Kindheit und Schulzeit zurückging (wo er unglücklich mit den Salesianern in Faenza war, glücklicher, wenn auch immer noch rastlos, mit V. Carducci in Forlimpopoli); Zeiten, die er konventionellerweise für seine »besten Jahre« hielt. »Ich werde rein. Ecce Homo. Ich bringe die Gemälde meines Schicksals in eine Reihenfolge.«[48]

Er erzählt die Geschichte über 1901 hinaus und weiter bis zu seiner Karriere als Lehrer, als Emigrant in der Schweiz und Trient, als Journalist und politischer Aktivist, und vermischt in seinem Text politische Verlautbarungen damit, sein heißes Sexleben heraufzubeschwören. »Ich hatte eine eher abenteuerliche und stürmische Jugend. Ich lernte dort, was gut und böse im Leben ist. Ich habe mir selbst eine Bildung verschafft und solide wissenschaftliche Kenntnisse. Meine Auslandsaufenthalte halfen mir dabei, moderne Sprachen zu lernen. Ich bin immer noch eine ängstliche und nervöse Person mit dem Temperament eines Wilden und voller Verachtung für Popularität.« Dann kommt er wieder auf Sex zu sprechen und schließt: »Ich habe viele Frauen geliebt. Doch nun ist es an der Zeit, den grauen Schleier des Vergessens über diese vergangenen Liebschaften zu ziehen. Heute liebe ich meine Rachele, und sie liebt mich ebenfalls zutiefst. Was«, so fragt er als banale Coda, »wird die Zukunft bringen?«[49]

Der sozialistische Mussolini hatte noch ein weiteres Buch in sich: keine Poesie, keinen Roman, keine Autobiographie, keine Philosophie, sondern stattdessen Geschichte, Religionsgeschichte, nämlich eine Studie über den Proto-Tschechen, den Proto-Protestanten Jan

[48] BMOO XXXIII, S. 217.

[49] BMOO XXXIII, S. 269. Er hatte begonnen, mit Rachele Guidi zusammenzuleben, der Tochter der Partnerin seines eigenen Vaters. Zu dieser Geschichte siehe Bosworth, *Mussolini*, S. 64 f.

Hus (1369–1415). In Rom in einer Reihe veröffentlicht, die sich den »Märtyrern des freien Denkens« widmete, versuchte sich der allzeit bereite Mussolini an einer schnellen, fünfzigseitigen populären Geschichte (wieder mit scharf antiklerikalen, antivatikanischen und gegen das Establishment gerichteten Absichten). Der Titel lautete *Giovanni Huss il veridico* (Jan Hus, der die Wahrheit sagt).[50] Die Studie zeigte wenig Ehrgeiz in seriöser Forschung. Im Vorwort schreibt Mussolini entwaffnend, dass »die lateinischen Schriften des Böhmischen Ketzers in den italienischen Bibliotheken unmöglich aufzufinden waren« und dass er kein Tschechisch könne. Seine Bibliographie beschränkte sich auf bescheidene vier oder fünf aufgelistete Bücher und Artikel, »plus einige weniger bedeutende Stücke«.[51] Der Gehalt war daher dünn und erschöpfte sich darin, Hus als einen tugendhaften Feind der zutiefst korrupten Kirche zu porträtieren. Diese Kirche sei ein Geschäftsunternehmen »mit Hauptsitz in Rom und Branchen, die über ganz Europa verteilt sind«, und eher dem materiellen als dem spirituellen Gewinn verpflichtet. Klöster seien »Müllhalden für Parasiten, welche den Herrn in grausamer sinnlicher Lust anbeten«.[52] Hus kämpfte edelmütig gegen diese Übel und ging hoch erhobenen Hauptes in sein Martyrium. Mussolinis Schilderung ist abgedroschen und liefert nur eine Andeutung von Originalität (oder Ketzerei gegenüber der sozialistischen »Kirche«) durch den Enthusiasmus, mit dem er den seiner Wahrnehmung nach »nationalen« Kampf zwischen Tschechen und Deutschen schildert – einen Kampf, der durch die Vereinigung der Hussiten mit dem militärischen Führer Jan Žižka, »Held des böhmischen Volkes«, ausgelöst wurde.[53]

Bis 1913 also hatte Mussolini mit einer ganzen Reihe wortkünstlerischer Unternehmungen mit einigem Flair und Erfolg experimentiert, jedoch nie von einer Art, die es nahelegen würde, aus dem Schreiben seine Hauptkarriere zu machen. Eher hatte der Heraus-

50 Siehe BMOO XXXIII, S. 272–327. Wie bei dem Roman gab es nach den Lateranverträgen eine englische Übersetzung: Mussolini, *John Huss*, New York 1929. Eine neue Einzelausgabe wurde 1946 von Edinac mit einer editorischen Bemerkung veröffentlicht, die den Verrat der Ideen des Buches in der Vereinbarung von 1929 mit dem Vatikan hervorhebt.

51 BMOO XXXIII, S. 273.

52 BMOO XXXIII, S. 275.

53 BMOO XXXIII, S. 304–311.

geber von *Avanti!* bewiesen, dass er ein guter Journalist sowie ein fähiger Zeitungsmanager war. Unter seiner Führung stiegen die Verkaufszahlen, und Mussolini schmiss erbarmungslos Kameraden aus der Zeitung heraus, deren Leistung er als nicht ausreichend ansah. Sein Schreiben wie sein Reden ist nicht so sehr an sich selbst interessant, sondern weil Mussolini 1919 Führer der faschistischen Bewegung wurde, die nur dreieinhalb Jahre später die Macht in Rom übernahm. In Anbetracht dieser Zukunft müssen drei Dinge betont werden: die Natur von Mussolinis revolutionärem Sozialismus; die regelmäßigen Hinweise darauf, dass der zukünftige *Duce*, im Gegensatz zur internationalistischen Theorie, sich nicht von der Auffassung losgemacht hatte, dass Nationalismus wichtig war; und vor allem die zwingende Evidenz, dass hier ein junger Mann mit starkem und rastlosem Ehrgeiz auftrat, ein Provinzler, der sich als Held sah und am liebsten in Paris hätte feiern lassen, aber falls das nicht möglich war, in Mailand oder Rom. Sogar das Wort *Duce* war schon an den Namen Mussolini geheftet, auch wenn es noch nicht auf ihn beschränkt blieb. Als der Krieg begann, brachte Mussolini mit großem Eifer Worte in Stellung, wie um den Ort freizusetzen, von dem er glaubte, dass dort die Macht residiere. In seiner eigenen Gedankenwelt war ihm gewiss, dass er ein Führer im Wartestand war.

Im Oktober/November 1914 brach Mussolini mit der italienischen sozialistischen Partei, legte die Herausgeberschaft von *Avanti!* nieder und nahm seine Rolle als Herausgeber-Eigentümer von *Il Popolo d'Italia* an, einer sich für den Krieg einsetzenden Zeitung, die in Mailand erschien und mit Hilfe des französischen und britischen Geheimdiensts sowie prominenter italienischer Geschäftsleute und Vermittler im Umfeld der konservativ-liberalen Regierung finanziert wurde. Eine Richtung war eingeschlagen worden, die in den Faschismus, die Diktatur und eine italienische Version des Totalitarismus einmünden sollte – als eine Art Fortführung von Kriegspraktiken der Politik, Gesellschaft und Geschichtsdeutung in Friedenszeiten. Auf diesem Weg zur Macht und dann zur Befehlsgewalt hatte Mussolini wenig Zeit für schöpferisches Schreiben über seine fruchtbare journalistische Produktion hinaus (nach dem Oktober 1922 übergab er die Herausgeberschaft von *Il Popolo d'Italia*, inzwischen zum halboffiziellen Organ des Regimes avanciert, an seinen jüngeren Bruder Arnaldo). Der Diktator war sehr darauf bedacht, die Hauptquelle täglicher revolutionärer Parolen in der Familie zu belassen.

Von Mussolinis gemäßigteren Schriften war *Il mio diario di guerra (1915–1917)* der größte Erfolg, das Kriegstagebuch, das ursprünglich in Fortsetzungen in seiner Zeitung erschienen war, doch nach 1922 zum großen Evangelium von Italiens angeblich ruhmreichem Krieg wurde. Das Werk ist von stilistischem Interesse, da Mussolini jetzt das staccatohafte Phrasieren annahm, das sein Markenzeichen als redenhaltender Diktator wurde und das implizit ein Regime versprach, das der Industrialisierung, Modernisierung und dem Sieg der Maschinen verpflichtet war. Mussolini wurde rhetorisch beinahe ein Futurist: »Eine Nacht der Qualen. An diesem Morgen entweder Nebel oder Schnee. Wir arbeiteten intensiv [an den Schützengräben]. Der Krieg des landwirtschaftlichen Hilfsarbeiters. Der Spaten ist von ebensogroßer Bedeutung wie das Gewehr.«[54]

Das Tagebuch wurde so zu einem Schlüsselwerk im Aufbau des »*Duce*-Kultes«, des ersten und wohl verschwenderischsten aller Personenkulte, die in den zahllosen Diktaturen im Zwischenkriegseuropa aufleuchteten, wenn auch mit einer Restzweideutigkeit, da im Vatikan ein Papst lebte, dessen eigene »Unfehlbarkeit« 1870 zum Dogma gemacht wurde. Die Anwesenheit zweier unfehlbarer Führer in Italien hatte natürlich Auswirkungen auf den faschistischen Totalitarismus.[55]

Ob immer im Recht oder nicht, Mussolini war nun für literarische Abschweifungen viel zu beschäftigt. Bei vielen »seiner« Werke benutzte er Ghostwriter und bahnte damit einen Weg, auf dem ihm viele moderne Berühmtheiten gefolgt sind. Der größte Erfolg war eine Autobiographie, die ursprünglich in der *Sunday Evening Post* in Philadelphia erschien und vom treuen Arnaldo verfasst war. Sie wurde mit Übersetzungskorrekturen des pensionierten US-Diplomaten in Rom, Richard Washburn Child, ins Englische übertragen.[56] Sie erschien auch als Taschenbuch in leichter zugänglicher

54 BMOO XXXIV, S. 57.

55 Für eine Fallstudie siehe Richard Bosworth, »*L'Anno Santo* (Holy Year) in Fascist Italy 1933–34«, in: *European History Quarterly* 40 (2010), S. 436–457.

56 Für dessen eigene Autobiographie, die voller Bewunderung für Mussolini und den Faschismus ist, siehe R.W. Child, *A diplomat looks at Europe*, New York 1925. Mussolinis Darstellung von Arnaldos Rolle als Schriftsteller findet sich in BMOO XXXIV, S. 184.

Form und wurde in viele Sprachen übersetzt, auch wenn sie ihre größte Verbreitung in der englischsprachigen Welt erfuhr.[57]

Abenteuerlicher waren drei Dramen des langlebigen und anpassungsfähigen Autors und Regisseurs (und vor 1914 Librettist Puccinis für *Suor Angelica* und *Gianni Schicchi*) Giovacchino Forzano.[58] Seine Werke mit den Titeln *Campo di maggio*, *Villafranca* und *Cesare* waren historische Dramen des Lebens von Napoleon, Cavour und Julius Caesar. Forzano verfasste alle drei zwischen 1929 und 1932 und bat in wesentlichen Fragen oft Mussolini um Rat. Im Hinblick darauf mag man es für etwas überraschend halten, mit welchem Pessimismus sie ihre Führerfiguren ins Leben rufen, die zur Größe erhoben werden, aber am Ende einer »Niederlage unter den Schicksalsschlägen von Unverständnis und Verrat«[59] entgegensehen. Hier war anscheinend ein Diktator am Werk, der sogar in seinem Pomp nie von der Angst loskam, dass Ereignisse oder andere Menschen ihn zu einem Sandkasten-Caesar machen könnten. Mussolini, der so prahlerisch den zehnten Geburtstag seiner Herrschaft beging, fehlte die Gewissheit des wahren Fanatikers, dass sein Kurs zum Triumph führen müsse.

Psychologisch von größerem Interesse ist die *Vita di Arnaldo*, ein fünfzigseitiger Nachruf auf seinen Bruder, den Mussolini am Heiligen Abend 1931 zu schreiben begann, »dem vielleicht traurigsten meines Lebens«.[60] Noch am Ende des Zweiten Weltkriegs, in einer verzweifelten Zeit nationaler wie ideologischer Niederlagen und persönlicher Depression, beschwor Mussolini den Bruder als »unkorrumpierbar, [...] gelassen, menschlich«, als den einzigen Menschen, dem er immer wirklich hatte vertrauen können.[61] Dazu passt, dass die *Vita di Arnaldo* das Familienleben der Brüder Revue passieren lässt und die Leser implizit daran erinnert, dass der faschistische Totalitarismus davon Abstand genommen hatte, mit der Familie zu brechen, der letzten Identitätsquelle vieler Italiener (einschließlich des *Duce*). Arnaldo wurde als heldenhafter Soldat gelobt, als fähiger Journalist und Autor romantischer ländlicher Poesie. Doch vor

[57] Siehe zum Beispiel Benito Mussolini, *My autobiography*, London 1928.

[58] Siehe seine Memoiren: Giovacchino Forzano, *Come li ho conosciuti*, Turin 1957.

[59] Felice, *Mussolini il duce*, S. 31 f.; Bosworth, *Mussolini*, S. 196 f.

[60] BMOO XXXIV, S. 141.

[61] Bosworth, *Mussolini*, S. 26.

allem erinnerte der Diktator an einen Mann, der seine »zweite Hälfte« gewesen sei, seine untergeordnete andere Hälfte, zielbewusst und ergeben, der erste und beste »Mitarbeiter«, der dort folgte, wo der ältere Bruder führte, wie es die Geburtsreihenfolge seit ewig von jüngeren Geschwistern verlangt: »Ein Politiker kann Zweifel über seine loyalsten Kollegen nähren, er kann sogar von seinem Sohn verleugnet werden. Aber ein Bruder ist immer sicher.«[62]

Ein familiärer Verlust war erneut Anlass zu schreiben, wenn auch über andere Themen und mit zweifelhafterer Aufrichtigkeit, in Mussolinis *Parlo con Bruno*, das im November 1941 veröffentlicht wurde, zwei Monate nach dem Tod des zweiten Sohnes des *Duce*. Den meisten Berichten zufolge war Mussolini ein distanzierter Vater gegenüber seinen fünf legitimen Kindern, die er in den 1920er Jahren in Mailand der Obhut ihrer Mutter Rachele und in Angelegenheiten, die wichtig waren, ihrem Onkel Arnaldo überlassen hatte. 1929 zogen die Mussolinis in den Palazzo Torlonia, einen bombastischen und falschen »historischen« Palast kurz hinter der Porta Pia, dem Tor, durch das im September 1870 die italienischen Truppen stürmten, um Rom für die Nation zu erobern. Vor und nach seiner Hochzeit 1938 klang Bruno wie der Modellsohn eines Diktators, akademisch alles andere als brillant (sein Vater bemerkte optimistisch, dass er immer einen akademischen Grad an der Universität Rom hatte erlangen wollen, aber in Wirklichkeit nie soweit kam)[63], der meist mit Boxen, Golf oder schnellen Autos beschäftigt und im Krieg, wie vorhersehbar, als Testpilot eingesetzt war.[64]

Parlo con Bruno ist konventioneller als *Vita di Arnaldo* und weniger überzeugend als hoffnungsvoll in seiner anfänglichen Behauptung, dass das gesamte italienische Volk den Tod Brunos betrauere (es sind zehn Seiten Gedichte an den »Helden« beigefügt, die »spontan« vom »Volk« gedichtet worden sind).[65] Von ähnlicher Überraschungslosigkeit ist das Werk in seiner Betonung von Brunos Einsatz in Äthiopien und danach. Das Schlusswort ist eher rhetorisch, als dass es von Herzen käme, wenn Mussolini schreibt, »alles, was ich getan habe und tun werde, ist nichts verglichen mit dem, was du getan hast. Ein Tropfen Blut, der aus deiner verwundeten

[62] BMOO XXXIV, S. 166 f.
[63] BMOO XXXIV, S. 255.
[64] Für weitere Details siehe Bosworth, *Mussolini*, S. 249 und S. 252 f.
[65] BMOO XXXIV, S. 257–268.

Schläfe tritt und über dein weißes Gesicht rinnt, ist mehr wert als all meine Werke in Vergangenheit, Gegenwart und Zukunft. Das ist so, weil nur das Blutopfer Größe hat. Der ganze Rest ist vergänglich.«[66] Das sind vermutlich faschistische Ansichten, und sie waren zweifellos so gemeint. Ihr Stoizismus und charakteristischer Pessimismus sind kaum etwas Neues.

Mussolinis letzte Schriften bestanden in einem eigennützigen Bericht über seinen Sturz aus dem Amt im Juli 1943, der in neunzehn Teilen von der Mailänder Zeitung *Il Corriere della Sera* im Juni/Juli 1944 veröffentlich wurde, im August dann gesammelt unter dem Titel *Storia di un anno: il tempo del bastone e della carota* erschien und angeblich 300 000 Mal verkauft wurde.[67] Im Oktober wurde der Bericht mit einem zusätzlichen Kapitel erneut veröffentlicht, das den Titel »Der Kalvarienberg und die Auferstehung« trägt – zweifellos hochtrabend, aber im immer noch katholischen Italien wenig originell.

Eher erwähnenswert sind Mussolinis *Pensieri sardi e pontini* (Gedanken über das Leben und die Politik), die er während seiner Zeit im Gefängnis zwischen Juli und August 1943 niederschrieb und die erst nach dem Tod des Diktators ans Licht gebracht worden sind. Sie mischen Beobachtungen über aktuelle Ereignisse mit philosophischen Gedanken über Natur, Religion, Politik und das Leben und sind ungereimt in ihrer Haltung gegenüber dem Faschismus, seiner Revolution und dem italienischen Volk. »Was für eine glückliche Zeit das war«, erinnert sich Mussolini frei assoziierend, »als ein Papst, der Stellvertreter Gottes auf Erden, mich einen Mann ›von Voraussicht‹ nannte.« »Von den sogenannten ›totalitären Staaten‹, die seit 1918 entstanden sind, scheint der türkische der stärkste zu sein. In diesem Land gibt es nur eine Partei, die des Volkes, und ihr Führer ist der Präsident der Republik.« »Wenn ein Mann mit seinem System untergeht, ist der Sturz endgültig, besonders wenn der Mann über sechzig ist.«

Das sind Ergebnisse geistiger Anstrengungen, halb neidisch, halb widersprüchlich, nur halb ausgestaltet und immer kurz davor, in Eitelkeit und Selbstsucht umzuschlagen. Sie sagen viel darüber aus, wie dieser *Duce* darauf hinarbeitete, die Italiener unter totale geistige Kontrolle zu bringen. Während seiner gesamten Diktatur

[66] BMOO XXXIV, S. 269.

[67] BMOO XXXIV, S. VIII und S. 301–474.

blieb Mussolini ein Mann, der nicht als verrückter Fundamentalist abgestempelt werden kann, als ewiger Feind der anständigen oder freiheitlichen Menschheit. In seiner Mischung aus Verbrechen und Dummheiten, kurzfristigem Erfolg und letztendlichem Scheitern, Lügen und Selbsterkenntnis, Fähigkeiten und Eitelkeiten, die sich in seinen Schriften wie in seinen politischen Aktionen ausdrücken, war Mussolini eher ein Italiener seiner Zeit und seines Landes, ein Diktator mit keineswegs grenzenloser Macht. Sein Leben kann uns immer noch über die Komplexität des Menschlichen und die dankenswerte Schwierigkeit belehren, etwas, was auch immer es sei, in seiner totalen Gestalt zu verwirklichen.

(Übersetzt aus dem Englischen von Alexander Roesler / KUP)

Josef Stalin (1878–1953)

*** (1895)

Durch dieses Land streifte er
Wie ein Geist von Tür zu Tür;
Seine Hände umklammerten eine Laute
Und ließen süß sie klingen;

In seinen verträumten Melodien
Konntest du wie einen Sonnenstrahl
Die Wahrheit selbst spüren
Und auch himmlische Liebe.

Die Stimme ließ manches Herz schlagen,
Das zu Stein geworden war;
Sie erleuchtete manchen Geist
In entlegenster Dunkelheit.

Doch statt Verherrlichung,
Wo immer die Harfe gespielt wurde,
Bot der Pöbel dem Geächteten
Ein mit Gift gefülltes Gefäß…

Und sprach zu ihm: »Trink, o Verfluchter,
Dies ist deine Bestimmung!
Wir wollen deine Wahrheit nicht,
Noch deine himmlischen Melodien!«

Stalins Schreibweise
Von der romantischen Dichtung der Zukunft zur sozialistisch-realistischen Prosa der Vergangenheit

Evgenij Dobrenko

»Revolution ist ein ABC fürs Volk.«
Andrej Platonov, *Unterwegs nach Tschewengur*

Poetisches Vorspiel

Wenn Biographen Stalins bescheidene Anfänge als Dichter überhaupt erwähnenswert finden, dann meist, weil sie zeigen wollen, dass der zukünftige Diktator bereits in seinen Jugendjahren romantische Neigungen und eine Leidenschaft für fast nietzscheanische Phantasien hegte.

Die Gedichte des jungen Stalin erregten das Interesse von Il'ja Čavčavadze, dem Patriarchen der georgischen Literatur und der sozialreformerischen Schriftstellervereinigung, der sie 1895 in seiner Zeitschrift *Iweria* veröffentlichte. 1901 nahm Michail Kelendžeridze, eine damals bekannte Figur des öffentlichen Lebens in Georgien, ein mit Soselo (einem der frühesten Pseudonyme für Iosif Džugašvili alias Stalin) gezeichnetes Gedicht in sein Lehrbuch der Literaturtheorie auf und nannte es eines der besten Beispiele der klassischen georgischen Literatur. Sechs Jahre später brachte Kelendžeridze die von ihm besorgte *Georgische Anthologie oder Sammlung der besten Beispiele georgischer Literatur* heraus; sie enthielt Stalins Gedicht »Rafaėl Ėristavi gewidmet«.

Die Gedichte des jungen Stalin waren typische Schülerarbeiten, ein Wiederkäuen typischer Motive der georgischen Romantik. Diese, ein damals sehr starker Trend der georgischen Literatur, war bestimmt von zwei Leitbildern, dem romantischen Dichter und dem historischen Nationalisten. Alle Romantiker des Landes beriefen sich auf Georgiens »Goldenes Zeitalter«, in dem sie ein verlorenes Ideal sahen. Unvermittelte Stimmungswechsel, mal rebellischer Schriftsteller, mal ruheloser Held, prägten alle diese Texte. In »An den Mond«, einem der frühesten von Stalin veröffentlichten Gedichte, singt er das Lob auf den Erdtrabanten, auf dessen nächtliches Licht, das die Nebel zerstreut und das Vaterland erleuchtet. Dann wieder zeigt sich die Erde von Wolken verdunkelt, schlafend, aber majestätisch. Ein typisches Bild georgischer Lyrik sind die Gletscher des Kazbek-Gebirges. Stalins Gedicht ist voll prätentiös romantischer Gesten, die ungewollt ans Komische grenzen (»Aber ich werd' öffnen mein Hemd / Und recken die Brust zum Mond, / Mit ausgestreckten Armen werd' ich Ehre / Erweisen dem Verstreuer von Licht auf Erden!«). Häufig haben seine Biographen Stalins Leitidee zitiert: »Sei gewiss, dass einmal zu Boden gestreckt, / Ein Unterdrückter erneut sich mühen wird, / Den reinen Berg zu besteigen, / Wenn er durch Hoffnung hehren Mutes ist.«[1]

Unverkennbar ist die Gestalt des Propheten, eine Symbolfigur nicht nur der georgischen, sondern auch der russischen Literatur (man denke an Puškin und Lermontov). In der russischen Klassik vollziehen Prophet und Engel vor allem Gottes Willen, sie unterwerfen sich ihrer höheren Berufung und sind insofern der profanen Welt romantisch entfremdet. Ganz anders Stalins Prophet, der ist eine tragische Figur, ihm fehlen alle religiösen Dimensionen. Im Stalin'schen Lied auf den Propheten enthüllt sich kein göttlicher Wille, sondern etwas ganz anderes: »Durch dieses Land streifte er / Wie ein Geist von Tür zu Tür«, lässt »die Wahrheit selbst spüren, / Und auch die himmlische Liebe.« Doch: »Wo immer die Harfe gespielt wurde / Bot der Pöbel dem Geächteten / Ein mit Gift gefülltes Gefäß... / Und sprach zu ihm: ›Trink, o Verfluchter, / Dies ist deine Bestimmung! Wir wollen deine Wahrheit nicht, / Noch deine himmlischen Melodien!‹«.[2] Hier fehlt jede Gnade, Stalins tragischer Prophet ist eine strikt literarische Gestalt – eben ein romantischer Held. Und wie so oft ist dieser Held und Prophet auch hier der Dichter selbst.

Romantische Dichtung enthält immer zum guten Teil das Selbstbild des Dichters. Im Grunde ist Stalins Poesie Meta-Dichtung, der Dichtung selbst gewidmet. In dem bereits erwähnten Gedicht, das dem bekannten georgischen Dichterfürsten Rafaėl Ėristavi gewid-

[1] Die deutsche Übersetzung der Gedichte von Stalin hier und im Folgenden nach: Simon Sebag Montefiore, *Der junge Stalin*, Frankfurt a. M. 2007, hier S. 153.

[2] Ebd., S. 363.

met ist, spricht Stalin diesen entweder als Barden an, den »die Klagen der geschundenen Bauern zu Tränen rührten«, oder als einen von der Liebe geschlagenen Jüngling, der seine Träume dem Vaterland widmete und »seitdem mit dem Volk vereinigt war, verbunden durch die Fesseln der Liebe«. Diese ganze ziemlich abgenutzte Bildsprache ist durchtränkt von einem stark nationalistischen Geist. Wenn der Dichter »beschwingt war, erregt von der Größe des Landes«, klangen seine Lieder, »als ob / Sie vom Himmel hinabströmten / Wenn er, von der Heimat begeistert / Die teuren Saiten berührte«; er »errichtete ein Denkmal für sich« »im Herzen eines jeden Georgiers«. So blieben die heroischen Mühen des Dichters nicht fruchtlos: Sein »Lohn sollte gekrönt werden« durch Ruhm im ganzen Vaterland und durch sein Vermögen, »die Schranken der Jahrhunderte« zu überwinden. Indessen erleidet hier auch der Dichter das Schicksal des romantischen Propheten, der einer spirituell enteigneten und verarmten Menge begegnete.

Die Tragödie des Stalin'schen Helden ist allumfassend. Nicht nur der Prophet, der Dichter, auch der Bauer, »Der alte Ninika«, zeigt das »unglückliche graue Haar«, die »eiserne Kraft gebrochen«. Einst, als junger Mann, habe er die »Hyänensichel« geschwungen – »Er muss Berge von Garben Seite an Seite aufgehäuft haben« –, nun aber kann er, »vom Alter niedergemäht / Die Knie nicht mehr beugen«. So legt er sich hin, träumend, »oder erzählt / Seinen Kindeskindern von früheren Zeiten«. Höre er aber von den Feldern »den Gesang der freien Arbeit«, schlage sein Herz »schneller vor Freude«. Und: »Er schleppt sich hinaus, zitternd, / Macht ein paar Schritte mit dem Hirtenstab, / Und wenn er die Burschen erblickt, / Lächelt er erleichtert.«[3] Das starke Herz des alten Mannes, das Lachen für die Jungen – das sind Bilder des nahen Todes. Im Schicksal des alten Ninika spiegelt sich das tragische Schicksal aller. Doch wovon immer der Dichter in seinem Gedicht auch spricht, stets bewegt er sich innerhalb der stilistischen Grenzen des Literarischen.

Der junge Stalin war ein typischer Imitator, seine Gedichte sind eine Häufung von Klischees; entnommen hat er sie der europäischen Romantik und dem persischen Ornamentalismus (die persische Dichtung hatte ganz allgemein großen Einfluss auf die georgi-

[3] Ebd., S. 469.

sche): das unaufhörliche Singen vom Mond und seinem Licht, das die irdische Welt erfüllt und dem die »fahle Bläue« folgt und, unausweichlich, das Lied der Nachtigall. In den Bergen rauschen die Flüsse, die »sanften Flügel des Windes« kontrastieren mit dem »schwarzen Wald der Nacht«, der qualvollen Finsternis der Seele. Und wie anders: Aus der Nacht empor steigt die gesegnete, die reine »Hoffnung auf ein besseres Leben«. Das Herz erwacht und erhebt seine Stimme, die »Seele des Dichters schwingt sich in die Luft«. Was diesen vom Verseschmied unterscheiden sollte, ist der bewusste Zugang zum eigenen Schreiben. Mit ganz eigener Selbstironie überwindet Puškin den Romantizismus (man denke an den berühmten Vers »Der Leser erwartet nun den Reim auf ›Rose‹ / Dann nimm ihn, wenn du so sehr danach gierst!«). Dergleichen ist Stalins Schreiben völlig fremd, er verharrt auch zu Beginn des zwanzigsten Jahrhunderts noch tief im neunzehnten.

Die Quintessenz seiner Dichtung zeigt sich in dem Gedicht »Morgen«, das aus zwei Teilen besteht, die jeweils eine der beiden Grundzüge von Stalins Schreibweise übermitteln, nämlich romantische Metaphorik und die moralisch-patriotische Didaktik:

Einer Rose Knospe war erblüht
Und reckte sich das Veilchen zu berühren
Die Lilie erwachte
Und neigte den Kopf in der Brise

Hoch in den Wolken die Lerche sang
Ein zwitschernd Loblied
Während die frohe Nachtigall
Mit sanfter Stimme sagte:

»Sei voll von Blüten, o liebliches Land
Frohlocke, Staat der Iberier
Und du o Georgier, durchs Lernen
Mach deiner Heimat Freude.«[4]

[4] Ebd., S. 51.

Man muss diese bukolische Landschaft nur durch eine Industrielandschaft ersetzen, die Kinder durch junge Pioniere, und die Nachtigall (die so liebliche, darum für die Sowjetliteratur von nur geringem Nutzen) durch einen Veteranen der Revolution, und schon haben wir sowjetische Kinderpoesie.

Die an Stalins Dichtungsstil bemerkenswertesten Aspekte sind ein Vertrauen auf die Tradition, das an sklavische Imitation grenzt, und das völlige Fehlen eines Gefühls für Maß und Proportion. Es ist offensichtlich, diesem Autor fehlt jedes Bewusstsein (und auch jegliches Gespür) für die Kitschigkeit seiner Verse. Keine Spur von Selbstironie, das wiederum heißt wohl, dass ihm jeder Sinn für kulturelle Verfeinerung abgeht, und es erklärt auch die feindliche Einstellung gegen die Moderne. Stalin brachte sie nicht nur der künstlerischen Avantgarde entgegen, sondern der Moderne insgesamt; das beginnt mit Dekadenz und Symbolismus und endet bei Kosmopolitismus und stilistischer Unkonventionalität. Stalins Rückgriff auf traditionelle Romantik – im gesamten Umfang ihrer stilistischen Konventionen: dekorative Schönheit, Nationalismus, heroische Haltung usw. – wird sich im sozialistischen Realismus fortsetzen.

Doch die rückwärtsgewandte Ästhetik bekommt ganz andere Dimensionen, wenn es später um die Ästhetik politischer Darstellungen geht. Was für die Dichtung fatal ist, kann für die Politik äußerst produktiv sein. Denn kritische Schönheit, fehlender Sinn für Maß und Proportion und Konventionalität in Stilfragen gehen ohne weiteres über in ein »Gefühl für die Massen«. Treffende Projektion des Massengeschmacks, Einsatz nationalistischer Rhetorik und Großsprecherei liefern Lösungen für die nicht immer leichte Agitation der Massen. Deren elementare Ängste lassen sich mit romantischer Begeisterung und Heldenmut leicht auflösen. Die fehlende Selbstironie wurde zu Stalins berüchtigtem schwarzen Humor und seinem ausgeprägten politischen Zynismus. Der Romantizismus mit seinen positiv nationalen und historischen Idealen, mit seiner Abwehr der kosmopolitischen Moderne, seiner übertriebenen Begeisterungsfähigkeit, die dem modernen Rationalismus ebenfalls fremd ist, degeneriert leicht in historischem Determinismus und Logifizierung der Geschichte. Kurz, die frühe romantische Dichtung trieb nicht nur den sozialistischen Realismus hervor, sondern auch die politische Prosa des Stalinismus.

Wer Geist hat, liebt die Kürze

Das zerfledderte Buch des Kommunismus liegt heute offen vor uns. Nun, da niemand mehr danach leben muss, kann man es tatsächlich lesen.

Der Kommunismus war wirklich ein Buch. Für die auf Literatur zentrierte russische (und sowjetische) Kultur ist das »offene Buch« keine Metapher. Die Tradition verträgt sich mit dem inneren Wesen des sowjetischen politisch-ästhetischen Projekts. Darin unterscheidet sich dieses auch von dem anderen Mega-Projekt des zwanzigsten Jahrhunderts – vom Nationalsozialismus –, wobei der Unterschied, in Valerij Podorogas Worten, darin liegt, dass Hitler »ein Mann des gesprochenen Wortes« war und Stalin »ein Mann des geschriebenen«. Im Kommunikationsverfahren des stalinistischen Regimes fungierte, wie Podoroga erläutert,

> die Macht als eine Art heiliger Text, der jedes Wort bewahrt, das je zur Macht gesagt wurde. Als eine Art Prototext wird die Macht als mythisches Sakrament und erste Initiation präsentiert. Selektion und Formierung der Massen geschehen durch einen Prozess der korrekten Lektüre der Texte der Macht. [...] Die Sakralisierung der Texte der Macht erfolgt durch die sakralisierte Darstellung des Führers; er wird zum einzigartigen Zeichen absoluter Macht. [...] Das gesprochene Wort trägt nicht länger kommunikative Attribute, die alte Parteischicht revolutionärer Redner, Tribunen und Polemiker ist vernichtet. Der revolutionäre Geist verbaler Aktionen wird übersetzt in das Rahmenwerk des heiligen Textes der Macht, für den der Führer zugleich Interpretationsexperte und Urheber ist.[5]

Auf diese Weise wurde die duale Realität der Stalinzeit hervorgebracht: Deren eine Seite ist unsichtbar (der Gulag), die andere dagegen kompensiert das Verschwinden der ersten. Diese neue Realität formt auf magische Weise die Beziehung der Massen zu ihrem Führer: »Doch wenn wir diesen ›Zauber‹ abstreifen, werden wir nichts anderes sehen als den Text der Macht, der die Realität unserer alltäglichen Existenz verschlingt. Es gibt keine Wahl, entweder man

[5] Valerij Podoroga, »›Golos Vlasti i ›pis'mo vlasti'‹«, in: A. Kara-Murza (Hg.), *Totalitarizm kak istoričeskij fenomen*, Moskau 1989, S. 109.

verschwindet, tritt ab ins unsichtbare Land des Gulag oder man wird zu einem der toten Buchstaben des stalinschen Texts.«[6]

Das provoziert die Frage: Wenn der Stalin'sche Text derartige Bedeutung für die Kultur hat, wie hat dieses kulturelle Modell ein Vierteljahrhundert lang funktionieren können, während gleichzeitig akute Knappheit an einschlägigen Texten herrschte? Stalin hat, wie man weiß, nur wenig geschrieben, und als er gegen Ende seines Lebens die Herausgabe seiner *Gesammelten Schriften* vorbereitete, umfassten sie kaum sechzehn Bände, in denen das wenige, das er in über fünf Jahrzehnten hervorgebracht hatte, in großen Lettern (wie für Kinder) gesetzt und gedruckt wurde. Wir sollten uns klarmachen, dass Stalins *Gesammelte Schriften* fast ausschließlich aus »Werken« bestehen, die in der vorstalinistischen Ära entstanden. Von den 1930er Jahren an versiegt der auch zuvor schon spärliche Strom fast völlig, und was die Nachkriegszeit brachte, passt in einen einzigen Band.

Nun könnte man argumentieren, die Seltenheit Stalin'scher Texte werde es erleichtert haben, sie zu heiligen Texten zu machen. Doch es ging gar nicht darum, was Stalin *geschrieben* hatte, sondern darum, welche Texte ihm *zugeschrieben* wurden. Dass die »Gründer des Marxismus-Leninismus« eine solche Fülle von Schriften hinterlassen haben, entsprang ihren politischen Auseinandersetzungen und Kämpfen, das bescheidene Gewicht der Texte Stalins dagegen entspricht einem versteinerten Utopia und seinem Prachtstil. Und dort gab es, man muss es kaum betonen, eine bewusste Auswahl. Sind sie einmal an die Macht gelangt, schreiben Politiker wenig. Dafür jedoch verfügen sie über einen enormen Stab an Redenschreibern, die ihnen das Schreiben abnehmen (Trockij, Zinov'ev, Bucharin und andere beschäftigten solche Apparate). Das Erscheinen so fabrizierter Texte resultiert nicht aus Werken, die der Führer verfasst hat, sondern folgt der Strategie seiner Aktionen und Gesten.

Führer haben Bücher geschrieben. Stalins *Gesammelte Werke* dagegen bestehen aus Reden, Briefen, Memoranden – aus peripheren (kurzen!) Genres. Die drei Bücher des Führers (von denen zumindest gesagt wird, dass er sie gründlich bearbeitet hat), sind trotzdem nie als seine Bücher präsentiert worden, sondern sie wurden, ironischerweise, »kurz« genannt. Wir denken dabei an fol-

[6] Ebd., S. 110 f.

gende Texte: *Lenin Wladimir Iljitsch. Ein kurzer Abriss seines Lebens und Wirkens* (Lenin Vladimir Il'ič. Kratkij očerk žizni i dejatel'-nosti), *Josef Wissarionowitsch Stalin. Kurze Lebensbeschreibung* (Iosif Vissarionovič Stalin. Kratkaja biografija), und *Geschichte der KPdSU (B). Kurzer Lehrgang* (Istorija VKP(b). Kratkij kurs). Es ist bezeichnend, dass die Urheberschaft an diesen Texten als offenes Geheimnis behandelt wurde. Aus Nikita Chruščevs Rede vor dem XX. Parteitag der KPdSU wissen wir, zum Beispiel, dass Stalin seine eigene Biographie redigiert und ganze Seiten eingefügt hat; auch über die Entstehung des *Kurzen Lehrgangs* wissen wir eine Menge.[7]

Wer hat diese Bücher nun tatsächlich geschrieben? Im *Kurzen Lehrgang* lesen wir: »Unter der Redaktion des Zentralkomitees der KPdSU (B). Gebilligt vom Zentralkomitee der KPdSU (B) 1938«; in der Lenin-Biographie findet sich überhaupt kein Hinweis und in der Stalin-Biographie sind die Namen eines halben Dutzends Mitarbeiter genannt. Doch wenn es für sie etwas zu »bearbeiten« gab, dann muss es in irgendeiner Form zunächst auch vorgelegen haben. Die Frage nach einem Urtext lässt sich also nicht wegdiskutieren. Und dieser kann nur Stalin gehören – auch wenn man sich nicht vorstellen sollte, der Mann habe sich hingesetzt und seinen Text Seite um Seite niedergeschrieben.

Immerhin wissen wir beispielsweise, dass Stalins Stil sicher zu erkennen ist – nämlich an charakteristischen Formulierungen, Wendungen, Sprachfiguren, Ableitungen und einer ganz eigenen »Logik«, die man allesamt nur in Stalins Texten findet. Man kann einen beliebigen Text aufschlagen und sich davon überzeugen. Die Texte, die hier zur Rede stehen, haben eine unbezweifelbare innere Intertextualität. Sie sind in der gleichen Sprache verfasst, in Stalins Sprache, in einem aufschlussreichen Stil. Unterschiede betreffen nur das jeweilige Genre. Wenn wir behaupten wollten, dass die drei »kurzen« Texte aus einer anderen Feder stammen, müssten wir annehmen, dass jemand ganz bewusst in Stalins Stil geschrieben hätte. Und das ist völlig absurd – allein schon deswegen, weil Stalin beim Schreiben oder Diktieren seiner Texte sehr genau auf Wortwahl, Sprachgestalt und Wendungen achtete. Und zwar, wie Lev Trockij erläutert, aus einem ganz prosaischen Grund: »Mit elf Jah-

[7] Vgl. N. Maslov, »*Kratkij kurs istorii VKP(b)* – ènciklopedija i ideologiia stalinizma i poststalinizma: 1938–1988 gg.«, in: *Sovetskaja istoriografija*, Moskau 1996.

ren trat Iosif seine Ausbildung in der Pfarrschule an. Hier begegnete er zum ersten Mal der russischen Sprache, die für ihn stets eine fremde, unter Zwang erlernte Schulsprache bleiben sollte.«[8]

Und weiter:

> Stalin verbrachte insgesamt an die acht Jahre in der Verbannung und in verschiedenen Gefängnissen, doch erstaunlicherweise brachte er es nicht zu Wege, in dieser Zeit auch nur eine Fremdsprache zu erlernen. Während seiner Haft in Baku versuchte er zwar Deutsch zu lernen, doch ließ er bald von diesem hoffnungslosen Unterfangen ab, wechselte zu Esperanto und vertröstete sich damit, dass dies die Sprache der Zukunft sei. Auf dem Gebiet der Wissenschaften, insbesondere der Linguistik, suchte Stalins unflexibler Intellekt stets den Weg des geringsten Widerstandes.[9]

Wir werden Trockijs Erklärung nicht folgen. Stalins Kopf mag stur und unbeweglich gewesen sein, vielseitig war er gleichwohl, und er selbst war sich auch in ästhetischer Hinsicht der Rolle bewusst, die er in der postrevolutionären Ära zu spielen hatte, nachdem er die agilen politischen Köpfe, Revolutionsredner wie Trockij, hatte verschwinden lassen. Wegen seines Gespürs für ästhetische Fragen hat Stalin auch eine Entscheidung getroffen, die auf den ersten Blick merkwürdig erscheinen mag: Er ließ sich nicht als Autor der drei Bücher nennen, die im Wesentlichen er geschrieben hatte – die Metatexte der Sowjetkultur. Doch was ein »Führerbuch« konstituiert und zum Ereignis macht, ist weniger eine Frage der Autorschaft, vielmehr eine der Nominierung: So bleibt letztlich unerheblich, wer Leonid Brežnevs Erinnerungen niederschrieb, es kommt darauf an, dass sie unter seinem Namen publiziert wurden. Auch im Falle Stalins ist es unwichtig, ob er schrieb oder nur »einfügte«. Wichtig ist, dass alle drei Bücher unauslöschlich und sofort erkennbar den Stempel seines Stils, seiner Logik, oder, wie damals gesagt wurde, »seines Genies« tragen. (Man sollte hinzufügen, dass die Autorschaft des *Kurzen Lehrgangs* Stalin nach dem Krieg auch offiziell zugeschrieben wurde.)

[8] Lev Trockij, »Iosif Stalin. Opyt charakteristiki«, in: ders., *K istorij russkoj revoljucii*, Moskau 1990, S. 398.

[9] Ebd., S. 402.

Stalin hat weder theoretische Schriften noch politische Manifeste verfasst, auch keine Bücher zu politischen oder wirtschaftlichen Fragen und keine Memoiren geschrieben. Er schrieb Geschichte. Das Geschichte-Schreiben gehörte für ihn, und zwar als ein sehr wesentlicher Teil, zum Geschichte-Machen selbst. Die »Trilogie« ist das bedeutsamste geistig-literarische Zeugnis der Stalinära, »ein klinisch reiner Fall totalitären Bewusstseins«.[10] Denn mit diesen Texten hat Stalin die Sowjetsprache geschaffen, die auch sein Denken kodifizierte. Aus diesem Grund muss man die »kurzen« historischen Texte aus seiner Feder als Metatexte der Sowjetkultur betrachten: Sie schreiben die sowjetische Chronotopie fest, die Entwicklungsstränge der Sowjetkunst, die offizielle wie die Alltagssprache und die Mythologie des sowjetischen historischen Bewusstseins.

Die Stalinbücher hatten eine Mission, sie sollten zur Grundlegung der Sowjetmythologie werden, und wie hätte sich dieser übergeordnete Auftrag besser realisieren können als in historischen Erzählungen? Sicher nicht in strikt literarischen, wissenschaftlichen oder theoretischen Texten. Nur die Geschichte erlaubt die Vereinigung einer bestimmten Art des Wissens mit Literatur; nur wenn er sich als erzählte Geschichte geriert, kann ein literarischer Text den Anspruch einer »objektiven Darstellung des Vergangenen« erheben. Das mythenbildende Potential, das im Wesen des historischen Diskurses selbst liegt, ist unerschöpflich. In der Ära der Ideologiekritik galt dieser Diskurs als die wahre Domäne der Mythologie, was Roland Barthes zu der Bemerkung brachte: »Die Funktion der Erzählung liegt nicht im ›Darstellen‹, sondern im Aufbau eines Schauspiels [...]. Die Erzählung zeigt nichts, sie imitiert nicht [...]. In der Erzählung ›geschieht‹, vom referentiellen (wirklichen) Standpunkt aus, buchstäblich: *nichts*; was ›sich ereignet‹, ist ganz allein die Sprache, das Abenteuer der Sprache...«[11]

Das Abenteuer ist der Plot. Und genau den vermittelt Geschichte der Erzählung, und diese wiederum ist zugleich das Ergebnis einer Verwandlung, die gesellschaftliche Erfahrungen erzählbar macht. Geschichte (*history*) entspringt dem Erzählen, der narrativen Proze-

[10] Michail Glovinskij, »›Ne puskat' prošlogo na samotek‹: *Kratkij kurs VKP(b)* kak mifičeskoe skazanie«, in: *Novoe literaturnoe obozrenie* 22 (1996), S. 144.

[11] Roland Barthes, »Einführung in die strukturale Analyse von Erzählungen«, in: ders., *Das semiologische Abenteuer*, Frankfurt a. M. 1988, S. 136.

dur. Das hat vor allem anderen damit zu tun, dass der eigentliche Charakter einer Erzählung herausgebildet wird als innernarrative Korrelation zwischen Realität und Erfindung *und* als ein bestimmtes Prisma, in dem nach Hayden Whites Definition das Wahre mit dem Realen gleichgesetzt wird.[12] Deren Verbindung indes ist in keiner Weise offensichtlich. Vielmehr sehen wir hier unzweifelhaft, wie der Prozess der Ästhetisierung der Realität funktioniert:

> Der Wert, den man der Narrativität beimisst, [entsteht] aus dem nie erfüllbaren Wunsche, reale Ereignisse möchten die Kohärenz, Integrität, Fülle und Geschlossenheit eines Bildes vom Leben haben. Die Vorstellung, wonach reale Ereignisfolgen die formalen Attribute der Geschichten, die wir über imaginäre Ereignisse erzählen, besitzen, kann ihren Ursprung nur in Wünschen, Tagträumen und Träumereien haben.[13]

Womit wir nun das eigene Reich der Literatur betreten haben.

Die »sekundäre Referenz« stalinistischer Kultur wird vom sozialistischen Realismus verkörpert. Nach dessen Schemata ist Stalins Trilogie konstruiert. Anders gesagt, die Biographien von Lenin und Stalin sowie der *Kurze Lehrgang* sind nicht einfach nur als Werke des sozialistischen Realismus zu begreifen, sondern auch als dessen Metatexte. Stalin war Hauptautor des Sowjetischen, was er schreibt, ist sowjetisch. Insofern ist der Hinweis angebracht, dass er seinen Kopf, »dem Beweglichkeit fehlte«, gegen Ende seines Lebens der »Sphäre der Sprachwissenschaft« und »Problemen der Sprache« zuwandte – und das war eine kaum zufällige Entwicklung. Denn hier finden wir nun die Antwort auf unsere Frage nach der Autorschaft: Der sozialistisch-realistische Text hat keinen Autor.

> Bereits in Maksim Gor'kijs Roman *Mutter* – dem ersten Werk des sozialistischen Realismus – gibt es keinen Autor. Alle späteren Schöpfer von Werken in diesem Gebiet des Schreibens sollten »Gor'kij 2«, »Gor'kij 3«, »Gor'kij 20336« genannt werden. [...] Der Autor als derjenige, dessen individuelle Erfahrung eine

12 Hayden White, *Die Bedeutung der Form. Erzählstrukturen in der Geschichtsschreibung*, Frankfurt a. M. 1990, vgl. S. 11 ff.

13 Ebd., S. 38.

Verbindung von Worten und Dingen entstehen lässt, verschwindet.[14]

Autor des sozialistisch-realistischen Textes ist die Macht, ist insbesondere Stalin. Daraus ergibt sich, dass er einen Versuch der Entmystifizierung unternahm, dem die Sowjetliteratur insgesamt aber nicht folgte, die allerdings beispielsweise von der nordkoreanischen Literatur konsistent umgesetzt wurde: In Nordkorea sind literarische Werke anonym und werden allein der »Schriftstellervereinigung des Demokratischen Korea« zugeschrieben.

Stalin offenbarte sein Talent als Autor in drei Grundgenres des historischen Erzählens. Wir werden sie nicht chronologisch behandeln, sondern in aufsteigender Ordnung des Genres: Biographie – die insofern einfachste Form, als die darin eingenommene Stellung des Autors zum Anderen die natürlichste ist. Ein komplexerer Typus der historischen Erzählung ist die Autobiographie, denn die Stellung des Anderen (des Biographen) zum Selbst verlangt stets eine ästhetische Distanzierung. Und zuletzt bildet Geschichte selbst (*history*) die höchste Form der historischen Genres, denn hier geht es um die Stellung des Anderen nicht zu einer individuellen Person, sondern zur Welt insgesamt, und der Besitz eines gewissermaßen integralen, absoluten Wissens von dieser Welt bezeichnet die höchste Ebene der historischen Genres.

»Der Schöpfer des Leninismus« – Stalin als Biograph

Seine Blüte erlebte das Genre Biographie mit dem Kapitalismus, seinem Kult des Individualismus und der Person. Insofern führt die Adaption der Biographie an die kollektive Ideologie des Marxismus zu gewissen Schwierigkeiten. Man sollte im Sinn behalten, dass sich in allen drei historischen Büchern ein einziges, letztlich künstlerisches Ziel – das Erschaffen des Bildes vom Führer – auf jeweils

[14] Ė. Nadtočij, »Drug, tovarišč i brat. Neskol'ko predvaritel'nych zamečanij k voprošaniju o meste socialističeskogo realizma v iskusstve XX veka«, in: *Daugava* 8 (1989), S. 115. Vgl. auch Katerina Clark, *The Soviet Novel. History as Ritual*, Chicago 1981, und Evgenij Dobrenko, *Metafora vlasti: Literatura stalinskoij ėpochi v istoričeskom osveščenii*, München 1993, S. 31–39.

unterschiedliche Weise zu erkennen gibt. In der Lenin-Biographie findet es sein Material im Leben des Anderen. Lenins »Leben und Wirken« (so der Untertitel) sind in der Tat nichts anderes als Material, sie liefern die Story, sie treiben die Erzählung voran.

Und in diesem Fall sprechen wir auf besondere Weise von einer Geschichte (*story*), denn hier dominiert der Plot das Chronologische. Die Geschichte (die Chronologie) von Lenins Leben – und nur insoweit es in der Biographie Darstellung findet – ist wahr: Geburtsdatum, Tod, Kongresse, Reisen und andere Ereignisse dieser Art. Ein Buch mit dem Umfang des *Kurzen Lehrgangs* kann selbstverständlich nicht aus einer Chronik entstehen. Und darum sind es auch nicht die darin festgehaltenen Ereignisse, die seinen Inhalt ausmachen, es liest sich vielmehr wie eine artistisch angelegte Biographie. Wenn deren Lektüre kein ästhetisches Vergnügen bereitet, dann ist das nicht viel anders als beim Lesen eines sowjetischen Romans aus der Revolutionszeit oder der Industrie; auch das macht kein Vergnügen, zumindest nicht jedem.

Vorbilder für das Genre, für Texte wie die Biographien des Führers oder den *Kurzen Lehrgang*, wird man traditionell in heiligen Schriften und in der Hagiographie suchen.[15] Doch denen lassen sich nur die Handlungsstruktur, nicht aber die den Stil prägenden Merkmale entnehmen. Betrachten wir eine der Eingangsszenen aus der Lenin-Biographie. Lenin ist zu diesem Zeitpunkt siebzehn Jahre alt und wurde gerade wegen seiner Teilnahme an Studentenunruhen verhaftet.

> »Was rebellieren Sie, junger Mann? Sie haben doch eine Mauer vor sich«, sagte der Kommissar, der ihn ins Gefängnis abführte, zu Lenin.
> »Eine Mauer schon, aber eine morsche, man stoße, und sie bricht zusammen«, antwortete Lenin.
> Im Gefängnis begannen die Studenten, als sie sich einmal zusammenfanden, die Frage zu erörtern, was sie machen werden, wenn man sie in Freiheit setzen wird. Als die Reihe an Lenin kam und man ihn fragte, »Nun und du, Uljanow, was gedenkst du denn

[15] Vgl. Michail Vajskopf, *Pisatel' Stalin*, Moskau 2001.

zu tun?«, antwortete er, er sehe einen Weg vor sich – den Weg des revolutionären Kampfes.[16]

In Beschreibungen der Taten von Führern ist, wie wir wissen, kein Platz für psychologische Motive. Der Plot (Handlungsstrang und -struktur) allerdings muss motiviert sein. Denn als Leser werden wir Fragen stellen: Wer berichtet der Welt von dieser Episode, ist es Lenin oder der namenlose Kommissar? (Eine dritte Person ist nicht anwesend.) Und wann fanden die Studenten zusammen? Dem Text zufolge wurde Lenin in der Nacht vom 4. auf den 5. Dezember in seiner Wohnung verhaftet, am nächsten Tag von der Schule relegiert und schon einen Tag später ins Dorf Kokuškino gebracht. Nicht weniger erstaunlich ist, was als wörtliche Rede wiedergegeben wird: Kann man sich vorstellen, dass ein Siebzehnjähriger zu seinen Kameraden sagt, er werde »den Weg des revolutionären Kampfes« einschlagen?

Auch dem Erzähler müssen solche Fragen gekommen sein. Darum wird von Anfang an ein Mechanismus in Gang gesetzt, der sie neutralisiert. So folgt der zitierten »Szene« folgende abschließende Passage: »So hatte der siebzehnjährige Lenin im ersten Zusammenstoß mit der zaristischen Selbstherrschaft seine revolutionäre Taufe erhalten. Seitdem widmete Lenin sein Leben restlos dem Kampf gegen Selbstherrschaft und Kapitalismus, der Befreiung der Werktätigen von Unterdrückung und Ausbeutung.« (S. 8 f.)

Dafür, dass der »Weg des revolutionären Kampfes« hier seinen Ausgang nahm, war der Zusammenstoß mit der Macht nicht sonderlich leidenschaftlich. So wird der Leser von den ersten Seiten an darauf vorbereitet, dass es Volodja Ul'janov von frühester Jugend an nicht so sehr mit Menschen zu tun hatte, sondern mit den Gesetzen der Geschichte, den Institutionen und dem Staat (mit nicht mehr und nicht weniger als mit der Regierung selbst). Darauf verweist auch der Schluss dieses Kapitels: »Die zaristische Regierung wollte ihn […] nicht zur Universität zulassen.« (S. 15 f.) Die Regierung! Da denkt man doch an ein Treffen von Regierungsmitgliedern, auf dem entschieden wird, ihn »nicht zuzulassen«. Die nächste Formulierung gilt dem fünfundzwanzigjährigen Studenten: »Die zaristi-

[16] *Lenin Wladimir Iljitsch. Ein kurzer Abriss seines Lebens und Wirkens*, Moskau 1947, S. 8. Übers. d. russ. Ausg. 1945. Die Seitenangaben verweisen im Folgenden auf diese Ausgabe.

sche Regierung hatte unablässig die revolutionäre Tätigkeit Lenins überwacht. Sie sah in seiner Person einen gefährlichen Feind.« (S. 42) Weitere fünf Jahre vergehen, Lenin ist jetzt dreißig: »Der Zarismus witterte in Lenin seinen gefährlichsten Feind.« (S. 64) Aus Lenin, dem gefährlichen, wurde unterdessen der gefährlichste Feind, und es sah nicht mehr nur die Regierung, sondern der »Zarismus« (das gesamte Regime also), dass von ihm größte Gefahr ausging. Unnötig hinzuzufügen, dass der Zarismus 1907 »mit dem Führer der Revolution abrechnen wollte« (S. 136). Hier freilich schleicht sich ein Fehler ein: Lenin konnte in keinem Sinn »Führer« der ersten russischen Revolution sein. Denn mit welchem Recht ließe sich über die Revolution von 1905–07, wenn nicht sogar für die Zeit von 1902 an, sagen, der Name des damals Zweiunddreißigjährigen sei »zum Banner des Kampfes für die Befreiung der ganzen werktätigen Menschheit« (S. 81) geworden?

In wem eigentlich sah der Zarismus den »gefährlichsten Feind«? Immerhin: Lenin kam mit dreiundzwanzig nach Petersburg, und sofort ist er, der Junge aus der Provinz, nicht einfach nur der Führer der Petersburger Marxisten (S. 24), sondern er erkannte auch seine »historische Aufgabe« – »die Arbeiterklasse mit einem marxistischen Programm auszurüsten«: »Unmittelbar nach seiner Ankunft in Petersburg machte sich Lenin daran, diese historische Aufgabe zu lösen. Er war damals erst dreiundzwanzig Jahre alt, aber schon ein völlig gefestigter, ausgezeichnet gebildeter und der Arbeiterklasse rückhaltlos ergebener revolutionärer Marxist.« (S. 20 f.)

Was macht den erst Dreiundzwanzigjährigen zu einem voll entwickelten Mann? Auch das ist ein Kunstgriff, der den Text schon im Voraus von der Notwendigkeit befreit, über irgendwelche späteren Fehler oder falschen Schritte des Führers berichten zu müssen. Was brachte ihn dazu, sich »rückhaltlos« der Arbeiterklasse zu »ergeben«, die er, der zuerst im Exil lebte und dann in der Petersburger Universität über seinen Examensvorbereitungen saß, weder kannte noch kennen konnte? Wie konnte es ihm so früh gelingen, nicht nur für sich eine Formulierung zu finden, sondern weit darüber hinaus nicht ein, sondern das »historische Problem« tatsächlich zu lösen?

Fragen wie diese sind allerdings unangemessen: nicht nur, weil es hier um einen Führer mit übermenschlichen Fähigkeiten geht, sondern weil es im Kontext einer sozialistisch-realistischen Erzählung grundsätzlich falsch ist, solche Fragen zu stellen. Historische Narrative – Biographien, Autobiographien, erzählte Geschichte – sind notwendigerweise realistisch, und darin genau unterscheiden sie sich von eigentlich literarischen Erzählformen, in denen der Bezug zur Realität nicht unbedingt (oder überhaupt nicht) obligatorisch ist. Dass der Leser nach Vergleichen sucht, ist darum nur zu verständlich. Indes beziehen sich solche Vergleiche ausschließlich auf den Bereich der Chronik (auf die Geschichte der Erzählung, die Übereinstimmung der Daten und so weiter), der Charakter der Erzählung und ihrer Form bleibt dabei unbeachtet.

Streng genommen hat die Biographie eines Führers gar keine Handlung, denn die zentrale Figur durchläuft keine Entwicklung. Selbst der Held des sowjetischen *Bildungsromans** bewegt sich entlang des bekannten Weges, wird geboren, erfährt diese oder jene Einflüsse und so weiter (wie Nikolaj Ostrovskijs Held Pavel Korčagin, der Jagdflieger Aleksej Mares'jev oder Aleksandr Fadeevs ›Junge Garde‹). Einem Führer geschieht nichts dergleichen. Ihm hat das Schicksal eine Art vorgefertigtes Leben zugeteilt. Es steht, so wie es aussieht, bereits fest, wenn der Führer zum ersten Mal in dieses Leben tritt. Darum fehlt der Erzählung seines Lebens jede Spannung. Und wenn es schon keine Geschichte zu erzählen gibt, ist das, was bleibt, nichts als Stil, pure Optik. Diese bringt ein Leben hervor, das zuvor bereits gelebt wurde. Was immer der Führer tut, alles ist bereits der »Schritt der Geschichte selbst«. Es gibt so gut wie keinen Hinweis auf Lenins Tun, der nicht von bestimmten Epitheta begleitet wäre, die dieses Tun in etwas verwandeln, das je schon auf ein historisches Leben hinauslief: »Die Versammlung nahm seine *historisch gewordenen* ›Thesen über den Krieg‹ an. [...] Lenin [gab] eine *geniale* Antwort auf alle von der Epoche aufgeworfenen Grundfragen. [...] In diesem *historisch gewordenen* Dokument lässt Lenin den Ruf ergehen [...]« (S. 185 f.). Mit siebenundzwanzig schreibt Lenin »seine *historisch gewordene* Broschüre ›Die Aufgaben der russischen Sozialdemokraten‹« (S. 52); oder: »Die Artikel Lenins sind *klassische* Beispiele der revolutionären Publizistik« (S. 70); »Im Mai 1901 erschien in Nr. 4 der ›Iskra‹ der *berühmte* Artikel Lenins ›Womit beginnen?‹« (S. 71); »Das *historisch gewordene* Buch ›Was tun?‹« (S. 81); »Im Januar 1901 nahm Lenin die Arbeit an seinem *historisch gewordenen* Buch ›Ein Schritt vorwärts, zwei Schritte zurück‹ in Angriff [und] gab eine *meister-*

* Im Original deutsch, Anm. des Übers.

hafte Analyse des Kampfes auf und nach dem II. Parteitag« (S. 95); der Aufsatz ist »ein *klassischer* Kommentar des Agrarprogramms der Partei« (S. 85); »eine *geniale* Begründung der bolschewistischen Taktik und eine *glänzende* Kritik der Taktik der Menschewiki gab Lenin in seinem *historisch gewordenen* Buch ›Zwei Taktiken der Sozialdemokratie in der demokratischen Revolution‹« (S. 109); »in Lenins Artikeln, veröffentlicht in der Zeitung ›Proletari‹, erhält die Partei eine *wissenschaftliche* marxistische Analyse des Verlaufs der Revolution, *glänzende* Voraussagen ihrer weiteren Entwicklung, *genaue und klare* Losungen, *erschöpfende* Anweisungen und Fingerzeige« (S. 114); »in seinem *genialen* Buch ›Staat und Revolution‹ stellte Lenin vor allem die wahre Lehre von Marx und Engels über den Staat wieder her.« (S. 237)[17] Lenin hat, wie wir sehen, seine Artikel und Bücher also nicht einfach geschrieben, sondern mit ihnen erfüllt, was ihm beziehungsweise seinen Texten nach den Gesetzen der Geschichte vorgeschrieben war. Diese »rückwärtsgewandte Lektüre« erzeugt den Effekt einer toten Vergangenheit; fast könnte man sagen, es gebe in diesen Erzählungen überhaupt keine Vergangenheit, nur Geschichte.

Was immer Lenin anpackt – und er muss nach solchen Aufgaben nicht suchen –, immer schon ist es »historisch«, »berühmt«, »klassisch«, »genial« – immer schon vorfabriziert. Es ist ein optischer Effekt, der nicht nur durch Epitheta erreicht wird, sondern auch mit komplexeren Mitteln. Manchmal werden Ereignisse durch einen Plot, zum Beispiel durch bewusste Verzögerung, vorbereitet: Lenin berichtet in einem Brief, dass er an dieser oder jener Broschüre arbeite, »aber völlig von redaktionellen und organisatorischen Angelegenheiten absorbiert, konnte er die Arbeit an dieser Schrift erst im Herbst 1901 in Angriff nehmen. Sie erschien im März 1902. Es war die geniale Leninsche Arbeit *Was tun.*« (S. 72) Hier noch ein anderes, ein fast schon artistisches Mittel: Zunächst heißt es, Lenin arbeite an einem Buch, dann wird es beschrieben, und es folgen die Gründe, aus denen es so wichtig ist. Natürlich wartet der Leser gespannt auf eine Auflösung. Sie wird nachgeschoben: »Im Mai 1909 erschien das Buch. Es war Lenins geniales Werk ›Materialismus und Empiriokritizismus‹«, Lenins »allseitige« Kritik der »neuesten Schliche der bürgerlichen Philosophie«, in »bemer-

17 Alle Hervorhebungen durch den Autor, E.D.

kenswert tiefschürfender« Weise (S. 143). Die unausweichlichen Epitheta begleiten nicht nur die Werke selbst, sondern auch einzelne Formulierungen; so etwa: »Die Leninsche Kritik des Stolypinregimes ist ein klassisches Beispiel für die Anwendung der marxistischen dialektischen Methode bei der Analyse gesellschaftlicher Erscheinungen.« (S. 153)

Es kann gar nicht anders sein: Jede Aktion des Führers ist bedeutsam und voller Symbolik. In der folgenden Episode zum Beispiel kommt Lenin im Ausland an. Wir erfahren nicht, wovon er lebt, ob er irgendetwas anderes tut, als sich um Parteiangelegenheiten zu kümmern, nichts davon, ob er mit Schwierigkeiten zu kämpfen hat. Aber ein Brief an die Mutter wird zitiert: »Im Besuch der Berliner Sehenswürdigkeiten bin ich sehr faul: ich stehe ihnen überhaupt ziemlich gleichgültig gegenüber und gerate meistens nur zufällig dahin. Ja, mir gefällt überhaupt ein Bummel durch die verschiedenen abendlichen Vergnügungsstätten des Volkes besser als der Besuch von Museen, Theatern, Passagen usw.« (S. 37 f.)

Und nun liefert der Text die Schlussfolgerung: Lenin, nach Aufenthalten in Simbirsk, Kasan, Samara und im Dorf Kokuškino zum ersten Mal in Europa, verbringt jeweils einen Monat in der Schweiz, Paris und Berlin, wo er »aufmerksam die Arbeiterbewegung studierte, Arbeiterversammlungen besuchte und sich mit dem Leben und den Gepflogenheiten des westeuropäischen Arbeiters bekannt machte« (S. 37) – sodass auch der Besuch von Vergnügungsstätten der Forschung diente. Dann reist Lenin von München nach London in »diese Zitadelle des modernen Kapitalismus«, die er, wiederum, »aufmerksam studiert«: »Er machte sich mit der englischen Arbeiterbewegung bekannt, studierte das Leben der Arbeiter, besuchte die Arbeiterviertel, Arbeiterversammlungen und -meetings. Er verbrachte ganze Tage im Britischen Museum, wo seinerzeit auch Marx gearbeitet, wo er sein geniales Werk *Das Kapital* geschaffen hatte.« (S. 83 f.)

Als sei Lenin nur nach London gekommen, um ganze Tage an dem Ort zu verbringen, an dem Marx das *Kapital* schrieb (natürlich auch ein »geniales« Werk). Und was hat Lenin in seinen zwei Monaten (März/April 1902) in London zuwege gebracht? »Mit der ihm eigenen Sorgfalt und Gewissenhaftigkeit studierte er alles irgendwie in Betracht kommende Material über die Agrarfrage.« (S. 84)

Und wie uns später erklärt wird, war das beileibe nicht alles:

> Von den ersten Kriegstagen an beschäftigte Lenin sich mit dem eingehenden, gründlichen Studium der Weltliteratur über Ökonomie, Technik, Geschichte, Geographie, Politik, Diplomatie, Arbeiterbewegung und über die Kolonialfrage sowie mit dem Studium anderer Gebiete des gesellschaftlichen Lebens der verschiedenen Länder der Epoche des Imperialismus. [...] Solche rastlose Forscher und kristallklare Wissenschaftler wie Lenin hat die Welt wenige hervorgebracht. Als Ergebnis dieser gewaltigen Forscherarbeit wurde das berühmte Buch Lenins geschaffen: ›Der Imperialismus als höchstes Stadium des Kapitalismus‹. [...] Dieses Buch ist eines der größten Werke des Marxismus-Leninismus. (S. 201)

Diese Übertreibung sollten wir nicht einfach als die übliche Eloge abtun, verrät sie doch, dass der Erzähler eine Person ist, die niemals ernsthaft an irgendetwas gearbeitet, »studiert« hat, denn niemand kann in nur zwei Monaten die »Weltliteratur zu Ökonomie, Wirtschaft, Technik, Geschichte, Geographie, Politik, Diplomatie, Arbeiterbewegung« gründlich lesen, dazu noch die Texte »zur Kolonialfrage« und zu »anderen Gebieten des gesellschaftlichen Lebens in verschiedenen Ländern der Epoche des Imperialismus«. Wer immer hier »Erzähler« ist – jedes Mitglied aus Stalins Politbüro könnte es gewesen sein –, ganz sicher haben wir es mit Stalins Erzähldiktion zu tun; das Textstück zeigt seine stilistischen Dimensionen.

Wir müssen uns nur die Unzahl von Aufzählungen und aufzählenden Konstruktionen vor Augen führen: Jede Aktion, jedes Charakteristikum wird durch die Verwendung von Synonymen vervielfältigt, so als habe der Erzähler ein Wörterbuch als Quelle genommen. Die zweite unverwechselbare Eigenschaft von Stalins Erzählweise ist die paranoide Korrektheit des Sprechens, ihre rhetorische Schwere, die Überfülle komplexer, syntaktisch überladener Konstruktionen (eine Art Parodie auf Gogols Stil, wobei man darauf hinweisen sollte, dass das Russische auch für den Ukrainer Gogol nicht Muttersprache war).

Weil wir uns vorgenommen haben, mit unserer Untersuchung nicht über die drei genannten Bücher hinauszugehen, beschäftigen wir uns hier nur mit den Stalin-Zitaten, die als authentische Äußerungen des Führers bezeichnet werden. Eines der Zitate (aus Stalins Rede vor der Wählerversammlung am 11. Dezember 1937) beschließt die Lenin-Biographie. Stalin zeichnete darin das »Vorbild des Politikers von Leninschem Typus« (S. 384). Und er »zeichnet« eine sehr präzise Charakteristik, dessen nämlich, was, wie er meint, das Volk von seinen Vertretern fordern müsse:

> Dass sie auf dem Posten von Politikern Leninschen Typus bleiben, dass sie Politiker von eben solcher Klarheit und Bestimmtheit seien, wie Lenin es war; dass sie ebenso furchtlos im Kampf und ebenso schonungslos gegen die Feinde des Volkes seien, wie Lenin es war; dass sie frei von jeder Panik seien, von jeder Spur einer Panik, wenn die Lage sich kompliziert und sich am Horizont irgendeine Gefahr ankündigt; dass sie ebenso frei von jeder Spur einer Panik seien, wie Lenin davon frei war; dass sie bei der Entscheidung komplizierter Fragen, bei der allseitige Orientierung und allseitige Erwägung des Für und Wider nötig ist, ebenso weise und bedachtsam seien, wie Lenin es war; dass sie ihr Volk ebenso lieben, wie Lenin es liebte. (S. 384 f.)

Hier haben wir das Grundmodell von Stalins Erzählweise: Wiederholungen der Satzkonstruktion (»dass sie waren … wie Lenin war«), sieben an der Zahl. Auch das Folgende zeigt die Erzählweise von Stalin dem Biographen, der hier zitiert wird:

> Aber Lenin scheute das Risiko nicht, denn er wusste, er sah mit hellsichtigem Blick, dass der Aufstand unvermeidlich ist, dass der Aufstand siegen wird, dass der Aufstand in Russland dem imperialistischen Kriege ein Ende bereiten wird, dass der Aufstand in Russland die gepeinigten Massen des Westens aufrütteln wird, dass der Aufstand die Republik der Sowjets bringen wird, dass die Republik der Sowjets der revolutionären Bewegung in der ganzen Welt als Bollwerk dienen wird. (S. 247)

Wiederum sieben Wiederholungen einer einzigen Konstruktion. Sieben ist keine zufällige, sondern die optimale Zahl für Erzählformen dieses Typs. Schon mit dem dritten Auftauchen der Redefigur ist die Tatsache der Wiederholung gegeben. Ab der, sagen wir, fünften Wiederholung wird das als bewusste rhetorische Figur wahrgenommen; die siebenmalige Wiederholung ist eine Art Offenlegung des Verfahrens. Nach dem siebten Mal ist der Eindruck tautologischer Endlosigkeit erreicht.

An den Stellen, die von den Wendepunkten des Lebens erzählen, das Lenin im Exil führte, und von der Unmöglichkeit, sich unter die Massen zu mischen, kommt dem biographischen Narrativ der höchste Grad von Emotionalität zu (innerhalb der Grenzen der peinlichen Genauigkeit der gegebenen Erzählform, versteht sich): »Es war nicht leicht für Lenin, in der Emigration zu leben, losgerissen von dem unmittelbaren Verkehr mit der Arbeiterklasse, mit den Volksmassen.« (S. 80) Dies wird gesagt, als habe Lenin daran nicht weniger schwer zu tragen gehabt als an der erzwungenen Trennung von Frau und Familie. »Die Arbeiter, die Massen« agieren hier als Ersatz für die Familie. Und dem können die Leser dann entnehmen, wie sie dieses Drama auffassen sollen: nämlich unter dem Aspekt der Kompensation. In diesem familiären Setting soll Lenin entweder als allwissender Vater wahrgenommen werden (»Wohl war Lenin genötigt, in der Emigration zu leben, doch niemand kannte die Lage in Russland, in der Arbeiterklasse, in der Partei so gut wie er.« [S. 79]) oder aber als das sorgende Oberhaupt der Familie der revolutionären Arbeiter (»Häufig verbrachte er schlaflose Nächte, wenn er Nachrichten erhalten hatte über die Verhaftung des einen oder anderen Mitarbeiters, über das Hochgehen eines Komitees oder eines Literaturtransports, über den Verlust einer mit viel Mühe hergestellten Verbindung mit irgendeiner Organisation« (S. 79); an anderer Stelle wiederum als der Lieblingssohn (»Aber die Partei, die selbst in die Illegalität ging, barg auch ihren Führer Lenin in tiefer Illegalität« (S. 232). Manchmal allerdings führen die Erzählverfahren den Erzähler in die Irre, und das Drama schlägt unfreiwillig um in eine Farce: »Lenin drängte es nach Russland, um unmittelbar am revolutionären Geschehen teilzunehmen. Wie ein Löwe in einem engen Käfig wanderte Lenin ruhelos hin und her« (S. 217).

Am Schluss der Biographie, wenn der Politiker und der Mann Lenin zum Bild des Führers Lenin verschmelzen, kommt es zu einer Konstellation aus »Monumentalität« und »Wärme«. Nicht eine Facette von Lenins Erscheinung wird in diesem Schlussporträt ausgelassen, alle werden sie in den bekannten Stalin'schen »Realismus« verwandelt: »Lenin besaß wie kein anderer ein Gespür für das Neue. Er verfolgte wie ein erfahrener Gärtner aufmerksam das Auftauchen des Neuen, hegte und pflegte es liebevoll« (S. 318); »Lenin war stets auf der Hut, er enträtselte rechtzeitig die Pläne der Feinde, erkannte meisterhaft die Hauptrichtung des feindlichen Schlages, gruppierte schnell die Kräfte um, schweißte die Volksmassen zu einer unüberwindbaren Kraft zusammen und erzielte den Sieg« (S. 328); »Lenin, der Wichtigtuerei nicht duldete und in allem Schlichtheit und Bescheidenheit forderte, war selbst ein Vorbild einer solchen außerordentlichen Bescheidenheit. Die Arbeiter sagten über die Schlichtheit Lenins: ›schlicht wie die Wahrheit‹« (S. 347); »Lenin konnte man nicht betrügen. In allem forderte er Offenheit und Wahrheit« (S. 348); »Lenin war der beste Freund der Jugend, Vater und Erzieher der jungen Arbeiter und Bauern, er half den Jugendorganisationen mit Rat und Tat« (S. 316).

Mit diesem Leninporträt haben wir unzweifelhaft ein Selbstporträt Stalins vor uns.

Zwei Dramen entfalten sich vor den Lesern der Lenin-Biographie. Zuerst das Drama der *Abgrenzung* (in der Auseinandersetzung mit Gegnern), sodann das Drama der *Verschmelzung* (mit seinem Nachfolger Stalin). Man könnte sagen, dass sich der gesamte Plot der Lenin-Biographie zwischen diesen Polen seiner Identität entfaltet. Diese Spaltung der Person lässt sich nur mit künstlerischen Mitteln überwinden. So haben wir denn eine artifizielle Biographie vor uns, deren Hauptfigur (ein gewisser historischer Ul'janov-Lenin) ein »vorgefertigtes« Leben führt (seine historische Rolle ausfüllt). Wir haben auch das Paradox dieses Genres vor uns, das dessen besondere Eigenschaften erklärt: *Je mehr aktuelle Bezüge Lenins Biographie enthält, desto mehr wird sie zu etwas Vorgefertigtem, wird, insofern die Geschichte gewissermaßen rückwärts läuft, Geschichte ohne Vergangenheit.* (Lenin ist bedeutend als Vorgänger Stalins, darum muss er seine Beziehungen zu späteren Stalingegnern abbrechen – zu all jenen, die bei Erscheinen der Lenin-Biographie als »Feinde des Volkes« bereits vernichtet waren – und stattdessen immer mehr mit Stalin verschmelzen.) Mit anderen Worten: *Je topischer Lenins Biographie (Geschichte, history) wird, desto unwichtiger wird dessen Leben (die Vergangenheit) selbst.* In dieser Konzentration aufs Optische hat das Stalin'sche Geschichtsbild sein besonderes Wesen.

In der Lenin-Biographie (wie auch in den anderen »kurzen« Narrativen Stalins) gibt es keine neutrale Figur, die an den Ereignissen einfach nur teilhätte. Die Auswahl der vergegenwärtigten Namen folgt einer strikt axiologischen Hierarchie. Die Figuren sind sämtlich nach positiv oder negativ unterschieden, wobei der positive Pol vor allem von den beiden Führern dargestellt, der negative dagegen aus dem Pulk teuflischer Bösewichter unterschiedlicher Couleur gebildet wird. Deren »spalterische Umtriebe« – zunächst die Machenschaften der Menschewiki, dann die Trockijs und seiner verborgenen Agenten – verlangten enorme Anstrengungen. Wenn man daraus überhaupt etwas entnehmen kann, dann dass Lenin im Kampf mit den Spaltern Titanisches geleistet haben muss. Dieser Kampf bildet den eigentlichen Handlungsfaden der Lenin-Biographie, er verleiht der Erzählung hin und wieder sogar eine eigene Spannung. Der II. Parteitag etwa wird im erregten Stakkato einer Fußballreportage beschrieben: Ununterbrochen ist irgendwer dabei, einem anderen die Initiative zu entreißen, die Gegner hetzen über das Feld, von einem Tor zum anderen. Lenin ist wie Antaios (Stalins beliebtester Vergleich): »Die Opportunisten triumphierten, sie träumten schon vom vollen Sieg auf den Parteitag. Die Gefahr verzehnfachte jedoch die Kräfte Lenins« (S. 91). Das aber bringt uns auf die Frage: *Warum* eigentlich sind Lenins Gegner so ungeheuer aktiv? Die Lenin-Biographie versäumt nicht nur, uns darauf eine irgendwie begreifliche Antwort zu geben, sie stellt diese so naheliegende Frage erst gar nicht.

Dabei sollte man meinen, dass der Marxismus gerade solche Fragen besonders gut beantworten kann, indem er auf verborgene Klasseninteressen verweist. Das Merkwürdige jedoch ist, dass der Erzähler solche Fragen (damit auch vorgestanzte Antworten) entweder bewusst umgeht oder mit Bedacht allzu simple Antworten gibt – etwa: »Die objektive Rolle der Machisten ist Liebedienerei vor der Reaktion und dem Pfaffentum« (S. 147). Dieses Verfahren lässt den Leser zuletzt zweifeln, ob er überhaupt eine »marxistische Erzählung« (Glovinskij) vor sich hat. Schließlich aber haben wir es mit einem sozialistisch-realistischen Text zu tun, mit der bekannten Magie dieses Schreibstils.

Doch sollten wir auch nicht vergessen, dass in diesem Narrativ historische Ereignisse eher keine unabhängigen Elemente eigenen Werts darstellen, sondern Beweise sein sollen für die Korrektheit der Urteile und rückblickenden Bewertungen des Erzählers. Letztlich haben wir es hier mit dem gleichen Mechanismus zu tun, der die Lenin-Biographie insgesamt bestimmt: Die Geschichte wird prospektiv erzählt, wobei die Leser den »vorgefertigten« Ausgang der Geschichte längst kennen. Insofern verüben auch die Schurken ihre Schurkereien so unausweichlich, wie Lenin seine »gefeierten«, »klassischen«, »berühmten« Artikel und Bücher verfasst. Offenbar waren sie bereits berühmt, bevor sie niedergeschrieben wurden.

Zu den Auseinandersetzungen über die Unterzeichnung des Friedensvertrags von Brest-Litowsk etwa heißt es:

> Die Trotzkisten und Bucharinleute führten offen eine zügellose Kampagne gegen Lenin, die Partei und die Sowjetregierung. Und gleichzeitig bereiteten sie in tiefster Illegalität zusammen mit den »linken« Sozialrevolutionären eine konterrevolutionäre Verschwörung gegen die Sowjetregierung vor. Diese Schurken steckten sich das Ziel, den Brester Frieden zu vereiteln, die Sowjetregierung zu stürzen, Lenin, Stalin und Swerdlow zu verhaften und zu ermorden. Die niederträchtigen Pläne dieses Abschaums der Menschheit sind erst nach 20 Jahren bekannt geworden. (S. 270)

Natürlich kennen die Leser die Pläne dieses »Abschaums« schon im Vorhinein. Der Erzähler rechnet sogar damit, dass sie mit den niederträchtigen Aspekten der Parteigeschichte vertraut sind, denn die zitierte Passage kann nur verstehen, wer zuvor schon weiß, wer die dort auftretenden Figuren »in Wirklichkeit« (nämlich zwanzig Jahre später so genannt) waren: »Trotzkisten« und »Bucharinleute«. Das ist der Effekt auch des sozialistisch-realistischen Romans; auch dessen Leser wissen vorab, wer Held ist und wer die Schufte sind.

Wir sollten hinzufügen, dass Charakterisierungen dieser Art auf wirkliche Ereignisse bezogen werden, die Menschen aber, die diesen »Abweichungen« ihren Namen geben, werden jeder Individualität beraubt. So findet man in der Sowjetenzyklopädie der Stalinzeit zwar eine Definition des »Trotzkismus«, aber keinen Eintrag zu Trockij. Nur die »kurzen Bücher« erzählen die schrecklichen Fakten, und zwar durchaus emotional. Zum Beispiel: »Der Grund für den Rückzug der Roten Armee war das verräterische Treiben Trotzkis, der die Südfront desorganisierte« (S. 307), oder: »Der niederträchtige Verräter Kamenew brachte den Antrag ein, die Briefe Lenins zu verbrennen. Das Zentralkomitee lehnte diesen Antrag entrüstet ab und nahm den Antrag des Genossen Stalin an« (S. 242). Es lohnt auch den Hinweis, dass selbst solche Ereignisse gefälscht werden, bei denen man das für unmöglich halten würde. So war, zum Beispiel, auch damals allgemein bekannt, dass Trockij der wahre Held des Bürgerkriegs gewesen ist, aber genau darum muss er (und nicht etwa Rykov) des Verrats beschuldigt werden. Wenn wir wissen, dass Kamenev der treue Verwalter des Leninarchivs war, dann muss auch ihm (und nicht etwa Bucharin) der Versuch zugeschrieben werden, das Archiv zu zerstören.

Während der abscheulichen Inszenierung der Schauprozesse von 1936 bis 1938 wurden die Anklagen gegen die höherrangigen Parteifunktionäre nicht, wie man denken könnte, von den folternden Verhörbeamten in der Lubjanka [NKVD-Zentrale] formuliert, sondern, wie wir genau wissen, in Stalins Büro. Niemand hätte sich diese unglaublichen Geschichten gegen seine engsten Mitarbeiter in Stalins Namen ausdenken können. Denn das hieße, den wahren Künstler in Stalin zu verleugnen. So sind die »Geschichten«, die über sie erzählt werden, keine dreisten Lügen, zumindest keine dickeren Lügen als zum Beispiel die Ölbilder Aleksandr Laktionovs, die Filme Ivan Pyr'evs oder die Romane Semen Babajevskijs. Mit dem einen Unterschied, dass die Charaktere in Stalins Geschichten historische Figuren sind.

Lenin erscheint in den Biographien durch und durch stalinisiert. Er ist nicht weniger misstrauisch als Stalin: »Lenin zeigt die Inkonsequenz, die Eigennützigkeit, die Feigheit der liberalen Bourgeoisie, ihr verräterisches Verhalten auf; kein einziger Schritt der Liberalen bleibt seinem scharfen Auge verborgen. [...] Lenin geißelt voller Zorn die Menschewiki« (die mit den Liberalen paktieren) (S. 114). Konsequent wie nur Stalin verteidigt er die ideologisch reine Linie:

> Die Opportunisten versuchten dadurch, dass sie den Marxismus in gemeiner Weise verzerrten, ihre Lossagung von der proletarischen Revolution, von der Diktatur des Proletariats zu bemänteln. Lenin war empört und entrüstet darüber, wie gewissenlos die Opportunisten den Marxismus entstellten. Er war stets bereit, für die Reinheit des revolutionären Marxismus bis zum Letzten zu kämpfen. (S. 215)

Auch er sieht, von rechts wie von links, Gefahren drohen: »Er richtet seine Schläge gegen die Menschewiki [...] gleichzeitig wendet er die scharfe Waffe seiner Kritik gegen die Boykottisten [...]« (S. 135) Gnadenlos verfolgt auch er die Feinde der Revolution: »Lenin hatte nicht wenig zu kämpfen gegen diese Opportunisten, Wirrköpfe und Intriganten, die sich dann auch als gemeinste Verräter und Banditen erwiesen haben. Es bedurfte größter Wachsamkeit, größten Scharfblicks, um zu verhindern, dass derartige Elemente die Sache des Sozialismus schädigten« (S. 210).

Lenins Kampf mit den »Feinden« wird mit den gleichen Worten beschrieben, mit denen dies auch in der *Kurzen Lebensbeschreibung* und im *Kurzen Lehrgang* geschieht – rohe, knochenbrechende Gewalt, die alle Hindernisse aus dem Weg fegt. Darum mobilisiert er 1911 die Auslandsgruppen der Bolschewiki: »überwindet alle Hindernisse, führt scharfe Schläge gegen alle Feinde und setzt die Einberufung der Parteikonferenz [von 1912] durch« (S. 164). Oder, zu den Ereignissen von 1917: »Kamenew, Rykow und andere traten aus dem Zentralkomitee und dem Rat der Volkskommissare aus. Die Flucht dieses jämmerlichen Häufleins von Feiglingen brachte Lenin nicht ins Schwanken. Die Verräter und Deserteure wurden beiseitegeschleudert« (S. 256).

Wenn zuletzt alles und alle »zerschmettert«, »beiseitegeschleudert«, »ausgerottet«, »fortgespült« sind, bleibt die Geschichte entvölkert zurück. Und in dieser leeren Wüste kann der zweite Akt des Lenin-Dramas beginnen – seine Verschmelzung mit Stalin. Denn von nichts anderem handelt die Geschichte, die Stalin unter dem Titel *Lenin. Kurzer Abriss seines Lebens und Wirkens* erscheinen lässt.

Stalin taucht in diesem Werk zum ersten Mal auf Seite 29 auf. Dort wird erzählt, wie Lenin das »prophetische« Buch *Was sind die Volksfreunde* (*Čto takoe druz'ja naroda*) verfasst hat, das hektografiert zirtkulierte: »In Tiflis las [die Arbeit] auch der junge Stalin, der eben erst in die revolutionäre Bewegung eingetreten war« (S. 29). Genau eine Seite später erfahren wir, in Verbindung mit einer anderen von Lenins Broschüren: »Auch Genosse Stalin wurde mit diesem Sammelband bekannt; auf ihn machte der mit K. Tulin gezeichnete Leninsche Artikel ›Der ökonomische Inhalt der Volkstümlerrichtung und seine Kritik in dem Buch des Herrn Struve‹ einen gewaltigen Eindruck« (S. 30).

Das könnte die Frage provozieren, wie seine Eindrücke dem (fiktiven) Lenin-Biographen bekannt wurden. Überhaupt, was haben Impressionen des zwanzigjährigen Stalin in einer Lenin-Biographie verloren? Doch wenn Leser auf solche Fragen kommen, zeigt das nur, dass sie nicht vorbereitet sind auf die Lektüre eines Stalintexts. Denn dessen Texte mögen handeln, wovon sie wollen – ob von Fragen der Sprachtheorie oder von Problemen der Volkswirtschaft –, stets haben sie nur ein Thema: die Macht und ihren Träger Stalin. Das egozentrierte Erzählen Stalins verlangt zwiefache Lektüre. Immer geht es auch um etwas anderes. Und dieses andere ist stets das Gleiche. Nur durch Stalins Projektion hindurch können wir auf Lenin blicken.

Auch bevor sich beider Wege treffen, ist jedes Faktum in Lenins Biographie nur Anlass, etwas über Stalin zu erzählen. Nicht nur dieses oder jenes Buch Lenins kann dazu Gelegenheit bieten, sondern auch ein schlichter Hinweis auf die je gültige Parteiparole. Ein Beispiel: Was erfahren wir als erstes, wenn von Lenins Kampf gegen den »Bogdanowismus« zu berichten ist? »Das von Genosse Stalin geführte Bakuer Komitee rief im August 1909 in seiner Resolution zum schonungslosen ideologischen Kampf gegen Bogdanow und dessen Anhänger auf und erklärte diesen Kampf zu einer der aktuellen Aufgaben der Partei« (S. 157). Gibt es keine passende Schrift Lenins, findet sich der Auszug aus einem Brief des Führers: »Die von Stalin geführten treffsicheren Schläge gegen den Menschewismus finden den vollen Beifall Lenins« (S. 114). Ganz allgemein spielen Briefe in den Beziehungen beider Parteiführer eine außergewöhnliche Rolle, noch bevor sie sich persönlich kennen lernten:

> Die Antwortbriefe der örtlichen Funktionäre gaben auch Lenin sehr viel. […] Aus ihnen schöpfte Lenin die Kräfte für den Kampf. Einen tiefen Eindruck machte auf Lenin der Brief, den er von Stalin durch dessen Freunde erhielt. Stalin unterstützte restlos Lenin, in welchem er den Gründer und Führer der Partei sah. Lenin antwortete Stalin mit einem Brief. […] So erfolgte in einem für die Partei schwierigen Augenblick die wenn auch einstweilen nicht persönliche Bekanntschaft der beiden größten Männer der Gegenwart – Lenin und Stalin. (S. 94 f.)

Wenn alle Stricke reißen und auch kein passender Brief aufzutreiben ist, werden Lücken in der »anhaltenden Freundschaft« durch allgemeine Bemerkungen geschlossen, wie etwa hier: »Aufmerksam studiert Lenin die Erfahrung der Arbeit der von Stalin geführten und geleiteten transkaukasischen Parteiorganisationen. Er stellt sie als Musterbeispiele des proletarischen Internationalismus hin« (S. 181).

Als das historische Treffen der beiden Führer dann tatsächlich stattgefunden hatte, fielen eine Menge Probleme des Plots fort, und die »Geschichte« konnte nun im normalen, von Ereignissen getriebenen Fluss erzählt werden. Eine der Grundlinien, auf die die Erzählung reduziert wird, ist die Vorstellung, Stalin sei Lenins Stellvertreter gewesen:

> Lenin leitete den Parteitag aus der Illegalität durch seine Kampfgefährten – Stalin, Swerdlow, Molotow, Ordshonikidze. Er entwarf die Thesen zu den Hauptfragen des Parteitags. Unmittelbarer Leiter des Parteitags war Genosse Stalin. In seinen Referaten formulierte Genosse Stalin genau, auf leninsche Weise, die Aufgaben und die Kampftaktik der Partei in der neuen Etappe der Revolution. (S. 235)

Wo sich aus Lenins Lebensgeschichte keine faktischen Hinweise auf Stalins Rolle gewinnen lassen, kommt das von Stalin so geliebte, rein bürokratische Prinzip der Erklärung von Ereignissen zum Einsatz, das den Lesern Ende der 1930er Jahre bekannt war, in der Partei zu Lenins Lebzeiten jedoch noch keine Rolle spielte. Einige Beispiele:

> Der Beschluss über den Aufstand wurde in einer erweiterten Sitzung des Zentralkomitees bestätigt. […] [Dort] wurde auf Antrag Lenins ein Parteizentrum für die Leitung des Aufstandes mit Genossen Stalin an der Spitze gewählt. Dieses Parteizentrum war der führende Kern des Revolutionären Militärkomitees beim Petrograder Sowjet und leitete praktisch den ganzen Aufstand. (S. 247)

Damit wird Stalin automatisch zur Schlüsselfigur der Oktoberrevolution: »Die gesamte Vorbereitung des Aufstands wurde unmittelbar von dem Parteizentrum geleitet, in dessen Händen alle Fäden des Aufstandes zusammenliefen. Lenin hielt sich zu dieser Zeit illegal im Wiborger Bezirk auf […]« (S. 248).

Unter diesen Bedingungen, so lässt sich ohne weiteres schließen, konnte Lenin den Aufstand nicht selbst führen, und allein aus diesem bürokratischen Grund wurde er von Stalin geführt.

Als Lenin dann, noch immer im Untergrund, von Wiborg nach Petrograd kam, traf er mit Stalin zusammen: »Stalin gab eine Darlegung des von ihm auf Grund der Hinweise Lenins ausgearbeiteten konkreten Planes des Aufstandes. Lenin hieß den Plan gut« (S. 246). Und dann erst taucht Lenin persönlich im Hauptquartier auf:

> Am späten Abend wurde Lenin vom Zentralkomitee auf Betreiben Stalins in den Smolny gerufen, um die allgemeine Leitung der Bewegung zu übernehmen. Genosse Stalin informierte

> Lenin nach dessen Ankunft im Smolny eingehend über die getroffenen Maßnahmen sowie über den Gang des begonnenen Aufstandes. Der Plan für die Einnahme des Winterpalastes wurde sofort bestätigt. (S. 250)

Stalin, lernen wir daraus, ließ Lenin zur »allgemeinen Leitung« herbeirufen, als der Aufstand längst begonnen hatte. Lenin, wie könnte es anders sein, zeigte »eine außerordentliche Fürsorge um Stalin [...] auch den Bedingungen, unter denen Stalin lebte, schenkte Lenin seine Aufmerksamkeit« (S. 256 f.). Angefügt wird der Wortlaut einiger »Notizen für den Sekretär«, mit denen Lenin festhielt, was mit Stalin zu besprechen sei, doch er bittet darum, diesen nicht eigens zu wecken, sondern sie erst auszuhändigen, nachdem er erwacht sei. Zur Vergeltung solcher Fürsorglichkeit macht sich auch Stalin in den Julitagen 1917 um »den Schutz von Lenins Leben [...] besonders verdient« (S. 232). Lenin wohnte in der Wohnung des Arbeiters Allilujew, im gleichen Zimmer, das Stalin später, von August bis Oktober 1917, bewohnt hat. »Aber auch hier war es nicht ungefährlich [...] [So] wurde Lenin von Genossen Stalin zu einem anderen Arbeiter nach der Station Rasliw gebracht. [...] Als es Ende August kalt zu werden begann, bewerkstelligte Genosse Stalin die Übersiedlung Lenins nach Finnland« (S. 233). Aus dem Text geht nur hervor, dass Lenin kurz in einem Zimmer gelebt hat, das später Stalin bewohnte, doch schon das genügt als Beleg für die »besondere Rolle«, die Stalin für den »Schutz von Lenins Leben« spielte.

In der Regel wird Stalins Wirken als eines »im Verborgenen« dargetan, und zwar durch hypotaktische oder Gerundivkonstruktionen: »Während seiner Krankheit wurde Lenin oft von Stalin besucht, der zu der Zeit die Parteiarbeit leitete.« Oder: »Der Parteitag nahm den von Lenin ausgearbeiteten Entwurf als Grundlage für das Programm an und wählte für die Abfassung des neuen Programms eine Kommission, der Lenin, Stalin und andere angehörten« (S. 272). Wer diese anderen waren, erfahren wir natürlich nicht. Die entvölkerte Geschichte wird in eine Art leeres Rahmenwerk umgebaut, in das sich jede Figur einfügen lässt. Zum Beispiel: »Im April 1920 beging die Partei der Bolschewiki den fünfzigsten Geburtstag ihres Führers und Gründers – Wladimir Iljitsch Lenins. Auf einem vom Moskauer Komitee am 23. April veranstalteten Abend ergriffen die nächsten Kampfgefährten und Freunde Lenins – Stalin, Gorki und andere – das Wort« (S. 321 f.).

Wieder ist unerheblich, wer die anderen waren; an einer anderen Stelle schafft die Anwesenheit namentlich genannter »Anderer« eine Art optische Illusion: »Lenin ergriff entschiedene Maßnahmen zur Stärkung des Stabes der Revolution – des Zentralkomitees. In das Zentralkomitee wurden standhafte und erprobte Bolschewiki gewählt: Lenin, Stalin, Molotow, Woroschilow, Kalinin, Dzerzhinsky, Ordshonikidze, Frunse, Kirow, Kuibyschew und andere« (S. 337). Diese Liste oder besser: die Auswahl der Namen (tatsächlich saßen an die hundert Menschen im Zentralkomitee) ist bemerkenswert: Genannt werden die Mitglieder von Stalins Politbüro – ausgewählt von Lenin.

Ein besonderer Mikroplot der Lenin-Biographie ist Stalins Rolle im Bürgerkrieg. Das musste sehr sorgfältig ausgeführt werden, denn es war herauszustellen, dass Stalin (und nicht etwa Trockij) der zweite Mann nach Lenin war. Darum wird die Geschichte des Friedensvertrags von Brest-Litowsk wie folgt erzählt:

> Bei jedem Schritt im Kampf für den Frieden beriet sich Lenin mit Stalin. Lenin und Stalin arbeiteten gemeinsam die Richtlinien aus für die sowjetische Friedensdelegation in Brest. Als die Delegation Lenin um weitere Richtlinien bat, antwortete er: »Stalin ist nicht da, und ich konnte sie ihm noch nicht zeigen. […] Ich möchte mich zuerst mit Stalin beraten, bevor ich Ihre Frage beantworte.« Nach einiger Zeit teilte Lenin der Delegation mit: »Jetzt ist Stalin gekommen, wir werden beraten und Ihnen sofort eine gemeinsame Antwort geben.« Die Weisung, den Frieden zu unterzeichnen, wurde mit Lenins und Stalins Unterschrift nach Brest geschickt. (S. 264)

Unklar bleibt, was Lenin mit Stalin besprechen wollte, aber diese womöglich recht alltägliche Besprechung soll ja vor allem als gewichtiger Beweis für die Rolle dienen, die Stalin für die Rettung des Landes vor einer deutschen Intervention gespielt hat. Hier greift ein besonderer Mechanismus der Evidenzerzeugung. Immer wenn es um die Beziehung der beiden Führer geht, kommen Details und Minibeweise ins Spiel (kurze Auszüge aus Briefen oder Gesprächsmitschriften, etc.). Niemandem sonst in der Biographie widerfährt solche Aufmerksamkeit.

Zweitens musste die neu erzählte Geschichte des Bürgerkriegs Stalin als aktiven Militärkommandeur zeigen. Also erfahren wir, dass Stalin stets in den militärisch kritischsten Momenten auftauchte:

> Die verschiedenen weißgardistischen Verschwörungen retteten Judenitsch nicht. Alle Vorschläge Stalins zur Festigung des Hinterlandes und zur Aushebung der Spionagenester und zur Organisierung der Front wurden von Lenin unterstützt. Genosse Stalin führte an der Front und im Hinterland schnell einen Umschwung herbei. Unter seiner Führung zerschmetterte die Rote Armee, unterstützt von den Petrograder Arbeitern und der Roten Flotte, die Judenitscharmee. Dann vertraute die Partei die Westfront der Sorge des Genossen Stalin an, damit er dort die Abwehr des Angriffs der Weißpolen organisiere. (S. 304 f.)

> Um die Zerschlagung Denikins zu organisieren, wurden vom Zentralkomitee die Genossen Stalin, Woroschilow, Ordshonikidze, Budjonny an die Südfront gesandt. Trotzki wurde der Führung der Südfront enthoben. Anstelle des verbrecherischen Planes von Trotzki [...] schlug Genosse Stalin seinen Plan zur Zerschlagung Denikins vor. [...] Lenin billigte diesen Plan und gab dem Hauptquartier die Weisung, den Stalinschen Plan in die Tat umzusetzen. (S. 308)

Drittens handelt es sich, wie in allen »Geschichten« Stalins, um enteignete Geschichte, darum war es, wenn dieser Name nicht überhaupt zu verschweigen war, unerlässlich, die Rolle des verräterischen Trockij zu zeigen. Der pragmatisch denkende Stalin erfand ein Mittel, das sich in allen drei Büchern einsetzen ließ: An keiner Stelle werden Trockijs offizielle Titel genannt, obwohl er während des Bürgerkriegs der zweite Mann in der Kommandohierarchie war. Darum finden wir nicht einen Hinweis darauf, dass Trockij Vorsitzender des Militärrevolutionären Komitees des Petrograder Sowjets war, lesen aber immer wieder, dass die Direktiven von Lenin und Stalin kamen. Und schließlich macht sich Stalin zu Trockijs Vorgesetztem:

> Als die frech gewordenen deutschen Räuber und die ukrainischen Weißgardisten versuchten, über die Grenzen der Ukraine vorzudringen, befahl Lenin dem Volkskommissariat für Kriegswesen, »unverweilt alle von ihm abhängigen Maßnahmen zur

> Verteidigung der Ostgrenzen des Gouvernements Charkow zu treffen«. Die Einzelheiten wurden vom Genossen Stalin ausgearbeitet. »Über die Einzelheiten ist mit Stalin zu sprechen«, erklärte Lenin in seinem Befehl an das Kriegskommissariat. (S. 278)

Eine charakteristische Einzelheit: Dem Text zufolge ist der Befehl ans Volkskommissariat gerichtet, an eine Institution also und nicht an eine Person – Trockij war damals Volkskommissar für äußere Angelegenheiten.

Zum gleichen Mittel greift der Text, wenn die Fakten Stalins Rolle im Bürgerkrieg nicht erkennen lassen. Dann erfahren wir (wie im Fall der Oktoberrevolution): »Um alle Hilfsquellen für die Verteidigung des Landes zu mobilisieren, wurde der Rat der Arbeiter- und Bauernverteidigung geschaffen. An der Spitze stand Lenin. Sein faktischer Stellvertreter war Stalin« (S. 287).

Was »faktischer Stellvertreter« im Kontext der fünf Revolutionsjahre bedeutet, wird nicht ganz klar, denn die Parteihierarchien waren damals nicht strikt festgelegt und es gab auch keine formalen Unterschiede.

Manchmal werden die Hinweise auf Stalins Rolle ausschließlich durch stilistische Mittel kreiert. Ein Beispiel: »Das Zentralkomitee der bolschewistischen Partei, das in dieser Periode unmittelbar vom Genossen Stalin geleitet wurde, rief die Arbeiter, Soldaten und Matrosen zur Verteidigung der Revolution auf. Kornilow wurde zerschmettert« (S. 240).

Der lakonisch knappe Schlusssatz lässt die voranstehenden, syntaktisch komplizierteren Konstruktionen dieser Passage um so deutlicher hervortreten. Dieses Mittel wird in Stalins Texten wiederholt angewendet; die stilistische Konstruktion erzeugt den Eindruck von Ursache und Wirkung.

Unentwegt reformuliert Stalin Lenins Aktionen und bildet sie eigenen Verhaltensmustern nach. Der dargestellte Lenin gibt nicht nur, wie es Stalin tat, fortwährend Weisungen und Richtlinien, er äußert sich sogar in Stalin-Zitaten: »Lenin lehrte die ›Iskra‹-Anhänger, niemals das Kleine in der Arbeit abzulehnen, denn aus Kleinem wird Großes erbaut« (S. 76 f.). Verfasst wurde diese Biographie im Licht bereits abgeschlossener historischer Ereignisse, darum werden aus Lenins Aktionen jene Augenblicke herausgelöst, an denen sich sein strategisches Geschick und vor allem seine Weitsicht darstellen lassen: »Mit genialem Scharfblick sah Lenin den weiteren

Gang der Entwicklung der Revolution voraus« (S. 116). Natürlich war Stalin nicht minder Prophet, und im Kontext dieser prophetischen Strategien lassen sich die militärischen Niederlagen von 1941/1942 zum Beispiel aus »Stalins genialem Plan für den organisierten Rückzug« erklären. Darum aber müssen die Lektionen in der »Kunst des Rückzugs« Lenin zugeschrieben werden:

> Durch geschicktes Manövrieren ließen es Lenin und Stalin nicht zu vorzeitigen Kämpfen in ungünstigen Situationen kommen, ließen nicht zu, dass die Bewegung der Arbeiter und Bauern von der Bourgeoisie in Blut ertränkt wurde. (S. 231 f.)

> Im Jahre 1905 hatte Lenin die Partei die Kunst des revolutionären Angriffs gelehrt, jetzt lehrte er sie, wie man sich richtig und organisiert zurückzieht, als letzter zurückzieht, um nach Sammlung der Kräfte erneut zu einem mächtigen Angriff überzugehen. (S. 131)

> Eine Reihe von Jahren hatten die Bolschewiki unter Lenins Führung einen Rückzug durchgeführt, einen organisierten Rückzug in voller Ordnung, wobei sie gegen alle scharfe Schläge führten, die den Versuch unternehmen, diesen Rückzug in eine panische Flucht zu verwandeln. (S. 168)

Ihren Höhepunkt erlebt die Lenin-Biographie mit Stalins »Schwur«. Stalins Rede während der Trauersitzung des II. Unionskongresses der Sowjets, auf dem es um Lenins Nachfolge ging, wird folgendermaßen dargestellt: »Es ist schwer in Worten wiederzugeben, mit welch gespannter Aufmerksamkeit der Kongress Stalin zuhörte. [...] Die Rede des Genossen Stalin war außerordentlich in ihrer Kraft. Stalin leistete im Namen der Partei den großen Schwur« (S. 378).

Der dergestalt gefeierte Schwur bestand aus einer sechsfachen Wiederholung: »Als der Genosse Lenin von uns schied, hinterließ er uns das Vermächtnis [...] Wir schwören dir, Genosse Lenin, dass wir...« Der Wortlaut dieses Schwurs ist in der Lenin-Biographie kursiv gesetzt; hinzufügt wurde eine Folge separater »Erklärungen«:

> Stalin, der treue Schüler und Kampfgefährte Lenins, setzt das unsterbliche Werk Lenins fort. (S. 378)

> Lenin [...] ist der Schöpfer des Leninismus. [...] Lenins Lehre ist ein Leuchtturm, der den Weg des siegreichen Kampfes der Werktätigen um ihre Befreiung erhellt. [...] Genosse Stalin gab die klassische Definition des Leninismus: »Der Leninismus ist der Marxismus der Epoche des Imperialismus und der proletarischen Revolution. Genauer: der Leninismus ist die Theorie und Taktik der proletarischen Revolution im Allgemeinen, die Theorie und Taktik der Diktatur des Proletariats im Besonderen.« (S. 383)

Die letzte Feststellung kann exemplarisch für Stalins Stil stehen, nicht nur wegen Formulierungen wie »Lenin ist der Schöpfer des Leninismus«, sondern auch wegen des Wortlauts der »klassischen Definition des Leninismus«, ihrer »klärenden« Konstruktion mit Hilfe der Einschübe »genauer«, »im Allgemeinen«, »im Besonderen«.

Die Biographien Lenins und Stalins werden in *Geschichte der KPdSU (B). Kurzer Lehrgang* miteinander verschweißt. Hier halten wir vorerst nur fest: Nicht Propaganda, auch keine ideologischen oder andere Absichten bestimmen die Erzählform von Stalins Texten; solche Ziele sind eher sekundär. *Lenin. Ein kurzer Abriss seines Lebens und Wirkens* hat eine andere Funktion: Das Buch soll Stalin zur Legitimation seiner Macht dienen. Ohne diese Funktion wäre die Kette der drei Bücher unvollständig, eben keine abgestimmte Mythologie der Sowjetgeschichte. Das rabiate Zurechtrücken der Lenin-Biographie, das wir hier verfolgt haben, verlangte einen artistischen Kraftakt. Dabei haben wir es nicht mit einer »Ästhetisierung der Politik« zu tun als vielmehr mit dem *ästhetischen Charakter* des politischen (und damit auch des historischen) Diskurses in der Sowjetunion.

»Der Meister der Revolution« – Stalin als Autobiograph

Ein breit ausgetretener Weg liegt vor uns. Stalins drei Bücher sind eine dreimalige Wiederholung einer einzigen, der gleichen Geschichte, eine Wiederholung in drei verschiedenen Genres. Die Lenin-Biographie ist mehr als ein Vorwort zur Stalin-Biographie: Stalin der Autobiograph ist ein auf eigene Weise außergewöhnliches Phänomen.

Das Staatsmonopol an der Lenin-Biographie, das in den 1930er Jahren begründet wurde, verhinderte, dass andere nicht von Stalin verfasste Biographien erschienen, auch wenn, soweit wir wissen, über der Stalin-Biographie selbst kein Staatsmonopol errichtet wurde. Solange er lebte, war seine Biographie ausschließlich seine Sache. Stalin konnte keinen Biographen haben, seine Biographie musste Autobiographie sein. Gleichzeitig aber durfte sie auch nie als Autobiographie behandelt werden. Auch hier sind wir mit der Anonymität eines Textes konfrontiert, doch erscheint die Situation in diesem Fall klarer (wir wissen genau, was Stalin in seine eigene Biographie einfügte) und auch komplexer; letzteres hat mit dem Genre zu tun.

Alle drei Bücher sind anonym erschienen. Also könnte man schließen, dass Stalin nie über sich selbst gesprochen hat. Doch ganz offensichtlich hat er immer und ausschließlich über sich selbst gesprochen. Die Lenin-Biographie ist der anonymste Text, zugleich der transparenteste. Denn in diesem Fall konnte Stalin über sich selbst in der dritten Person sprechen, ohne Verwirrung zu stiften. Er selbst allerdings war an die Existenz in zwei Identitäten gewöhnt. Auch Zeugen haben die gespaltene Persönlichkeit Stalins mehr als einmal beschrieben. Da gab es zum Beispiel die berühmte Szene mit seinem Sohn. Dessen wilde Eskapaden waren Gegenstand von Gerüchten, die Ende der 1940er Jahre in ganz Moskau kursierten. Daraufhin hielt Stalin seinem Sohn Vasilij drohende Vorträge: »Du entehrst den Namen Stalin. Denkst du, du bist Stalin? Vielleicht denkst du, dass ich Stalin bin? *Das dort* ist Stalin«, soll er gesagt und auf das offizielle Porträt gezeigt haben, das sein Arbeitszimmer schmückte.

Diese Art innerer Dualität wurde auch während Stalins öffentlicher Auftritte beobachtet. Das zeigt ein kurzer Auszug aus der Rede in der Wählerversammlung vom Dezember 1937:

> Meinerseits, Genossen, möchte ich euch versichern, dass ihr euch getrost auf Genossen Stalin verlassen könnt. (Stürmische, lange nicht endend wollende Ovation, Zuruf aus dem Saal: »Und wir alle stehen hinter Genossen Stalin!«). Ihr könnt darauf zählen, dass Genosse Stalin es verstehen wird, seine Pflicht zu erfüllen vor dem Volke (Beifall), vor der Arbeiterklasse (Beifall), vor der Bauernschaft (Beifall), vor der Intelligenz (Beifall).[18]

[18] Josef Wissarionowitsch Stalin, »Rede in der Wählerversammlung des Stalin-Wahl-Bezirks der Stadt Moskau. 11. Dezember 1937 im Großen Theater«, in: ders., *Werke*, Bd. 14, Dortmund o.J., S. 162.

Ein ähnliche Passage, davon berichtet Chruščev in seiner Geheimrede auf dem XX. Parteitag, seiner Abrechnung mit Stalin, habe Stalin »eigenhändig« in die *Kurze Lebensbeschreibung* eingefügt:[19] »Stalin, der in meisterhafter Weise den Aufgaben eines Führers der Partei und des Volkes gerecht wird und die volle Unterstützung des ganzen Sowjetvolkes genießt, hat in seiner Tätigkeit niemals auch nur einen Schatten von Eigendünkel, Überheblichkeit, Selbstlob an den Tag gelegt« (S. 109 f.).[20]

Die »Autobiographie« ist eines der rätselhaftesten literarisch-politischen Zeugnisse der Sowjetära, zugleich eine Fundgrube für Psychoanalytiker. Stalin hatte, wie wir wissen, wenig übrig für Ärzte und griff darum zu eigenen Mitteln der Therapie. Der auktoriale Impuls verletzt die Grenzen jedes Anstands (und das beileibe nicht nur im Hinblick auf biographische Zuverlässigkeit); jedes Maß geht verloren, Selbstlob und Selbstüberschätzungen nehmen manchmal völlig groteske Züge an, die durchaus an Nikolaj Gogols Figur des »Revisors« Chlestakov erinnern. Auch das war ein Grund, warum der Text nur anonym erscheinen konnte: Stalin konnte die Autorschaft dafür nicht beanspruchen, hatte er selbst doch geschrieben: »Stalin […] hat in seiner Tätigkeit niemals auch nur einen Schatten von Eigendünkel, Überheblichkeit, Selbstlob an den Tag gelegt.« Stalins Bescheidenheit reichte indessen so weit, zuzugeben, dass er, Stalin, »die Hauptarbeit zur Leitung der Partei« zu leisten hatte (S. 92), als Lenin wegen seiner angeschlagenen Gesundheit immer häufiger »seine Arbeit unterbrechen musste« – wobei dieses »zu leisten hatte« das Urbild stalinscher Bescheidenheit darstellt. Andererseits aber hätte niemand anderer über hinreichend Autorität verfügt, seinen Namen unter diesen heiligen Text zu setzen. So hat also auch diese Biographie keinen Autor, es gibt nur die »Verfasser« des

[19] Nikita Chruschtschow, *Rede des Ersten Sekretärs des ZK der KPdSU, … auf dem XX. Parteitag der Kommunistischen Partei der Sowjetunion*, zitiert nach www.stalinwerke.de/sonstiges/geheimrede.de.vu/index.html (letzter Aufruf 4.4.2011).

[20] *Josef Wissarionowitsch Stalin. Kurze Lebensbeschreibung* (Verfasser: G. F. Alexandrow, M. P. Galaktionow, W. S. Krushkow, M. B. Mitin, W. D. Motschalow, P. N. Pospelow. Die vorliegende Ausgabe ist eine Übersetzung der vom Marx-Engels-Lenin-Institut in Moskau 1947 herausgegebenen, zweiten verbesserten und ergänzten russischen Auflage), Moskau 1947. Alle Zitate und im Text vermerkten Seitenzahlen folgen dieser Ausgabe.

Marx-Engels-Lenin-Instituts. In einer solchen Situation fand Stalins Bescheidenheit unbegrenzte Möglichkeiten, sich zu bewähren.

Stalin war unzweifelhaft ein traumatisierter Mensch. Und während seines Kampfs um die Macht verstärkte sich das Trauma noch. Dieser Kampf begann mit Lenins Tod, denn, wie allgemein anerkannt, konnte Stalin zu diesem Zeitpunkt wenig ins Feld führen, was zu seinen Gunsten sprach: Weder war er ein guter Redner noch ein Theoretiker; weder vor noch während der Revolution noch im Bürgerkrieg hatte er sich besonders hervorgetan. Das genau ist der Grund, warum der Text seine Verdienste ständig wachsen lässt und warum sie bis zur Unplausibilität aufgetürmt werden, worüber Chruščev schließlich bitter spottete. Noch als der Machtkampf entschieden war, konnte es Stalin dabei nicht belassen. Er musste eine eigene Biographie verfassen, immer neue »Tatsachen« zutage fördern, immer neue Superlative hinzufügen, bis schließlich die Biographie zu einem leeren Rahmen wurde, den er sowieso nach Belieben füllen konnte. Sie wurde zu einer Geschichte (*story*), die zu jedem Plot passte. Was blieb, war das »Gerüst« – Verbannungen, Fluchten, Exil, Teilnahme an diesem und jenem Ereignis, und so weiter. Der Rest wurde mit geradezu Gogol'scher Einbildungskraft hinzuerfunden.

Stalin, der kein guter Redner war, hatte eine Schreibweise, die dem »oratorischen« Bürokratenstil entsprach. Dabei investierte Stalin einiges in seinen Stil, reicherte ihn mit kunstfertigen Phantasien an. Die Bücher sollten kompensieren, dass er kein revolutionärer Volkstribun war. Außer ihrem eindeutig eigenen Stil hatten seine Texte allerdings nichts Neues zu bieten. Nicht einmal die »Selbstglorifizierung« war eine Erfindung Stalins. Sie gehört unbestritten seinem Erzrivalen Trockij. Keine Armee der Welt enthält in ihren Statuten, was sich Trockij 1922 ausgedacht hatte. In Paragraph 41 der politischen Statuten der Roten Armee stößt man tatsächlich auf Trockijs politische Biographie, mit Trockij als einem Helden, der revolutionäre und militärische Werte personifiziert. Der Paragraph endet mit den Worten: »Genosse Trotzki ist der Führer und Organisator der Roten Armee. Er steht an der Spitze der Roten Armee und führt sie zum Sieg über alle Feinde der Sowjetrepublik.«[21] Sta-

[21] Zitiert nach Nikolaj Vaseckij, »L. D. Trockij. Političeskij portret«, in: Lev Trockij, *K istorii russkoi revoljucii*, Moskau 1990, S. 34.

lin musste nur den Namen ändern, nicht einmal die Wortstellung hat er variiert.

Lenins Biographie musste umgeschrieben werden, die Stalins dagegen war überhaupt erst zu schreiben. Und hier können wir Stalins Einschätzung zustimmen: »In meisterhafter Weise [wird er] den Aufgaben eines Führers der Partei und des Volkes gerecht.« Für Stalin hatte das Wort »meisterhaft« (*masterski*) viele Bedeutungen. Geschick und Meisterschaft (*masterstvo*) gingen ihm über alles. Man erinnere sich an die berühmte Frage, die Boris Pasternak an Osip Mandel'stam stellte: Ob dieser ein Meister sei? Wenn sich Stalin selbst einen »Meister« nennt (»Damals, in Russland, wurde ich unter Lenins Leitung einer der Meister der Revolution« [S. 64]), sollte man dies durchaus ernst nehmen. Er hat »der Partei und dem Volk« – als ihr wahrer Führer – sein eigenes Bild gegeben.

Die Lenin-Biographie war wenigstens noch ansatzweise mit realen Ereignissen verbunden, in der Stalin-Biographie geht diese Verbindung völlig verloren. Stalins Erscheinen in der Geschichte ist nicht dem biologischen Faktum seiner Geburt geschuldet, sondern resultiert aus dem Spiel historischer Kräfte. Stalin ist Produkt allein der Geschichtsgesetze. Gleich zu Beginn der Autobiographie erfahren wir:

> Der von Lenin geschaffene und geleitete Petersburger »Kampfbund zur Befreiung der Arbeiterklasse« gab der Entwicklung der sozialdemokratischen Bewegung im ganzen Lande einen mächtigen Anstoß. […] Die Wellen der Arbeiterbewegung erfassten auch Transkaukasien, wohin der Kapitalismus bereits vorgedrungen war. […] Im letzten Viertel des 19. Jahrhunderts setzte in Transkaukasien eine rasche Entwicklung des Kapitalismus ein; die Arbeiter und Bauern wurden einer räuberischen Ausbeutung unterworfen. […] In den neunziger Jahren entfalteten in Transkaukasien die dorthin verschickten russischen Marxisten eine revolutionäre Tätigkeit. In Transkaukasien setzte die Propaganda des Marxismus ein […]. (S. 6 f.)

Vom »Masterplan« schwenkt der Text nun zum griechisch-orthodoxen Seminar in Tiflis. Stalins Studienort »war damals eine Pflanzstätte für jede Art von Befreiungsideen unter der Jugend, sowohl volkstümlerisch-nationalistischen als auch marxistisch-internationalistischen, es wimmelte von verschiedenartigen geheimen Zirkeln«. Und dann rief, wie sich zeigt, »das im Seminar herrschende Jesuitenregime [...] bei Stalin stürmischen Protest hervor, nährte und verstärkte die revolutionäre Gesinnung in ihm. Der fünfzehnjährige Stalin wird zum Revolutionär« (S. 6). Die Lösung erfolgt auf einen Schlag – wie stets, man erinnere sich: »Der Kornilowputsch wurde niedergeschlagen.«

Stalin ist derart über alle Realität erhaben, dass sich selbst der Hinweis auf biographische Fakten erübrigt. Streng genommen tut Stalin nichts von sich aus. Ständig ist, als eine Art Prototext, die Lenin-Biographie präsent. Stalin vollendet im Kaukasus genau das, was Lenin in der Hauptstadt tut: So wird unter Stalin »im Kaukasus die Vereinigung des Sozialismus mit der Arbeiterbewegung eingeleitet, genau so, wie einige Jahre vorher der von Lenin geführte Petersburger ›Kampfbund‹ derselben Aufgabe in glänzender Weise gerecht worden war.« Er gründet *Brdzola* (Der Kampf), die »nach der ›Iskra‹ beste marxistische Zeitung in Russland« (S. 15).

Natürlich und nicht anders als bei Lenin ahnt der Zarismus, »dass er in Stalin einen der größten Revolutionäre vor sich hatte, und suchte Stalin auf jede Weise die Möglichkeit zu nehmen, seine revolutionäre Arbeit fortzusetzen« (S. 43 f.). In der Lenin-Biographie werden solche Urteile noch mit einigen Fakten unterlegt (deren Bedeutung allerdings eindeutig übertrieben ist), im Fall Stalins dagegen gibt es solche Belege überhaupt nicht. Wir erfahren nur, dass Stalin, »kaum hatten [ihn] die zaristischen Schergen an einen neuen Verbannungsort gebracht [...] er auch schon erneut flüchtete und, wieder auf ›freiem Fuß‹, die revolutionäre Energie der Massen schmiedete« (S. 44). Wie aber ging dies »Schmieden« vonstatten? Durch rastlose Aktivität: Er lässt sich »auf Anweisung der Partei« in Baku nieder, »einem der wichtigsten Zentren der Arbeiterbewegung Russlands«, gewinnt die »Arbeitermassen für den Bolschewismus«, organisiert den »Kampf zur Verdrängung der Menschewiki« (S. 44 ff.).

Überhaupt ist seine Aktivität nicht minder unglaublich und fruchtbar wie die Lenins. (Wir erinnern uns: der las praktisch den gesamten Bestand der British Library in nur zwei Monaten.) Das ausufernde Werk, das Stalin vollbrachte, unterschied sich von dem Lenins allein darin, dass dieser schrieb, während Stalin handelte. Hier das Kurzprotokoll von Stalins viermonatiger Tätigkeit, zwischen November 1901 und Anfang März 1902:

> In Batum entfaltet Stalin eine rastlose revolutionäre Tätigkeit: er stellt Verbindungen mit fortgeschrittenen Arbeitern her, gründet sozialdemokratische Zirkel, leitet selbst einige Zirkel, richtet eine illegale Druckerei ein, schreibt zündende Flugblätter, druckt und verbreitet sie, leitet den Kampf der Arbeiter der Betriebe von Rothschild und Mantaschow, organisiert die revolutionäre Propaganda auf dem Lande. Stalin schafft in Batum eine sozialdemokratische Organisation, gründet das Batumer Komitee der SDAPR und leitet die Streiks in den Betrieben. [...] Stalin ist unermüdlich: er bereist systematisch die Bezirke Transkaukasiens (Batum, Tschiatury, Kutais, Tiflis, Baku, die bäuerlichen Bezirke West-Georgiens), festigt die alten und schafft neue Parteiorganisationen. Er nimmt in zahlreichen Diskussionen an den erbitterten Kämpfen mit den Menschewiki teil und [...] verteidigt energisch den bolschewistischen Standpunkt. (S. 17, S. 22)

Kein Wunder, dass »die Batumer Arbeiter« Stalin »schon damals den Lehrer der Arbeiter nannten« (S. 18). Abgerundet wird dieses phantastische Bild mit der Beschreibung von Stalins Wirken in Petersburg:

> Am 6. September 1911 reist Stalin illegal aus Wologda nach Petersburg. Hier nimmt er Verbindungen mit der Petersburger Parteiorganisation auf, leitet und organisiert den Kampf gegen die Liquidatoren – die Menschewiki und die Trotzkisten –, sammelt und festigt die bolschewistischen Organisationen Petersburgs. Am 9. September 1911 wurde Genosse Stalin in Petersburg verhaftet und in das Gouvernement Wologda verschickt. (S. 48 f.)

Wenn wir den Tag seiner Ankunft (den 7. September) und den Tag seiner Verhaftung (den 9. September) abziehen, dann hat Stalin diese titanische Arbeit im Verlauf eines einzigen Tages vollbracht, am 8. September.

Danach wird es uns auch nicht überraschen zu hören, dass auch die »bolschewistische Tageszeitung *Prawda*« zwar auf »Weisung Lenins«, aber auf »Initiative Stalins« gegründet wurde (S. 52); dass Stalin »Organisator und Initiator fast aller bolschewistischen Publikationen im Kaukasus« war (S. 23) und *Proletariatis Brdzola* nach Lenins Zentralorgan »die beste und größte bolschewistische Zeitung« (S. 25). In den »vielen Artikeln», die er beisteuerte, »tritt Stalin als talentvoller Polemiker hervor, als außerordentlich starke literarische und theoretische Kraft der Partei, als politischer Führer des Proletariats, als treuer Anhänger Lenins« (ebd.). So phantastisch, wie sie begann, endet diese Passage: »Lenin äußerte sich begeistert über die Zeitung *Proletariatis Brdzola*, ihre marxistische Standhaftigkeit, ihre bedeutenden literarischen Vorzüge« (ebd.). Lenin tat das, ohne Georgisch lesen zu können…

Natürlich haben wir eine Täuschung vor uns. Doch diese triviale Erkenntnis hilft uns nicht im Geringsten, das Stalin'sche Narrativ in seinen Grundzügen zu verstehen. Die Lüge ist hier so offensichtlich, dass man den Eindruck gewinnt, der Erzähler versuche gar nicht erst, den »fiktiven« Charakter des Texts zu verbergen. Wir haben es mit einem Kunsttext zu tun, und es ist wenig sinnvoll, sich solchen Texten mit der Frage nach Wahrheit oder Lüge zu nähern.

Nur wenn man das im Bewusstsein hält, können wir Stalins Lieblingsgeschichte aus dem Bürgerkrieg verstehen. Es geht dabei um eines der schwersten Traumata Stalins: Denn der Bürgerkrieg war die beste Zeit seines Erzfeindes Trockij, zugleich die Zeit von Stalins Erniedrigung und Scheitern. Und darum prasseln die Informationen hier auf die Leser nieder wie eine Lawine:

> Der unmittelbare Inspirator und Organisator der wichtigsten Siege der Roten Armee war Stalin. Überallhin, wo an den Fronten das Schicksal der Revolution entschieden wurde, schickte die Partei Stalin. Er war der Schöpfer der bedeutungsvollsten strategischen Pläne. Stalin leitete die entscheidenden Kampfoperationen. Vor Zarizyn und Perm, vor Petrograd und gegen Denikin, im Westen gegen das Polen der Pans und im Süden gegen Wrangel – überall sicherten der eiserne Wille und das strategische Genie Stalins den Sieg der Revolution. Stalin war der Erzieher und Leiter der Militärkommissare, ohne die es, nach den Worten Lenins, keine Rote Armee gegeben hätte. Mit dem Namen Stalin sind die ruhmvollsten Siege unserer Roten Armee verbunden. (S. 85 f.)

Was immer in Stalins Geschichte berichtet wird (und sie bezieht sich tatsächlich auf alles, insofern die Taten des Führers nicht nur maximal intensiv sind, sondern auch vollkommen extensiv), letztlich kehrt sie zum Ausgangspunkt zurück: zur Figur des Erzählers selbst. Diese Besonderheit des autobiographischen Narrativs erlaubt es uns, die *Kurze Lebensbeschreibung* als eine der phantasievollsten im Genre

Autobiographie zu betrachten. Die beschriebenen Ereignisse haben nie stattgefunden, was uns zur Annahme nötigt, dass es diesem Text gar nicht um des Leben Stalins geht, sondern um den Versuch, eine neue Art historischer Realität zu konstruieren. Darin sind nicht die Ereignisse als solche von Bedeutung, sondern deren Produzent: Stalin. Als Volkskommissar für Nationalitätenfragen leitete Stalin direkt

> die gesamte Arbeit der Partei und der Sowjetmacht zur Lösung der nationalen Frage in der Sowjetunion. Unter Führung Lenins und Stalins gingen die Arbeiter und Bauern daran, an Stelle der zaristischen Kolonien Sowjetrepubliken zu errichten. Es gibt keine einzige Sowjetrepublik, an deren Organisierung Stalin nicht aktiv und führend teilgenommen hätte. Stalin leitet den Kampf um die Ukrainische Sowjetrepublik, leitet die Errichtung der Bjelorussischen Republik und der Sowjetrepubliken in Transkaukasien und Mittelasien, er hilft den zahlreichen Nationalitäten des Sowjetlandes, ihre autonomen Sowjetrepubliken und Gebiete aufzubauen. (S. 70)

Er war Initiator der Industrialisierung, darum:

> Kein einziges Gebiet, keine einzige Frage der Industrialisierung entzog sich dem Gesichtskreis Stalins. Stalin ist der Initiator des Aufbaus neuer Industriezweige, der Entwicklung und Rekonstruktion früher rückständiger Zweige. Stalin ist der Inspirator der Errichtung der zweiten Kohlen- und Hüttenbasis unseres Landes, der Schaffung des Kusnezkbeckens. Stalin ist der Organisator und Leiter der sozialistischen Bautätigkeit. (S. 115)

Für die Zeit nach dem Krieg schließlich wird Stalins Tätigkeit in ihrer ganzen phantastischen Vielfältigkeit ausgebreitet:

> Die Arbeit des Genossen Stalin ist außerordentlich vielseitig, seine Energie wahrhaft erstaunlich. Der Kreis der Fragen, denen Genosse Stalin seine Aufmerksamkeit widmet, ist unermesslich weit: die schwierigsten Fragen der Theorie des Marxismus-Leninismus – und Lehrbücher für Schulkinder; Probleme der Außenpolitik der Sowjetunion – und die tagtägliche Sorge für die Ausgestaltung der proletarischen Hauptstadt; die Erschließung des Großen Nördlichen Seeweges – und die Trockenle-

> gung der Sümpfe der Kolchis; Probleme der Entwicklung der Sowjetliteratur und Sowjetkunst – und die Redigierung des Statuts der kollektivwirtschaftlichen Lebensordnung, und schließlich die Lösung der kompliziertesten Fragen der Theorie und Praxis der Kriegskunst. (S. 250 f.)

In dieser Aufzählung fehlen eigentlich nur noch die »Fragen der Sprachwissenschaft«, die Stalin, offenbar ohne dass es ihm bewusst wurde, das ganze Leben beschäftigten.[22]

In Stalins Biographie gibt es mehr als eine Lücke. So sind die vielen Jahre des Exils nicht durch ein einziges Ereignis markiert. Doch nicht einmal diese ereignislosen Abschnitte lassen den Erzähler abkühlen. So etwa lesen wir: »Im Gefängnis erfährt Stalin von Genossen, die vom II. Parteitag zurückgekehrt waren, dass zwischen den Bolschewiki und den Menschewiki überaus ernste Meinungsverschiedenheiten bestehen. Stalin tritt entschieden auf die Seite Lenins, der Bolschewiki« (S. 19).

Dieses »tritt entschieden« gilt hier als eine Art Aktion. Auch wenn diese Tat keine greifbaren Folgen hat, sie erhält den Charakter eines Ereignisses:

> Abgeschnitten von aller Welt, getrennt von Lenin und den Parteizentren, stellt sich Stalin in den Fragen des Krieges, des Friedens und der Revolution auf den Leninschen internationalistischen Standpunkt. Er schreibt Briefe an Lenin, spricht in Versammlungen verbannter Bolschewiki im Dorfe Monastyrskoje (1915) und brandmarkt dort die feige und verräterische Haltung Kamenews in dem Prozess gegen die bolschewistische »Fünfergruppe« der Deputierten der IV. Reichsduma. (S. 15)

Im Kontext der *Lebensbeschreibung* wird die Beziehung zwischen Stalin und Lev Kamenev im Jahr 1915 (als sie, was ihre Bedeutung anging, schlechterdings nicht zu vergleichen waren) nicht nur als real ausgegeben, sondern auch als eindeutig vorteilhaft für ersteren. Dieser optische Effekt wird durch das bewährte Mittel der »Autonarration« erreicht – Stalins Lebensbeschreibung wird von

[22] Stalins Buch *Marxismus und die Fragen der Sprachwissenschaft* erschien zuerst 1950, Anm. d. Übers.

ihrem Ende her erzählt: Schon bei seiner Geburt ist er der Führer, Kamenev dagegen immer schon Verräter und Feigling.

Dieser Effekt bestimmt auch Stalins berühmte Fähigkeit der »Voraussicht der Zukunft« (die, streng betrachtet, rückwärts erfolgt). Diese göttliche Begabung wird fortwährend hervorgehoben, auch im Zusammenhang der Kollektivierung:

> Der geniale Stratege der proletarischen Revolution führte die Partei kühn und unbeugsam, sorgfältig und umsichtig vorwärts, indem er alle Hindernisse auf dem Wege zum gesteckten Ziel überwand, wachsam die Manöver des Klassenfeindes verfolgte und dessen Aktionen in der nächsten Zukunft glänzend voraussah, im Verlaufe der Offensive selbst meisterhaft die Kräfte umgruppierte, die eroberten Positionen festigte und die Reserven für die Entwicklung der Erfolge einsetzte. (S. 121)

Hier erscheint Stalins prophetisches Genie in Form eines stilisierten militärischen Diskurses, doch eben diese »Umsicht« erweist sich schon 1941 als entscheidender Faktor für den Sieg über Deutschland, denn: »Unter Führung des Genossen Stalin realisierte die Sowjetarmee die Taktik der aktiven Verteidigung mit dem Ziel, den Gegner zu zermürben, sein Menschenmaterial und seine technischen Kampfmittel in möglichst großem Maße zu vernichten und die Bedingungen für den Übergang zur Offensive vorzubereiten« (S. 198).

Auf diese Weise erfährt Geschichte ihre Beglaubigung, ja, so könnte man sagen, sie beglaubigt sich selbst. Dieses ideologische *perpetuum mobile* ist eine der großen Erfindungen in Stalins historischem Narrativ. Domäne dieser Voraussicht ist das Wort. Das erklärt auch, warum Stalins Taten Worte sind und Weisungen: »Genosse Stalin stellte die Aufgabe, die zahlenmäßige Überlegenheit der Deutschen an Panzern und Flugzeugen zu beseitigen und dadurch die Lage unserer Armee von Grund auf zu verbessern. Diese Weisung Stalins war von größter Bedeutung für den Ausgang des Krieges« (S. 200).

Die Leistungen der Industrie waren das Ergebnis von »Weisungen«, der Sieg in der Schlacht um Stalingrad wiederum ist ein »glänzender Triumph der Stalin'schen Strategie und Taktik, ein Triumph des genialen Plans und der weisen Voraussicht des großen Feldherrn, der scharfblickend die Absichten des Gegners erkannte und die Schwächen der abenteuerlichen Strategie des Feindes ausnutzte« (S. 213).

Das Resultat dieser »Taten«, die nichts anderes waren als Emanationen der Worte Stalins, erscheint in Form eines monumentalen Bildes: »Hierher auf den Roten Platz brachte die Sowjetarmee die Fahnen der von ihr zerschmetterten und vernichteten faschistischen deutschen Armeen und Divisionen. Diese Fahnen wurden vor dem siegreichen Sowjetvolk zu Boden geworfen, vor den Sockel des Lenin-Mausoleums, auf dessen Tribüne der große Feldherr Genosse Stalin stand« (S. 232).

Die Worte Stalins, die als Vermittler zwischen dem Führer und den Massen dienen, sind Taten mit wahrhaft universaler Macht. Im Grunde ist die Geschichte Stalins nichts anderes als die Geschichte seiner Worte: »Genosse Stalin, der den ›linken‹ Verzerrungen einen vernichtenden Schlag versetzte und zugleich die Hoffnungen der Interventen zunichte machte, erläuterte als Lehrer der Millionenmassen den Kadern der Parteimitglieder und der Parteilosen, worin die Kunst der Führung besteht« (S. 137).

Die »Kunst der Führung« besteht, wie wir sehen, in Worten – Worte, die »vernichtende Schläge« austeilen und Hoffnungen »in alle Winde zerstreuen«.

Wir haben es mit rein sprachlichen Ereignissen zu tun. So hat es Stalin, um auf das Geschehen im September 1911 zurückzukommen, an jenem einzigen Tag (möglicherweise) geschafft, ein paar aktive Revolutionäre zu treffen (»nimmt Verbindungen mit der Petersburger Parteiorganisation auf«), mit diesen innerparteiliche Konflikte zu besprechen (»leitet und organisiert den Kampf gegen die Liquidatoren – die Menschewiki und die Trotzkisten«), zu erfahren, worüber die Arbeiter sprachen (»sammelt und festigt die bolschewistischen Organisationen Petersburgs«). Derartige Übersetzungen bestimmter Aktionen (wobei unerheblich ist, ob sie wirklich stattgefunden haben oder nur erfunden sind) in eine andere Sprache sind der eigentliche Kern der Stalin'schen Erzählweise. Die Ausbildung eines neuen sprachlichen Feldes, eines neuen Diskurses über Wirklichkeit führt uns erneut zur Frage nach der Natur des historischen Narrativs.

Wie Hayden White in *Metahistory*, seiner Untersuchung zur geschichtlichen Einbildungskraft, schreibt, braucht jede individuelle Konzeption von Geschichte eine »kohärente Sichtweise« oder »Gesamtansicht eines historischen Feldes«, die dem historischen Werk »seine eigentümlichen stilistischen Attribute« verleihen. Die Schwierigkeit, so White, »besteht darin, die Ursachen für die Konsistenz und Kohärenz zu bestimmen. Nach meiner Auffassung sind sie poetischer, genauer: sprachlicher Natur.« Der Historiker müsse das historische Feld, seine materiellen Gegebenheiten »*vorstrukturieren*«, um es präsentieren und erläutern zu können. Dieser Vorgang ist für White ein »poetischer Akt« und »von dem sprachlichen [Akt], der das Feld für die Interpretation herrichtet, ununterscheidbar.«[23]

Und diese »aufbereitete Geschichte« (*history*) ist das »Material«, aus dem die narrative Darstellung der Geschichte entsteht. Daraus folgt, dass ein Narrativ aus Figuren und Tropen verschiedener Art zusammengestellt ist. Seine »historische Tropologie« – nach White das System der Tropen, das das Erzählen strukturiert – hat sich Stalin während seiner Zeit als Seminarist geschaffen, die die erste und letzte Station seiner Bildung gewesen ist. Darum wird die Theorie des politischen Kampfs (aus dem heraus sich in Stalins Bewusstsein Geschichte entwickelt) in Kategorien nicht nur epischer (biblischer) Zeit beschrieben, sondern auch eines religiösen Verhaltens, das den Lektürezirkeln der Seminaristen nachgebildet wurde. Beispiele dieser Denkweise finden wir in Stalins *Lebensbeschreibung*:

> Was ist wissenschaftlicher Sozialismus ohne Arbeiterbewegung? Ein Kompass, der, macht man von ihm keinen Gebrauch, nur verrosten kann, und dann müsste er über Bord geworfen werden.
>
> Was ist Arbeiterbewegung ohne Sozialismus? Ein Schiff ohne Kompass, das auch so am anderen Ufer landen wird, das jedoch, wenn es einen Kompass hätte, das Ufer bedeutend schneller erreichen und weniger Gefahren ausgesetzt sein würde.
>
> Vereinigt beides, und ihr erhaltet ein prächtiges Schiff, das direkt nach dem anderen Ufer steuert und den Hafen unbeschädigt erreicht.
>
> Vereinigt die Arbeiterbewegung mit dem Sozialismus, und ihr erhaltet die sozialdemokratische Bewegung, die auf direktem Wege dem ›gelobten Land‹ entgegenstreben wird. (S. 28 f.)

Einander dialektisch widerstreitende Prinzipien, radikale Entgegensetzungen, Bildhaftigkeit: Die zitierte Stelle ist ein klassisches Bei-

[23] Hayden White, *Metahistory. Die historische Einbildungskraft im 19. Jahrhundert in Europa*, Frankfurt a. M. 1991, S. 48 f.

spiel klerikaler Rhetorik. Dafür lassen sich in Stalins Texten eine Vielzahl weiterer Beispiele finden: simulierte Logik, ihr Ersatz durch simple Zweiwertigkeit, ein Sich-Stützen auf einen generischen Textkanon, den er sich im Seminar angeeignet hat, oder auf blanke Rhetorik: »Jawohl, ihr Herren, eure Bemühungen sind vergebens! Die russische Revolution ist unabwendbar. Sie ist ebenso unabwendbar, wie der Sonnenaufgang unabwendbar ist! Könnt ihr der aufgehenden Sonne Einhalt gebieten?« (S. 33)

Mit solchen Bildern verschafft sich Stalin eine leidenschaftliche (wenn auch primitive) Rhetorik.

Inzwischen hatte er sich ein untrügliches Gespür für seine Leser erarbeitet. Sein Narrativ befindet sich stilistisch in stetem Fluss. Es kann die Sprache eines Schullesebuchs annehmen, geschrieben nicht einmal für Pioniere, sondern für richtig kleine Kinder; beispielsweise:

> Die durch die Sozialistische Oktoberrevolution gestürzten russischen Gutsbesitzer und Kapitalisten verständigten sich mit den Kapitalisten anderer Länder über die Organisierung einer militärischen Intervention gegen das Land der Sowjets. Sie setzten sich das Ziel, die Arbeiter und Bauern niederzuschlagen, die Sowjetmacht zu stürzen und unser Land erneut zu unterjochen. (S. 72)

Dann wieder simuliert der Text den wissenschaftlichen Parteijargon und dessen Stil; so in der Rede, die Stalin 1929 vor Agrarsachverständigen hielt:

> In seiner Rede entlarvte Genosse Stalin die bürgerliche Theorie des »Gleichgewichts« der Sektoren der Volkswirtschaft, widerlegte gründlich die antimarxistische Theorie vom »Selbstlauf« im sozialistischen Aufbau und die antimarxistische Theorie von der »Stabilität« der kleinbäuerlichen Wirtschaft. Nachdem Genosse Stalin alle diese bürgerlichen, antimarxistischen, rechtsopportunistischen Theorien einer vernichtenden Kritik unterzogen [...] Genosse Stalin wies mit dem ihm eigenen genialen Weitblick wissenschaftlich nach [...]. Stalin, der große Dialektiker, zeigte [...]. (S. 132 f.)

Bemerkenswert ist nicht nur das typische »alle« – natürlich widerlegt Stalin »alle« Theorien –, sondern bereits die Bezeichnung von politisch-ökonomischen Slogans als »Theorien«, wobei die Inhalte falscher Theorien in Anführungszeichen gesetzt werden. Ohne solche Zeichen freilich sind Theorien eine große Macht, nämlich Zeichen der Wissenschaftlichkeit. So steht Stalin nicht nur als Politiker vor uns, sondern auch als Wissenschaftler (»wies wissenschaftlich nach«). Unübersehbar, dass dieser »wissenschaftliche Charakter« auf rein stilistischem Weg, durch Wortwahl, erzeugt wird.

Doch Stalin war niemals Theoretiker; sein Trauma treibt ihn dazu, sich selbst dann als ein solcher darzustellen, wenn das gar nicht nötig wäre. So erfahren wir, dass Stalin während des Krieges nicht nur die »Kriegsoperationen der Sowjetstreitkräfte und auch ökonomische und organisatorische Arbeit im Hinterland leitete«, sondern »gleichzeitig [...] seine weit ausgedehnte Tätigkeit auf dem Gebiet der Theorie« fortsetzte und »an der Weiterentwicklung der marxistisch-leninistischen Wissenschaft« arbeitete (S. 236). Und was soll uns das sagen? Dass Genosse Stalin daraus, wie sich herausstellt, die »äußerst wichtige Schlussfolgerung über das große historische Verdienst des Sowjetvolkes vor der Geschichte der Menschheit [zog] [...] das Sowjetvolk als ein Heldenvolk [bewertete], das imstande ist, Wunder zu vollbringen und aus den schwersten Prüfungen als Sieger hervorzugehen« (S. 240).

Der »wissenschaftliche Charakter« von Stalins Texten baut auf das Prinzip der »Zugänglichkeit«: Theorie wird den Lesern in Form von Axiomen serviert; gegnerische Theorie als Anti-Theorie (deren Inhalte in Anführungszeichen erscheinen), als schlichter Gegensatz zur eigentlichen Theorie konstruiert. Ein Beispiel:

> Dem Stalinschen Plan der sozialistischen Industrialisierung suchten die Kapitulanten Sinowjew und Kamenew ihren »Plan« entgegenzustellen, demzufolge die Sowjetunion ein Agrarland bleiben sollte. Das war ein verräterischer Plan, der die Sowjetunion versklaven und sie, an Händen und Füßen gebunden, den imperialistischen Räubern ausliefern sollte. Stalin riss diesen verabscheuungswürdigen Kapitulanten die Maske vom Gesicht, enthüllte ihr trotzkistisch-menschewistisches Wesen. (S. 107 f.)

Es ist unwichtig, dass sich der Streit mit Grigorij Zinov'ev und Lev Kamenev gar nicht um Fragen der Industrialisierung drehte. (Diese Auseinandersetzung begann, wie wir wissen, erst nachdem die beiden bereits vom Olymp der Parteihierarchie gestürzt waren.) Wichtig ist, dass der »Plan« (man beachte die semantisch bedeutsamen

Anführungszeichen) »verräterisch« war und die Sowjetunion, »an Händen und Füßen gebunden, den imperialistischen Räubern ausliefern sollte«. Das erschloss sich den lesenden Massen auf Anhieb, und sie mussten gar nicht verstanden haben, was »Kapitulanten« sind. Diese hatten verabscheuungswürdig gehandelt, das genügte.

Die Logik der Entgegensetzung (nicht A, sondern B; wenn A, dann B; und so weiter) zementiert den Stalin'schen Diskurs und verhindert eine möglicherweise nicht-axiomatische Beurteilung der Ereignisse. Das zeigt sich besonders dort, wo Stalin direkt zitiert wird. Hier zwei seiner typischen Bemerkungen:

> Man darf [...] die Partei nicht einlullen, sondern muss in ihr die Wachsamkeit entwickeln, darf sie nicht einschläfern, sondern muss sie im Zustand der Kampfbereitschaft halten, darf sie nicht entwaffnen, sondern muss sie bewaffnen, darf sie nicht demobilisieren, sondern muss sie im Zustand der Mobilisierung zur Verwirklichung des zweiten Fünfjahrplans halten. (S. 152)

> Haben wir gute und zahlreiche Kader in der Industrie, in der Landwirtschaft, im Verkehrswesen, in der Armee, so wird unser Land unbesiegbar sein. Haben wir solche Kader nicht, so werden wir auf beiden Beinen hinken. (S. 159)

Eine durch und durch tautologische Konstruktion. Michail Epštejn hat solche »Sprachspiele« untersucht; die Struktur, die ihnen zugrunde liegt, nennt er »relativistische Muster totalitären Denkens«.[24] Doch dieser Diskurstypus, auch darauf sollte man hinweisen, muss notwendig scheitern. Wenn wir so völlig leere Konstruktionen vor uns haben wie die folgende, zerfällt Bedeutung in tautologisches Geschwätz:

> Als ein großes Verdienst Stalins ist es zu betrachten, dass er während dieses Zeitabschnitts der ersten Entfaltung der Industrialisierung und der Kollektivierung, als alle Arbeitskräfte des Landes zur Lösung so großer Aufgaben mobilisiert werden mussten, die Frauenfrage in ihrer ganzen Größe aufrollte, die Frage über die Lage der Frauen, über die Frauenarbeit, über die äußerst

[24] Vgl. Mikhail Epstein, *After the Future: The Paradoxes of Postmodernism & Contemporary Russian Culture*, Amherst 1995, S. 101–163.

> wichtige Rolle der Frauen, der Arbeiterinnen und Bäuerinnen im wirtschaftlichen und öffentlich-politischen Gesellschaftsleben auf die gebührende Höhe hob und einer richtigen Lösung zuführte. (S. 126)

Dieser Satz besteht aus zwei Teilen: einer Beschreibung des »Zeitabschnitts« und der »Aktion«, die stattfand. Beide Teile werden konstruiert durch Aufzählung homogener Elemente, die einander aber keineswegs ergänzen: die »Frauenfrage« = die »Frage der Lage der Frauen« = die Frage »der Frauenarbeit« = die Frage der »äußerst wichtigen Rolle der Frauen, Arbeiterinnen und Bäuerinnen«. Tautologie bestimmt die gesamte Konstruktion: »Arbeiterinnen« und »Bäuerinnen« sind »Frauen«, die erläuternden Wortketten sind also überflüssig.

Der Stalin'sche Diskurs erweist sich als logische Falle. Durch seinen Aufbau sistiert er die Erzählung in einem Zirkel, aus dem es nur einen Ausgang gibt: nach innen. Hier entspringt die Blendung durch Stalins Stil. »Alle kennen die unüberwindliche, bezwingende Kraft der Stalinschen Logik, die kristallene Klarheit seines Verstandes« (S. 251). Geschichte, die in stalinistischer Manier erzählt wird, demonstriert diese bezwingende Klarheit am Besten.

Dass Lenin-Biographie und Stalins Autobiographie unterschiedlichen Genres angehören, betrifft nur die Oberfläche der Texte. Der eigentliche Punkt ist die Aufspaltung des Erzählers. Wir haben es mit der Autobiographie des Anderen zu tun, mit der von Stalins *alter ego*. Doch dieses Double ist eine wichtige Figur im Drama der Persönlichkeit Stalins, der sein ganzes Leben damit zubrachte, eine »dritte Person« aufzubauen. Darum ist es die Lenin-Biographie, die sich als Biographie des Anderen darstellt, während die Autobiographie der Person Stalins in die Biographie des Führers Stalin transformiert wird. Die Grenzen zwischen den Genres zerfließen. Die *Kurze Lebensbeschreibung* konnte nicht zur Autobiographie werden, insofern sie die Biographie eines Stalin enthielt, von dem der wirkliche Stalin in der dritten Person sprach und dachte, und auf dessen offizielles Porträt er im Gespräch mit seinem Sohn hinwies. Damit erreicht die Produktion von Tautologien ihren Höhepunkt: Letztlich wird uns die Lebensgeschichte ein und derselben Person (mit unterschiedlichen Biographien) zweimal erzählt. Es ist zuletzt eine Emanation der Macht: der Macht des Haupterzählers und, in der Schlussanalyse, auch des Hauptkonsumenten der eigenen Narrative, dem es vor allem darum geht, sich Legitimität zu verschaffen, und der den ideologischen Diskurs insofern um eine gewisse Poesie bereichert. Ziel und Gegenstand der Erzählung ist die Macht.

Doch versuchen wir zu fassen, was der Erzähler beider Führerbiographien vollbringt. Erstens ein artistisches Werk (das Erschaffen einer neuen »historischen« Realität); zweitens eine sprachliche Operation (die Schöpfung des tatsächlichen Diskurses über die Vergangenheit); drittens einen dichterischen Prozess (»historische Tropologie«, um Whites Begriff zu verwenden); viertens eine Übertragung (aus der Sprache einer bestimmten möglichen Realität ins Stalin'sche Narrativ); und fünftens schließlich haben wir es mit einer intensiven Genreproduktion zu tun (der Transformation der Genres Biographie und Autobiographie).

Alle diese Aktionen sind, wie wir sehen, literarischer Art. Sie lassen nicht erkennen, dass und wie Realität und deren Reflexion in sie eingegangen wäre, und wenn, dann nur als begleitender Faktor. Die eigentliche Frage dieser Aktionen ist die der Autorschaft. Wir haben es hier mit dem anonymsten und zugleich öffentlichsten Text der Sowjetkultur zu tun. Was Andrej Ždanov auf dem XXIII. Parteitag zum *Kurzen Lehrgang* sagte, wird in der *Kurzen Lebensbeschreibung* zitiert: »Wir können mit Bestimmtheit sagen, dass dies seit Bestehen des Marxismus das erste marxistische Buch ist, das so weite Verbreitung gefunden hat« (S. 172). Paradox ist diese Anonymität darin, dass Stalin als Erzähler agiert. Anonym ist der zweigeteilte Autor nur, insofern Stalin in der dritten Person über Stalin spricht. Doch der Stalin in der ersten Person ist die gleiche Macht, deren Wort er führt und erklärt – nämlich als Geschichte (*history*) dieser Macht – und deren Bild er schafft. Unter dem Aspekt der Autorschaft also sind die betrachteten Texte zugleich die transparentesten der Sowjetkultur. Zumindest steht fest, dass sie unter keine Zensur fallen konnten, auch hypothetisch nicht, denn der oberste Zensor war zugleich ihr Autor.

Im Hinblick auf Stalins wichtigstes historisches Buch, den *Kurzen Lehrgang*, diese »Bibel des Stalinismus«,[25] sollte man nicht übersehen, dass die Frage nach dessen Autor in Stalins *Kurzer Lebensbeschreibung* geklärt wird. Dort lesen wir: »1938 erschien das Buch *Geschichte der Kommunistischen Partei der Sowjetunion (Bol-*

[25] Glovinskij, »›Ne puskat' prošlogo na samotek‹«, S. 151.

schewiki), Kurzer Lehrgang, das von Stalin verfasst und von einer Kommission des Zentralkomitees der KPdSU(B) bestätigt wurde« (S. 171).

Dieser direkte Hinweis wird im gleichen Text bekräftigt durch den Hinweis darauf, dass zumindest das berühmte »philosophische Kapitel« des *Kurzen Lehrgangs* von Stalin persönlich stammt.

> Der »Kurze Lehrgang der Geschichte der KPdSU(B)« bringt im Abschnitt »Über dialektischen und historischen Materialismus« in äußerst klarer und gedrängter Form eine geniale Darstellung der Grundlagen des dialektischen und historischen Materialismus. In dieser Arbeit gibt Genosse Stalin eine Verallgemeinerung all dessen, was Marx, Engels und Lenin zur Lehre der dialektischen Methode und der materialistischen Theorie beigetragen haben, und entwickelt die Lehre des dialektischen und historischen Materialismus auf Grund der neuesten Errungenschaften der Wissenschaft und der revolutionären Praxis. (S. 172 f.)

Zweifellos ist der *Kurze Lehrgang* das wichtigste Glied in der Kette der drei Bücher, die die ideologischen, historischen, literarischen, mythischen und zuletzt auch geistigen Stützpfeiler der Stalinzeit und ihrer Kultur miteinander verbindet.

Stalin als historischer Romancier –
Der Kurze Lehrgang *als sozialistisch-realistischer Text*

Wie der Marxismus lehrt, ist die ganze Menschheitsgeschichte ein Kampf um Vergegenständlichung und gegen Verdinglichung. Im Kapitalismus ist Arbeit das Objekt der Verdinglichung und Aneignung; im Sozialismus ist dieses Objekt offensichtlich die Macht selbst.

Die Individuen werden über die Grenzen der politischen Realität und wirklicher sozialer Beziehungen hinausgetrieben, hinein in eine Welt prothetischer »Ersatzformen« der Realität. Diese Formen, die keine Referenz haben, erhalten Schlüsselbedeutung – sie werden zur Realität selbst, sind insofern selbstreferentiell. Darum die große Rolle, die die sozialistisch-realistischen Künste und die verschiedenen politisch-ästhetischen Rituale im Stalinismus spielen. Der

Zweck dieser Kultur ist tatsächlich politisch-ästhetisch: Die Schöpfung einer neuen Wirklichkeit ist ein notwendiger und konstitutiver Ersatz für die verdinglichte Realität. Dabei spielt die Historisierung der stalinistischen Kultur eine besondere Rolle: Die Massen empfangen ihre Geschichte (und so auch alle anderen Prothesen) aus der Hand der namenlosen Autorität – von ihrem Führer. Damit erhalten die historischen Texte einen enormen Status, denn nur der Führer kann den Masterplot der Kultur schaffen, nur er kann diese Aufgabe lösen. In diesem Sinn erstellt der *Kurze Lehrgang* den Masterplan für die Hauptgenres der Sowjetkunst: für den historisch-revolutionären Roman, für Film und Theater; für alle Leniniana und Staliniana.

Der *Kurze Lehrgang* ist, wie Michail Glovinskij feststellt, das »Heilige Buch« des Kommunismus:

> Denn es steht im Zentrum seiner Ideologie, seiner Mythologie und Sprache. Es fasst zusammen, um was es im Marxismus-Leninismus geht, kodifiziert dessen Elemente, verleiht ihnen kanonische Form, bezieht sich jedoch nicht ausschließlich auf die Vergangenheit. Selbst jetzt, längst vergessen als unabhängiger Text, hat es Bestand als Sammlung gestanzter Redewendungen und Formeln, die in der Sprache des Kommunismus Jahrzehnte überlebten. Das Buch ist ohne Zweifel ein Sammelpunkt für »Newspeak«, deren unübertroffenes Vorbild, zugleich eine Sammlung idiomatischer Wendungen, offizieller Metaphern und selbst offizieller Schimpfwörter. Das Buch mag abgewirtschaftet sein, vergessen und längst im Museum gelandet, das Leben beeinflusst es noch immer. Es bleibt ein klassisches Exempel eines totalitären Narrativs (sowohl historisch wie literarisch), ein Modell für Parteihistoriker und Autoren, eine der Grundlagen des sozialistischen Realismus…[26]

Wir befinden uns in der Welt der sowjetischen Eschatologie. Das grundsätzliche Ziel des politisch-ästhetischen Projekts ist die Adaption des höchsten Wissens an das alltägliche Leben. Im Prozess der Erneuerung, der Wiederherstellung von Eschatologie in der Geschichte muss letztere in eine neue operative Form gebracht wer-

[26] Glovinskij, »›Ne puskat' prošlogo na samotek‹«, S. 158 f.

den. »Damit der Bolschewismus zur ideologischen Rechtfertigung der stalinistischen Herrschaft werden konnte, und damit auch Rechtfertigung aller anderen totalitären Regimes in Europa und Asien, mussten seine dynamischen Strukturen in den Grenzen ihrer Substitution durch statische gehalten werden.«[27] Im Folgenden werden wir diese »Statik« kurz »Logik« nennen; sie ist es, die eine neue historische Modalität – und Realität – schafft.

Warum aber, fragt Michail Glovinskij, »wurde das Buch, das diesen Mythos erläutert (als wichtigstes intellektuelles Monument des Stalinismus, das den Biographien seiner beiden Führer hinzugefügt wurde), *Kurzer Lehrgang* genannt?« Nach Glovinskij sollte der Untertitel wohl zeigen, dass man es mit einem Teil des viel umfangreicheren Werks zu tun hatte, das irgendwann vollendet sein würde. Doch damit nicht zufrieden, glaubt Glovinskij, dass es auf seine Frage »keine befriedigende Antwort gibt«.[28] Über die Besonderheit der »kurzen« Narrative haben wir bereits gesprochen. Hier kommt etwas Zweites hinzu: Was bedeutet in diesem Zusammenhang »Lehrgang«? Soll es Lehrbuch sein oder Geschichte (*history*)? Stalin der Führer agiert als Lehrer und ersetzt diverse »Skizzen« zur Parteigeschichte (von denen sehr viele aus der Mitte der 1930er Jahre stammten) durch einen einzigen »Lehrgang«. Der aber ist auch ein »Kanal«, eine »Generallinie«, die in die Vergangenheit gerichtet ist. Jede Art Abweichung von dieser Linie ist unmöglich. Denn 1938, zu dem Zeitpunkt, an dem das Buch veröffentlicht wurde, hatte Geschichte gerade erst begonnen (mit der Publikation von Stalins »Heiliger Schrift«) und war doch auch schon wieder zu Ende; eine Fortsetzung folgte nicht. Darauf kommen wir am Ende unsere Erörterungen zurück.

Zunächst aber wenden wir uns einem anderen wichtigen Aspekt zu: Die grundlegenden Parteidokumente sind, wie sich inzwischen gezeigt hat, keine Programme (schauen also nicht, wie üblich, nach vorne), sondern eine Historie (sie schauen zurück). In *Elemente und Ursprünge totaler Herrschaft* entwickelt Hannah Arendt die Vorstellung, dass Parteien, wenn sie zu Massenbewegungen werden, alle Programme verwerfen. Dann nämlich, so Arendt, brauchten sie ein Bild der »Masse« (nicht der Arbeiterklasse, die an die Macht kommt,

[27] Aleksej Kara-Murza (Hg.), *Totalitarizm kak istoričeskij fenomen*, Moskau 1989, S. 18 f.

[28] Glovinskij, »›Ne puskat' prošlogo na samotek‹«, S. 157.

worauf die Bolschewiki setzten, sondern des Ganzen der Gesellschaft, die nun zur »Masse« wird). Durch diesen optischen Schwenk, könnte man sagen, wird das Programm (seine Perspektive) umgedreht, wird zur Historie. In diesem Sinn ist der *Kurze Lehrgang* der Parteigeschichte zugleich Programm der Partei. So hatte die KPdSU der 1930er Jahre kein Programm mit konkreten Zielen. Wenn Ziele formuliert wurden, dann stets nur politisch-pragmatisch, will sagen, sie folgten aus den Bedingungen des Kampfs um die Macht, der Lösung drängender Probleme, der Konzentration und des Erhalts der Macht. Die Zukunft wird zur Geisel einer expropriierten Vergangenheit. Das erlaubt, Geschichte in ein Programm zu transformieren.

Um diesen Vorgang genauer zu verstehen, können wir uns an Karl Mannheims Typologie des utopischen Bewusstseins halten. In *Ideologie und Utopie* stellt Mannheim Formen utopischen Bewusstseins vor, darunter, als dritte Gestalt, die konservative (oder »bürokratische«) Utopie. Sie gleicht dem Diskurs des *Kurzen Lehrgangs* auf das Genaueste. Charakteristisch für diese Art des Denkens ist dessen Statik, das Vertrauen auf militärische Interventionsformen und die juridisch-administrative Mentalität des Militärbürokraten, der das Leben dem Befehl unterordnet. Diese Einstellung hängt an einem besonderen Bild von Geschichte, dem zufolge jeder historische Wandel als Ergebnis der Ausübung von Kontrolle begriffen wird: »Eben deshalb kann die jeweilige historische Gestalt *nicht gemacht* werden, sondern sie *wächst* gleich der Pflanze aus einem inneren Zentrum.«[29]

Zweierlei folgt aus Mannheims Charakterisierung: ein Panhistorismus (demzufolge alles »wachsen« und »reifen« muss) und ein völliges »Aufrechnen« (eine durchgängige »Logik«) der Geschichte, die verbunden ist mit der »praktischen Lenkung« der Gesellschaft. Der *Kurze Lehrgang* realisiert dieses Programm vollkommen. Stalins Trauma und das für ihn typische Denken, das er als Seminarist erworben hat, machen den Diskurs des *Kurzen Lehrgangs* zu einem modellhaften, unüberbietbaren Panlogismus.

Dessen auffälligste Eigenart ist der konsequente Nominalismus (vor allem der berühmten »Urteile« des Buchs, die wortwörtlich auswendig zu lernen waren), wenn das »Durchnehmen« eines jeden

[29] Karl Mannheim, *Ideologie und Utopie*, Frankfurt a. M. 1952, S. 199–206, hier S. 203.

Ereignisses und jedes Phänomens ersetzt wird durch dessen »Aufrechnung«. In der Regel wird die »Bedeutung« jedes Phänomens wie in folgendem Beispiel definiert:

> Die historische Bedeutung des Werkes »Was tun?« besteht darin, dass Lenin in diesem seinem berühmten Buche:
> 1. als erster in der Geschichte des marxistischen Denkens die ideologischen Quellen des Opportunismus bis auf den Grund bloßlegte …
> 2. die Bedeutung … hervorhob
> 3. … in glänzender Weise begründete;
> 4. … genial ausarbeitete. (S. 47 f.)[30]

Nicht selten ersetzen solche Verfahrensweisen das Narrative. Viele Worte Lenins werden durch »Feststellungen« erläutert, gegliedert mit Punkten und Unterpunkten. Der Leser wird mit langen Zitaten konfrontiert, manchmal eine ganze Seite lang, dazu kommen Einschübe und Interjektionen wie »Lenin schrieb«, »und weiter«, »und wieder«, »oder noch einmal«, jeweils samt Zitat. Das Finale einer solchen Exposition ist dann eine Kette von Feststellungen.

Charakteristischerweise werden solche Ausführungen nicht nur zu vorgefertigten Texten erweitert, sondern selbst zu historischen Ereignissen, die (durch Stalins Wortschwall verstärkt) wiederum zu einer Art »Text« werden:

> 1. Der Oktoberrevolution stand ein verhältnismäßig schwacher, so schlecht organisierter, politisch wenig erfahrener Feind gegenüber, wie es die russische Bourgeoisie war …
> 2. An der Spitze der Oktoberrevolution stand eine so revolutionäre Klasse wie die Arbeiterklasse Russlands, eine kampfgestählte Klasse …
> 3. Die Arbeiterklasse Russlands hatte in der Revolution einen so ernst zu nehmenden Bundesgenossen wie die arme Bauernschaft,

[30] *Die Geschichte der Kommunistischen Partei der Sowjetunion (Bolschewiki). Kurzer Lehrgang. Unter Redaktion einer Kommission des Zentralkomitees der KPdSU(B). Gebilligt vom Zentralkomitee der KPdSU(B) 1938,* Moskau 1939.

> 4. An der Spitze der Arbeiterklasse stand eine in politischen Kämpfen so erprobte Partei wie die Partei der Bolschewiki …
> 5. Die Oktoberrevolution begann in einem Moment … (S. 255 ff.)

Die Folge dieser fünf »Schlussfolgerungen« erhalten »äußerlich« Informationen. Man muss sich diese Feststellungen nur genauer anschauen und wird erkennen, dass sie nichts anderes sind als stilistische Ellipsen, bloße Tautologien. Zum Beispiel:

> 2. An der Spitze der Oktoberrevolution stand eine so revolutionäre Klasse wie die Arbeiterklasse Russlands, eine kampfgestählte Klasse, die in kurzer Zeit zwei Revolutionen durchgemacht und sich bis zum Beginn der dritten Revolution im Kampfe um Frieden und Boden, für Freiheit und Sozialismus die Autorität eines Führers des Volkes erobert hatte. Hätte es nicht einen Führer der Revolution gegeben, der sich das Vertrauen des Volkes verdient hatte, solch einen Führer wie die Arbeiterklasse Russlands, so hätte es auch kein Bündnis der Arbeiter und Bauern gegeben, und ohne dieses Bündnis hätte die Oktoberrevolution nicht siegen können. (S. 256)

Unsere Bemerkung, »Logik« trete im *Kurzen Lehrgang* an die Stelle von Geschichte, sollte nicht missverstanden werden. »Kern« des Lehrgangs ist der »philosophische« Abschnitt »Über dialektischen und historischen Materialismus« (IV.2), ein Text ganz eigener Art, der das historische Narrativ unterbricht. In Stalins *Lebensbeschreibung* wird genau dieses Fragment als »Höhepunkt des marxistisch-leninistischen philosophischen Denkens« bezeichnet. Hier erkennt man die eigentliche Methode von Stalins historischem Denken: Die terroristische Logik des Stalin'schen Narrativs zeigt sich in ihrer Gesamtheit.

Als erstes erfahren wir: »Der dialektische Materialismus ist die Weltanschauung der marxistisch-leninistischen Partei« (S. 126). Man beachte: Nicht Philosophie, sondern »Weltanschauung«, und das heißt, direkt gesprochen: die »Ideologie« der Partei. Sie bestimmt den Kurs des historischen Narrativs und transformiert das Erzählen ins Argumentieren. Zum Beispiel: »Die auf Sklaverei beruhende Gesellschaftsordnung ist unter modernen Bedingungen ein Unsinn, eine widernatürliche Dummheit. Die Sklaverei unter den Bedingungen der sich zersetzenden Urgemeinschaft ist eine völlig verständliche und gesetzmäßige Erscheinung, weil sie im Vergleich mit der Urgesellschaft einen Schritt vorwärts bedeutet« (S. 132).

Von dieser Art der Entgegensetzung ist Stalins Denken insgesamt durchzogen: Dinge sind entweder Unsinn oder klar und natürlich. Offenkundig hantiert Stalin hier nicht mit wissenschaftlichen oder historischen, sondern mit artistisch-figurativen Konstruktionen, die er einander entgegensetzt.

Zwischen diesen Polen finden wir dann eine Kaskade aufeinander folgender »Erklärungen«, und die Darstellung bekommt etwas Atemloses:

> Ferner. Wenn die Welt sich in ununterbrochener Bewegung und Entwicklung befindet, wenn […] so ist es klar, dass […]. Also kann man die kapitalistische Ordnung durch die sozialistische Ordnung ersetzen, ebenso wie die kapitalistische Ordnung seinerzeit die Feudalordnung ersetzt hat. Also darf man sich nicht an denjenigen Schichten der Gesellschaft orientieren, die […]. Um also in der Politik nicht fehlzugehen, muss man vorwärts schauen und nicht rückwärts. Ferner. Wenn das Umschlagen langsamer quantitativer Veränderungen in rasche und plötzliche qualitative Veränderungen ein Entwicklungsgesetz darstellt, so ist es klar, dass […]. Also kann der Übergang vom Kapitalismus zum Sozialismus […] nicht auf dem Wege […], sondern einzig und allein auf dem Wege […]. Um also in der Politik nicht fehlzugehen, muss man Revolutionär sein und nicht Reformist. Ferner. Wenn die Entwicklung in Form des Hervorbrechens der inneren Widersprüche […] verläuft […]. Also darf man die Widersprüche der kapitalistischen Zustände nicht verkleistern, sondern muss sie aufdecken und entwirren, darf man den Klassenkampf nicht eindämmen, sondern muss ihn zu Ende führen. Um also in der Politik nicht fehlzugehen, muss man […]. (S. 132)

Diese endlose Kette von »Logemen« enthält die gleiche Tautologie, die sich aus der homogenen Folge, aus Synonymen und Antinomien ergibt. Und mit genau diesem Mechanismus werden innerhalb des Stalin'schen Narrativs Bilder produziert. Dem Anschein nach funktioniert dieser Mechanismus, kraft seiner spekulativen Logik, praktisch endlos und ohne Fehler. Doch gehört etwas Zweites dazu – ein strikt literarisches Prinzip, eine Art Notversorgung.

Wir sprechen von »literarisch«, insofern Stalin sein Verfahren selbst als »Dialektik zwischen Geist und Buchstaben« der Theorie bezeichnet hat. Die ganze so tadellos logische Kette kann durch einen einzigen artistischen Effekt zerstört werden – man muss nur die Beziehung zwischen »Buchstaben und Geist« verändern:

> Die marxistisch-leninistische Theorie [...] als Wissenschaft bleibt [...] nicht auf einer Stelle stehen und kann es auch nicht, sie entwickelt sich und vervollkommnet sich. Es ist verständlich, dass sie sich in ihrer Entwicklung durch neue Erfahrungen, durch neues Wissen bereichern muss, dass ihre einzelnen Leitsätze und Schlussfolgerungen sich im Laufe der Zeit ändern müssen, dass diese notwendig durch neue, den neuen historischen Verhältnissen entsprechende Schlussfolgerungen und Leitsätze ersetzt werden müssen. Die marxistisch-leninistische Theorie meistern bedeutet durchaus nicht, alle ihre Formeln und Schlussfolgerungen auswendig zu lernen und sich an jeden Buchstaben dieser Formeln und Schlussfolgerungen zu klammern. Um die marxistisch-leninistische Theorie zu meistern, muss man vor allem lernen, zwischen ihrem Buchstaben und ihrem Wesen zu unterscheiden. (S. 430)

Und wie wiederum ist diese Kunst der Unterscheidung zu meistern? Hier wird, wer sonst, Lenin als Vorbild bemüht:

> Was wäre aus der Partei, aus unserer Revolution, aus dem Marxismus geworden, wenn Lenin sich gescheut hätte, den Buchstaben des Marxismus anzutasten, und sich nicht entschlossen hätte, einen der alten, von Engels formulierten Leitsätze des Marxismus zu ersetzen durch den neuen, der neuen historischen Situation entsprechenden Leitsatz von der Republik der Sowjets? Die Partei hätte im Dunkeln getappt, die Sowjets wären desorganisiert worden, wir hätten keine Sowjetmacht, die marxistische Theorie hätte ernstlich Schaden erlitten. Das Proletariat hätte verloren, die Feinde des Proletariats hätten gewonnen. (S. 431 f.)

Eine einzige Hymne an den »Geist«, und sie enthüllt ein befremdliches Bild: Da tappt die Partei im Dunkeln, die Sowjets sind desorganisiert, es gibt keine Sowjetmacht, die Revolution ist ohne Führung, Theorie im Zerfall – so wäre es gekommen, wenn nicht Lenin es gewagt hätte, den »Buchstaben« des Marxismus anzutasten. Was also ist die Kraft des »Geistes«? Seine »historische Logik«; sie ist der Ariadnefaden, der die Leser in die Zukunft führt. Der *Kurze Lehrgang*, schreibt Glovinskij, spreche

> von der Herausbildung einer bestimmten Weltordnung, in deren Verlauf die Faktoren Fortschritt, Ordnung, ideologische Korrektheit die Oberhand gewinnen über die Kräfte des Bösen und das Chaos. [...] Der Text ist eine Art Schöpfungsgeschichte, gleichzeitig eine Theogonie, in der die beiden Parteiführer die Stellung der olympischen Götter einnehmen; gekrönt wird das Ganze mit dem vollständigen Sieg der neuen Ordnung, gleichbedeutend mit der Entfernung von allem und jedem, die ihrer Inthronisation im Weg stehen könnten.[31]

Und was garantiert diesen Sieg? Die Tatsache, dass die »Logik der Geschichte« für »uns« arbeitet.

Eine solche, der imaginären Natur und logischen Möglichkeitsform des Stalin'schen Historismus folgende Lesart kann nur zur Konstruktion von Geschichte selbst werden, der Logik folgend. Zum Beispiel:

> Die Bolschewiki arbeiteten an der Schaffung einer solchen Partei [...]. Sie arbeiteten hartnäckig, standhaft daran, allen Hindernissen zum Trotz. [...] Lenins Buch *Was tun?* war die *ideologische* Vorbereitung einer solchen Partei. Lenins Buch *Ein Schritt vorwärts, zwei Schritte zurück* war die *organisatorische* Vorbereitung einer solchen Partei. Lenins Buch *Zwei Taktiken der Sozialdemokratie in der demokratischen Revolution* war die *politische* Vorbereitung einer solchen Partei. Lenins Buch *Materialismus und Empiriokritizismus* schließlich war die *theoretische* Vorbereitung einer solchen Partei. (S. 169 f.)

Uns wird eine Kette chronologisch aufeinander folgender Ereignisse vorgeführt. Doch ist diese Folge nur das Produkt der Systematik des Prozesses selbst und bestätigt dessen »Logizität«. Daraus erklärt sich Stalins Vorliebe für repetitive Konstruktionen, die in ihrer rhythmi-

[31] Glovinskij, »›Ne puskat' prošlogo na samotek‹«, S. 147 f.

schen Monotonie die Vorstellung von »Folgerichtigkeit« und »Logizität« dessen simulieren, *was bereits geschehen ist*:

> Die Revolution wird nur dann siegen, wenn das Proletariat an ihre Spitze tritt; wenn das Proletariat als Führer der Revolution es versteht, das Bündnis mit der Bauernschaft zu sichern; wenn die liberale Bourgeoisie isoliert wird; wenn die Sozialdemokratie an der Organisierung des Volksaufstands gegen den Zarismus aktiv Anteil nimmt; wenn infolge des siegreichen Aufstandes eine provisorische revolutionäre Regierung gebildet wird, die fähig ist, die Konterrevolution mit Stumpf und Stiel auszurotten und eine vom gesamten Volk getragene Konstituierende Versammlung einzuberufen; wenn die Sozialdemokratie nicht darauf verzichtet, beim Vorliegen günstiger Bedingungen an der provisorischen revolutionären Regierung teilzunehmen, um die Revolution zu Ende zu führen. (S. 77)

Diese »Wenns« bezeichnen keine Bedingungen, sondern Ergebnisse; was sie beschreiben, hat bereits stattgefunden. Doch indem er die Modalität verschiebt, verwandelt Stalin Geschichte (an dieser Stelle spricht er über die Revolution von 1905) in Logik, die Vergangenheit wird und ist Programm. Und diesen Effekt erzeugt er, wie wir sehen konnten, allein durch stilistische Mittel.

Von hier aus können wir auch Stalins beliebteste Form der Verstärkung verstehen:

> Von nun an sollten ganze Scharen von roten Spezialisten auf den Plan treten, und wirklich erschienen bald Tausende und aber Tausende, die die Technik gemeistert hatten und zur Leitung der Produktion befähigt waren. […] All das musste die Entfaltung der Rekonstruktion der Volkswirtschaft erleichtern und erleichterte sie in der Tat. (S. 381)

> Das neue Wahlsystem musste natürlich dazu führen und führte auch wirklich dazu, dass die politische Aktivität der Massen wuchs […]. (S. 421)

»Musste dazu führen und führte auch wirklich« – solche Wendungen sind keine Frage des Stils, in ihnen steckt eine geschichtsphilosophische Prämisse: Was geschehen ist, musste auch geschehen – so, als seien die Aktionen festgelegt in einem Buch der Macht, in dem nur der Führer lesen kann und darf.

Das führt denn auch zu den Epitheta, die, wie bereits vermerkt, unausweichlich jede Erwähnung eines klassischen Werks begleiten:

> Lenin entwarf in seinem *bekannten* Aufsatz »Womit beginnen?« einen konkreten Plan des Aufbaus der Partei, der später in seinem *berühmten* Werke »Was tun?« entwickelt wurde. (S. 39)

> Eine *klassische* Kritik an der Taktik der Menschewiki und eine *geniale* Begründung der bolschewistischen Taktik hat Lenin in seinem *historisch gewordenen* Buch »Zwei Taktiken der Sozialdemokratie in der demokratischen Revolution« gegeben. (S. 78)

> Hier die *geniale* Formulierung des Wesens des historischen Materialismus, die Marx im Jahre 1859 in dem *historischen* »Vorwort« zu seinem *berühmten* Buch »Zur Kritik der politischen Ökonomie« gegeben hat. (S. 158)[32]

Berühmt, genial, klassisch etc. sind diese Werke, weil sie bestimmte logische Verbindungen in der Geschichte herstellen. Die so präsentierte Realität ist eine Art logischer Realität (will sagen, eine rein geistige Konstruktion), zugleich auch die höchste Errungenschaft von Stalins artistischem Denken. Der historischen Realität (der Vergangenheit) fehlt ganz offensichtlich jede Form von Eigenständigkeit und Gewicht: Sie kann zusammengefügt, erfunden und sogar gefälscht werden. Es kommt nur darauf an, dass sie logisch, und das heißt figurativ gültig ist.

Geschichte wird uns präsentiert, indem und nachdem der Erzähler sie gründlichst bearbeitet hat. Dieses Bild des Autors, der uns in der Form von Stalins historischer Logik vorgestellt wird, zwingt uns, den Gegenstand aus einem gewissermaßen »persönlichen« Blickwinkel zu betrachten.

Diese »Subjektivität« besonderer Art, wie wir sie bereits früher (im Hinblick auf die Biographien Lenins und Stalins) untersucht haben, wird im *Kurzen Lehrgang* mit ausgeprägt stilistischen Mit-

[32] Alle Hervorhebungen durch den Autor, E.D.

teln erreicht, mit einem Verfahren, das gegenüber den traditionellen Genres der personalen Erzählform (Biographie und Autobiographie) verfeinert wurde. Der Erzähler des *Kurzen Lehrgangs* konstruiert sein eigenes Bild nicht durch das des Anderen (Lenin-Biographie) oder durch die »dritte Person« des Autors Stalin (*Kurze Lebensbeschreibung*), sondern durch ein überpersonales Bild, nämlich durch das der Partei. Der *Kurze Lehrgang* setzt ein mit folgender Präsentation seines Gegenstandes: »Die KPdSU(B) wuchs auf der Grundlage der Arbeiterbewegung des vorrevolutionären Russland aus den marxistischen Zirkeln und Gruppen hervor, die sich mit der Arbeiterbewegung verbanden und sozialistisches Bewusstsein in sie hineintrugen« (S. 3).

Die Partei entwickelte sich aufgrund einer Befruchtung, ist also ein lebender Organismus. Diese konsequent metonymische Darstellung der Partei durchzieht den gesamten Text. Stets geht es um die Organisation als ein Ganzes, um dieses oder jenes Ereignis im Verlauf ihres (im Wortsinn) »Lebens«. Selbst der II. Parteitag wird dargestellt, als sei er eine Person:

> Der Parteitag stand auf dem Gebiet der Organisationsfragen nicht auf der Höhe seiner Aufgaben, machte Schwankungen durch, gab den Menschewiki zuweilen sogar das Übergewicht, und obwohl zum Schluss eine Wendung zum Bessern eintrat, vermochte der Parteitag nicht, den Opportunismus der Menschewiki in Organisationsfragen zu entlarven und sie in der Partei zu isolieren, ja, er vermochte nicht einmal der Partei diese Aufgabe zu stellen. (S. 53)

Am expressivsten jedoch wird der Text, wenn der Erzähler die Erzählung mit ausführlichen lyrischen Monologen unterbricht, in denen man ohne Weiteres Stalins chronische Verletzungen erkennen kann. Stalin, ein wahrer »Meister« politischen Manövrierens, zieht sich mehr als einmal zurück, taktiert, akzeptiert erzwungene Bündnisse und so weiter. Das hat politische Traumata hinterlassen, die in die lyrischen Abschweifungen des *Kurzen Lehrgangs* zum Ausdruck kommen. Meist werden Stalins lyrische Ergüsse zu gewöhnlicher Rhetorik voll allbekannter Tropen, Sophismen, Wortklaubereien, umgangssprachlichen Wendungen, rhetorischen Fragen, »unversöhnlichen Entgegensetzungen«, leidenschaftlichen Einwürfen. Dies geschieht immer dann, wenn etwas zur Sprache kommt, was die ohnehin schon traumatisierte Seele des Führers zusätzlich verletzt hat:

> Was aber stellten damals die sozialdemokratischen Parteien des Westens dar? Ein Gemisch, einen Mischmasch aus marxistischen und opportunistischen Elementen, aus Freunden und Gegnern der Revolution, aus Anhängern und Gegnern der Parteigesinnung – bei allmählicher ideologischer Versöhnung der ersteren mit den letzteren, bei allmählicher faktischer Unterordnung der ersteren unter die letzteren. Versöhnung mit den Opportunisten, mit den Verrätern an der Revolution – weswegen? fragten die Bolschewiki die westeuropäischen Sozialdemokraten. Um des »Friedens in der Partei« willen, um der »Einheit« willen – antworteten sie den Bolschewiki. Einheit mit wem, mit den Opportunisten? Ja, antworteten sie, mit den Opportunisten. Es war klar, dass solche Parteien keine revolutionären Parteien sein können. (S. 169)

Diese »inneren Monologe«, die auch hier die Form eines Dialogs annehmen (nämlich des Selbstgesprächs), gehören unzweifelhaft zu Stalin. Exemplarisch tritt uns hier die »interrogative« Erzählweise Stalins vor Augen. Auf die gleiche Weise sprach er vor öffentlichen Versammlungen, wobei auch solche »Dialoge« mit dem Publikum zu einer einzigen gewaltigen rhetorischen Frage werden – wie zum Beispiel während der ersten Unionsberatung der Stachanov-Stoßarbeiter im Kreml (November 1935):

> Ist es etwa nicht klar, dass die Stachanowleute Neuerer in unserer Industrie sind, dass die Stachanowbewegung die Zukunft unserer Industrie darstellt, dass sie den Keim des künftigen kulturellen und technischen Aufschwungs der Arbeiterklasse in sich birgt, dass sie uns den Weg eröffnet, auf dem allein jene Höchstleistungen der Arbeitsproduktivität erzielt werden können, die für den Übergang vom Sozialismus zum Kommunismus und für die Aufhebung des Gegensatzes zwischen geistiger und körperlicher Arbeit notwendig sind? (S. 411)

Ein typisch katechetischer Diskurs, eine »Übersetzung der Wirklichkeit in die profane Frage-Antwort-Sprache. Katechetisches Denken verzerrt die Aktualität durch Imitation eines Dialogs. Der

Autor der Antworten ist zugleich Initiator der Sprechakte, kein wirklicher Gesprächspartner.«[33] So nimmt der »Dialog« einen vorprogrammierten Verlauf. Die Antworten füllen die Leere von Angst, Erwartung und Zweifel. Von hier aus erklären sich die typischen Tropen des Seminaristen (»Die Bolschewiki hingegen führten einen unversöhnlichen Kampf gegen die Opportunisten, säuberten die proletarische Partei von dem Unflat des Opportunismus« [S. 172]), die sich manchmal ausweiten zu breit angelegten (»generalisierenden«) Konstruktionen.

Die logische Kaskade, die sich über den Leser ergießt, die Flutwelle der Sophismen, die jede Hoffnung unter sich begräbt, man könne sich aus der Gefangenschaft der Sprache befreien, hat ein eindeutiges Ziel: Der Leser soll mundtot gemacht werden. Das ist eine hoffnungslose Logik, und dementsprechend erschreckt die ganz eigene Magie des *Kurzen Lehrgangs* durch ihre Aggressivität. Deren Objekt ist der Leser: Er wird betrachtet als Verbrecher, der nach einem Schlupfloch sucht, weil er den »objektiven Gesetzen des historischen Prozesses« zu entkommen trachtet, ist also Rebell und gefährlicher Abweichler, dessen Psychologie nur durch mächtige psychotrope Behandlungen unterdrückt werden kann.

Der Prozess der »Objektivierung der Logik« bildet den Grund von Stalins historischem Denken, das aus der Phantasie und dem Willen des Führers »objektive Gründe« und »historische Gesetze« macht. Zweifellos erfordern solche Transformationen allerhand artistischen Aufwand. Gleichzeitig enthält diese Vereinigung von Willen und »Logik«, von Phantasie und »historischem Gesetz« (dem »Gang der Geschichte selbst«) das eigentliche Geheimnis dieses zum Buch gewordenen Hymnus auf die Einheitlichkeit der Welt: Das »Gesetz« lässt aus dem Chaos einen Kosmos der Geschichte entstehen. Die Sprache allerdings macht diesen Kosmos zum goldenen Käfig: Aus dessen Einheitlichkeit nämlich und Harmonie gibt es kein Entrinnen. Die syntaktischen Konstruktionen selbst sind die Glieder der Kette, die den Leser in diesem Reich der Harmonie festhält. Darum konnte das Buch Teil der Annalen der Sowjetkultur werden, zur Pforte ins Königreich Sozialismus. Wer diese »Harmonie« und »Eintracht« zu zerstören trachtet, ist, das versteht sich von selbst, kriminell, es sind Leute, die den »historischen

[33] Oleg Belyj, *Tajny podpol'nogo čeloveka: Chudožestvennoe slovo, Obydennoe soznanie, Semiotika vlasti,* Kiev 1991, S. 90.

Prozess« aufhalten wollen. Ihre Aktionen können sich nicht anders als in »Konspiration« entwickeln. Doch ist Konspiration – auch hier – »Logik«, der Plot, das Narrativ, die Detektivgeschichte. Der Blick auf die Realität unter dem Aspekt der Verschwörung macht die Logik zum historischen Ereignis.

Das Grundmodell des Stalin'schen Diskurses ist undenkbar ohne das Bild des Anderen als Feind. Verschwörung war natürlich das Trauma Stalins, doch sollte man dieses Phänomen aus einer erweiterten Perspektive betrachten: Als die Bolschewiki an die Macht kamen, waren sie (wörtlich) die Illegalen von gestern, Leute aus dem Untergrund, Verschwörer, Attentäter, die ihr ganzes Leben in der Auseinandersetzung mit dem staatlichen Repressionsapparat verbracht hatten. Die Sowjetmacht hatte Verschwörung im Blut. Die konspirative Einstellung hat im *Kurzen Lehrgang* (wie im historisch-revolutionären Sowjetfilm und in der Literatur, die aus Untergrundkämpfern Helden machen) paranoide Formen angenommen und verfolgt nur ein Ziel: Legitimierung (Verschwörer wie Untergrundkämpfer unterscheiden sich von den anderen durch ihre Gesetzlosigkeit). Das Erreichen dieses Ziels ist hochgradig traumatisch: Denn letztlich geht es darum, ob die illegale Minderheit die Legitimität ihrer Macht auf die legale Mehrheit stützen kann oder nicht, ob es gelingt, ihre bisherige Illegitimität zu legalisieren. Hier entspringt die letale Neigung zu repressiven Lösungen; und, wie gesagt, niemand kannte die repressiven Möglichkeiten eines Staates besser als die Bolschewiki.

Stalin übernahm, als er alle Macht auf sich konzentrierte, auch die Traumata dieser Macht. Wenn wir also sagen, der *Kurze Lehrgang* präsentiert die Partei wie eine Person, denken wir an eine bestimmte Person, die von sich als von »der Partei« spricht. In besonderem Maß personifiziert sich die Darstellung der Partei, wenn es um die Frage der Macht geht (also um Stalin selbst):

> Da die Erfolge des Sozialismus in unserem Lande den Sieg der Politik der Partei und den endgültigen Zusammenbruch der Politik dieser Herren bedeuteten, so begannen sie, anstatt die offensichtlichen Tatsachen anzuerkennen und sich in das gemeinsame Werk einzureihen, sich für ihren Misserfolg, für ihren Bankrott, an der Partei und am Volke zu rächen; sie begannen die Sache der Arbeiter und Kollektivbauern verbrecherisch zu schädigen [...]. Um aber dabei ihre erbärmliche Gruppe vor der

> Entlarvung und Zerschlagung zu bewahren, legten sie die Maske von parteitreuen Leuten an, begannen sie immer mehr vor der Partei zu scharwenzeln, der Partei zu lobhudeln, vor ihr zu kriechen, während sie in der Tat ihre Wühlarbeit gegen die Arbeiter und Bauern im Verborgenen fortsetzten.
> Auf dem XVII. Parteitag hielten Bucharin, Rykow und Tomski reuige Reden; sie sangen der Partei Loblieder und hoben die Errungenschaften der Partei in den Himmel. Der Parteitag fühlte jedoch, dass ihre Reden den Stempel der Unaufrichtigkeit und Doppelzünglerei trugen. [...] Auf dem XVII. Parteitag traten auch die Trotzkisten auf – Sinowjew und Kamenew –, die sich wegen ihrer Fehler über alle Maßen geißelten und die Errungenschaften der Partei – ebenso maßlos – lobpriesen. Der Parteitag konnte aber nicht übersehen, dass sowohl die Ekel erregende Selbstgeißelung als auch die widerlich-süßliche Lobpreisung der Partei die Kehrseite des unruhigen und bösen Gewissens dieser Herren darstellten. Die Partei wusste jedoch noch nicht, ahnte noch nicht, dass diese Herrschaften, die auf dem Parteitag mit süßlichen Reden auftraten, gleichzeitig den ruchlosen Mord an Genossen Kirow vorbereiteten. (S. 393 f.)

Rache, übles Spiel, Sabotage, Liebedienerei, Kriechertum, der Parteitag sah, der Parteitag konnte nicht übersehen – von was, von wem genau ist hier die Rede?

> Die aus der Partei ausgeschlossenen Antileninisten begannen einige Zeit nach dem XV. Parteitag, Erklärungen über ihren Bruch mit dem Trotzkismus abzugeben mit der Bitte, sie wieder in die Partei aufzunehmen. Natürlich konnte die Partei damals noch nicht wissen, dass Trotzki, Rakowski, Radek, Krestinski, Sokolnikow und andere schon seit langem Volksfeinde, von der ausländischen Spionage angeworbene Spione waren, dass Kamenew, Sinowjew, Pjatakow und andere bereits Verbindungen mit den Feinden der Sowjetunion in den kapitalistischen Ländern aufnahmen, um mit ihnen eine »Arbeitsgemeinschaft« gegen das Sowjetvolk einzugehen. Die Partei hatte aber genügend Erfahrung darin, dass man von diesen Leuten, die wiederholt in den entscheidendsten Momenten gegen Lenin und die Leninsche Partei aufgetreten waren, jede Niederträchtigkeit erwarten konnte. [...]

> Die Partei, die sie schonen und ihnen nicht die Möglichkeit versagen wollte, von Neuem Menschen der Partei und der Arbeiterklasse zu werden, setzte sie wieder in die Rechte von Parteimitgliedern ein.
> Im Laufe der Zeit stellte sich jedoch heraus, dass die Erklärungen der »aktiven Politiker« des trotzkistisch-sinowjewistischen Blocks mit wenigen Ausnahmen durch und durch verlogene doppelzünglerische Erklärungen waren.
> Es erwies sich, dass diese Herrschaften noch vor der Einreichung ihrer Gesuche aufgehört hatten, eine politische Strömung darzustellen, die bereit ist, ihre Anschauungen vor dem Volke zu vertreten, dass sie sich in eine Clique ideenloser Karrieristen verwandelt hatten, bereit, die Reste ihrer Anschauungen vor aller Augen mit Füßen zu treten, bereit, die ihr fremden Anschauungen der Partei vor aller Augen lobzupreisen, bereit, gleich Chamäleons jede beliebige Farbe anzunehmen, nur um sich in der Partei, in der Arbeiterklasse zu behaupten und die Möglichkeit zu haben, die Arbeiterklasse und ihre Partei heimtückisch zu schädigen.
> Die trotzkistisch-sinowjewistischen »Politiker« erwiesen sich als politische Gauner, als politische Doppelzüngler. (S. 350 ff.)

Die Partei »konnte noch nicht wissen«, »hatte genug Erfahrung darin«, »verhielt sich misstrauisch«, »die Partei wünschte«… Dieses einigermaßen surreale Bild wird plötzlich durch einen leidenschaftlichen Monolog Stalins unterbrochen, der zwar faktisch nichts Neues sagt, aber alles erklärt:

> Politische Doppelzüngler beginnen gewöhnlich mit Betrug und betreiben ihr dunkles Werk durch Betrug am Volke, an der Arbeiterklasse, an der Partei der Arbeiterklasse. Aber politische Doppelzüngler kann man nicht lediglich als Betrüger betrachten. Politische Doppelzüngler bilden eine Clique ideenloser politischer Karrieristen, die schon längst das Vertrauen des Volkes verloren haben und bestrebt sind, sich durch Betrug, Schwindel und Gaunerei – mit allen erdenklichen Mitteln – neuerlich das Vertrauen zu erschleichen, nur um sich den Ruf von Politikern zu erhalten. Politische Doppelzüngler stellen eine Clique prinzipienloser politischer Karrieristen dar, die bereit sind, sich auf wen auch immer zu stützen, und sei es auf kriminelle Elemente, sei es auf den Abschaum der Gesellschaft, sei es

> auf die geschworenen Feinde des Volkes, nur um im »geeigneten Moment« erneut auf der politischen Bildfläche zu erscheinen und sich dem Volke als »Regierende« auf den Nacken zu setzen. Eben als solche politische Doppelzüngler erwiesen sich die trotzkistisch-sinowjewistischen »Politiker«. (S. 352)

Diese mit Leidenschaft erfüllten Worte verraten Stalins unbewusste Absichten: Er konnte das Bild seiner Feinde nur nach dem eigenen Bild formen, darum konnten ideologische Überlegungen auch keine Beachtung finden. Die Worte über die Bande »prinzipienloser politischer Karrieristen«, über Verschwörungen und Machiavellismus – alles strömt aus dem modrigen Keller des Stalin'schen Unbewussten in die Köpfe der Verschwörer, die er umbringen ließ. Und diese Worte sind in Stalins Texten das einzig Reale.

Zugespitzt formuliert: Geschichte ist bedeutsam als Ergebnis des Kampfes mit Untergrund und Verschwörung (und als Lektion aus diesem Kampf!). Ihre Aktualität aber wird fraglich. In diesem Zusammenhang verlieren Worte wie »Opposition« eindeutig an Substanz. Nicht Stalin belegt das, sondern die Schauprozesse von 1936–38, die auf ihre Weise so etwas wie das Letzte Gericht der Geschichte sind. Tatsächlich ist das Konzept der Verschwörung darauf angelegt, den Gang der Ereignisse an den Quellgrund der »Gesetze der Geschichte« zurückzuführen. Jenseits von Verschwörungsvorstellungen hat der Kampf unterschiedlicher Individuen und Richtungen um die Macht schlicht keine Logik, keinen gemeinsamen Nenner. Konspiration ist die einzige Grundlage zur Erklärung der Realität und für die Konstruktion einer historischen Erzählung. Das Licht der Konspiration erhellt alles. Dieses Bild ist streng reguliert. Wieder befinden wir uns in einer vorstrukturierten Geschichte.

Die Vorstellung der Verschwörung wird über die Parteigeschichte hinaus ausgedehnt auf die russische Geschichte insgesamt:

> Noch während des Krieges wurde der Verrat des zaristischen Kriegsministers Suchomlinow aufgedeckt, der, wie sich herausstellte, mit deutschen Spionen in Verbindung stand. Suchomlinow führte den Auftrag des deutschen Spionagedienstes durch – die Versorgung der Front mit Geschossen zu hintertreiben, keine Kanonen und Gewehre an die Front zu liefern. Einige zaristische Minister und Generäle arbeiteten selbst insgeheim für den Erfolg der deutschen Armee: gemeinsam mit der Zarin,

> die mit den Deutschen in Verbindung stand, verrieten sie den Deutschen militärische Geheimnisse. (S. 209)

Beides, der Verlauf des Krieges und sein Ergebnis, der Vertrag von Brest-Litowsk, gehorchte, so heißt es, einem Netzwerk der Verschwörung. Hier haben wir natürlich die »finsteren Pläne« von Trockij und seinem Komplizen Bucharin vor uns, die »den deutschen Imperialisten [...] in die Hände« arbeiteten, »provokatorische Politik [...] die mit linken Phrasen raffiniert verhüllt war« (S. 260). Was sie taten, war »ungeheuerlich. Mehr konnten die deutschen Imperialisten von einem Verräter an den Interessen des Sowjetlandes gar nicht verlangen« (S. 261). Gleichzeitig glitten die »linken Kommunisten immer tiefer in den Sumpf des Verrats« hinab: Damals allerdings

> war die wirkliche Ursache dieses parteifeindlichen Verhaltens Trotzkis und der »linken Kommunisten« für die Partei noch nicht klar. Wie aber vor kurzem der Prozess gegen den antisowjetischen »Block der Rechten und Trotzkisten« (Anfang 1938) festgestellt hat, hatten damals Bucharin und die von ihm geleitete Gruppe »linker Kommunisten« zusammen mit Trotzki und den »linken« Sozialrevolutionären, wie offenbar wurde, eine geheime Verschwörung gegen die Sowjetregierung angezettelt. (S. 262 f.)

Auch die Revolte der linken Sozialrevolutionäre kann nur ihr Werk gewesen sein:

> Wie nunmehr im Prozess gegen den antisowjetischen »Block der Rechten und Trotzkisten« festgestellt worden ist, war die Meuterei der »linken« Sozialrevolutionäre mit Wissen und Einverständnis von Bucharin und Trockijs angezettelt worden und bildete einen Teil des Gesamtplanes einer konterrevolutionären Verschwörung der Bucharinleute, Trotzkisten und »linken« Sozialrevolutionäre gegen die Sowjetmacht. (S. 269)

Verschwörung ermöglicht, eine Verzögerung des Plots zu konstruieren: Insofern die Partei *damals* nicht wusste, was sie *heute* weiß, tragen alle Aktionen Trockijs das Epitheton »verdächtig« mit sich, manchmal begleitet von der Vorstellung des »direkten Verrats« und

»Betrugs«. (So etwa werden Lev Trockijs und Michail Tuchačevskijs Aktionen während des Feldzugs gegen Polen als »direkte Hilfe, aber nicht für unsere Westfront, sondern für die polnischen Barone und für die Entente« [S. 293] dargestellt.) Alles dient dazu, einen Plot der Verschwörung zu entwickeln.

Wurde das Verhalten der Opposition zunächst als gegen die Partei gerichtet gebrandmarkt, richtet sich eine Demonstration der Trotzkisten von 1927 bereits gegen die Sowjetmacht:

> Jetzt unterlag es bereits keinem Zweifel mehr, dass die Trotzkisten und Sinowjewleute in den antisowjetischen Sumpf geraten waren. Appellierten sie in der Parteidiskussion an die Partei gegen das Zentralkomitee, so gingen sie nun durch ihre klägliche Demonstration dazu über, an die feindlichen Klassen gegen die Partei und den Sowjetstaat zu appellieren. Da sie sich die Untergrabung der bolschewistischen Partei zum Ziele setzten, mussten sie unvermeidlich auf den Weg der Untergrabung des Sowjetstaates geraten, denn die Partei der Bolschewiki und der Staat sind im Sowjetlande nicht voneinander zu trennen. Dadurch stellten sich die Anführer des trotzkistisch-sinowjewistischen Blocks außerhalb der Partei, denn es war unmöglich, in den Reihen der bolschewistischen Partei weiter Leute zu dulden, die im antisowjetischen Sumpf versunken waren. (S. 345 f.)

Feinde der Partei werden zu Feinden des Staates gemacht, ihre Führer »Rädelsführer« genannt, nur das Wort »Bande« taucht noch nicht auf. Erst einige Dutzend Seiten später erfahren wir, dass sie tatsächlich eine Bande bildeten:

> Die Doppelzünglerei und die Niedertracht dieser Leute ging soweit, dass Sinowjew – einer der Organisatoren und Inspiratoren des Mordes an Genossen Kirow, der den Mörder gedrängt hatte, diese ruchlose Tat möglichst bald auszuführen - nach Kirows Tod einen lobpreisenden Nachruf auf Kirow schrieb und verlangte, dass dieser Nachruf veröffentlicht werde. Die Sinowjewleute, die vor Gericht die Reuigen spielten, setzten in der Tat auch in diesem Moment ihre Doppelzünglerei fort. […] Die Sinowjewleute verheimlichten vor Gericht ihre Verbindungen mit den Bucharinleuten, das Bestehen einer vereinigten trotzkistisch-bucharinschen Bande von Söldlingen des Faschismus.

> Der Mord an Genossen Kirow war, wie sich später herausstellte, von dieser vereinigten trotzkistisch-bucharinschen Bande verübt worden.
> Schon damals, im Jahre 1935, wurde es klar, dass die Sinowjewgruppe eine maskierte weißgardistische Organisation war, die es vollauf verdiente, dass man mit ihren Mitgliedern wie mit Weißgardisten verfuhr. (S. 395)

Die schrittweise Enthüllung verrät den wahren Geschichtenerzähler Stalin. Man achte auf den Ton, in dem der Mord an Sergej Kirov dargestellt wird: Zinov'ev wird nicht nur zum Auftraggeber des Mordes erklärt, sondern seine Aktionen (natürlich von Stalin erfunden) werden in »realistischer« Form berichtet (»den Mörder gedrängt [...] diese ruchlose Tat möglichst bald auszuführen«). Indem er Geschichte auf diese Weise darstellt, zwingt Stalin nicht nur den Leser, ihm zu glauben, sondern scheint sich allmählich selbst von dem zu überzeugen, was er fabuliert.

Konspiration eröffnet ein neues semantisches Feld, in dem die Erzählhaltung zwischen zwei Polen schwankt – zwischen herabsetzender Sprache und Sarkasmus. Der *Kurze Lehrgang* bleibt als Hauptmonument des Stalinismus auch das zentrale offizielle Dokument der Epoche. Sein Status war zweifellos höher als der von Parteitagsbeschlüssen oder von Resolutionen der Plena des Zentralkomitees. Noch erstaunlicher ist das expressive – meist herabsetzende – Vokabular. Vergleichbares hatte es in einem Dokument dieses Rangs bislang nicht gegeben: linke Schwätzer, politische Narren, völlige Ignoranten, eindeutige Kapitulanten, Hasenfüße, zusammengezimmerte Plattform, Denunzianten, reine Verleumdung, Zusammenstümpern einer grotesken Theorie vom Abflauen des Klassenkampfes, Herumtrampeln auf Positionen des Leninismus, trotzkistischer Schrott, und so weiter. Der Flut der Beleidigungen, die über den Köpfen toter Gegner niedergeht, gleicht allein die »logische Aggression«, mit der der Lehrgang den Lesern entgegentritt. Das ist die Kehrseite der »historischen Erläuterungen«: Wenn wir uns mit der »Logik der Geschichte« in der Sackgasse der Objektivität befinden, dann geraten wir hier in die der Subjektivität. Dem Autor ist jede Ironie fremd. Der passende Gegensatz zu Heroismus ist Sarkasmus:

> Sinowjew und Kamenew wagten sich zwar einmal mit der Erklärung hervor, dass der Sieg des Sozialismus in der Sowjet-

> union infolge ihrer technisch-ökonomischen Rückständigkeit unmöglich sei, sahen sich aber dann gezwungen, sich seitwärts in die Büsche zu schlagen. […] An die Wand gedrückt, zogen Sinowjew und Kamenew es vor, für diese Resolution zu stimmen. Die Partei aber wusste, dass sie den Kampf gegen die Partei nur aufgeschoben […] hatten […]. (S. 333)

Damit sind wir nochmals beim Bild der Partei als agierender Person angelangt – ein durchsichtiger Euphemismus für Stalin den Erzähler. Denn wie erscheint er auf den Seiten des *Kurzen Lehrgangs* vor uns, die den Aktionen der Verschwörer gewidmet sind? Als Riese, ausgestattet mit bislang unerhörter Macht; als Herr einer Großmacht, dem alles zu Diensten steht und der nur den kleinen Finger bewegen muss, um wie Gott mit dem Leben seiner Untergebenen zu spielen. In den (in der Regel bewusst) selbstglorifizierenden Passagen steht der Führer nicht mit all seiner Machtfülle vor uns, sondern in all seinem Zorn. Es sei nur die eine »lyrische Abschweifung« zitiert, die sich an die Darstellung des Bucharin-Prozesses anschließt:

> Diese weißgardistischen Wichte, deren Kraft man höchstens mit der Kraft eines elenden Gewürms vergleichen kann, hielten sich, wie es scheint, komischerweise für die Herren des Landes und bildeten sich ein, dass sie in der Tat die Ukraine, Bjelorussland, das Küstengebiet an andere verteilen und verkaufen könnten.
> Dieses weißgardistische Gezücht vergaß, dass niemand anders als das Sowjetvolk Herr des Sowjetlandes ist, während die Herrschaften Rykow, Bucharin, Sinowjew, Kamenew weiter nichts waren als Leute, die zeitweilig im Dienste des Staates standen, der sie jede Minute wie nutzloses Gerümpel aus seinen Kanzleien hinauswerfen konnte.
> Diese nichtswürdigen Lakaien der Faschisten vergaßen, dass das Sowjetvolk nur einen Finger zu rühren brauchte, damit von ihnen nicht einmal eine Spur übrig bleibe.
> Das Sowjetgericht verurteilte die bucharinschen-trotzkistischen Scheusale zur Erschießung.
> Das Volkskommissariat für Innere Angelegenheiten vollstreckte das Urteil.
> Das Sowjetvolk billigte die Vernichtung der bucharinschen-trotzkistischen Bande und ging zur Tagesordnung über.

> Auf der Tagesordnung aber stand die Aufgabe, sich für die Wahlen zum Obersten Sowjet der UdSSR vorzubereiten und sie organisiert durchzuführen. (S. 420)

Man beachte den Telegrammstil, in dem der siegreiche Führer (er ist »Partei«, »Staat« und »Volk« in einem) das Geschehen berichtet und auf die anstehenden Aufgaben verweist. Solche Hinweise tauchen im Text nicht selten auf, wenn es um die Opposition geht. So etwa werden wir über den Auszug von Kamenev, Zinov'ev und Rykov aus dem Zentralkomitee im November 1917 wie folgt informiert: »Das Zentralkomitee der Partei stellte sie voller Verachtung an den Pranger, als Deserteure der Revolution und Helfershelfer der Bourgeoisie, und ging zur Tagesordnung über« (S. 255).

An der Tagesordnung ist in der Regel etwas eher Unwesentliches (etwa die Wahl des nächsten Obersten Sowjet). Dem soll der Leser entnehmen, dass Opposition nur von Tagesgeschäft ablenke. Dieses wird im *Kurzen Lehrgang* ohne jede Expressivität dargestellt, die Gegner jedoch erfahren eine äußerst leidenschaftliche Darstellung. Diese persönliche Komponente im *Kurzen Lehrgang* weckt in den Lesern den Verdacht, dass der Erzähler nicht nur ein Geschichtenerzähler ist, sondern auch ein Lyriker. Genau diese »Kriegslyrik« Stalins (die seinen Gegnern gewidmeten Seiten des *Kurzen Lehrgangs*) bewirken, dass wir ein Bild von Stalins Mentalität gewinnen, das sich nirgendwo anders so deutlich offenbart: Es ist dies das Herzstück des Stalin'schen Vermächtnisses.

Wie etwa zeichnet der Führer den »Sowjetmenschen«? Die Antwort sollte man nicht in grandiosen Reden über den Volksriesen suchen, sondern an Stellen wie diesen:

> Nicht selten zogen enteignete Kulaken in einen anderen Rayon, wo man sie nicht kannte, und schlichen sich dort in die Kollektivwirtschaft ein, um Schaden und Unheil zu stiften. […] Jetzt, da der offene Kampf gegen die Kollektivwirtschaften gescheitert war, änderten sie ihre Taktik. Sie schossen nicht mehr aus dem Stutzen, sondern gaben sich als stille, friedliche, umgängliche, völlig sowjettreue Menschen. Einmal in die Kollektivwirtschaften eingedrungen, fügten sie ihnen durch versteckte Wühlarbeit Schaden zu. Überall trachteten sie, die Kollektivwirtschaften von innen her zu zersetzen, die Arbeitsdisziplin in ihnen zu untergraben, die Ernteabrechnungen und Arbeitsberechnungen zu ver-

> wirren. Die Kulaken setzten ihre Hoffnungen auf die Vernichtung des Pferdebestandes der Kollektivwirtschaften, und es gelang ihnen auch, viele Pferde zugrunde zu richten. Mit Vorbedacht verseuchten die Kulaken die Pferde mit Rotz, Krätze und anderen Krankheiten, ließen sie ohne jede Pflege usw. Die Kulaken machten Traktoren und Maschinen unbrauchbar. (S. 383)

Etwas Größeres als das Bild eines Schädlings zwingt sich in diese blühenden Phantasien: Die Gegner geben sich als »stille, friedliche, umgängliche, völlig sowjettreue Menschen«. Das ist Stalins Bild des Sowjetmenschen: »friedlich, umgänglich, treu«. Doch wenn sich der Kulak (auch er ein Schädling und Umstürzler) ununterscheidbar so verhält wie der treue Sowjetmensch, dann wird seine Schuld total, und umgekehrt steckt der Feind verborgen in jedem Menschen; Verschwörung, Geheimnis, gegen das Volk gerichtete Absichten liegen geradezu in der Luft. Wenn schließlich der Kulak schuldig ist, weil er vortäuscht, ein »treuer Sowjetmensch« zu sein, dann ist dieser schuldig, wie ein Kulak zu sein. Die stets anstehende »nächste Aufgabe« der Macht ist der Kampf mit der Verschwörung gegen das eigene Selbst.

Der *Kurze Lehrgang* ist auf der Grenze zwischen Literatur und Geschichte angesiedelt. Genau in diesem Grenzgebiet nämlich finden die Hauptereignisse statt – die Übergänge in Stil, Gattung und Narrativ. Ohne Zweifel hat sich der grandiose Stil des sozialistischen Realismus unter dem Einfluss der Stalin'schen Erzählweise herausgebildet. Doch wir haben es nicht nur mit dem Erscheinungsbild des sozialistisch-realistischen Schreibens zu tun, sondern auch mit dem Ort und der Ebene, wo sich dieses Schreiben situiert. Mit eigener Hand hat Stalin anstelle der Phrase »Stalin ist der Lenin von heute« den Zusatz in seine Biographie einfügt: »Stalin ist der würdige Fortsetzer des Werkes Lenins, oder, wie man in unserer Partei zu sagen pflegt, Stalin – das ist der Lenin von heute«. An dieser Stelle handelt er zuerst und am deutlichsten als Schriftsteller, der eine einfache Bemerkung um die Situation ergänzt, in der sie fällt. Damit wird das Erzählte »realistisch«; man kann sich vorstellen, wie Parteimitglieder zueinander sagen, »ja Stalin – der Lenin von heute«. Nicht ohne Ironie ist, dass Chruščev auf dem XX. Parteitag (»Sehen Sie, wie eindrucksvoll das gesagt ist, nur nicht vom Volk, sondern von Stalin selbst«) diesen »Realismus« nicht erkannt hat.

Doch im *Kurzen Lehrgang* finden sich nicht wenige solcher »Situationen«: »Als jedoch Gutschkow in einer Versammlung der Eisenbahner seine Rede mit dem Rufe ›Es lebe der Imperator Michael‹ schloss, forderten die Arbeiter die sofortige Verhaftung und Durchsuchung Gutschkows und brachten ihre Entrüstung in dem Sprichwort zum Ausdruck: ›Der Meerrettich ist nicht weniger bitter als der Rettich‹« (S. 219).

Ganz klar, so reden Arbeiter miteinander, wenn sie entrüstet sind, sie reden über Rettich und Meerrettich. Das Bild hier ist ebenso glaubhaft wie Vergleichbares in einem sozialistisch-realistischen Text:

> Die Delegierten der Ortsorganisationen führten zahlreiche Tatsachen an, wie die Arbeiter und Soldaten in Massen den Menschewiki und Sozialrevolutionären den Rücken kehrten und sie verächtlich »Sozial-Kerkermeister« nannten. Arbeiter und Soldaten, die Mitglieder der Parteien der Menschewiki und der Sozialrevolutionäre waren, zerrissen ihre Mitgliedsbücher, verließen mit Verwünschungen diese Parteien und ersuchten die Bolschewiki um Aufnahme in ihre Partei. (S. 236)

Wiederum das typische Vokabular von Arbeitern, die ihre Verachtung zeigen wollen: »Sozial-Kerkermeister«.

Eine der Merkwürdigkeiten des Stalin'schen »Realismus« besteht darin, dass die wirklichen Motive sozialer Situationen sorgfältig verborgen werden. Wenn es (abgesehen von Rettich und Meerrettich) »konkret« zugehen soll, kommt es zur Magie des *Kurzen Lehrgangs*, deren Inkarnation die Sowjetliteratur genau begriffen und in sich aufgenommen hat: Die Menschen führen Aktionen aus, und es bleibt unerklärlich, warum sie so und nicht anders handeln. So etwa erfahren wir aus den Tagen der Februarrevolution:

> Die aufständischen Arbeiter und Soldaten gingen dazu über, die zaristischen Minister und Generale zu verhaften, die Revolutionäre aus den Gefängnissen zu befreien. […] Als die Kunde vom Sieg der Revolution in Petrograd sich in den anderen Städten und an der Front verbreitete, begannen die Arbeiter und Soldaten überall, die zaristischen Bürokraten aus den Ämtern hinauszuwerfen. (S. 212)

Es ist schon schwer vorstellbar, wie Arbeiter Minister verhaften konnten, und selbst wenn dies konkrete Aktionen waren, wie soll man sich vorstellen, dass sie »überall« zaristische Bürokraten »hinauswerfen«. Hinauswerfen kann nur ein Ersatzverbum für ganz bestimmte Aktionen sein, die ungenannt bleiben – und zwar aus einem einzigen Grund: Sie haben schlicht nicht stattgefunden.

Auf etwas Ähnliches stoßen wir in der Beschreibung des Verlaufs der Februarrevolution selbst:

> Der Kornilowaufstand machte den breiten Massen der Bauernschaft klar, dass die Gutsbesitzer und Generäle nach Niederschlagung der Bolschewiki und der Sowjets über die Bauernschaft herfallen würden. Deswegen scharten sich die breiten Massen der armen Bauernschaft immer enger um die Bolschewiki. Was die Mittelbauern betrifft, [...] so begannen sie sich nach der Niederschlagung Kornilows entschieden der bolschewistischen Partei zuzuwenden. (S. 243 f.)

Wir lassen die Frage, wie der Kornilov-Aufstand, dieser gescheiterte Versuch eines Staatsstreichs, die Stimmung der Bauern hat beeinflussen können, auf sich beruhen und wenden uns gleich den Ersatzkonstruktionen zu: Was genau meint »sich scharen« und »sich entschieden zuwenden«? Wahrscheinlich nicht viel mehr, als dass sich Aktionen, die haben geschehen »müssen«, auch tatsächlich vollzogen haben. Wobei es an dieser Stelle völlig gleichgültig ist, ob und wie sich das tatsächlich vollzog – es musste sich vollziehen und folglich wird es sich auch vollzogen haben.

Die Vorstellung historischer Intentionalität ist der mächtigste Impuls historischer Phantasterei. Zugespitzt: Stalins gesamte Konzeption von Geschichte ist die eigentliche Domäne des Bildes einer Realität »in ihrer revolutionären Entwicklung«. Wenn wir in einem sowjetischen Kolchosenroman vom »blühenden Leben der kollektivierten Bauern« lesen, sollten wir uns daran erinnern, dass die Ursprünge solcher Bilder nicht in der Neigung sowjetischer Autoren liegen, zu lügen, sondern im Metatext aller sozialistisch-realistischen Literatur:

> Die Kollektivwirtschaften sind wohlhabend geworden. Die Erbauung neuer Speicher und Lager ist die Hauptsorge der Kollektivbauernfamilie geworden, da die alten Lagerräume für Produkte, die auf unbedeutende Jahresvorräte berechnet waren,

auch nicht den zehnten Teil der neuen Bedürfnisse der Kollektivbauern befriedigten (S. 412).

Noch die Übertreibung (ein Zehntel) ist Ergebnis der »vorstrukturierten Geschichte«, die Universalschlüssel zur Realität wird und immer neue und neueste Bilder derselben hervorbringt.

1938 veröffentlicht, wurde der *Kurze Lehrgang* zu einem Epilog des Großen Terrors. Stalin schrieb das Buch zur gleichen Zeit wie die Exekutionslisten, auf denen die Namen aller möglichen Teilnehmer und Zeugen der von ihm erzählten Geschichte auftauchten. Diese Gleichzeitigkeit gestattet uns die Behauptung, dass dieses Buch eine Art Basis des Großen Terrors bildete: Damit der *Kurze Lehrgang* veröffentlicht werden konnte, mussten die in ihm Mitwirkenden sterben, die Geschichte musste schweigen, also menschenleer sein. In anderen Worten, sie waren zum »Material« des Buchs geworden, wurden für das Buch geopfert. Insofern ist der *Kurze Lehrgang* das vielleicht blutigste Buch der Weltgeschichte. Seine Formulierung war ein Ziel des Terrors.

Als Ergebnis der Stalin'schen Revolution ersetzte der *Kurze Lehrgang* alles, was zuvor entstanden war. Nicht nur Worte zur Geschichte, auch die Geschichte selbst. So als wäre das Vergangene verbrannt. Restlos, bis auf den Grund. Dieser Effekt eines historischen »Flächenbrands«, der das Vergangene in Asche verwandelt hat, schafft seinerseits die Illusion von Geschichte:

> Der Flächenbrand, der alles verzehrt, das Beständigkeit erlangt hat, schafft die Illusion, mit dem Lauf der Geschichte in Berührung zu kommen; Schöpfung wird gleichgesetzt mit Zerstörung. Tatsächlich hinterlässt das zerstörte kulturell-historische/kulturell-räumliche Milieu im Bewusstsein das ideale Surrogat von Bewegung, das für Geschichte gehalten wird, und dann verwandelt sich die Welt der endlichen Dinge in ein rohes Anhängsel, in passives Material einer pseudohistorischen Perspektive. [...] Der Mensch, der sich selbst an der Feuerstätte findet, ist verdammt, unablässig nach einer Sprache zu suchen, die aus einer phantastisch zufälligen Mischung kulturell-historischer Erinnerungen besteht, die sich dem Gedächtnis und dem deformierten neuen Wachstum eingeprägt haben.[34]

[34] Belyj, *Tajny podpol'nogo čeloveka*, S. 101 f.

Wir haben es hier mit etwas Doppeltem zu tun: mit einem Mechanismus zum *Schreiben* der neuen Geschichte und mit einem zum *Auslöschen* der Erinnerung. Beide Prozesse bilden keinen Gegensatz, sondern sind verbunden als Ziel und Mittel, als Ursache und Ergebnis. Die Verwandlung des Vergangenen in Geschichte strukturiert das kollektive »Gedächtnis« (wenn es dieses nicht sogar schafft), formt auf ästhetische Weise eine »Realität«, die ansonsten ihrer Flüchtigkeit wegen keine Aussagekraft hat. Doch indem es zum Teil der Geschichte wird, darin einen »Ort« einnimmt, zur logischen »Basis« erklärt und schließlich auch als Narrativ »geformt« wird, also einen Prozess vollständiger Entwirklichung durchläuft, wird das Vergangene verwandelt – in ein durch und durch artistisches Bild von ganz eigener Wertigkeit.

Glovinskij erklärt, warum die Version des *Kurzen Lehrgangs* von 1938 zur »einzigen und definitiven« wurde, wie folgt:

> Die Konservierung und Unverletzlichkeit der ersten Version betont den mythischen Charakter des Textes. Einem Mythos können neue Episoden eingefügt werden, eine Fortsetzung der Hauptgeschichte aber kann ihr in aller Regel nicht angehängt werden. Solche Zusätze würden die narrative Struktur des Werkes zerstören, die so realisiert wurde, dass die Zeit des Schreibens zusammenfällt mit dem Ende aller Tage, das allen vorangegangenen Ereignissen Bedeutung verleiht.[35]

Merkwürdigerweise (und obwohl auch sie ein Mythos ist) hat Stalins *Kurze Lebensbeschreibung* eine Fortsetzung erhalten. Und nicht nur eine Fortsetzung: 1947 erschien die »zweite Auflage, revidiert und erweitert«. Mag sich das verhalten, wie es will, es ist letztlich weder eine Frage des Mythos noch gar des Masterplots.

Einfach gesagt: Der *Kurze Lehrgang*, im Unterschied zu Stalins *Lebensbeschreibung*, wurde als historisches Monument konzipiert – vor allem anderen als ein Monument (womöglich als befremdliches Epitaph für die Opfer des Terrors?). Mythen können ergänzt werden. (Es lohnt die Erinnerung daran, dass die historische Mythologie der Sowjetzeit nicht nur nach 1938 ergänzt wurde, sondern auch nach Stalin, nach Chruščev und während der Ära Breżnev.)

[35] Glovinskij, »›Ne puskat' prošlogo na samotek‹«, S. 158.

Einem Monument kann nichts hinzugefügt werden. Es ist vollständig, sich selbst genug. Auch das literarische Werk ist eigenständig, auch ihm kann nichts hinzugefügt werden, unabhängig davon, was später »in Wirklichkeit« geschah. Denn für das künstlerische Werk wie für das Monument spielt Wirklichkeit keine Rolle. Darin besteht deren »artistische Wirklichkeit«. Der Erzähler selbst lässt sein Anliegen erkennen, klarzustellen, dass der Text tatsächlich vollständig und abgeschlossen ist. Nach der sechsfachen Wiederholung der Schlussapotheose »Die Geschichte der Partei lehrt…« erfolgt ein Abschluss, der erstaunlich ist für ein Buch (und noch erstaunlicher für Geschichte). Nach dem Abschluss der Erzählung erscheint, in die Mitte der allerletzten Zeile gesetzt:

Ende

Das ist der Schlussstein des Monuments, wie ein Amen. Von diesem *Ende* aus könnte Geschichte von Rechts wegen nur dann neu beginnen, wenn sich zeigen sollte, dass dieses epische Narrativ, das in seiner totalisierenden Vollständigkeit offensichtlich über die Zeit triumphiert, nicht auch selbst in die Geschichte eingefügt ist. Was bleibt, ist Stil, narrative Technik, die Strategie des Erzählers (die Optik) und das Bild des Autors und seiner Macht.

Was bleibt ist, mit anderen Worten, Literatur.

*(Übersetzt aus dem Englischen von Klaus Binder / KUP)**

* Evgenij Dobrenko, »Meždu istoriej i prošlym: pisatel' Stalin i literaturnye istoki sovetskogo istoričeskogo diskursa«, in: Hans Günther, Evgenij Dobrenko (Hg.), Socrealističeskij kanon, Sankt-Peterburg 2000, S. 639–672. Die englische Fassung, die der Übersetzung zugrunde lag, wurde vom Autor verfasst.

Adolf Hitler (1889–1945)

MEIN KAMPF (1924)

Denn das mögen sich alle die schriftstellernden Ritter und Gecken von heute besonders gesagt sein lassen: die größten Umwälzungen auf dieser Welt sind nie durch einen Gänsestiel geleitet worden!

Nein, der Feder blieb es immer nur vorbehalten, sie theoretisch zu begründen. Die Macht aber, die die großen historischen Lawinen religiöser und politischer Art ins Rollen brachte, war seit urewig nur die Zauberkraft des gesprochenen Wortes. Die breite Masse eines Volkes vor allem unterliegt immer nur der Gewalt der Rede. Alle großen Bewegungen aber sind Volksbewegungen, sind Vulkanausbrüche menschlicher Leidenschaften und seelischer Empfindungen, aufgerührt entweder durch die grausame Göttin der Not oder durch die Brandfackel des unter die Masse geschleuderten Wortes, und sind nicht limonadige Ergüsse ästhetisierender Literaten und Salonhelden.

Adolf Hitlers *Mein Kampf*
Herrschaftssymbol, Herrschaftsinstrument, Medium ideologischer Kommunikation

Christian Alexander Braun und Christiane Friederike Marxhausen

> Nein, es gibt nur ein heiligstes Menschenrecht, und dieses Recht ist zugleich die heiligste Verpflichtung, nämlich: Dafür zu sorgen, daß das Blut rein erhalten bleibt, um durch die Bewahrung des besten Menschentums die Möglichkeit einer edleren Entwicklung dieser Wesen zu geben.
> Ein völkischer Staat wird damit in erster Linie die Ehe aus dem Niveau einer dauernden Rassenschande herauszuheben haben, um ihr die Weihe jener Institution zu geben, die berufen ist, Ebenbilder des Herrn zu zeugen und nicht Missgeburten zwischen Mensch und Affe.[1]

In einem Band zum Thema »Despoten dichten« mag ein Artikel über Adolf Hitler zunächst merkwürdig anmuten. Zwar mangelte es Hitler nicht an künstlerischen Ambitionen, doch waren diese eher dem Bereich der Malerei oder der Architektur zugeordnet.[2] Hitler war kein »Dichter«, auch wenn er selbst bis in die 20er Jahre seinen Beruf als »Schriftsteller« angab und in Polizeiberichten vermerkt wurde, er sei »berufsmäßiger Werberedner«[3]: Seine »schriftstellerische Tätigkeit« beschränkte sich in erster Linie darauf, (Leit-)Artikel für den *Völkischen Beobachter* zu schreiben. Weshalb also im Kontext der Frage nach Macht-Kunst, nach der Allianz von Dichtung und Despotie ein Beitrag über Hitler und im speziellen die »Bibel« des Nationalsozialismus, *Mein Kampf*?

Bereits Zeitgenossen stellten sich die Frage, inwieweit die Rhetorik – die »Rede-Kunst« – Hitlers (und anderer »NS-Größen«) ein

[1] Adolf Hitler, *Mein Kampf. Zwei Bände in einem Band*, München [881]1943, S. 445.

[2] Vgl. zu Hitlers Selbstverständnis als Künstler u. a. Birgit Schwarz, *Geniewahn: Hitler und die Kunst*, Wien u. a. 2009, S. 86 f.

[3] Joachim Fest, *Hitler. Eine Biographie*, Neuausgabe, Berlin 2003, S. 188.

entscheidender Faktor für die Erfolge der Nationalsozialisten sei. Bis in die Gegenwart wird – nicht nur in der historisch-populärwissenschaftlichen Darstellung – der von den Nationalsozialisten geschaffene Mythos des »Führers« tradiert, der nur durch sein Wort Deutschland »eroberte«, von der »Zauberkraft«[4], die von Hitlers Reden und Schriften ausgegangen sei.[5] Dieser Rückzug auf sprachidealistische Auffassungen von der »Allmacht der Sprache« zeugt auch von einer lange Zeit zu konstatierenden methodischen Hilflosigkeit der Sprachwissenschaften im Umgang mit der nationalsozialistischen Thematik. Wie der vorliegende Artikel zumindest exemplarisch aufzeigen soll, ist er heute nicht mehr haltbar: Die moderne Linguistik liefert nicht nur das Handwerkszeug, mit dessen Hilfe sich Hitlers Sprachgebrauch präzise beschreiben lässt; sie ermöglicht es auch, anhand dieses Beispiels die dialektische Relation zwischen ideologischer Weltkonstruktion und politischem Sprachgebrauch sichtbar zu machen.

Das Erkenntnisinteresse dieses Artikels greift damit über die bloße Beschreibung der »sprachkünstlerischen Tätigkeit« des werdenden und später amtierenden »Despoten« Hitler hinaus: Aus sprachwissenschaftlicher Perspektive ist es weniger die Affinität von Politik und Poesie, die im Mittelpunkt der Beschäftigung mit dem Sprachgebrauch Adolf Hitlers steht, als vielmehr die Frage nach dem übergeordneten Zusammenhang von Sprache und Ideologie, Sprache und Politik.

Das gesprochene und geschriebene Wort war über lange Jahre hinweg die wichtigste Ausdrucksform, gleichsam das »Handwerkszeug« Hitlers: in seinen Reden, in seinen Leitartikeln und in seinem

[4] Josef Adelmann, »Die Sprache Adolf Hitlers«, in: *Die Scholle* 9 (1933), S. 611–615, hier S. 614.

[5] »Hitler eroberte Deutschland durch sein Wort« (Karl Kindt, *Der Führer als Redner*, Hamburg 1934, S. 7). Ähnlich, aber deutlich früher: Georg Schott, *Das Volksbuch vom Hitler*, München [13]1941, S. 24 f., zuerst 1924; oder Adolf-Viktor v. Koerber (Hg.), *Adolf Hitler. Sein Leben und seine Reden*, München 1923. Zur Tradierung des Mythos vom »überragenden Redner« Hitler auch in der Literatur nach 1945 siehe Othmar Plöckinger, *Reden um die Macht? Wirkung und Strategie der Reden Adolf Hitlers im Wahlkampf zu den Reichstagswahlen am 6. November 1932*, Wien 1999, S. 32 ff. sowie Ulrich Nill, »›Reden wie Lustmorde‹. Hitler-Biografen über Hitler als Redner«, in: Josef Kopperschmidt (Hg.), *Hitler der Redner*, München 2003, S. 29–52.

Buch *Mein Kampf*. Sein spezifischer Sprachgebrauch war jedoch nicht durch poetisch-künstlerische Ambitionen bestimmt, ästhetisch um seiner selbst willen.[6] Vielmehr war die Auswahl der Ausdrucksformen zweckbestimmt auf Appell und Persuasion, auf Überzeugen und Überreden ausgerichtet[7], die Sprache diente Hitler als Mittel der politischen Propaganda. Aus der Vielzahl der vorliegenden Hitler'schen Propagandatexte fokussiert dieser Artikel *Mein Kampf*. Dass nicht ein Redetext oder ein Leitartikel für die Analyse ausgewählt wurde, erklärt sich aus der grundlegenden Bedeutung dieses Buches für den Nationalsozialismus und aus seiner Rolle in der zeitgenössischen Wahrnehmung und Bewertung Hitlers. *Mein Kampf* war keineswegs, wie in der Literatur lange angenommen, ein »ungelesene[r] Bestseller«[8]. Diese Vorstellung, so Plöckinger, sei ein

[6] Zumindest Goebbels beschrieb die Propaganda jedoch selbst als eine »Kunst« – deren »Ziel [...]« jedoch »allein der Erfolg [sei]« (Willi Boelcke [Hg.], *Wollt ihr den totalen Krieg?*, Stuttgart 1967, S. 15 f.).

[7] Während Überzeugen impliziert, dass der Emittent den Rezipienten mittels rationaler Argumentation und Begründung zur Einstellungsänderung zu bewegen versucht, schließt Überreden zweckorientierte Mittel ein, die ausschließlich von ihrer Effektivität legitimiert sind, etwa die Aktualisierung von Irrationalität durch Vorurteile und Emotionalität (vgl. Inge Pohl, »Zu persuasiven Potenzen pragmatischer Präsuppositionen in Werbetexten«, in: Michael Hoffmann, Christine Keßler [Hg.], *Beiträge zur Persuasionsforschung. Unter besonderer Berücksichtigung textlinguistischer und stilistischer Aspekte*, Frankfurt a. M. 1998, S. 255–272, hier S. 256). Zu Hitlers Verständnis von politischer Propaganda und seinem Selbstverständnis als Propagandist siehe Christian Braun, *Nationalsozialistischer Sprachstil. Theoretischer Zugang und praktische Analysen auf der Grundlage einer pragmatisch-textlinguistisch orientierten Stilistik*, Heidelberg 2007, S. 202 f.

[8] Plöckinger führt vor allem Ausleihlisten von Bibliotheken an, die nahelegen, dass Hitlers Buch durchaus rezipiert wurde (vgl. Othmar Plöckinger, *Geschichte eines Buches: Adolf Hitlers »Mein Kampf«. 1922–1945. Eine Veröffentlichung des Instituts für Zeitgeschichte*, München 2006, S. 424 ff.) und zitiert aus den Stimmungsberichten der Exil-SPD, die einen ähnlichen Eindruck vermitteln. Dort heißt es beispielsweise im Bericht vom 6. Mai 1939: »Über die Ziele an sich kann man aus Kreisen der Hitlergegner ähnliches hören wie von überzeugten Nationalsozialisten. Man sagt, dass Hitlers ›Kampf‹ über diese Ziele deutlich genug spräche, so dass man sich nicht in Vermutungen darüber zu ergehen brauche« (*Deutschland-Berichte der Sozialdemokratischen Partei Deutschlands (Sopade): 1934–1940*, Bd. 6, Nachdruck, Frankfurt a. M. 1980, S. 584 ff.).

»Produkt der Nachkriegszeit«[9]. Bereits vor 1933 habe *Mein Kampf* »in beinahe jeder Auseinandersetzung um den aufstrebenden Nationalsozialismus im Mittelpunkt [gestanden]«, kaum ein politisch interessierter Zeitgenosse sei um das Buch »herumgekommen«[10]. Die Propagandaschrift sei nach der Machtübernahme nicht nur bewusst als »Symbol des nationalsozialistischen Herrschaftsanspruches [...] inszenier[t] und [...] etablier[t]«, sondern auch als »Instrument der Herrschaftsausübung«[11] eingesetzt worden.

Es rückt also einerseits die Produzentenseite in den Blick: Wie konstruiert und vermittelt Hitler in *Mein Kampf* sprachlich ideologische Inhalte? Wie wurde der Text verbreitet und welche Rolle spielte er im NS-Herrschaftsapparat? Zum anderen muss die Rezipientenseite betrachtet werden: Wie wurde Hitlers Sprachgebrauch in *Mein Kampf* von seinen Zeitgenossen bewertet? Ohne diesen Perspektivenwechsel, ohne die Einbeziehung historischer Quellen und den Blick über den »linguistischen Tellerrand«, bliebe eine sprachwissenschaftliche Annäherung an die Integrations- und Weltkonstruktionsfunktion von (politischer) Sprache, an ihre Rolle im Kontext der Formation von Ideologie, unvollständig.

Anhand von Beispielen aus Hitlers Buch wird der Zusammenhang zwischen dem Sprachgebrauch, der Ideologie und der Gewaltherrschaft des Nationalsozialismus aus sprachwissenschaftlicher Sicht schlaglichtartig beleuchtet. Den Rahmen bilden über die »rein sprachliche« Analyse hinausgehende Betrachtungen zu *Mein Kampf* als Herrschaftssymbol und Herrschaftsinstrument. Gerade die Erweiterung des sprachwissenschaftlichen Blickes auf den Kontext in neueren pragmatisch-textlinguistischen Ansätzen ist es, die ein umfassenderes Verständnis des Hitler'schen Sprachgebrauchs und seiner potentiellen Wirkung ermöglicht.

Der Artikel gliedert sich deshalb wie folgt: Einführend werden die Entstehungsgeschichte und die bibliographischen Eckdaten von *Mein Kampf* kurz umrissen. Den Schwerpunkt des Beitrages bildet eine mit der exemplarischen Darstellung der Charakteristika des Hitler'schen Sprachgebrauchs verbundene Diskussion über die Beziehung von Ideologie, Sprache und Propaganda. Darauf aufbau-

[9] Othmar Plöckinger, »Rhetorik, Propaganda und Masse in Hitlers ›Mein Kampf‹«, in: Kopperschmidt (Hg.), *Hitler der Redner*, S. 134.

[10] Nach ebd., S. 135.

[11] Plöckinger, *Geschichte eines Buches: Adolf Hitlers »Mein Kampf«*, S. 405.

end wird die Relevanz fokussiert, die *Mein Kampf* im Rahmen der nationalsozialistischen Ideologiebildung zugewiesen wurde: Welche Rolle spielte das Buch zunächst innerhalb der NSDAP und – nach der Machtübernahme – im totalitären Staat? Anhand einiger Beispiele zeitgenössischer Sprachkritik soll zudem gezeigt werden, dass die Bewertung der Sprache des Buches auch damals schon kaum von der Haltung zur Person Hitlers und seiner politischen Einstellung zu trennen war. Es wird deutlich, dass intendierte Wirkung und tatsächliche Reaktionen nicht selten eklatant auseinanderklafften. Im Fazit gilt es die Fragestellung mit Blick auf die anderen Beiträge zu erweitern: Lassen die beschriebenen Merkmale des Hitler'schen Sprachgebrauchs, der zugleich als einer der Prototypen »nationalsozialistischen Sprachgebrauchs« angesehen werden kann[12], Rückschlüsse auf den »typischen« politischen Sprachgebrauch totalitärer Regime allgemein zu?

1. Mein Kampf *– Entstehung und bibliographische Eckdaten*

Mein Kampf entstand in mehreren Etappen in den Jahren 1924 bis 1926: Nach dem Putschversuch im November 1923 wurde Hitler zu fünfjähriger Festungshaft verurteilt. Der Möglichkeit beraubt, agitatorisch auf das politische Tagesgeschäft Einfluss zu nehmen, nutzte er diese Zeit, um seine ideologischen Vorstellungen schriftlich zu fixieren. Der NSDAP, die nach dem Putschversuch verboten worden war und erst 1925 wiederbegründet werden sollte, mangelte es zu diesem Zeitpunkt noch an »grundlegenden«, d. h. programmatischen Werken[13] und Propagandisten: Das 1920 von Drexler (dem Gründer der NSDAP) und Hitler gemeinsam formulierte Parteiprogramm war so vage gehalten, dass seine Verschwommenheit selbst innerhalb der NSDAP kritisiert wurde. Auf der Basis dieses Programms waren keine klaren Stellungnahmen zu konkre-

[12] Vgl. Braun, *Nationalsozialistischer Sprachstil*.

[13] Dies gilt, solange man von den Veröffentlichungen Hitlers im *Völkischen Beobachter* absieht, die aber eher an tagespolitischen Fragen orientiert waren; daneben existierte eine erstmals 1923 herausgegebene Sammlung von Hitler-Reden (= Koerber [Hg.], *Adolf Hitler. Sein Leben und seine Reden*).

ten politischen Fragen möglich.[14] Mit *Mein Kampf* verfolgte Hitler also die Absicht, »an ein Werk heranzugehen, das von vielen gefordert und von mir selbst als zweckmäßig für die Bewegung empfunden wurde. So habe ich mich entschlossen, in zwei Bänden [...] die Ziele unserer Bewegung klarzulegen [...]. [Denn] zur gleichmäßigen und einheitlichen Vertretung einer Lehre [müsse] das Grundsätzliche derselben niedergelegt werden für immer.«[15]

Als Hitler im Dezember 1924 vorzeitig aus der Haft entlassen wurde, war die Arbeit am ersten Band mit dem Titel *Eine Abrechnung* vermutlich weitgehend abgeschlossen. Im Juli 1925 erschien der Band im parteieigenen Franz-Eher-Nachfolger-Verlag. Der zweite Band mit dem Titel *Die nationalsozialistische Bewegung* wurde im Dezember 1926 veröffentlicht.[16] Ab 1930 waren beide Bände zusammengefasst in einer einbändigen Volksausgabe erhältlich. Während der Absatz zunächst eher schleppend verlief, änderte sich dies nach der Machtübernahme. Allein zwischen Februar und Dezember 1933 wurden gut 1,5 Millionen Stück verkauft[17], bis 1939 im Jahresdurchschnitt je etwa eine Million weitere Exemplare. Insgesamt wurden bis Kriegsende annähernd 12,5 Millionen Stück in verschiedenen Ausgaben produziert.[18] Vor der Machtübernahme waren hingegen selbst von der verbilligten einbändigen Volksausgabe nur ca. 287.000 Exemplare verkauft worden.[19]

Welcher staatsreligiöse Fetischcharakter *Mein Kampf* im Dritten Reich zukam, lässt sich bereits anhand der zahlreichen Ausgaben erahnen: Neben den Volks-, Geschenk-, Hochzeits-, Tornister-Dünndruck und Jubiläumsausgaben, einbändigen und zweibändigen Ausgaben existierten auch Pracht- und Sonderausgaben, von denen z. T. nur wenige Exemplare hergestellt wurden. So existierten Ausgaben, deren Umschlag mit Bernstein gestaltet wurde. Den Gipfel der quasi-religiösen Überhöhung bildete jedoch eine Ausgabe, die nur

[14] Vgl. Kurt Pätzold, Manfred Weißbecker, *Geschichte der NSDAP. 1920–1945*, Köln 2002, S. 86 f.

[15] Hitler, *Mein Kampf*, Vorwort.

[16] Vgl. Plöckinger, *Geschichte eines Buches: Adolf Hitlers »Mein Kampf«*, S. 175 ff.

[17] Werner Maser, *Adolf Hitlers »Mein Kampf« – Geschichte – Auszüge – Kommentare*, Esslingen [10]2002, S. 35.

[18] Vgl. Plöckinger, »Rhetorik, Propaganda und Masse in Hitlers ›Mein Kampf‹«, S. 118.

[19] Vgl. ebd.

ein einziges Mal angefertigt und Hitler 1936 vom Reichsbeamtenführer Hermann Reef überreicht wurde: auf Pergament handgeschrieben, einem mittelalterlichen Evangeliar nachempfunden und in einem eigens angefertigten Holzschrein aufbewahrt.[20]

Weitestgehend unverändert blieb aber der Text selbst. Bis auf eine Ausnahme[21] wurden keine wesentlichen inhaltlichen Änderungen vorgenommen, Hitler lehnte es ab, das Buch zu aktualisieren und an die jeweilige politische Lage anzupassen. Nach der Erstausgabe der beiden Bände wurden allerdings zahlreiche Passagen stillschweigend stilistisch korrigiert, insbesondere in den Auflagen bis 1930, die nicht weniger als 2294 Änderungen im Vergleich zur jeweiligen Erstausgabe aufweisen. Von 1930 bis 1939 wurden noch einmal 293 Änderungen vorgenommen.[22] Die Korrekturen betreffen hauptsächlich Wortumstellungen, das Streichen von Füllwörtern, Verbesserung von grammatikalischen Fehlern, die Reduzierung der sehr häufigen Anführungsstriche (Ironiesignal) und Ausrufezeichen, das Abmildern von Schimpfworten (z. B. wird *Pesthure* zu *Pestilenz*) usw.[23]

2. Mein Kampf *als Propagandaschrift: Über die sprachliche Konstruktion und Vermittlung politischer Ideologie*

Obgleich Hitler im Vorwort den auch autobiographischen Charakter seines Buches betont[24], sollte *Mein Kampf* vor allem dazu dienen, die nationalsozialistische Ideologie darzulegen und zu verbrei-

20 Vgl. Othmar Plöckinger, *Geschichte eines Buches: Adolf Hitlers »Mein Kampf«*, S. 188 ff.

21 Diese Änderung bezog sich auf den Begriff der »germanischen Demokratie«: »Sprach Hitler in den ersten Ausgaben noch von einer ›germanischen Demokratie‹, bei der Führer gewählt werden sollten, so hieß es ab 1930, der zentrale Grundsatz sei die ›unbedingte Führerautorität‹, eine Wahl sollte nur noch aus vereinsrechtlichen Gründen, d.h. pro forma durchgeführt werden« (Plöckinger, *Geschichte eines Buches: Adolf Hitlers »Mein Kampf«*, S. 194 f.).

22 Vgl. Hermann Hammer, »Die deutschen Ausgaben von Hitlers ›Mein Kampf‹«, in: *Vierteljahrshefte für Zeitgeschichte* 4 (1956), S. 161–178, hier S. 164 f.

23 Vgl. ebd.

24 Er schreibt: Das Verfassen des Buches habe ihm die Gelegenheit gegeben, »eine Darstellung meines eigenen Werdens zu geben, soweit dies zum Ver-

ten: *Mein Kampf* war eine Propagandaschrift.[25] Eine sprachwissenschaftliche Annäherung an *Mein Kampf* fragt deshalb danach, wie die nationalsozialistische Ideologie konkret sprachlich konstruiert und kommuniziert wird.

Der Ideologiebegriff bezeichnet in diesem Zusammenhang – einer Definition aus der Kommunikationswissenschaft folgend – eine kulturell konstruierte, in sich geschlossene Interpretationsweise der sozialen und politischen Wirklichkeit einer Gesellschaft, die massiven Anspruch auf absolute, exklusive Wahrheit und Allgemeingültigkeit erhebt.[26] »Ideologische« Prämissen sind, im Kontext spezifischer Weltinterpretationen, »erwiesenermaßen« wahr, sie stehen als »Selbstverständlichkeiten« fest. Nicht selten werden sie auch durch explizite Berufung auf eine höhere Autorität legitimiert: So bemühte Hitler mitunter »höhere Mächte«, wie die *Vorsehung*, das *Schicksal* oder das *geschichtliche Urteil* zur Untermauerung seiner Vorstellungen.[27]

Sprache ist ein Medium der Konstruktion von Ideologie und zugleich ihrer Verbreitung in der Gesellschaft.[28] Das Ziel propagandistischen Sprachgebrauchs liegt nicht nur darin, Wahrnehmungen, Meinungen und Verhalten zu verändern oder gegebenenfalls zu bekräftigen: Charakteristisch für Propaganda als ›ideologische Kommunikation‹ ist die Betonung des Persuasiven, die gezielte Manipulation durch den Einsatz verschiedener Strategien und Techniken, die geeignet scheinen, nicht rational zu überzeugen, sondern zu überreden.[29] Wenden wir uns also den konkreten Ver-

ständnis […] nötig ist und zur Zerstörung der […] üblen Legendenbildung über meine Person dienen kann« (Hitler, *Mein Kampf*, Vorwort).

25 Vgl. Brigitte Hamann, *Hitlers Wien. Lehrjahre eines Diktators*, München u. a. [11]2010, passim.

26 Vgl. Klaus Arnold, »Propaganda als ideologische Kommunikation«, in: *Publizistik* 48 (2003), S. 63–82, bes. S. 73–74.

27 Vgl. u. a. Hitler, *Mein Kampf*, S. 80, S. 164 f. und S. 361.

28 Propaganda durch Sprache steht oft im Kontext einer globalen Inszenierung, die neben Texten auch Bilder, Musik und andere Formen der Ästhetisierung des Politischen umfasst. »Den durchschnittlichen Volksgenossen gewann man nicht dadurch […], dass man ihm ›Mein Kampf‹ oder den ›Mythus des 20. Jahrhunderts‹ zu lesen gab, sondern nur durch Erlebnisse, die sein Herz höher schlagen ließen.« (Ernst Piper, *Alfred Rosenberg: Hitlers Chefideologe*, München 2005, S. 420)

29 Vgl. ebd., S. 68.

balstrategien[30] zu, die in Hitlers *Mein Kampf* zur Konstruktion und Vermittlung politischer Ideologie dienen.

Verbalstrategien: apodiktische Setzungen, Präsuppositionen und Metaphern

Aus dem breiten Spektrum von Verbalstrategien werden im Folgenden einige besonders wichtige dargestellt. Aufgrund ihrer grundlegenden Rolle im Kontext ideologischer Wirklichkeitskonstruktion konzentriert sich die Diskussion auf ›ideologische Prämissen‹ (apodiktische Setzungen), Präsuppositionen und Metaphern. Diese lassen sich erst vor dem Hintergrund der modernen linguistischen Theoriebildung angemessen beschreiben und in eine pragmatisch-textlinguistisch ausgerichtete Analyse integrieren, weshalb es jeweils einiger theoretisch-methodologischer Vorbemerkungen bedarf.[31]

Den übergeordneten Interpretationsrahmen für alle drei Bereiche bildet die Argumentationsanalyse.[32] In so gut wie allen Argu-

[30] Diese Kategorie der Politolinguistik subsumiert sprachliche Strategien, die »dem Ziel des Sprechers dienen, beim Hörer Übereinstimmung zu erzielen« (Markus Erwin Haider, *Im Streit um die österreichische Nation. Nationale Leitwörter in Österreich 1866–1938*, Wien u. a. 1998, S. 22). Salamun versteht darunter »sprachliche [...] Überredungs- und Beeinflussungsverfahren, bei denen emotive, appraisive (= bewertende) und präskriptive (= auffordernde bzw. vorschreibende) Bedeutungskomponenten eine zentrale Rolle spielen« (Kurt Salamun, *Ideologie und Aufklärung. Weltanschauungstheorie und Politik*, Wien u. a. 1988, S. 14).

[31] Zu Forschungsergebnissen und Theoriebildungen aus der kognitiven Linguistik, der linguistischen Pragmatik, der modernen Argumentationstheorie sowie der Textlinguistik vgl. einführend u. a. George Lakoff, Mark Johnson, *Metaphors we live by*, Chicago u. a. 1980; dies., *Leben in Metaphern. Konstruktion und Gebrauch von Sprachbildern*, Heidelberg 1998; Michael Pielenz, *Argumentation und Metapher*, Tübingen 1993; Klaus Bayer, *Argument und Argumentation. Logische Grundlagen der Argumentationsanalyse*, Opladen 1999; Jörg Meibauer, *Pragmatik. Eine Einführung*, Tübingen 1999; Klaus Brinker, *Linguistische Textanalyse. Eine Einführung in Grundbegriffe und Methoden*, Berlin [6]2006.

[32] Vgl. Stephen Toulmin, *The uses of argument*, Cambridge u. a. 1958, bes. S. 94 ff.; Bayer, *Argument und Argumentation*, S. 144; Günther Öhlschläger, *Linguistische Überlegungen zu einer Theorie der Argumentation*, Tübingen 1979, S. 77 ff.

mentationen werden nicht alle Argumente ausdrücklich erwähnt, noch seltener werden die Regeln, denen der Schluss von den Prämissen auf die Behauptungen folgt, oder die zugrunde liegende Wertebasis explizit gemacht. Die Argumentationsanalyse dient nicht nur der Herausarbeitung der Struktur des Argumentationsganges und der Überprüfung seiner Schlüssigkeit, sondern auch dazu, durch die Rekonstruktion des »implizit Bleibenden« den Blick auf eben jene Elemente zu richten, die unbefragt vorausgesetzt werden müssen, um eine je nach Kontext als folgerichtig empfundene Argumentation zu garantieren. Deshalb liefert die Analyse argumentativer Sprechhandlungen den ›Rahmen‹ für die weiteren Betrachtungen.[33] Insbesondere in Bezug auf die Kommunikation von Ideologien ist von Interesse, was (nicht nur) im Rahmen von Argumentationshandlungen stillschweigend als wahr, als bekannt vorausgesetzt wird.

Apodiktische Setzungen

Die einfachste Form dieser Voraussetzung stellen apodiktische Setzungen dar, d. h. das Aufstellen von Behauptungen, die nicht weiter belegt werden, womit unbewusst oder intentional insinuiert wird, dass es sich um »common sense« handele: »Ideologisch sind […] Aussagen, die im sprachlichen Gewande objektiver Tatsachenaussagen auftreten, die aber ihrem Inhalt nach persönlich bedingte, d. h.

[33] Das so genannte Toulmin-Schema offenbart als den wesentlichen Charakter von Argumentation, strittige Geltungsansprüche auf weniger strittige zurückzuführen: Die These bzw. Konklusion (K) wird durch Argumente (»Data«, D) begründet, deren Geltung weniger zweifelhaft erscheint. Damit der logische Schluss von den Argumenten auf die Behauptung möglich wird, ist ein handlungsleitender Grundsatz, eine Schlussregel (SR) vonnöten. In einem Satz ließe sich diese formelhaft so zusammenfassen: »Wenn die Argumente D1, D2 und D3 gegeben sind, dann folgt daraus K.« Diese Schlussregel wird oft nicht formuliert, sondern implizit vorausgesetzt. Da auch sie eine Behauptung ist, kann ihre Gültigkeit durch eine Stützung (S) verifiziert werden. Diese Stützung verweist oft auf bekannte und ›allgemeingültige‹ Prinzipien der entsprechenden Argumentationsbereiche. Hierzu gehören u. a. ethische Normen, psychologische Gesetzmäßigkeiten, aber auch Werturteile, Glaubenssätze und die bereits von der klassischen Rhetorik benannten »loci communes«, die Gemeinplätze.

subjektive Werturteile sind«.[34] Hitler selbst formulierte dies sogar als einen Grundsatz seiner Propaganda und erhob die »selbstsichere und selbstbewusste Fassung des Textes in den Formen einer apodiktischen Behauptung«[35] zum Ideal. Ein Beispiel mag dies veranschaulichen:

> Es ist ein müßiges Beginnen, darüber zu streiten, welche Rasse oder Rassen die ursprünglichen Träger der menschlichen Kultur waren und damit die wirklichen Begründer dessen, was wir mit dem Worte Menschheit alles umfassen. Einfacher ist es, sich diese Frage für die Gegenwart zu stellen, und hier ergibt sich auch die Antwort leicht und deutlich. Was wir heute an menschlicher Kultur, an Ergebnissen von Kunst, Wissenschaft und Technik vor uns sehen, ist nahezu ausschließlich schöpferisches Produkt des Ariers. Gerade diese Tatsache aber läßt den nicht unbegründeten Rückschluß zu, daß er allein der Begründer höheren Menschentums überhaupt war, mithin den Urtyp dessen darstellt, was wir unter dem Worte ›Mensch‹ verstehen. Er ist der Prometheus der Menschheit, aus dessen lichter Stirne der göttliche Funke des Genies zu allen Zeiten hervorsprang, immer von neuem jenes Feuer entzündend, das als Erkenntnis die Nacht der schweigenden Geheimnisse aufhellte und den Menschen so den Weg zum Beherrscher der anderen Wesen dieser Erde emporsteigen ließ. Man schalte ihn aus – […] die menschliche Kultur würde vergehen und die Welt veröden.[36]

Hier wird behauptet: ›(Fast) alle gegenwärtigen Errungenschaften menschlicher Kultur sind Produkt des Ariers‹ (K1). Für diese Behauptung (von Hitler als *Tatsache* bezeichnet) werden keinerlei Argumente (D) angeführt. Vielmehr wird suggeriert (*leicht und deutlich*), dass diese Setzung für jeden Leser unmittelbar einleuchtend sein sollte und deshalb keiner näheren Begründung bedarf. Zugleich wird sie zum »Datum« eines weiteren »Argumentationsschrittes«, zur Basis der Behauptungen, ›dass‹ auch in der Vergan-

34 Erich Straßner, *Ideologie, Sprache, Politik. Grundfragen ihres Zusammenhangs*, Tübingen 1987, S. 8; dieser nach Theodor Geiger, *Ideologie und Wahrheit. Eine soziologische Kritik des Denkens*, Stuttgart u. a. 1953.

35 Hitler, *Mein Kampf*, S. 402.

36 Ebd., S. 317 f.

genheit ›nur der Arier der Begründer von Zivilisation gewesen ist‹ (K2) und ›dass der Arier den Urtyp dessen darstellt, was unter dem Wort Mensch zu verstehen ist‹ (K3). Sowohl der Prämisse (K1/ D) als auch den daraus gezogenen Schlussfolgerungen (K2/ K3) liegt dabei implizit die Vorstellung zugrunde, ›dass nur der Arier fähig ist Kultur zu begründen‹. Aus einer unbelegten apodiktischen Setzung bezüglich der Gegenwart wird also eine Schlussfolgerung über die Vergangenheit gezogen. Zwar nennt Hitler dies einen *nicht unbegründeten Rückschluss*, ausformuliert werden die Gründe, die diesen Schluss ›zulassen‹, jedoch nicht. Zugleich ist die Behauptung Ausgangspunkt einer ebenfalls absolut gesetzten Aussage über die Zukunft: Die implizit bleibende Generalisierung ›nur Arier schaffen Kultur‹ kann als argumentative Untermauerung der im letzten Satz des Zitates aufgestellten Behauptung verstanden werden, ›dass, würde man den Arier ausschalten, die menschliche Kultur ein Ende fände‹ (K4)[37]. Die nicht versprachlichte Schlussregel lautet: ›Wenn (fast) alle gegenwärtige Kultur Produkt der Ariers ist, dann war auch alle Kulturschöpfung in der Vergangenheit das Werk von Ariern‹ und ›dann gäbe es ohne Arier keine Kultur (mehr)‹. ›Dass jede Kulturleistung nur das Werk von Ariern ist‹ liegt als implizite Voraus-Setzung sowohl der Prämisse (K1/ D) als auch den ›daraus abgeleiteten Thesen‹ (K2 bis K4) und der Schlussregel (SR) selbst – gleichsam als »Stützung« zugrunde. Der Schluss von der Gegenwart auf die Vergangenheit und ›das Allgemeine‹ ist nur vor dem Hintergrund dieser Voraus-Setzung folgerichtig – stellt man sie in Frage, ließe sich bezweifeln, ob in K1 wirklich eine *Tatsache* be-

[37] Bemerkenswert ist auch die kontrafaktische bzw. potentielle Argumentation im letzten Satz: Diese Art der Argumentation trägt ihren Namen, weil vor dem Hintergrund von möglichen, aber nicht realisierten Bedingungen ein nicht-faktischer, aber prinzipiell möglicher bzw. denkbarer Sachverhalt q beurteilt wird. Der Bedingungsteil p lautet hier im Untersatz: *Man schalte ihn [den Arier] aus* [...]. Der Konjunktiv *schalte* vermittelt dabei, dass die Bedingung p (derzeit) nicht erfüllt ist. Die Folgerung q ist demnach (derzeit) ebenfalls nicht erfüllt, aber prinzipiell möglich bzw. denkbar (Funktion des Konjunktivs: Potentialis mit Bezug auf Zukünftiges): *die menschliche Kultur würde vergehen und die Welt veröden.* In die Zukunft gerichtete Aussagen sind jedoch prinzipiell nicht überprüfbar, besitzen also keine Gültigkeit für die Argumentation – was letztendlich die Einschätzung untermauert, dass hier nicht sachliches Überzeugen, sondern emotionales Überreden der Adressaten angestrebt wird.

schrieben wird, ob in einer sich wandelnden Welt der verallgemeinernde Schluss von der Gegenwart auf die Vergangenheit oder Zukunft überhaupt zulässig ist: Es handelt sich um einen Zirkelschluss.[38] Die mythologisch-religiöse Überhöhung und Steigerung der »zivilisationsbegründenden Schöpfungskraft« der Arier (*Prometheus der Menschheit*; *der göttliche Funke des Genies, Beherrscher [...] dieser Erde*) appelliert denn auch eher an die Gefühle der Rezipienten, als dass diese mit den Mitteln der Logik überzeugt werden sollen.

Wie jede Ideologie lässt sich die nationalsozialistische »Weltanschauung« als ein Bündel von a priori als wahr postulierten Setzungen begreifen, die im konkreten Sprachgebrauch teils, wie beschrieben, in Form apodiktischer Behauptungen ausformuliert werden, teils implizit bleiben. Die Argumentation wird häufig erst ›schlüssig‹, wenn man auch diese dem Gedankengang zugrunde liegenden, als wahr vorausgesetzten Propositionen (Aussagen) rekonstruiert – die Präsuppositionen.

Präsuppositionen

Im allgemeinsten Sinne bezeichnet der Präsuppositionsbegriff jene »Komponenten sprachlicher Äußerungen [...], die nichtverbalisiert vom Rezipienten selbstverständlich mitzuverstehen sind«.[39] In *Mein Kampf* lassen sich Beispiele für eine Reihe unterschiedlicher Präsuppositionstypen finden:

Im oben beschriebenen Fall einer der Argumentation als »Stützung« implizit zugrunde liegenden ideologischen Setzung handelt es sich letztlich um eine spezifische Form der pragmatischen Prä-

[38] Dieselbe Argumentationslinie findet sich in einem weiteren ideologischen Grundlagenwerk des Nationalsozialismus, Alfred Rosenbergs *Der Mythus des 20. Jahrhunderts. Eine Wertung der seelisch-geistigen Gestaltenkämpfe unserer Zeit*, München [87]1935, S. 21–29. Vgl. hierzu Braun, *Nationalsozialistischer Sprachstil*, S. 111.

[39] Pohl, »Zu persuasiven Potenzen pragmatischer Präsuppositionen in Werbetexten«, S. 260. Zum Konzept der Präsuppositionen siehe einführend und mit weiterführenden Literaturhinweisen Angelika Linke, Markus Nussbaumer, »Konzepte des Impliziten: Präsuppositionen und Implikaturen«, in: Klaus Brinker et al. (Hg.), *Text- und Gesprächslinguistik*, 1. Halbband, Berlin u. a. 2000, S. 435–448.

supposition. Pragmatische Präsuppositionen allgemein beziehen sich auf das gemeinsame Weltwissen von Emittent und Rezipient, das notwendig ist, um einen Text als kohärent zu verstehen.[40] Burkhardt prägte für die »implizite Mitbehauptung ideologisch-weltanschaulicher oder strategischer Prämissen [...], die sich aus dem Kontext ergeben oder ohne deren Voraussetzung die betreffende Äußerung keinen Sinn ergäbe«[41] den Begriff der textuellen Präsupposition.

Andere Präsuppositionstypen sind ›regelhaft‹ an spezifische sprachliche Formen und Strukturen gebunden. So lösen etwa definite und referentiell gebrauchte Nominalphrasen Existenzpräsuppositionen aus. In dem Satz *Nun wich ich der Erörterung der Judenfrage nicht mehr aus, nein, nun wollte ich sie*[42] wird präsupponiert: ›Es gibt eine Judenfrage‹. Wird der referierende Ausdruck attributiv erweitert, so wird auch dieses Attribut als »gegeben« präsupponiert und tendenziell nicht als eine (weitere) Behauptung wahrgenommen.[43] In dem Satz *Die jüdische Lehre des Marxismus lehnt das aristokratische Prinzip der Natur ab*[44] wird nicht nur präsupponiert, dass ein aristokratisches Prinzip der Natur existiert, sondern auch eine *jüdische Lehre*, die dieses Prinzip ablehnt. Indem nun *Die jüdische Lehre* attributiv durch die Nominalphrase *des Marxismus* erweitert wird, wird eine andere Behauptung, nämlich ›dass der Marxismus eine jüdische Lehre ist‹ unbefragt als wahr und gegeben vorausgesetzt. Zimmermann spricht daher in solchen Fällen von der »unbefragte[n] attributive[n] Wahrheit«.[45]

Faktive Prädikate, beispielsweise epistemische Verben wie etwa *wissen*, emotive Verben wie *bereuen*, *einsehen* oder auch einige adjektivische Konstruktionen wie *Es ist merkwürdig/bekannt, dass* etc.

[40] Vgl. u. a. Angelika Linke, Markus Nussbaumer, »Kohärenz durch ›Präsupposition‹«, in: *Der Deutschunterricht* 40 (1988), S. 29–52; dies., »Konzepte des Impliziten«.

[41] Armin Burkhardt, »Politische Sprache. Ansätze und Methoden ihrer Analyse und Kritik«, in: Jürgen Spitzmüller et al. (Hg.), *Streitfall Sprache. Sprachkritik als angewandte Linguistik?*, Bremen 2002, S. 75–114, hier S. 98.

[42] Hitler, *Mein Kampf*, S. 64.

[43] Siehe dazu Rüdiger Zimmermann, »Sprache schafft doch Realität. Grammatische Aspekte politischen Sprachgebrauchs«, in: *Englisch Amerikanische Studien* 10 (1988), S. 372–384.

[44] Hitler, *Mein Kampf*, S. 69.

[45] Zimmermann, »Sprache schafft doch Realität«, S. 378.

lösen faktive Präsuppositionen dergestalt aus, dass die Faktizität (die Wahrheit) des von diesen Prädikaten abhängigen Nebensatzes präsupponiert wird[46]: *Es ist kein Zufall, dass die bolschewistische Welle nirgends besser Boden fand als dort, wo eine durch Hunger und dauernde Unterernährung degenerierte Bevölkerung haust: in Mitteldeutschland, Sachsen und im Ruhrgebiet.*[47] Hier wird präsupponiert: ›Die bolschewistische Welle hat nirgends besser Boden gefunden als in Mitteldeutschland‹.

Auch einige Subjunktionen präsupponieren den Inhalt (bzw. die Wahrheit) der eingeleiteten Nebensätze. Beispielsweise wird im Satz *Alle großen Kulturen der Vergangenheit gingen nur zugrunde, weil die ursprünglich schöpferische Rasse an Blutvergiftung abstarb*[48] präsupponiert: ›Die ursprünglich schöpferische Rasse starb an Blutvergiftung [= Rassenvermischung]‹.

Im letzten Beispiel wird erkennbar, dass auch ein auf spezifische Bildfelder rekurrierender metaphorischer Sprachgebrauch ein prominentes Stilelement in *Mein Kampf* darstellt. Die Metaphorik steht dabei in einem engen Zusammenhang mit den bereits umrissenen Formen ideologischer Argumentation.

Metaphorik und ihr argumentativer Nutzen

Die in den letzten Jahrzehnten entwickelten Metapherntheorien gehen davon aus, dass den im Sprachgebrauch aktualisierten Metaphern kognitive Konzepte zugrunde liegen, so genannte Konzeptmetaphern.[49] Darauf aufbauend können Metaphern auch als »Bün-

[46] Vgl. Pieter A. M. Seuren, »Präsuppositionen«, in: Armin Stechow, Dieter Wunderlich (Hg.), *Semantik*, Berlin u. a. 1991, S. 286–318, hier S. 292; Nazila Bahramnia, *Präsuppositionen in der Sprache der Anzeigenwerbung*, Göttingen 2002, S. 44 f.

[47] Hitler, *Mein Kampf*, S. 277.

[48] Hitler, ebd., S. 316.

[49] Folgt man Black (*Models and Metaphors. Studies in Language and Philosophy*, Ithaca [NY] 1962; ders., »More about Metaphors«, in: Andrew Ortnoy [Hg.], *Metaphor and Thought*, Cambridge u. a. 1979, S. 19–43) und Lakoff, Johnson, *Metaphors we live by*, sowie der darauf aufbauenden Literatur, liegen Metaphern der konzeptuellen Struktur menschlichen Denkens zugrunde. Diese Konzeptmetaphern (Wolf-Andreas Liebert, »Zu einem Wörterbuch der festen Metaphern der deutschen Alltagssprache im

del von Schlußregeln«[50] aufgefasst werden: Jede »konzeptuelle Metapher« lässt sich »als eine stille Matrix impliziter Schlußpräsuppositionen […] deuten, die in Rechtfertigungszusammenhängen Argumente zur Befestigung kritisierter Geltungsansprüche anbietet«[51]. Metaphern aktivieren »Implikationssysteme«[52], die ihre argumentative Funktion vor allem aufgrund der Tatsache erfüllen, dass es sich zumeist um in bestimmten Gruppen kollektiv anerkannte Stereotype handelt. Metaphern wirken damit immer ein Stück weit realitätskonstituierend: Wer eine Metapher benutzt bzw. »annimmt«, erkennt damit ihren gesamten Implikationshorizont, quasi »nach dem Muster eines iterativen Modus ponens« als gültig an.[53]

In *Mein Kampf* finden sich insbesondere biologistische Metaphern in großer Zahl. Das zuletzt zitierte Beispiel (*Blutvergiftung*) wies bereits in diese Richtung. Auf quasi jeder Seite lassen sich in *Mein Kampf* weitere Beispiele für metaphorisch gebrauchte Ausdrücke aus dem Sinnbereich der Biologie zitieren: »[Der Jude] ist und bleibt der typische Parasit, ein Schmarotzer, der wie ein schädlicher Bazillus sich immer mehr ausbreitet, sowie nur ein günstiger Nährboden dazu einlädt. Die Wirkung seines Daseins aber gleicht ebenfalls der von Schmarotzern: wo er auftritt, stirbt das Wirtsvolk nach kürzerer oder längerer Zeit ab.«[54]

Hitler aktualisiert in diesem Beispiel in zahlreichen Lexemmetaphern die Konzeptmetapher VOLK ALS ORGANISMUS. Diese Konzeptmetapher vermittelt eine Reihe von Schlusspräsuppositionen, die eine Argumentation auf Basis der Metapher überhaupt erst schlüssig machen: Wird ein Volk als Organismus konzeptualisiert, dann er-

Spannungsfeld zwischen kognitiver Linguistik und onomasiologischer lexikographischer Datenbank«, in: Burkhard Schaeder, Burghard Rieger [Hg.], *Lexikon und Lexikographie*, Hildesheim u. a 1990, S. 11–28) werden im Sprachgebrauch durch zahlreiche Lexemmetaphern aktualisiert. Zur kritischen Diskussion der kognitiven Metapherntheorie, insbesondere des von Lakoff vertretenen kognitiven Relativismus, siehe u. a. Steven Pinker, *The Stuff Of Thought. Language as a Window into Human Nature*, New York 2007, S. 235–278.

50 Pielenz, *Argumentation und Metapher*, S. 105.

51 Ebd., S. 12.

52 Ebd., S. 101.

53 Ebd., S. 108.

54 Ebd., S. 334.

scheint es folgerichtig, dass es nicht nur einen Körper besitzt (eine häufige Lexemmetapher in nationalsozialistischen Propagandatexten ist *Volkskörper*), sondern darüber hinaus auch den ›Gesetzen‹ der Biologie unterliegt. Konkret: Ein Volk kann dann erkranken (Lexemmetaphern: durch *Parasiten, Schmarotzer, Bazillen*), aber: Es kann durch entsprechende Behandlung wieder geheilt werden. Andere Maßnahmen verhindern eine Erkrankung von vornherein (wie etwa *Hygiene, Prophylaxe*) und sind daher positiv zu bewerten.[55]

Diese Organismusmetaphorik steht oft in enger Verbindung mit ›religiöser‹ Bildsprache. Neuere politikwissenschaftliche Annäherungen an den Nationalsozialismus sprechen diesem die Charakteristika einer »politische(n) Religion«[56] zu. Diese Einschätzung beruht in Teilen auch auf der hohen Frequenz sakralsprachlicher Elemente im nationalsozialistischen Sprachgebrauch: Adolf Hitler wurde nicht nur von anderen nationalsozialistischen Propagandisten zum quasireligiösen *Führer*, zum »Propheten« verklärt, sein Werk *Mein Kampf* als *Bibel* des Nationalsozialismus bezeichnet.[57] Auch er selbst bediente sich in seinen Reden und Schriften zahlreicher lexikalischer Anleihen an einen religiösen Sprachgebrauch und häufig auch rhetorischer Charakteristika von Predigttexten.[58] Betrachten wir folgende Beispiele:

55 Ein besonders beredtes Beispiel wäre hier auch ein Leitartikel von Goebbels mit dem Titel »Die Juden sind schuld« (1941). Zu einer ausführlichen Analyse dieses Textes siehe Braun, *Nationalsozialistischer Sprachstil*, S. 359–414. Zur Diskussion des antisemitischen Metapherngebrauchs in *Mein Kampf* siehe auch Andreas Musolff, »What role do metaphors play in racial prejudice? The function of antisemitic imagery in Hitler's Mein Kampf«, in: *Patterns of Prejudice* 41/1 (2007), S. 21–43.

56 Claus-Ekkehard Bärsch, *Die politische Religion des Nationalsozialismus. Die religiösen Dimensionen der NS-Ideologie in den Schriften von Dietrich Eckart, Joseph Goebbels, Alfred Rosenberg und Adolf Hitler*, München ²2002.

57 Siehe Karl Kindt, *Der Führer als Redner*; ders., »Der Führer spricht«, in: *Die Neue Literatur* 35 (1934b), S. 2–19. Zu weiteren Beispielen und zu einer genaueren Diskussion Braun, *Nationalsozialistischer Sprachstil*, S. 253–257 und Plöckinger, *Geschichte eines Buches: Adolf Hitlers »Mein Kampf«*, S. 406.

58 Vgl. Hubert Cancik, »›Wir sind jetzt eins‹. Rhetorik und Mystik in einer Rede Hitlers (Nürnberg, 11.9.1936)«, in: Günter Kehrer (Hg.), *Zur Religionsgeschichte der Bundesrepublik Deutschland*, München 1980, S. 13–48.

1. Haben wir objektives Recht zum Kampf für unsere Selbsterhaltung, oder ist auch dies nur subjektiv in uns begründet? Indem ich mich in die Lehre des Marxismus vertiefte und so das Wirken des jüdischen Volkes in ruhiger Klarheit einer Betrachtung unterzog, gab mir das Schicksal selber seine Antwort.
   Die jüdische Lehre des Marxismus lehnt das aristokratische Prinzip der Natur ab und setzt an Stelle des ewigen Vorrechts der Kraft und Stärke die Masse der Zahl und ihr totes Gewicht. Sie leugnet so im Menschen den Wert der Person, bestreitet die Bedeutung von Volkstum und Rasse und entzieht der Menschheit damit die Voraussetzung ihres Bestehens und ihrer Kultur. Sie würde als Grundlage des Universums zum Ende jeder gedanklich für Menschen faßlichen Ordnung führen. Und so wie in diesem größten erkennbaren Organismus nur Chaos das Ergebnis der Anwendung eines solchen Gesetzes sein könnte, so auf der Erde für die Bewohner dieses Sternes nur ihr eigener Untergang.
   Siegt der Jude mit Hilfe seines marxistischen Glaubensbekenntnisses über die Völker dieser Welt, dann wird seine Krone der Totenkranz der Menschheit sein, dann wird dieser Planet wieder wie einst vor Jahrmillionen menschenleer durch den Äther ziehen.
   Die ewige Natur rächt unerbittlich die Übertretung ihrer Gebote.
   So glaube ich heute im Sinne des allmächtigen Schöpfers zu handeln: *Indem ich mich des Juden erwehre, kämpfe ich für das Werk des Herrn.*[59]
2. Die Sünde wider Blut und Rasse ist jedoch die Erbsünde dieser Welt und das Ende einer sich ihr ergebenden Menschheit.[60]
3. […] der dauernd fortwirkenden Erbsünde der Rassenvergiftung endlich Einhalt zu tun und dem allmächtigen Schöpfer Wesen zu geben, wie er sie selbst erschuf […].[61]

[59] Hitler, *Mein Kampf*, S. 69 f., Hervorhebung im Original gesperrt.
[60] Ebd., S. 272, im Original gesperrt.
[61] Ebd., S. 449.

»Naturgesetzlichkeiten« (*das aristokratische Prinzip der Natur*), die aus Hitlers Sicht das Werden und Vergehen eines »Volksorganismus« bestimmen, werden hier zu religiösen *Geboten,* sie zu brechen, zur *Erbsünde.* Unklar bleibt, ob mit *Herr* und *Schöpfer* tatsächlich auf den christlichen Gott referiert wird, oder ob Hitler damit letztlich ebenfalls metaphorisch auf *die ewige Natur* anspielt. Ohne die Argumentation an dieser Stelle detailliert zu rekonstruieren: Durch die Verbindung von biologistischer und religiöser Metaphorik werden das *Volkstum* bzw. die *Rasse* zu einem »biologischen Organismus, der folgerichtig den Gesetzen der Natur unterliegt, das (angebliche) Naturgesetz wird zum religiösen *Gebot*, seine Übertretung damit zur *Sünde.* Damit ist es folgerichtig, dass seine Nichtbefolgung verhindert und/oder streng bestraft werden muss – die ›Rassenhygiene‹ zu gewährleisten wird zum göttlichen Auftrag. Der Sinn dieser religiösen Aufladung liegt auch in der mit ihr verbundenen emotionalen Wertung und letztlich wohl in dem Versuch, die »dogmatische Unhinterfragbarkeit« religiöser Glaubenssätze auch für die nationalsozialistische Ideologie einzufordern: Leser oder Hörer (Rezipienten) sollen hier nicht rational überzeugt, sondern durch einen Appell an ihre Gefühle irrational angesprochen werden (Glauben statt Wissen).

Zugleich wird durch *Kampf für unsere Selbsterhaltung* und *kämpfe ich für das Werk des Herrn* das Metaphernnetz, das die VOLK ALS ORGANISMUS- und NATUR ALS GOTTÄHNLICHER GESETZGEBER-Konzepte verknüpft noch um das Element des Kampfes erweitert (vgl. auch die Formulierung *ewiges Vorrecht der Kraft und Stärke*). Auch dieses in *Mein Kampf* prominente Wortfeld – KAMPF und KRIEG – kann vor dem Hintergrund der kognitiven Metapherntheorien interpretiert werden. Aktualisiert wird eine Konzeptmetapher, die (in ihrer spezifisch ›biologistischen‹ Ausprägung) unter anderem auf die (fehlerhafte) Rezeption des Darwin'schen Konzeptes der natürlichen Auslese im 19. Jahrhundert zurückzuführen ist: Leben als Kampf. Diese legitimiert die binäre Logik der nationalsozialistischen Ideologie: Situationen und Sachverhalte werden auf ein Schwarz-Weiß-Schema reduziert, es gibt nur ein »Wir« und »die Anderen«, nur *Sieger* und *Besiegte*, nur *Sieg* und *Niederlage*, nur *Leben* oder *Tod.* Kurz: Die Welt und die Dinge werden kontrastiv konzeptualisiert. Die zahlreichen Kampf- und Kriegsausdrücke lassen sich also als Ausdruck einer sozialdarwinistischen Auffassung mit binären Implikationen lesen. Zwei Beispiele:

1. Die Größe einer Bewegung wird ausschließlich gewährleistet durch die ungebundene Entwicklung ihrer inneren Kraft und durch deren dauernde Steigerung bis zum endgültigen Siege über alle Konkurrenten. […] Ja, man kann sagen, daß ihre Stärke und damit ihre Lebensberechtigung überhaupt nur so lange in Zunahme begriffen ist, solange sie den Grundsatz des Kampfes als die Voraussetzung ihres Werdens anerkennt, und daß sie in demselben Augenblick den Höhepunkt ihrer Kraft überschritten hat, in dem sich der vollkommene Sieg auf ihre Seite neigt.[62]
2. Der Kampf um das tägliche Brot läßt alles Schwache und Kränkliche, weniger Entschlossene unterliegen, während der Kampf der Männchen um das Weibchen nur dem Gesündesten das Zeugungsrecht oder doch die Möglichkeit hierzu gewährt. Immer aber ist der Kampf ein Mittel zur Förderung der Gesundheit und Widerstandskraft der Art und mithin eine Ursache zur Höherentwicklung derselben.[63]

Letztlich wurde das Wort *Kampf* für die nationalsozialistische Weltanschauung zu einem bestimmenden Element: Das Leben wurde zum *Kampf um das Dasein*[64], zum *Kampf um Lebensraum*, zum *Kampf gegen Rassenmischung*, zum *Kampf für den Sieg der Idee* usw. Ein in der Schule tausendfach behandeltes Aufsatzthema lautete: Wer leben will, der kämpfe also, und wer nicht streiten will in dieser Welt des ewigen Ringens, verdient das Leben nicht.[65]

Zwischenfazit

Apodiktische Setzungen, ideologische Behauptungen ›als wahr voraussetzende‹ Präsuppositionen und Metaphern dienen dazu, die spezifische, ideologische Weltdeutung des Nationalsozialismus als

[62] Ebd., S. 385.
[63] Ebd., S. 312 f.
[64] Ebd., S. 196, S. 358.
[65] Ebd., S. 317; vgl. Johannes Hampel, »Hitlers ›Mein Kampf‹ als neue Bibel. Die Weltanschauung der Nationalsozialisten«, in: Bayerische Landeszentrale für politische Bildungsarbeit (Hg.), *Der Nationalsozialismus*, Bd. 1, München ³1994, S. 89–114, bes. S. 99.

unhinterfragbare Beschreibung von Tatsachen darzustellen und die Adressaten dazu zu bewegen, diese Weltinterpretation gleichsam als »common sense« zu teilen, letztlich ohne sie logisch begründen oder durch überprüfbare Belege beweisen zu müssen: Der Ideologiecharakter der vermittelten Inhalte wirkt sich im propagandistischen Sprachgebrauch in Form spezifisch persuasiver Verbalstrategien aus. Die zugrunde liegenden Inhalte unterscheiden sich je nach Ideologie – die Strategien selbst sind jedoch nicht an spezifische Ideologien gebunden.[66]

4. Mein Kampf – *Herrschaftssymbol und Herrschaftsinstrument*

Interessiert man sich für den Nexus von Despotie und Sprache, kann die Analyse der konkreten sprachlichen Konstruktion und Vermittlung von Ideologie nur der erste Schritt der Annäherung an Hitlers *Mein Kampf* sein. Bereits die sprachwissenschaftliche Betrachtung kommt nicht ohne Einbezug des mentalitäts- und zeitgeschichtlichen Kontextes aus: In einem weiteren Schritt gilt es, die situative und institutionelle Einbettung des Textes genauer in den Blick zu nehmen. Wie wurde er verbreitet? Welcher Stellenwert wird ihm in der Propaganda der NSDAP zugewiesen? Darauf aufbauend wird zudem der Perspektivenwechsel zur Rezipientenseite zu vollziehen sein: Welchen Aufschluss geben zeitgenössische Quellen über die tatsächliche Bewertung des Hitler'schen Sprachgebrauchs?

[66] Zur Analyse und Darstellung dieser und anderer Verbalstrategien in anderen ideologischen/politischen Kontexten siehe z. B. Salamun, *Ideologie und Aufklärung*; Haider, *Im Streit um die österreichische Nation*; Marcus Hoinle, *Metaphern in der politischen Kommunikation. Eine Untersuchung der Weltbilder und Bilderwelten von CDU und SPD*, Konstanz 1999; Steffen Pappert, *Politische Sprachspiele in der DDR: Kommunikative Entdifferenzierungsprozesse und ihre Auswirkungen auf den öffentlichen Sprachgebrauch*, Frankfurt a. M. 2003; und Andreas Musolff, »Metaphernanalyse als Aspekt komparativer Diskursgeschichte. Zum Vergleich bildhaften Sprachgebrauchs in deutschen und britischen Europadiskursen«, in: *Germanistische Linguistik* 169/170 (2003), S. 272–287 sowie ders., »Brisante Metaphern zur argumentativen Funktion von Krankheitsmetaphorik im öffentlichen Diskurs«, in: Thomas Niehr, Martin Wengeler (Hg.), *Brisante Semantik*, Tübingen 2005, S. 309–322.

Mein Kampf besaß als Textgrundlage sofort nach Erscheinen eine große Bedeutung innerhalb der NSDAP: Die programmatische Schrift spielte zunächst innerhalb parteiinterner Schulungen eine wichtige Rolle.[67]

Mitte April 1931 begann die NSDAP mit der Herausgabe der Zeitschrift *Wille und Weg*. Diese (nicht im freien Handel erhältliche) Monatsschrift, die sich im Untertitel als die »parteiamtliche Propagandazeitschrift für die politischen Leiter der NSDAP« bezeichnete[68], hatte die Aufgabe, die Ortsgruppenpropagandaleiter (OGPL) über die Wege nationalsozialistischer Propaganda-Möglichkeiten und aktuelle Parolen auf dem Laufenden zu halten.[69] Hitler selbst forderte im Geleitwort der ersten Ausgabe, dass die Zeitschrift von jedem Parteifunktionär und Propagandisten studiert werden müsse, gelte es doch, »dem propagandistischen Kampf der Partei jene Einheitlichkeit zu geben, die die Voraussetzung ganz großer durchgreifender Erfolge« sei.[70] *Wille und Weg* (das nach wenigen Ausgaben *Unser Wille und Weg* heißen sollte) legt nicht nur beredtes Zeugnis ab über verschiedene Propagandastrategien. Da in dem Periodikum Erfahrungsberichte von örtlichen Propagandaleitern abgedruckt sind[71], finden sich hier zahlreiche Hinweise darauf, welche Personen Vorbilder waren und eine sprachliche und ideologische Leitfunktion besaßen: In praktisch jeder Ausgabe finden sich neben Hinweisen auf und Besprechungen von Neuerscheinungen anderer Parteigrößen Panegyriken auf Hitler, seine Reden und *Mein Kampf*.

67 Vgl. Plöckinger, *Geschichte eines Buches: Adolf Hitlers »Mein Kampf«*, S. 338 ff.

68 Dieser Untertitel wird seit Dezember 1932 geführt, zuvor firmierte die Zeitschrift unter der Bezeichnung »Monatsblätter der Reichspropagandaleitung der NSDAP«.

69 Vgl. Braun, *Nationalsozialistischer Sprachstil*, S. 148.

70 Adolf Hitler, »Vorwort«, in: *Unser Wille und Weg* 1 (1931). Zur nationalsozialistischen Propaganda vor 1933 siehe Gerhard Paul, *Aufstand der Bilder. Die NS-Propaganda vor 1933*, Bonn 1990; Randall L. Bytwerk, »Die nationalsozialistische Versammlungspraxis. Die Anfänge vor 1933«, in: Gerald Diesener, Rainer Gries (Hg.), *Propaganda in Deutschland*, Darmstadt 1996, S. 35–50. Zu *Wille und Weg* siehe weiterführend Ingrid Strobl, *Rhetorik im Dritten Reich*, Wien 1977, S. 22 ff.

71 Hitler, »Vorwort«, S. 48.

1. Als Grundlage jeglicher rednerischen Betätigung war und ist heute noch eine Selbstverständlichkeit, die *Bibel des Nationalsozialismus* zu benutzen: *Adolf Hitlers ›Mein Kampf‹*. Wer einmal im Kampf schwach werden wollte, der holte sich neue Kraft und neuen Mut in seiner politischen Bibel.[72]
2. Er [Hitler] ist uns in jedem Punkte Vorbild, muß es aber besonders als Vortragsredner sein. […] [W]ir müssen die paar Bücher, die wir brauchen, vor allem *›Mein Kampf‹ ständig griffbereit haben*, um in jeder freien Minute das Gedächtnis aufzufrischen. In *›Mein Kampf‹ sollte mit Lesezeichen und Bleistift* gearbeitet werden, denn es gibt keine Lage, in die wir als Vortragsredner kommen, wo uns *Hitlers ›Mein Kampf‹ nicht überzeugenden Beweis* gäbe.[73]

Listen mit Anschaffungsempfehlungen für die »Büchereien der Bewegung« liefern einen weiteren Mosaikstein – auch hier wird immer wieder auf *Mein Kampf* rekurriert.[74]

[72] Eugen Wiesenborn, »Der Redner, Stoßtruppmann der vordersten Front«, in: *Unser Wille und Weg* 4 (1934), S. 304–307, hier S. 307, Hervorhebungen durch die Verfasser.

[73] L. von Stockmayer, »Die Notwendigkeit der Geschichtskenntnis für den Redner«, in: *Unser Wille und Weg* 5 (1935), S. 319–321, hier S. 320, Hervorhebungen durch die Verfasser.

[74] Z. B. Johann von Leers, »Die Bücherei der Bewegung«, in: *Unser Wille und Weg* 4 (1934), S. 112–115: »Es soll […] hier versucht werden, einmal eine Zusammenstellung derjenigen Bücher zu geben, die in einer ordentlichen Ortsgruppenbibliothek, die Wert auf das Eindringen nationalsozialistischer Bildung in die Reihen der Mitglieder legt, ungefähr zu finden sein müssen« (S. 112). Weiter heißt es: »Als Grundlage jeder nationalsozialistischen politischen Bildung gehört selbstverständlich: Adolf Hitler ›Mein Kampf‹ (Verlag Franz Eher, Nachf., München) genannt.« Daneben nennt v. Leers Schriften von Goebbels, Rosenberg und *Das Handbuch der Judenfrage* von Theodor Fritsch. Ähnlich liest sich ein Artikel über die »NS.-Büchereien« drei Jahre später, ebenfalls in *Unser Wille und Weg*: »Welche Gebiete der Literatur müssen vorhanden sein? Dass die Bücher rein nationalsozialistischen Inhalts den Hauptbestandteil ausmachen werden, ist selbstverständlich, dass dabei die führenden Schriften: ›Mein Kampf‹, Dr. Goebbels, Rosenberg, Dr. Ley, Darré usw. nach Möglichkeit in *mehr* als einem Exemplar vorhanden sein müssen, ist ebenso selbstverständlich« (Hein Diercks, »Ein Wort über NS.-Büchereien«, in: *Unser Wille und Weg* 7 [1937], S. 220–221, hier S. 220, Hervorhebung im Original gesperrt).

Nach der Machtübernahme galt das »Schrifttum« als ein »wesentliches kulturpolitisches Führungsmittel«[75], *Mein Kampf* (sowie u. a. Rosenbergs *Mythus des 20. Jahrhunderts*) wurden dementsprechend mit allem Nachdruck als die für den Nationalsozialismus grundlegenden Werke zu verbreiten gesucht. So wurden unter anderem neu geschaffene Volksbüchereien zu »Stützpunkte[n] des Staates für den Einsatz von Büchern, die die heimische Wehrkraft stärken«[76] und hielten hauptsächlich Titel bereit, die dem Regime geeignet schienen, diese Aufgabe zu erfüllen.

Die »Standardwerke« von Hitler, Rosenberg und Goebbels standen dabei meist an erster Stelle. Listen mit »verordneter Lektüre« existierten auch für die Büchereien der Polizei[77], der Ortsgruppen[78] oder für die Hitler-Jugend[79]. Kurz: Mit der »verordneten Lektüre« wurde eine Durchdringung der Gesellschaft mit dem nationalsozialistischen Gedankengut und, sofern dies geschehen war, die ideologische Festigung angestrebt.

Neben der »verordneten Lektüre« gab es zudem eine Art »verordnetes Wissen«, in dem Hitler und *Mein Kampf* eine zentrale Rolle zukamen: Im Frühjahr 1934 schuf die NSDAP die »Parteiamtliche Prüfungskommission zum Schutze des nationalsozialistischen Schrifttums« (PPK). Nachdem mit der Ernennung Hitlers zum Reichskanzler eine wahre Flut an »Konjunkturschrifttum« eingesetzt hatte, kam der PPK die Aufgabe zu, alle Neuerscheinungen zu prüfen, die »im Titel, in der Aufmachung, in Verlagsanzeigen oder auch in der Darstellung selbst als nationalsozialistisch ausgegeben werden«.[80] Auf diese Weise wahre die PPK »die Hoheitsrechte der

[75] *Zeitschriften-Dienst* (1939 ff.), Nr. 519.

[76] *Zeitschriften-Dienst* (1939 ff.), Nr. 812.

[77] Beispielsweise im »Ministerialblatt für die Preußische innere Verwaltung« (Ausgabe A, Nr. 18, 95. Jg., 1934, S. 672 ff.). *Mein Kampf*, sämtliche in Buch- und Broschürenform erschienenen Reden Hitlers seit 1933, Rosenbergs *Mythus* und Goebbels' Schriften *Kampf um Berlin* sowie *Revolution der Deutschen* werden dort (mit einigen anderen »ideologischen Klassikern« wie dem *Handbuch der Judenfrage*) zur Anschaffung empfohlen.

[78] Siehe die exemplarischen Ausführungen ebd.

[79] Siehe dazu Karl Obermann, »Jugendliteratur unter dem Nationalsozialismus«, in: *Das Wort* 3 (1938), S. 101–104, bes. S. 102 sowie Michael Kater, *Hitler-Jugend*, Darmstadt 2005, S. 58 ff. und S. 86.

[80] Zitiert nach Jan-Pieter Barbian, *Literaturpolitik im »Dritten Reich«. Institutionen, Kompetenzen, Betätigungsfelder*, München ²1995, S. 298 f.

Partei«[81], sie wache »über die Reinheit der nationalsozialistischen Weltanschauung, soweit sie sich im Schrifttum darstellt« und verhindere »Verfälschungen und Verflachungen nationalsozialistischen Denkens«[82]. In der Praxis bedeutete das, dass die Verleger verpflichtetet waren, alle Manuskripte und Publikationen zur Prüfung vorzulegen, die in irgendeiner Weise einen Bezug zum Nationalsozialismus aufwiesen.[83] Unter den Zensurauftrag fielen neben Schulbüchern, Kalendern und Almanachen auch die Kontrolle der allgemeinen Enzyklopädien und Lexika.[84] Da die Verlage politischen Schwierigkeiten und aufwendigen Änderungen aus dem Weg gehen wollten, wurde beispielsweise im Fall des *Großen Brockhaus* der PPK »die Überprüfung und Überarbeitung von mehr als 100 Stichworten übertragen«.[85] Ähnlich verlief die Angelegenheit beim *Allbuch-Brockhaus* und dem *Taschenbrockhaus zum Zeitgeschehen*. Meyers Konversations-Lexikon wurde in der achten Auflage (1938 ff.) sogar im wesentlichen von den Mitarbeitern der PPK gestaltet: »Sie prüften nicht nur jedes Stichwort, sondern steuerten auch sämtliche politisch relevanten Artikel bei«.[86] So war es keine Seltenheit, dass unter manchen Lemmata Hitlers *Mein Kampf* als weiterführende Literatur genannt wurde.[87]

81 Karl Heinrich Köpke, »Die Verwendung von Führerworten im Schrifttum«, in: *Nationalsozialistische Bibliographie* 2 (1937), S. I–VIII und S. 357.

82 Ebd.

83 Vgl. Barbian, *Literaturpolitik im »Dritten Reich«*, S. 308 f.

84 Diese Bestimmungen wurden bis Juni 1938 noch verschärft: Enthielt ein Buch (Zeitschriftenaufsätze und Dissertationen eingeschlossen) auch nur ein einziges Hitler-Zitat, gleichgültig welcher Herkunft, so musste nun auch dieses Manuskript ohne Ausnahme vorab bei der Kommission eingereicht werden. Fiel die Beurteilung der PPK positiv aus, wurde ein »Unbedenklichkeitsvermerk« erteilt und das Buch durfte verlegt werden. Bei negativem Bescheid reichten die Sanktionen von der Aufforderung zur Überarbeitung der entsprechenden Passagen bis hin zum Verbot für den Verlag, in Zukunft Schriften zu veröffentlichen oder zu vertreiben, die in irgendeiner Form Verbindung zum Nationalsozialismus aufwiesen.

85 Barbian, *Literaturpolitik im »Dritten Reich«*, S. 317.

86 Ebd.

87 Wobei dies nicht nur in Meyers Lexikon ([8]1938 ff.) der Fall ist. Der Neue Brockhaus ([2]1942, Bd. 4, S. 603) nennt z. B. unter dem Eintrag »Volk« sowohl *Mein Kampf* als auch Rosenbergs *Mythus des 20. Jahrhunderts* als weiterführende Literatur.

Da Hitlers *Mein Kampf* zumindest in Auszügen im Deutschunterricht neben Klassikern wie Goethe behandelt wurde (ebenso wie zum Teil auch Rosenbergs *Mythus*[88]), gab es dazu sogar die noch heute üblichen »Erläuterungen«, mit »Interpretationshilfen« und Vorschlägen zu Referats- und Aufsatzthemen.[89] Aufsätze, Reden oder Auszüge aus den »Hauptwerken« von Hitler und Rosenberg fanden sich zudem in Lesebüchern zwischen Schiller, Goethe und Fichte und den rassistischen und nationalistischen Traktaten von Paul de Lagarde, H. St. Chamberlain und Richard Wagner.[90] Quantitativ ist der Diktator dabei genauso häufig in den Lesebüchern des Dritten Reichs vertreten wie Schiller.[91] Indem die Exponenten des Nationalsozialismus in den Kontext »herausragender« Schriftsteller gestellt werden, sollte auch ihr Sprachgebrauch als »mustergültig« suggeriert werden, denn Lesebücher machen es sich (wenn auch stillschweigend) anheischig, nur solche Texte aufzunehmen, die als vorbildlich gelten.[92] Letztendlich handelt es sich um eine »in parteipolitisch-ideologischer Absicht getroffene Auswahl«.[93] Zudem ging *Mein Kampf* in zahlreiche andere Unterrichtsmedien ein.[94] Bei-

[88] Vgl. Rosenberg, *Mythus des 20. Jahrhunderts*, S. 213.

[89] Diese Erläuterungen (= Paul Sommer, *Erläuterungen zu Adolf Hitlers »Mein Kampf«* Leipzig o.J.) wurden von Seiten der PPK scharf kritisiert: Man könne auf diese Schrift sehr gut verzichten, besonders dann, wenn diese ›Erläuterungen‹ von einem Schulmeister gegeben werden, der sich damit wichtig tut, die in *Mein Kampf* enthaltenen Fremdwörter zu übersetzen und sonstige nichtssagende Erklärungen zu geben (Köpke, »Die Verwendung von Führerworten im Schrifttum«, IV). Auch zum *Mythus* exstieren solche Erläuterungen, die sich jedoch in erster Linie auf Worterklärungen beschränken (Otto Gros, *850 Worte »Mythus des XX. Jahrhunderts«. Erläuterungen zu Begriffen und Problemen*, München 1938; ders., *Erläuterungen zum »Mythus des XX. Jahrhunderts«*, München ²1939). Zu den Erläuterungen von Gros siehe auch Piper, *Alfred Rosenberg: Hitlers Chefideologe*, S. 185, zur Rezeption von *Mein Kampf* an Schulen Plöckinger, *Geschichte eines Buches: Adolf Hitlers »Mein Kampf«*, S. 411 ff.

[90] Vgl. Kurt-Ingo Flessau, *Schule der Diktatur. Lehrpläne und Schulbücher des Nationalsozialismus*, Frankfurt a. M. 1979, S. 185.

[91] Vgl. Karin Lauf Immesberger, *Literatur, Schule und Nationalsozialismus. Zum Lektürekanon der höheren Schule im Dritten Reich*, St. Ingbert 1987, S. 81.

[92] Vgl. Flessau, *Schule der Diktatur*, S. 172.

[93] Ebd.

[94] Vgl. ebd. S. 229.

spielsweise ordnete der preußische Minister für Erziehung 1934 an, dass das Buch in den Schulfibeln bei der Darstellung der Bevölkerungspolitik sowie der Erb- und Rassenlehre zitiert werden müsse.[95] *Mein Kampf* wie auch der *Mythus* wurden darüber hinaus die Grundlage unzähliger Parteischulungen und »Bildungsmaßnahmen angeschlossener Organisationen«.[96]

Die Relevanz, die *Mein Kampf* von Seiten der NSDAP als Herrschaftssymbol und Herrschaftsinstrument zugewiesen wurde, lässt sich kaum überbetonen. »Sicher« ist auch, »dass Hitlers Buch« nach 1933 »in Literatur und Wissenschaft, Schule, Verwaltung und Militärführung omnipräsent war«.[97] Wie aber wurde die Sprache, wurden die Inhalte des Buches von den Rezipienten tatsächlich wahrgenommen?

5. *Zur Rezeption: der Sprachgebrauch in* Mein Kampf *aus Perspektive der Zeitgenossen*

Hitler selbst betrachtete *Mein Kampf* als sprachlich wenig gelungen. Gegenüber dem späteren Generalgouverneur von Polen, Hans Frank, äußerte er angeblich:

> »Ich bin kein Schriftsteller. […] Die Gedanken gehen mir durch beim Schreiben. ›Mein Kampf‹ ist eine Aneinanderreihung von Leitartikeln für den ›Völkischen Beobachter‹, und ich glaube, selbst dort würde man sie aus sprachlichen Gründen nur ungern annehmen«.[98]

Insbesondere jene Zeitgenossen, die dem Nationalsozialismus kritisch gegenüberstanden, teilten diese Meinung. In der Zeitschrift *Weltbühne*, einem linksgerichteten Organ, war Ende 1932 »Hitlers

[95] Vgl. Maser, *Adolf Hitlers »Mein Kampf«*, S. 35. Bereits 1933 zitierten Richtlinien für den Biologie-Unterricht *Mein Kampf* (z. B. Fritz Kern, *Nationale Erbgesundheitslehre und Volksaufartung. Richtlinien für den Unterricht*, Berlin, Leipzig 1933).

[96] Piper, *Alfred Rosenberg: Hitlers Chefideologe*, S. 213; Plöckinger, *Geschichte eines Buches: Adolf Hitlers »Mein Kampf«*, S. 407 ff.

[97] Plöckinger, *Geschichte eines Buches: Adolf Hitlers »Mein Kampf«*, S. 443.

[98] Hans Frank, *Im Angesicht des Galgens*, Neuhaus bei Schliersee [2]1955, S. 39.

Deutsch« (genau genommen die Sprache in *Mein Kampf*) Gegenstand einer kurzen Betrachtung. Heinz Horn attestierte darin dem »Führer« der NSDAP eine »Sprache, die in ihrer orientalischen Üppigkeit und in ihrem östlichen Bilderreichtum noch die Tiraden des kleinen Hadschi Halef Omar in Karl Mays Reisebeschreibungen übertrifft«.[99] Mit viel Ironie präsentiert er dem Leser eine Auswahl der absurden Vergleiche, Bildbrüche, syntaktischen Ambiguitäten etc. »dieser reichhaltigsten Kathederblüten-Sammlung der Welt«.[100] »Die Bilder und Vergleiche, mit denen Hitler seine tiefsinnigen Aussprüche ziert«, seien, so Horn, »mit Vorliebe dem Gebiet der Naturwissenschaften entnommen«.[101] Dabei spiele »vor allem unappetitliches Kleinvieh wie Maden, Bazillen und Quallen eine prominente Rolle«[102] stellt der Autor fest und zitiert zahlreiche Beispiele für die »Farbenpracht der Diktion«[103]. Eines lautet: »Sowie man nur vorsichtig in eine solche Geschwulst hineinschnitt, fand man, wie die Made im faulenden Leibe, oft ganz geblendet vom plötzlichen Lichte, ein Jüdlein«.[104] Horns Analyse dieses kurzen Satzes: »So schön an sich diese reiche Bildersprache ist, lässt sie einen doch nicht recht erkennen, wer da eigentlich vom plötzlichen Lichte geblendet ist: die Made, das Jüdlein oder der kühne Chirurg höchstpersönlich. Außerdem ist dem Dichter bei diesem Vergleich leider entgangen, daß die Made im Leib ist, weil er faulig ist, und nicht etwa der Leib deswegen fault, weil die Made darin ist.«[105] Kurz: *Mein Kampf* sei »in der deutschen Literatur einmalig«.[106] Zu einem ähnlichen Urteil, wenn auch nicht in dem von Horn intendierten Sinne, kommt auch der Verfasser der entsprechenden »Erläuterungen für den Schul- und Hausgebrauch«, Paul Sommer. Er sieht in Hitlers Buch »ein bedeutsames Testament für Alldeutschland, eine moderne deutsche Volksbibel«. *Mein Kampf*, so Sommer weiter, sei »nach Form, Aufbau, Planung und

99 Heinz Horn, »Hitlers Deutsch«, in: *Die Weltbühne* 28 (1932), S. 500–502, hier S. 500 f.

100 Ebd., S. 500.

101 Ebd., S. 501.

102 Ebd.

103 Ebd.

104 Hitler, *Mein Kampf*, S. 61.

105 Horn, »Hitlers Deutsch«, S. 501.

106 Ebd., S. 500.

Gehalt ein klassisches Meisterwerk«[107]. Karl Müller, Mitbegründer des Sprachvereins bezeichnet es »als das wichtigste Buch [...], das uns in neuester Zeit geschenkt worden ist«[108] und betonte vorsorglich zu Beginn seiner Betrachtungen über »[u]nseres Führers Sprachkunst« (so der Titel), dass es sich hierbei »weder um eine Lobhudelei [...] noch um nörgelnde Schulmeisterei handeln [solle], sondern um vorurteilslose Darstellung des Tatsächlichen, der Sprachmittel unseres größten deutschen Mannes«.[109]

Positiver als Horn bewertet auch Kindt die organischen Metaphern und Vergleiche (die Hitler nicht nur in *Mein Kampf* benutzt): »Erfrischend ein Blick in das Raritätenkabinett, in das Bestiarium Hitlers! Da wimmelt es nur so von Speichelleckern, Spitzbuben, Gipsköpfen, Vipern, Neumonden, Kriechern und Schliefern, Judenbankerten, Lumpenpack, Kriechern und Spülwürmern! Wahrlich, eine Eloquenz von barbarischer Schönheit, wilde Ausbrüche des Furor Teutonicus!«[110]

Fast schon entschuldigend lesen sich im Gegensatz dazu Adelmanns Ausführungen in der pädagogischen Monatsschrift *Die Scholle*. Der »Sprache Adolf Hitlers« dürfe man »nicht mit falschen Maßstäben entgegentreten«.[111] Vielmehr müssten die Reden und auch *Mein Kampf* »vom Gesichtspunkt des Zieles der Werbung aus beurteilt werden«, da sie schließlich nur »Mittel zum Zweck«[112] seien. Das »Gefasel von Schönheitsgefühl usw.« sei daher völlig fehl am Platze, die Sprache Adolf Hitlers dürfe nicht in ästhetischen Kategorien, sondern könne »nur vom Standpunkt der Propaganda, der Wirkungen und des Erfolges der Werbung« richtig bemessen werden.[113]

Bereits diese wenigen Schlaglichter auf die zeitgenössische Rezeption von *Mein Kampf* sollten gezeigt haben, dass die tatsächliche Bewertung und propagandistische Wirkung ideologischen Sprachgebrauchs stark von der Haltung der Rezipienten zu den for-

107 Sommer, *Erläuterungen zu Adolf Hitlers »Mein Kampf«*, S. 7.

108 Karl Müller, *Unseres Führers Sprachkunst. Auf Grund seines Werkes »Mein Kampf«*, Dresden 1935, S. 2.

109 Ebd.

110 Kindt, *Der Führer als Redner*, S. 23.

111 Adelmann, »Die Sprache Adolf Hitlers«, S. 612.

112 Ebd.

113 Ebd., S. 613.

mulierten politischen Einstellungen abhängt.[114] Eine klare Trennung zwischen Sprachkritik und Ideologiekritik ist in der Auseinandersetzung mit dem nationalsozialistischen Sprachgebrauch bis heute schwierig.

Von einer »Eroberung Deutschlands durch Hitlers Wort« kann vor diesem Hintergrund also kaum die Rede sein. Es sollte in diesem Zusammenhang auch nicht vergessen werden, dass *Mein Kampf* bereits konzeptionell eher auf Integrationspropaganda angelegt war: »Ich wende mich dabei nicht an Fremde, sondern an diejenigen Anhänger der Bewegung, die mit dem Herzen ihr gehören und deren Verstand nun nach innerer Aufklärung strebt«. [115]

6. Fazit: Ideologische Kommunikation

Ziel des Beitrages war es, *Mein Kampf* schlaglichtartig im historischen Kontext zu verorten und die Sonderrolle dieses Werkes im Rahmen der Konstruktion und Verbreitung nationalsozialistischer Ideologie nachzuzeichnen. Zugleich wurde dabei die Frage fokussiert, welche sprachlichen Strategien für dieses Buch und für ideologische Kommunikation allgemein charakteristisch sind.

Ideologien bedingen quasi definitionsgemäß einen bestimmten Sprachgebrauch: Sie zeichnen sich durch einen absoluten Wahrheitsanspruch aus, bestehen aber gleichzeitig aus Werturteilen bzw. a priori als wahr postulierten Setzungen. Ihrer Versprachlichung kommt deshalb eine zentrale Funktion zu: Propaganda, ideologische Kommunikation, dient der Legitimation des umfassenden Anspruchs auf Welterklärung, referiert auf die außersprachliche Wirklichkeit in einer ideologiekonformen Weise und dient der Schaffung von Akzeptanz. Dazu stellt sie Setzungen als Tatsachen dar oder setzt sie stillschweigend als wahr und gegeben voraus. Fragwürdiges wird als sicher dargestellt, ideologische Setzungen müssen »mit-gedacht« werden, damit eine Argumentation kohärent erscheint, bereits die Sprach-Bilder setzen ganze ideologische Assoziationssysteme in Gang. Es handelt sich hierbei um Verbalstrategien, die als spezifi-

[114] Für eine umfassende Beschreibung der Rezeptionsgeschichte von *Mein Kampf* bis 1945 sei verwiesen auf Plöckinger, *Geschichte eines Buches: Adolf Hitlers »Mein Kampf«*, S. 203–579.

[115] Hitler, *Mein Kampf*, Vorwort.

sche stilistische Merkmale des jeweiligen Sprachgebrauchs aufgefasst werden können – und ein wichtiges Moment der Propaganda und Persuasion darstellen, ganz gleich im Dienste welcher Ideologie. Die beschriebenen persuasiven Verbalstrategien sind also nicht nur Teil des Hitler'schen Sprachgebrauchs und damit auch des ›prototypischen NS-Stils‹.[116] Sie besitzen zugleich kaum Originalität gegenüber dem Sprachgebrauch anderer Totalitarismen und Ideologien und finden sich, zumindest ansatzweise, auch in der politischen Sprache demokratischer Systeme wieder: Metaphern, Präsuppositionen und unbelegte Behauptungen sind im politischen, im »appellativen« Sprachgebrauch allgemein weit verbreitet, insbesondere textuelle Präsuppositionen und eine »Logik der Setzungen« finden sich aber verstärkt im politischen Sprachgebrauch totalitärer und diktatorischer Regime.[117] Die Unterschiede liegen letztlich im indizierten Grad der ›Sicherheit‹ der verbreiteten Aussagen, in Art und Inhalt der Voraus-Setzungen, in der spezifischen Metaphorik und deren jeweiliger argumentativer Inwertsetzung.

116 Vgl. Braun, *Nationalsozialistischer Sprachstil.*

117 Vgl. George Lakoff, *Women, fire and dangerous things. What categories reveal about the mind,* Chicago u. a. 1987; Pielenz, *Argumentation und Metapher*; Burkhardt, »Politische Sprache«; Heiko Girnth, *Sprache und Sprachverwendung in der Politik. Eine Einführung in die linguistische Analyse öffentlich-politischer Kommunikation,* Tübingen 2002.

Kim Il-sung (1912–1994)

GEDICHT AUF DEN FÜNFZIGSTEN GEBURTSTAG DES GENOSSEN KIM JONG-IL

Jong Il Peak ragt über dem Berge Paektu empor,
Wo das klare Sobaek Gebirge sich windet.
Kann es sein, dass bereits des Leuchtenden Sterns 50er
Geburtstag herannaht?
Bewundert von allen für die Macht seines Schwerts und
der Feder
Mit treuer Gesinnung des liebenden Sohnes verbunden.
Und einhellige Lobgesänge und Jubelrufe erschüttern Himmel
und Erde.

Des toten Vaters lebender Körper
Kim Il-sungs Keimtheorie und die nordkoreanischen Künste

Suk-Young Kim

Kinder:
Mutter, Mutter, weine nicht
Wenn du weinst, müssen auch wir mit dir weinen
Die Kinder brechen an ihrer Brust in Tränen aus
Mutter:
Unser Volk ist ohnmächtig und schutzlos
Wie viele schon starben unter den Bajonetten des Feindes
Auch euer Vater gehört zu den vielen, die umkamen
Wir verließen eure Heimat und zogen weit davon
Doch ohne meinen Mann, wie soll ich da weiterleben
Er drängte uns, der Nation aufzuhelfen, heimzukehren
Doch wer konnte ahnen, dass er umkommen würde im fremden Land, mit Gram im Herzen.[1]

Kim Il-sung (1912–1994), Nordkoreas Gründungsvater, liegt bewegungslos in seinem Kristallsarg im Geumsusan Erinnerungspalast, einem feierlichen Mausoleum aus weißem Marmor mitten in Pjöngjang. Der ausdruckslose Blick des einbalsamierten Gesichts gibt dem Ganzen etwas unverrückbar Ewiges, bewahrt in der lebendigen Erinnerung seiner Kinder – seines leiblichen Sohns Kim Jong-il und seiner zahllosen Adoptivkinder, nämlich des Volkes von Nordkorea. Seit Juli 1994 ist nicht ein Tag vergangen, ohne dass ein in Tränen aufgelöster Trauernder dem ewig lebenden Landesvater die Ehre erwies. Denn auch als Toter hat Kim Il-sung nicht aufgehört zu existieren. Jedes Jahr am 15. April wird postum sein Geburtstag gefeiert, als weile er noch atmend unter den Lebenden.

[1] Auszug aus: Gang Yeong-hi (Hg.), *Sea of Blood* (Ein Meer von Blut). *20 segiui hyeogmyeong gageuk*, Pjöngjang 1974, S. 48.

Diese Feier heißt das Sonnenfest. Zu Tausenden nehmen Schüler, Studenten und Bürger des Landes an den aufwendigen Zeremonien teil, zu denen Massenspiele, Paraden und eine Tanzveranstaltung auf dem zentralen Platz der Stadt gehören, mit denen der Geburtstag des Vaters der Nation begangen wird. Keine Nachrufe, nur Lobreden auf den Unsterblichen sind zu hören, und sie sollen den Eindruck bekräftigen, dass der ewige Kreislauf von Kim Il-sungs Leben verwoben ist mit der periodischen Wiederkehr der Sonne: Er wiederholt den Wechsel von täglichem Erscheinen und nächtlichem Verschwinden entlang der Schicksalsbahn der Nation und bildet die unerschöpfliche Lebensquelle aller Kreaturen auf Erden.

Rituale, die wie das Sonnenfest Gegensätze vereinen, setzen sich so wirksam über die Bedeutung des Todes hinweg, dass sie dem unausweichlichen Gang biologischen Verlöschens spotten. Das Sonnenfest – eine groteske Feier der Geburt des Todes – erschafft die Lebenszeichen aus dem Körper des Verschiedenen, dessen Zurschaustellung den nationalen Imperativ in sich schließt, die kommenden Jahrtausende in seiner ewigen Gegenwart zu leben. Tatsächlich werden die Nordkoreaner durch die grellen, überall im Land verteilten Plakate und Anschläge an Kim Il-sungs Gegenwart, an die unstrittige Wahrheit erinnert: »Der große Führer, Genosse Kim Il-sung, ist unsterblich.«

Was aber wissen wir wirklich über diesen Halbgott, der in der unheimlichen Zwischenzone zwischen den Lebenden und den Toten haust? Welcher verwirrende Impetus steckt dahinter, wenn ein nationaler Führer auf die Idee kommt, den ersten kommunistischen Staat mit erblicher Führung zu schaffen, der je in der Geschichte der Menschheit bestand? Kim Il-sungs Leben vor 1945, dem Beginn seiner Karriere als Staatsführer, ist uns nur in spärlichen Bruchstücken überliefert. Noch weniger wissen wir über die künstlerischen Talente des Mannes, der sich später von seinem Volk preisen lässt: als Autor zahlloser Theaterstücke und theoretischer Texte zur Literatur und für seinen prägenden Einfluss auf die von ihm begründete revolutionäre Tradition.

Kim Il-sung wurde 1912 als Sohn christlicher Eltern geboren, doch in den offiziellen Biographien, die in Nordkorea publiziert werden, taucht dieser religiöse Hintergrund an keiner Stelle auf. Den offiziellen Quellen zufolge zeigt Kim Il-sungs Kindheit vor allem das makellose Bild eines jungen Revolutionärs. Doch statt seinen Werdegang zum Revolutionär nachzuzeichnen, stellen die hagiographischen Berichte schon das Kind Kim Il-sung als prädestinierten Retter der Nation dar. Selbst seine christlichen Eltern verwandeln sich in glühende Nationalisten, die für die Befreiung ihrer Heimat vom Joch der japanischen Kolonialherrschaft kämpfen: Kim Il-sungs Vater Kim Hyeong-jik erscheint als Märtyrer, der von der japanischen Polizei verhaftet wird und den kleinen Kim Il-sung und seine Mutter Gang Ban-seok in jenen schweren Zeiten allein und auf sich gestellt zurücklässt. Der junge, nun vaterlose Kim Il-sung wird von seiner resoluten Mutter angeleitet; sie ist es, die ihm den unbeugsamen Geist des Widerstands und den Gedanken an Rache einflößt. So verbringt er seine vaterlose Jugend, begeistert sich für die revolutionäre Sache und will das Vaterland vom japanischen Joch befreien. Als Vierzehnjähriger macht er sich auf die lange und abenteuerliche Reise zur Rettung seines Landes auf. Am Ende gelangt er in die Mandschurei, wo er den Kampf gegen die Kaiserliche Armee Japans aufnimmt.

Dazu schreibt Charles Armstrong: »Zu Kim Il-sungs Kameraden im antijapanischen Guerillakampf gehörten die am wenigsten Gebildeten in den kommunistischen ›Fraktionen‹, mit kulturellen Angelegenheiten hatten sie am wenigsten zu tun.«[2] Tatsächlich scheint jeder Beleg dafür zu fehlen, dass sich Kim Il-sung während dieser Zeit in irgendeiner Weise an kulturellen Aktivitäten beteiligt hat, die den Guerillakampf begleiteten. Dann aber muss etwas geschehen sein, das wir nur als Talentsprung bezeichnen können: Denn plötzlich wurde aus dem wenig gebildeten Guerillakämpfer Kim Il-sung ein Verfechter und Lobsänger literarischer Brillanz, der die Entwicklung der nationalen Kunst und Literatur maßgeblich beeinflusst. Wie sollen wir uns dieser unübersehbaren Lücke nähern? Dazu habe ich an anderer Stelle geschrieben:

> In den 1940er Jahren, vor der Gründung Nordkoreas, konnten die Nordkoreaner Kim, den Guerillaführer aus der Mandschurei, in den sprichwörtlichen Schöpfer revolutionärer Kunst verwandeln und ihn zur Autorität der nordkoreanischen Kultur und ihrer Tradition erklären. Faktisch jedoch ist letztere eine erfundene Tradition, herausgebildet in kurzer Zeit und unter

[2] Charles Armstrong, *North Korean Revolution*, Ithaca 2003, S. 171.

> dem starken Einfluss der Kulturen der Sowjetunion und der Koreanischen Arbeiterpartei, der KP Koreas. Aus diesen Gründen schreibt die nordkoreanische Literaturgeschichte Kim Ilsung die Autorschaft von revolutionären Opern und Dramen zu: Der offiziellen Darstellung zufolge hat er selbst die Opernbearbeitungen verfasst oder seine lebendigen Erfahrungen im antijapanischen Widerstand als lebendige Quellen zur Verfügung gestellt, woraus Handlungen von Opern oder Theaterstücken wurden.[3]

Natürlich müssen wir zur Kenntnis nehmen, dass alles, was wir über diese literarische und politische Gottheit wissen, aus der gleichen rhetorischen Maschinerie stammt, die auch sein ewiges Leben nach dem Tod verkündet. Es wäre vergeblich, um die Wahrheit der Behauptungen offizieller nordkoreanischer Dokumente zu ringen. Der einzig lohnende Aspekt, um sich mit diesen Texten zu beschäftigen, besteht darin, bestimmte rhetorische Muster herauszuarbeiten, nach denen das Vergangene in die Gegenwart eingebracht wird. Ob wir das Propaganda nennen oder nicht, in jedem Fall scheinen der offizielle Diskurs und die Theaterpraxis in Nordkorea füreinander geschaffen. Historische Fakten werden allein und ausschließlich durch die Darstellungsform des Wissens zugänglich, wenn, wie im Fall Nordkoreas, Archive und Museen die Endprodukte durchweg politisierter Diskurse sind, die ihrerseits wie Theaterproduktionen inszeniert und präsentiert werden. Biographie, Nationalgeschichte und dramatische Werke auf der Bühne bilden in Nordkorea ein geschlossenes Kontinuum, um ein ständig wiederholtes und perfekt koordiniertes Wissen zu generieren. In einem Land, in dem erfundene Visionen des Vergangenen jeden Versuch, historische Fakten zu ermitteln, überlagern, ahmt die Historiographie das theatralische Prinzip[4] nach, und die dramatischen Darstellungen bestimmen darüber, wie Geschichte den Blicken der Staatsbürger vorzuführen ist.

[3] Seo Yeon-ho, I Gang-ryeol, *Performing Art of North Korea* (Bukhan-ui Yesul), Seoul 1989, S. 41. Zitiert in: Suk Young-Kim, *Illusive Utopia*, Ann Arbor 2010, S. 141.

[4] Ich möchte darauf hinweisen, dass ich den Vorschlag, Geschichte nach einem dramatischen Modell zu betrachten, dem Schweizer Literaturwissenschaftler Daniel Cuonz verdanke, der sie in einer Arbeitssitzung über »Socialist Imaginary in Global Theater and Performance« vorstellte, die die

Am Kreuzungspunkt von Geschichte, Biographie und Inszenierung steht Kim Il-sungs Theorie nationaler Künste und Kultur, bekannt als *jongjaron* (Keimtheorie). Die für Kim Il-sung bezeichnendste und außerhalb Koreas bekannteste seiner Theorien allerdings ist *Chuch'e* (*Juche*), die Ideologie der Selbständigkeit oder Autarkie, die Koreas Unabhängigkeit in allen Lebensbereichen befürwortet, um die nationalistische Rahmung der Modernität des Landes zu betonen. Doch wenn wir die Überschneidungen von Kunst und Politik näher untersuchen wollen, dann müssen wir, so denke ich, die Keimtheorie Kim Il-sungs genauer betrachten.

Zum ersten Mal findet sich der Begriff im 1972 erschienenen nordkoreanischen Wörterbuch für Literatur und Kunst. Dort wird das Bild des Keims in Beziehung gesetzt zu Kim Il-sungs persönlicher Ideologie:

> Um die Juche-Ideologie des Genossen Kim Il-sung konkret auf Literatur und Kunst beziehen zu können, entstand auf der Basis unabhängiger Untersuchungen der Partei die Keimtheorie. Einfach gesagt, bildet der Keim das Herz der Kunst, er bestimmt deren Wesenskern und Wert. Nur wenn ein Schöpfer eines Kunstwerks diesen Kern richtig bestimmt, ist er oder sie in der Lage, die ideologischen und ästhetischen Zwecke richtig zu erfassen und dem Werk den richtigen philosophischen Grund zu geben. … Die Keimtheorie ist nicht beschränkt auf gewisse Aspekte des Schaffens wie zum Beispiel Thema, Ideologie oder Material. Vielmehr bestimmt sie den gesamten Schaffensprozess, beginnend mit der Wahl des Materials bis zum Aufbau des Werks, zur Entwicklung der Charaktere und zu den Grundwerten der Arbeit. … Das wichtigste Kriterium für die Wahl des richtigen Keims besteht darin, zu untersuchen, wie nah er den Ideen Kim Il-sungs und den politischen Maßnahmen der Partei kommt, in denen sich Kims Ideen realisieren.[5]

Auch wenn sich diese formelhafte Beschreibung der Keimtheorie und die Literaturtheorie des sozialistischen Realismus, die in der

American Society for Theater Research am 14. November 2009 in San Juan, Puerto Rico, durchgeführt hat.

[5] Korean Association of Literary Criticism (KALC) (Hg.), *Forty Years of North Korean Opera and Theatre*, Seoul 1990, S. 20–22.

Sowjetunion 1934, während des Ersten Allunionskongresses der sowjetischen Schriftsteller, festgeschrieben wurde, sehr ähnlich scheinen, gibt die Keimtheorie doch eine Praxis wieder, die außerhalb der kulturellen Grenzen Nordkoreas ohne Beispiel ist. Nur in Nordkorea und nirgendwo sonst wurde die persönliche Lehre des politischen Führers als das einzige künstlerische Prinzip einer ganzen Nation betrachtet, denn nur dort wurden die Lehre Kim Il-sungs und die Linie der Partei als identisch betrachtet – als Ausdruck des Wesens nordkoreanischer Kunst.

Ebenso auffällig ist die unverkennbar physiologische Konnotation, die das Wort »Keim« im Verständnis der Nordkoreaner heraufbeschwört. Offensichtlich dient das Wort dazu, den zentralen Gedanken von Kim Il-sungs Kunstpolitik metaphorisch, in einem Bild zusammenzufassen. Ebenso jedoch kann es als Hinweis auf den biologischen Keim oder Samen aufgefasst werden, den der Vater der Nation hervorbringt, um eine Nachkommenschaft zu produzieren, die die politisch korrekte DNA in sich trägt. Angesichts der vorherrschenden politischen Propaganda, der zufolge alle Nordkoreaner die Kinder Kim Il-sungs sind, ist diese Lesart keineswegs weit hergeholt. In der schöpferischen Kraft des Keims können der biologische und der literarische Vater gleichgesetzt werden, und so kann diese Theorie das Simulakrum der logischen Kontinuität zwischen Kim Il-sung als dem Vater der Nation und Kim Il-sung als dem Erzeuger der künstlerischen Tradition generieren.

Ein weiterer Aspekt der Keimtheorie, den es zu untersuchen gilt, ist deren ausdrückliche Fixierung auf die Vergangenheit, oder, um es genauer zu fassen, auf den Ursprung und seine Bedeutung. Der Keim wird befruchtet mit den Vorstellungen von Ursprung und Identität der Nation. Gehen wir dieser Idee weiter nach, ist die Keimtheorie eine literarische Suche nach dem Gründungsmythos der Nation. Aus diesem Grund wurden die 1930er Jahre für die nordkoreanische Literatur zum Epizentrum der Mythenfabrikation, denn damals wurde der Keim gelegt, der in der revolutionären Zukunft der Gesellschaft aufging. In den Künsten Nordkoreas wird dieses Jahrzehnt, in dem das Land unter der japanischen Kolonialherrschaft litt, vor allem durch die verheerenden Lebensumstände der Menschen illustriert, deren Familien vertrieben und deren nationale Würde durch die japanische Besatzung verletzt wurden. Das Kernproblem dieser Erzählstrategie, die den wesentlichen Narrativen für die nationale Geschichte, für Kim Il-sungs

Biographie und für die dramatische Literatur und Theaterstücke zugrunde liegt, besteht in der bedeutsamen Abwesenheit der Vaterfigur, während doch deren Präsenz Vorbedingung für ein würdiges Familienleben und dessen Erhalt wäre – die Familie steht hier auf unmissverständliche Weise metonymisch für die koreanische Nation.

Diesen Zusammenhang illustriert unter den zahllosen Bühnenstücken, die Kim Il-sung angeblich verfasst hat, kein anderes Stück so treffend wie die Oper *Ein Meer von Blut* (1971). Sie ist, wie man weiß, das geistige Kind des großen Führers, und insofern nimmt *Ein Meer von Blut* in der nationalen Imagination der Nordkoreaner einen besonderen Platz ein. Diese Oper wurde zur Vorhut der sogenannten Revolutionsopern. Sie befriedigte die Ansprüche der Kritik und erlebte zahllose Aufführungen sowohl an der Heimatfront als auch im Ausland. Ganz ähnlich der melodramatischen, messianischen Struktur von Kim Il-sungs Biographie präsentiert auch *Ein Meer von Blut* die Geschichte einer Familie, deren Vater von japanischen Kolonialtruppen verschleppt wurde. Die Gefährtin des abwesenden Vaters, archetypisch schlicht »Mutter« genannt (eine eindeutige Reverenz vor Maxim Gorkis Roman und Bertolt Brechts Stück *Die Mutter*) kämpft gegen die koloniale Unterdrückung durch die Japaner. Und sie, die bis dahin eine furchtsame und ungebildete Hausfrau war, verwandelt sich in eine glühende Revolutionärin und Kämpferin. Zum Schluss des Stücks feiert die Familie den Sieg ihres furchtlosen Widerstands über die japanischen Kolonialtruppen und erwartet den Ausbruch einer sozialistischen Revolution. Die eigentlich herzergreifenden Szenen aber finden sich im ersten Teil des Melodrams, in dem die Absenz des Vaters so fühlbar als Gründungskrise vorgeführt wird – im Gespräch zwischen Gap-sun, der Tochter, Won-nam, dem Sohn, und der Mutter.

> *Gap-sun:*
> Warum kommt der Vater heute Nacht nicht nach Hause?
> *Won-nam:*
> Mutter, Yeong-gils Vater haben die japanischen Bastarde auch mitgenommen.
> *Mutter wird immer ängstlicher.*
> *Mutter:*
> Meine Kinder, wie sollen wir nur zurecht kommen, ohne den Vater?

> *Won-nam:*
> Mutter, Mutter, wir können nicht leben ohne Vater, das schaffen wir nicht.
> *Won-nam und Gap-sun:*
> Es ist tiefe Nacht, die Sterne scheinen. Kommt Vater wirklich nicht zurück?
> *Gap-sun:*
> Heute Nacht scheinen sogar die Vögel am Bergrücken vor Gram zu weinen.
> *Gap-sun, Won-nam und Chor:*
> Schlaflos warten wir weiter auf den Vater. Der Mond scheint so hell über den Bergen. Warum nur kommt der Vater nicht nach Hause?[6]

Die Abwesenheit des Vaters ist innig mit Bildern aus der Natur verbunden, die gegenüber der Tragödie, die die Familie ereilt hat, so mitfühlend wie indifferent scheint. Angesichts des ausbleibenden Vaters bleibt die Natur im Hintergrund und nimmt doch auch teil: Die Vögel geben der Trauer der Familie ihre Stimme, aber über den Bergen ziehen Sterne und Mond ihre Bahn, als sei nichts geschehen.

Wenn wir den Vater dieser Familie als metonymischen Platzhalter für Kim Il-sung, den Vater der Nation, begreifen sollen, dann lässt sich die Abwesenheit des Vaters in Beziehung zu der zuvor erwähnten Keimtheorie setzen. Diese nämlich bezieht sich nicht nur auf die Vorstellung literarischer Produktion, sondern steht auch für die grundlegenden Kräfte der Natur, erhellt also auch, warum bestimmte Elemente der Natur die Absenz des Vaters betrauern. Was aber noch wichtiger ist: Auch als abwesender steht der Vater offenbar für die befruchtende Lebenskraft, und diese scheint er den Familienmitgliedern als vitalisierendes Potential eingepflanzt zu haben – vor allem seinen Nachkommen, die das Werk der Revolution fortführen werden, das er nicht vollenden konnte. So zeigen die kleinen Kinder in dieser Szene nicht nur die grundlegende Krise, die sich aus der Abwesenheit des Vaters ergibt, sondern weisen auch auf das Faktum voraus, dass sie den revolutionären Idealen folgen werden, die der Vater in die Familie gepflanzt hat. Die beiden Seiten der Natur, die einerseits für die Trauer um den abwesen-

6 Gang (Hg.), *Ein Meer von Blut*, S. 44 f.

den Vater, andererseits für die Fortsetzung des gewöhnlichen Lebens steht, werden mit der Veränderung innerhalb der Familie eins und verbinden sich: Die revolutionäre Aufgabe, deren Keim der Vater legte, ist an die jüngere Generation übergegangen. Die Legitimität des revolutionären Kampfs der Kinder kann nur durch Rekurs auf ihren Ursprung (den aufblühenden Samen des Vaters) bekräftigt werden. Indem sie das Trauerritual des Sonnenfestes simulieren, bei dem die lebenden Nordkoreaner als Kinder ihres toten Vaters Kim Il-sung gedenken, als wäre er am Leben, beschwören Won-nam und Gap-sun in dieser Szene den fehlenden Vater als ihren Erzeuger auf noch schmerzlichere Weise herauf.

Vor allem der Sohn verdient unsere Aufmerksamkeit, insofern er als Verkörperung einer fiktionalen Bühnenfigur und zugleich als die jüngere Version von Kim Il-sung zu verstehen ist. Kim Il-sungs nordkoreanischer Biographie folgend war dessen Vater Kämpfer gegen die Japaner und landete wegen seiner revolutionären Aktionen im Gefängnis. Auch er wurde von seiner Familien getrennt und ließ den jungen Kim Il-sung zurück, der seine Sache später zu Ende führen sollte. Zahllose Geschichten über Kim Il-sungs Jugendzeit sind im Umlauf; so soll er seinen Vater in einem von den Japanern geführten Gefängnis besucht und seine Entschlossenheit beschworen haben, es dem Vater gleichzutun:

> Im Alter von sieben Jahren besuchte er [Kim Il-sung] mit seiner Mutter seinen inhaftierten Vater, der sich wegen der erduldeten Folter nur schwer aufrecht halten konnte. Nach dem Besuch sagte die Mutter dem Sohn, dass er den Vater wohl nicht noch einmal sehen werde. »Ich möchte«, sagte sie unter Tränen, »dass du schnell groß wirst und deinen Vater rächst.« Woraufhin Kim, der die Worte gehört hatte, seiner Mutter schwor, dass er den Vater gewiss rächen werde.[7]

Ein Meer von Blut, das als autobiographische Erzählung Kim Il-sungs betrachtet wird, zeigt im Vergleich mit Kims offizieller Biographie eine auffallend ähnliche narrative Anlage. Won-man und Mutter besuchen den Vater zwar nicht im Gefängnis, doch auch

[7] Zitiert nach Sheila Miyoshi Jager, »Students and the Redemption of History«, in: *Narratives of Nation Building in Korea: A Genealogy of Patriotism*, New York 2003, S. 115.

Won-man verlässt irgendwann das Elternhaus und schließt sich der Widerstandsbewegung gegen die Japaner an, folgt also der Spur des Vaters.

> *Mutter:*
> Gap-sun, es ist tiefe Nacht. warum ist dein Bruder nicht heimgekehrt?
> *Gap-sun zögert. Mutter:*
> Warum zögerst du?
> *Gap-sun:*
> Du hast blutige Tränen vergossen, um ihn in Sorge großzuziehen. Doch er kämpft gegen die Japaner und ist in die Berge gegangen.
> Wir müssen den geliebten Bruder zum Widerstand in die Berge schicken.
> Sobald er sich auf den heiligen Pfad begibt, werden wir schützend an deiner Seite bleiben, Mutter.
> *Mutter:*
> Lass uns eine Uniform nähen für deinen Bruder, der sich aufgemacht hat, unsere verlorene Nation zu retten.[8]

In Szene zwei des zweiten Akts von *Ein Meer von Blut* sehen wir, wie sich das Motiv eines fehlenden Familienmannes wiederholt, doch diesmal ist Won-nam und nicht der Vater abwesend. Sieht man die Figur Won-nam in diesem Licht, dann ist er beides, Kind und Erwachsener, Sohn und Vater, womit sich die Lebensstationen des abwesenden Vaters in chronologischer Folge entwickeln können. Wie der tote Körper von Kim Il-sung zugleich tot und nicht tot ist, ist auch das Ideal des Vaters, zunächst dargestellt durch Won-nams Vater, dann durch den Sohn Won-nam selbst, gegenwärtig durch seine Abwesenheit.

Kim Il-sung, metaphorisch durch die Figuren Won-nams und seines Vaters repräsentiert, ist beides: Sohn und Vater, die Gesamtheit der patrilinearen Bindung. Im Hinblick auf die doppeldeutige Figur Won-nam ist auch Mutter zugleich mütterliche Instanz und Ehefrau. Diese bizarren Verwandtschaftsverhältnisse, erzeugt durch wörtlich zu nehmenden und politischen Inzest, stellen für das kol-

[8] Gang (Hg.), *Ein Meer von Blut*, S. 61.

lektive Bewusstsein der Nordkoreaner kein Tabu dar, sondern eher einen polygenetischen Rahmen für die zu verwirklichende Keimtheorie. Der Keim sorgt für die Fortpflanzung der Familie auf diesem verwirrenden, aber fruchtbaren Verwandtschaftsterrain, das von ideologischen und biologischen Abstammungslinien durchwoben ist. Das Bild der Aussaat von Kim Il-sungs Samen ruft den Sonnenmythos des Staatsvaters und seiner biologischen Kraft auf: Als oberster Erzeuger ermöglicht er, Generation um Generation, Leben auf der Erde.

Dieses einzigartige Verwandtschaftsverhältnis, das die Vereinigung eines Vaters und eines Sohnes ermöglicht, übersteht die Prüfungen der Zeit; zugleich erlaubte eben dieses Verhältnis dem Staat Nordkorea, sein System politischer Dynastik zu verteidigen, das die Macht von Kim Il-sung auf Kim Jong-il übertrug. Diese Vater-Sohn-Beziehung zeigt sich nicht als repressive Erbschaft, sondern ist, jedenfalls in der offiziellen nordkoreanischen Lesart, darauf angelegt, ein Ethos der Befreiung hervorzurufen, insofern sich die nordkoreanische Nation, durch Blutsbande, genauer: durch den väterlichen Samen vereinigt, als freie Nation in Erscheinung tritt, unabhängig von den Gefahren eines rassischen Kompromisses, wie ihn die imperialen Mächte Japans oder Amerikas hätten erzwingen können.

Dazu sagt Slavoj Žižek: »Wenn der reale Vater symbolische väterliche Macht ausüben soll, muss er gewissermaßen lebendig sterben – es ist seine Identifikation mit dem ›unzustellbaren Brief‹ des symbolischen Mandats, die seiner Person Autorität verleiht.«[9] Damit können wir zum Anfang dieses Aufsatzes zurückkehren. Wurde Kim Il-sungs Beerdigung nicht aus genau diesem Grund so inszeniert, als sei sie ein Ereignis, um den Toten zu bestatten, damit sein Sohn Kim Jong-il als der neue Vater der Nation mit der höchsten Autorität des Jenseits würde regieren können, wie diese durch den einbalsamierten Körper des toten Kim Il-sung auf ewig repräsentiert wird? Muss in *Ein Meer von Blut* nicht auch Won-nams Vater aus genau dem Grund abwesend sein, damit der Sohn die Vater-Sohn-Gestalt annehmen kann? Insofern scheint sich die befruchtende Potenz, die in der Keimtheorie liegt, nicht nur darin zu zeigen, dass sie den Transfer der Autorität vom Vater auf den Sohn

[9] Slavoj Žižek, *Interrogating the Real*, hg. von Rex Butler und Scott Stephens, London, New York 2005, S. 259.

möglich macht, sondern auch darin, dass sie die physische Befruchtungsfähigkeit des Vaters außer Kraft setzt und eben damit seine symbolische, als solche dauerhaftere Fähigkeit, die Nachfolge des Sohns zu autorisieren, in Kraft setzt. Das kann nur im Tod geschehen, weswegen man auch sagen kann, dass Kim Il-sungs Körper im toten Zustand für den Sohn wertvoller ist als der lebendige Körper. Žižek meint dazu: »Auf diese Weise zahlt der Vater den Preis für seine Autorität, genau durch diese Kastration, mit der Kluft zwischen seiner empirischen Existenz und seinem symbolischen Ort.«[10]

Man könnte sagen, Kim Il-sungs totem Körper in Pjöngjang fehle ein schlagendes Herz und ein frischer Blutstrom, doch aus diesem Grund regiert er auch aus dem Reich des Ewigen heraus. Und die Liebe des nordkoreanischen Volkes zu einem toten Körper hat nichts mit Nekrophilie zu tun, sondern ist so etwas wie religiöse Verehrung einer Ikone – die abstrakte zweidimensionale Oberfläche, die das Sterbliche und das Ewige gnädig verbindet. Kim Ilsung mag tot sein, aber er ist nicht völlig vergangen, denn die Keime des Symbolischen, die der tote Körper produziert, befruchten den Boden für die Künste und lassen Literatur und Schauspiel weiterhin blühen.

(Übersetzt aus dem Englischen von Klaus Binder / KUP)

[10] Ebd., S. 84.

MAO ZEDONG (1893–1976)

SCHNEE (1936)

Nördliches Land in Sicht:
tausend Meilen eisige Starre,
zehntausend Meilen schneeverweht.
Schau: die Große Mauer, beiderseits
Geblieben nur Öde;
den Gelben Fluß hinauf, hinab
stocken die Wasser.
Die Grate tanzende Silberschlangen,
Bergkuppen eilende Elefanten,
möchten dem Himmel gleich sein an Höhe.
Warte, im Sonnenlicht
Siehst du rote Gewänder, weiß innen,
maßloser Zauber.

Landschaft wie diese, überall lockend,
ließ unzählige Freier im Streit sich beugen.
Ach: Ch'in Shih-huang, Han Wu-ti –
beschränkt ihre Bildung;
T'ang T'ai-tsung, Sung T'ai-tsu –
gering ihr Geschmack.
Eines Zeitalters Himmelsstolz,
Dschingis Khan,
konnte nur Bogen schießen nach großen Adlern.
Alle dahin!
Zählst du auf frei gesonnene Menschen,
wende den Blick zum Heute.

Mao Zedongs Lyrik
Form als Aussage*

Karl-Heinz Pohl

Seit Stuart Schrams und Joachim Schickels Studien über Mao Zedongs Lyrik teilen viele die Auffassung, Maos Gedichte seien der beste, nämlich lebendigste und anschaulichste Beweis für seine Vereinigung von Tradition und Moderne, von Chinesischem und Westlichem, kurzum für seine »Sinisierung des Marxismus«. So Schram: »Seine Gedichte sind besonders aufschlußreich für die Synthese zwischen Marxismus-Leninismus und chinesischer Tradition, zu der sich Mao bekennt. Er hat zwar über die ›Sinisierung‹ des Marxismus in mancherlei Texten geschrieben, aber keine dieser Erörterungen in Prosa ist so überzeugend wie die Art, in der er die zwei geistigen Welten in seiner Dichtung nebeneinander stellt.«[1] Oder Schickel: »Sein Schwert, die gordische Verwicklung zwischen Tradition und Revolution durchzuschlagen, ist das eigene Gedicht.«[2] Mit ihrem modernen revolutionären Inhalt in traditioneller, klassisch-chinesischer Form sind Maos Gedichte in der Tat nicht nur ein beredtes Beispiel für seine Fähigkeit, angeblich Unvereinbares zu einer Einheit zu verschmelzen – für Maos eigene Form der Dialektik –, sie illustrieren auch, in welch subtiler Weise die chinesische Tradition hinter einer vordergründigen Modernität für die intellektuelle Führungsschicht im 20. Jahrhundert lebendig geblieben ist.

Im Folgenden soll der »gordischen Verwicklung« etwas näher nachgespürt werden, d. h., es sollen die Widersprüche aufgezeigt

* Ich danke Dorothea Wippermann für eine kritische Durchsicht des Manuskripts und viele wertvolle Verbesserungsvorschläge.
Zuerst erschienen in: Thomas Heberer (Hg.), *Mao Zedong – der unsterbliche Revolutionär?*, Hamburg: Mitteilungen des Institus für Asienkunde 247/1995, S. 204–221

1 Stuart R. Schram, »Mao as a Poet«, in: *Problems of Communism* XIII/5 (Sept.–Okt. 1964), S. 43, zitiert nach Joachim Schickel, *Mao Tse-tung: 39 Gedichte*, Frankfurt 1978, S. 60.

2 Schickel, *Mao Tse-tung*, S. 60.

werden, die sich ergeben sowohl beim Verfolgen des literarischen und politischen Kontextes – der literaturgeschichtlichen Entwicklung von den 30er bis zu den 60er Jahren dieses Jahrhunderts – als auch beim Lesen von Maos Lyrik und seinen Äußerungen darüber.[3]

Konkret werden sich dabei Widersprüche in zwei Bereichen zeigen lassen: 1. zwischen den offiziellen literaturpolitischen Forderungen und Vorgaben (aus dem Mao-Lager bzw. von Mao selbst) und Maos dichterischer Praxis; 2. zwischen Maos dichterischem Stil und seinen proklamierten dichterischen Vorbildern und Idealen.

1. *Maos lyrisches Œuvre*

Eine endgültige Bilanz von Maos lyrischem Werk kann noch nicht gezogen werden, da laufend neue Gedichte entdeckt werden[4]. Zudem ist gerade in jüngster Zeit darauf hingewiesen worden, dass ein großer Teil des unter seinem Namen veröffentlichten Werkes möglicherweise nicht von ihm selbst, sondern von »Ghostwritern« verfasst wurde, wobei auch die Authentizität seiner Gedichte angezweifelt wird.[5] Offiziell, d. h. von Mao selbst oder seinen »Nachlassverwal-

[3] Für einen anderen Ansatz, Widersprüchlichkeiten zwischen Mao Zedongs lyrischer Theorie und Praxis aufzuzeigen, siehe Anjela Jung Palandri, »The Political Significance of Mao Tse-tung's Poetry: Certain Contradictions Between Theory and Practice«, in: *Asian Studies at Hawaii, No. 4: East Asian Occasional Papers* II (1970), S. 29–45.

[4] In der Januarausgabe 1994 von *Shikan* (S. 4) erschienen anlässlich seines hundertsten Geburtstages vier bisher unpublizierte Gedichte von Mao; davon hat eines (datiert 1955) die sonst von ihm nicht benutzte Form des Fünf-Wort-Regelgedichts, die drei anderen (zwei von 1955 und eins von 1957) sind Sieben-Wort-Vierzeiler.

[5] Der dabei erhobene Vorwurf, Mao habe seine Gedichte von anderen verbessern oder redigieren lassen, scheint mir nicht gravierend, da dies eine damals wie auch heute noch übliche Praxis ist. Mao selbst hat, wie in seinem Brief an Chen Yi (siehe weiter unten), Gedichte von Genossen verbessert. Auch gilt es als durchaus akzeptabel, über Allusionen hinaus ganze Zeilen früherer Dichter in eigene Gedichte einzubauen. Das Zusammenstellen ganzer Gedichte aus fremden Zeilen stellt eine eigene Form und Kunst dar: das *jiju* (»gesammelte Zeilen«). Zu den Vorwürfen siehe *Zhengming* 12 (1993), S. 12 sowie *China aktuell* 12 (1993), S. 1152. Anfang der Kulturrevolution kam es zu einer kuriosen und später auch in westlichen Medien hochgespielten Begebenheit um Mao Zedong-Gedichte, die ihm einen –

tern«, sind zweiundvierzig Gedichte veröffentlicht worden, in Wirklichkeit hat er jedoch weit mehr geschrieben. Insgesamt sind mittlerweile ca. siebzig Gedichte bekannt; nicht wenige davon wurden einzig deshalb nicht veröffentlicht, weil sich der politische Wind bzw. die politische Gunst der Adressaten inzwischen geändert hatte (z. B. ein Gedicht an Peng Dehuai aus dem Jahre 1935[6] oder Gedichte an Jiang Qing und Lin Biao[7] aus der Zeit der Kulturrevolution).

Die Veröffentlichung von Maos Gedichten geschah – vereinfacht dargestellt[8] – in drei Schüben: achtzehn im Januar 1957 (in der ersten Ausgabe des Gedichtmagazins *Shikan*, zur Zeit der pseudo-

allerdings wohl ungerechtfertigten – Plagiatsvorwurf eintrug: Im Sommer 1966 kursierte eine Sammlung von insgesamt fünfundzwanzig Gedichten in der *shi-* und *ci*-Form unter dem Titel *Wei fabiao de Mao zhuxi shi ci* (Unveröffentlichte Gedichte des Vorsitzenden Mao). Die meist ungestüm-kraftvoll geschriebenen Verse verbreiteten sich – handschriftlich kopiert – schnell unter den Roten Garden, heizten das Mao-Fieber noch weiter an und führten paradoxerweise während der Kulturrevolution, die mit einem Frontalangriff gegen alle »feudalen Relikte« – darunter auch die klassische Lyrik – begonnen hatte, zeitweilig zu einer Begeisterung für Gedichte im alten Stil. Wie sich später herausstellte, waren nur sechs der fünfundzwanzig Gedichte von Mao selbst verfasst worden, die restlichen stammten von einem jungen Wissenschaftler namens Chen Mingyuan, der engen Kontakt mit Guo Moruo pflegte. Chen Mingyuans Gedichte waren offenbar – zu Chens eigener Überraschung, jedenfalls unbeabsichtigt – über Guo Moruo als Maos Werke ausgegeben worden. Chen, der durch eigenen Hinweis den Irrtum offenkundig machte, wurde für sein »Vergehen« hart bestraft. Mao selbst, in dieser Phase der Kulturrevolution wie ein Gott verehrt, war wohl dem Tagesgeschehen zu weit enthoben, um den Sachverhalt richtigstellen zu wollen. Erst 1978 wurde Chen rehabilitiert; 1988 hat er einen Gedichtband mit dem Titel *Jie hou shi cun* (Gedichte, die die Katastrophe überlebten) veröffentlicht, in dem auch seine Gedichte von damals enthalten sind. Siehe »Das Plagiat« in: *Der Spiegel*, Nr. 15, 40. Jg. (7.4.1986), S. 186–189; Yang Jian, *Wenhua da geming zhong de dixia wenxue* (Untergrundliteratur aus der Zeit der Kulturrevolution), Ji'nan 1993, S. 201–205; Yu Zhi, »Chuanchao shigao zhongzhong« (Verschiedene handschriftlich kopierte Gedichtmanuskripte), in: *Dushu* 11 (1993), S. 47–48.

6 *Mao Zedong shi ci xuan* (Ausgewählte Gedichte in der *shi-* und *ci*-Form von Mao Zedong), Peking 1986, S. 145; im Folgenden abgekürzt als MZDSCX.

7 *Zhengming*, S. 12.

8 Zur Publikationsgeschichte der einzelnen Gedichte siehe die ausführlichen Erläuterungen in Schickel, *Mao Tse-tung*.

liberalen »Hundertblumenbewegung«[9]), insgesamt siebenunddreißig im Jahre 1963, zwei weitere im Januar 1976 (in *Shikan*, das mit dieser Ausgabe nach seiner Schließung während der Kulturrevolution wieder erschien). Nach Maos Tod schließlich wurden von offizieller Seite noch drei Gedichte veröffentlicht (eines davon[10], datiert 1923, ist das früheste der angeblich von Mao selbst redigierten und zur Veröffentlichung bestimmten[11] Gedichte).

Diese zweiundvierzig Gedichte erschienen 1986 – zehn Jahre nach seinem Tod – zusammen mit acht »inoffiziellen« (darunter eines datiert 1918) in der vom Verlag Renmin Wenxue herausgegebenen Sammlung *Mao Zedong shi ci xuan* (Ausgewählte Gedichte in der *shi*- und *ci*-Form von Mao Zedong). Sie enthält auch drei kurze Briefe über Lyrik, von denen der letzte an Chen Yi aus dem Jahre 1965 (im Januar 1978 in *Shikan* veröffentlicht) am meisten Auskunft über Maos Ansichten zur Dichtung gibt.[12] Im Folgenden werde ich mich in meiner Diskussion der Lyrik von Mao auf die zweiundvierzig »offiziellen« Gedichte beschränken.

Maos lyrisches Werk lässt sich in zwei Schaffensperioden mit jeweils einundzwanzig Gedichten einteilen: 1. 1923–1936: im Alter von 20 bis 43 Jahren geschriebene Gedichte; 2. 1949–1965: im Alter von 56 bis 72 geschriebene Gedichte. Das erste Gedicht der ersten Gruppe ist ein Liebesgedicht an seine später von der Guomindang hingerichtete Frau Yang Kaihui, das letzte ist das berühmt

[9] Siehe hierzu D.W. Fokkema, *Literary Doctrine in China and Soviet Influence*, Mouton 1965, S. 105.

[10] Ein *ci* nach der Melodie *He xin lang*, übersetzt und erläutert von Joachim Schickel, in: *Neue Rundschau* 93/3 (1982), S. 53 f.

[11] MZDSCX, S. 1.

[12] Es handelt sich um einen kurzen Brief, der allerdings eine Flut an exegetischen Artikeln ausgelöst hat, insbesondere hinsichtlich des Begriffes »bildliches Denken« (*xingxiang siwei*) sowie der authochtonen chinesischen Begriffe für metaphorische Ausdrucksweise *bi* (Vergleich) und *xing* (Anspielung). Der Tenor der Mao-Exegeten zu dieser Thematik entspricht einem schon im 19. Jh. bei der Begegnung mit westlichem Denken angewandten Muster: Mao habe bewiesen, dass die westliche Erkenntnis (»bildliches Denken« ist ein von russischen Theoretikern geprägter und nach China importierter Begriff) schon vor 2000 Jahren in China vorweggenommen worden sei. Siehe Wu Benxing, »Mao Zedong shilun pingxi« (Eine Analyse Mao Zedongs poetologischer Erörterungen), in: *Shehui Kexue Zhanxian* 5 (1993), S. 8.

gewordene Gedicht »Xue« (»Schnee«, nach der Melodie *Qin yuan chun*); das erste der zweiten Gruppe entstand im April 1949 anlässlich der Eroberung von Nanjing, als der Sieg im Bürgerkrieg schon absehbar war; das letzte, »Niaoer wenda« (»Zwei Vögel – ein Dialog«, nach der Melodie *Nian nu jiao*), ist datiert auf den Herbst 1965, es entstand also kurz vor der Kulturrevolution. Aus den Jahren 1937 bis 1948 sowie von 1966 bis zu seinem Tod im Jahre 1976 liegen keine Gedichte vor (auch nicht unter den »inoffiziellen«). Schauen wir uns die Verteilung der beiden Formen *ci* und *shi* in den beiden Schaffensperioden an, so ergibt sich folgendes Bild: Von den einundzwanzig bis 1936 geschriebenen Gedichten sind alle bis auf eines[13] *ci*-Lieder; von den nach 1949 geschriebenen sind zwölf *shi* und neun *ci*.

Angesichts dieses bemerkenswerten Wandels in der bevorzugten Form – vom *ci* zum *shi*, genauer, zum *lüshi*, dem »Sieben-Wort-Regelgedicht« – drängt sich die Frage auf, ob diese Entwicklung nicht signifikant ist. Oder anders gefragt: Welche Bedeutung ist den beiden lyrischen Formen, die Mao ausschließlich benutzt, als Form zu eigen? In welchem Stil und nach welchen Vorbildern benutzt er sie? Korreliert dieser Wandel in der Form mit anderen Entwicklungen in Maos Leben, oder ist er eher als zufällig anzusehen?

2. *Einheit von* wen *und* wu

Es versteht sich von selbst, dass Mao – anders als seine Zeitgenossen wie Wen Yiduo (1899–1944), Xu Zhimo (1896–1931) oder auch Guo Moruo (1892–1978) – nicht primär als Dichter oder Literat verstanden werden kann; vielmehr ist er in erster Linie Politiker, Staatsmann, Ideologe und Stratege. Doch in diesen Rollen steht er auch in einer weit in die chinesische Vergangenheit reichenden Tradition klassischer Beamten-Gelehrter, die alle zumindest gelegentlich, häufig sogar bändeweise, Gedichte geschrieben haben. Da das Dichten in verschiedenen Formen seit der Tang-Zeit einen wichtigen Teil der Staatsprüfungen bildete, war der klassische Beamten-Gelehrte wohl geübt in dieser Kunst. Er pflegte sich in Versen mit Freunden und Gleichgesinnten auszutauschen, ihnen Gedichte zu

[13] »Chang zheng« (Der Lange Marsch), entstanden 1935.

widmen oder auch in einer inspirierten Minute und in anregender Gesellschaft bewegende Gefühle oder Gedanken – mit Pinsel und Tusche kalligraphiert – zu einem Gedicht werden zu lassen. Von der Nachwelt wurden diese – im Falle von wichtigen historischen Persönlichkeiten – weniger als Literatur, sondern eher als private Zeugnisse eines bewundernswerten Charakters geschätzt. James Cahill hat dazu einmal bemerkt:

> In der Song- und der darauffolgenden Zeit wurden nicht mehr jene Männer am meisten bewundert, die bloß einfache Tugenden exemplifizierten. [...] Der ideale Mann der späteren Perioden in China war eine komplexere Figur, eine reichere Persönlichkeit; und es war der Wunsch späterer Epochen, ihn zu verstehen, ihn in seinem ganzen Reichtum und in seiner ganzen Komplexität zu sehen. Geschätzt und überliefert wurden Anekdoten, die von seinem Verhalten berichteten, oder Aussprüche zu verschiedenen Anlässen, seine überlebenden literarischen Produkte sowie – als Enthüllungen von noch subtileren Facetten seines Geistes, als jene zu bewahren in der Lage gewesen wären – seine Kalligraphien und Malereien.[14]

Hauptsächlich aus dieser Perspektive sind auch Maos Gedichte und Kalligraphien bisher von chinesischer Seite aus gesehen und goutiert worden: als private Zeugnisse einer komplexen, historisch wichtigen Figur. Und wie schon für den klassischen Literaten war auch für Mao das Dichten eine Form des sozialen Verkehrs: Viele seiner Gedichte sind zum Austausch sowohl mit seinen literarisch ambitionierten Genossen als auch mit anderen Persönlichkeiten des öffentlichen Lebens geschrieben worden bzw. sind diesen gewidmet. Maos Gedichte zeigen also, dass er ganz in der Tradition der chinesischen Beamten-Gelehrten stand, für welche poetische Ausdrucksfähigkeit etwas Selbstverständliches bedeutete. Aufgrund seines dichterischen *und* militärisch-strategischen Könnens stellt er sogar in der modernen Zeit eine Verkörperung des klassischen chinesischen Ideals eines Mannes (auch eines Herrschers[15]) dar, wel-

[14] James Cahill, »Confucian Elements in the Theorie of Painting«, in: A.F. Wright, *The Confucian Persuasion*, Stanford 1960, S. 130 f.

[15] Z. B. Kangxi (reg. 1662–1722), den Lawrence Kessler beschreibt als »a deliberate blending of *wen* and *wu*, of the accomplished scholar and coura-

ches in einer Einheit von zivilen/kulturellen (*wen*) und martialischen (*wu*) Fähigkeiten besteht. Dass er sich dieses Ideals sehr wohl bewusst war, zeigt sein *ci*-Lied mit dem Titel »Xue« (Schnee), entstanden 1936, ein paar Monate nach dem Ende des Langen Marschs – einer zum Mythos gewordenen heroischen Leistung. Dort spricht er von fünf Kaisern aus der chinesischen Geschichte, die alle nur martialisches Können, jedoch keine kulturellen Fähigkeiten (*wencai*) bzw. »dichterisches Können« (*fengsao*) besaßen. Männer von wahrer Größe, d. h., solche, die beides vereinigen und sich gleichzeitig über Konventionen erheben können – die *fengliu renwu* (Schickel: »frei gesonnene Menschen«[16]) –, seien heute zu suchen. Wir dürfen annehmen, dass er sich selbst dabei nicht ausschloss.[17]

geous strategist« in »Chinese Scholars and the Manchu State«, in: *Harvard Journal of Asiatic Studies* 31 (1971), S. 200.

16 Schickel, *Mao Tse-tung*, S. 28; zu dem Begriff *fengliu* siehe auch Fung Yulan, *A Short History of Chinese Philospby*, New York 1948, S. 321 ff.

17 Siehe auch die Kontroverse über die Interpretation der zwei letzten Zeilen dieses Gedichts in Joachim Schickel, »Schneeblindheit – Die sehr feinen falschen Bemerkungen des F. Denninghaus«, in: *Hefte für Ostasiatische Literatur* 3 (März 1985), S. 65–79. Schickels darin (recht stark) vertretener Meinung, *fengliu renwu* könne sich nicht auf Mao selbst beziehen, kann ich nicht zustimmen, vielmehr spricht der Kontext (mehr als die vielen von Schickel zitierten Wörterbuch-Eintragungen) durchaus dafür. Auch das *timing* der ersten »Veröffentlichung« von »Xue« erhärtet diesen Eindruck: Mao widmete eine handschriftliche Kopie eben dieses Gedichtes Liu Yazi, während er von August bis Oktober 1945 zu Friedensverhandlungen mit Chiang Kaishek in Chongqing weilte (MZDSCX, S. 62). Dadurch gelangte das Gedicht in die Öffentlichkeit, wurde im November des gleichen Jahres von mehreren Zeitungen in Chongqing publiziert und verlieh Mao den Nimbus des dichtenden Heerführers. Maos eigene Bemerkung (von 1958!) zu *fengliu renwu*, dass damit das Proletariat (*sic*!) gemeint sei (zitiert in Nancy T. Lin, *Reverberations – A New Translation of Complete Poems of Mao Tse-tung*, Hongkong 1980, S. 42, und angeführt von Schickel), ist nur wieder ein Beispiel für die bekannte Tatsache, dass Autoren als Interpretatoren ihrer eigenen Kunstwerke nicht taugen – insbesondere nicht in China, wo »Interpretation« im Jahre 1958 eine politisch verordnete Lesart bedeutete (und noch immer bedeutet). Schickels Polemik in diesem Artikel wäre Schickels eigene beherzigenswerte Erkenntnis aus *Mao Tse-tung*, S. 78, entgegenzuhalten: »Kein Chinese, der Dichtung interpretiert, nimmt ›für sich das Recht auf unbedingte Richtigkeit in Anspruch‹. Lyrik verträgt sich nicht mit Dogmatik.«

3. *Sind alte Formen »nationale Formen«?*

Wenn Mao sich als nicht eingeschränkt von gesellschaftlichen Konventionen und Zeitströmungen – als *fengliu renwu* – versteht, so passt sein Dichten in alten Formen sehr wohl in dieses Bild, denn während der 20er und 30er Jahre wehte der Zeitgeist in der chinesischen Literatur aus einer anderen Richtung. Was bedeutet es überhaupt, dass Mao in der modernen Epoche, nach einer gerade stattgefundenen literarischen Revolution, in klassischen Formen dichtete, und wie ist seine dichterische Praxis in der literarischen Diskussion seiner Zeit zu verstehen?

Die 4.-Mai-Bewegung von 1919 (die kulturelle und literarische Erneuerungsbewegung von 1917–1923) hatte gründlich mit der klassischen Schriftsprache und klassischen literarischen Formen aufgeräumt. Nach 1920 waren Gedichte im alten Stil verpönt. Sie galten als unzeitgemäß, als zu eingeschränkt durch ihr elaboriertes Regelwerk und schließlich als zu elitär-kultiviert (*ya*) anstatt, wie nun gefordert, volkstümlich (*su*) und regellos. Die Diskreditierung der alten Formen führte zu einer Flut von neumodischen lyrischen Erzeugnissen, teils in prosaischer Sprache und freien Rhythmen, teils in direkter Übernahme westlicher Metren und Formen.

Auch in der Erzählliteratur führte die Entwicklung dazu, dass Sprache, Stil und Struktur der Erzählungen und Romane sich immer stärker an westliche Vorbilder anlehnten, so dass kommunistisch orientierte Literaten (wie Qu Qiubai, 1899–1935) die Herausbildung einer »neuen Schriftsprache« feststellten und diese als ebenso unverständlich und elitär-abgehoben von der volkstümlichen Sprache kritisierten wie die klassische Schriftsprache. So kam es in den 30er Jahren unter linken Autoren, die, zusammengeschlossen in einer »Linken Liga«, die Literaturszene dominierten, zur Diskussion um Massenliteratur (*dazhong wenxue*) und nationale Formen (*minzu xingshi*). Die Motivation war dabei primär politisch: Es ging darum, die Literatur effektiv im politischen Kampf einzusetzen, d. h. durch einfache literarische Formen die Volksmassen anzusprechen und sie sowohl zum Klassenkampf als auch zum nationalrevolutionären Kampf gegen Japan zu mobilisieren.

Die Diskussion um nationale Formen, die im Kern schon Anfang der 30er Jahre angelaufen war, erreichte nach dem Langen Marsch in Yan'an (ab 1936) einen neuen Höhepunkt. Dort hatte Mao Zedong selbst – allerdings eher von einer allgemeinen politisch-ideologischen Seite – die Debatten neu entfacht, und zwar in seiner 1938 gehaltenen Rede »Über die Rolle der KPCh im nationalen Kampf«, worin er in einem Abschnitt über das »Studium« eine Verbindung von internationalistischem Inhalt mit nationaler Form – seine »Sinisierung« – verlangte.[18]

Maos Rede löste eine Fülle von Reaktionen von kommunistischen Theoretikern aus. Ihr Tenor war, dass man sich unter den gewünschten nationalen Formen im wesentlichen umgangssprachliche Romane, Volkslieder oder Balladen, Dorfopern, Bildergeschichten u. ä. vorstellte, Gedichte im alten Stil jedoch ganz explizit davon ausnahm. Als Beispiele seien im folgenden die Stimmen von drei Autoren angeführt: He Qifang (1911–1977), Guo Moruo und Ai Siqi (1910–1966).

He Qifang, der selbst als Dichter hervorgetreten ist[19], schreibt 1939 in *Wenyi Zhanxian*, dass ihm ein poetisch talentierter Genosse eines Abends erzählte, er habe mit großer Bewegung Gedichte von Du Fu (712–770) gelesen, sei aber ratlos gewesen, wie er dessen klassische Formen auf die neue Dichtung übertragen solle. He Qifang erwidert ihm, das habe damit zu tun, dass die Formen heutiger Dichtung, verglichen mit denen aus Du Fus Zeit, viel fortschrittlicher seien: »Wir schreiben nun freie Gedichte. Das ist nicht nur eine chinesische Form, sondern es ist die höchste Form der Dichtung gegenwärtig auf der ganzen Welt.«[20] In China sei das freie Gedicht zwar noch nicht voll entwickelt, doch nach ein wenig Praxis würde es gewiss – da es sich der populären Sprache bediene – die komplexen Stimmungen und Gedanken des modernen Menschen weit treffender ausdrücken können als Gedichte im alten Stil. Für das endgültige Ziel einer Popularisierung der Literatur bietet er dabei folgende bestechende »mathematische« Formel an: »Neue Literatur + volkstümliche Formen = Popularisierung«[21]. Kurzum,

[18] *Wenxue yundong shiliao xuan* (Materialiensammlung zur Geschichte der [modernen chinesischen] Literaturbewegung), Shanghai 1979, Bd. 4, S. 382–384.

[19] Zu He Qifangs Gedichten siehe Bonnie McDougall (trans.), *Paths in Dreams: Selected Prose and Poetry of Ho Ch'i-fang*, St. Lucia 1976; Wolfgang Kubin (Hg.), *Nachrichten von der Hauptstadt der Sonne – Moderne chinesische Lyrik 1919–1984*, Frankfurt 1985, S. 137–45, darin auch sechs Gedichte von Mao Zedong, S. 165 ff.

[20] *Wenxue yundong*, S. 408.

[21] *»Xin wenxue + minjian xingshi = dazhonghua«*; *Wenxue yundong*, S. 410.

für He Qifang sind Gedichte im alten Stil nicht nur rückständig, sondern auch zu eng chinesisch, wohingegen das freie Gedicht in seinen Augen eine fortschrittliche, »internationale« Form darstellt.

Guo Moruo, der nicht von Yan'an, sondern von Chongqing aus an der Debatte teilnimmt, schreibt 1940 in der *Dagongbao*:

> Der Geist der Menschheit ist inzwischen befreiter; deshalb glauben wir, dass diese modellhaft verfestigten Formen der Feudalzeit [heute] nicht mehr möglich sind. In der Dichtung kann es auf keinen Fall mehr jene einförmigen Vierzeiler, Regelgedichte und diversen *ci*-Lieder geben. [...] Wenn in einer kapitalistischen Gesellschaft feste lyrische, epische und dramatische Formen nicht mehr entstehen können, so kann es sie in der zukünftigen Gesellschaft, so glauben wir ganz bestimmt, erst recht nicht mehr geben.[22]

Guo Moruo – einer der Pioniere des modernen Gedichts – sollte später selbst (wie auch Mao) diese These mit seinen eigenen Erzeugnissen widerlegen.[23]

Interessanter und differenzierter ist schließlich, was Ai Siqi – einer von Maos Chefideologen[24] in Yan'an – ebenfalls 1939 in *Wenyi Zhanxian* zur Frage der nationalen Formen ausführt. Er zeigt zunächst auf, dass die alten Formen in einem zwiespältigen Verhältnis zur gegenwärtig verlangten realistischen Darstellungsweise stünden, denn sie besäßen sowohl Vorzüge als auch Schwächen. Ihr Vorzug sei, dass in ihnen (z. B. im Musikdrama) die Realität in modellhafter Weise dargestellt würde, wobei sie sich vor allem des Stilmittels der Übertreibung oder Überzeichnung (*kuazhang*) bedienten. Sie seien demnach nicht mimetisch oder realistisch (*xieshi* oder *xiezhen*) sondern skizzenhaft (*xieyi*). Vom neuen Literaturverständnis mit seiner Betonung einer realistischen Darstellungsweise her gesehen scheine dies als eine Schwäche, es sei jedoch in

22 *Wenxue yundong*, S. 451.

23 Siehe z. B. die Gedichte von Guo, die Mao erwiderte, in: MZDSCX, S. 111 und S. 120.

24 Siehe hierzu Peter Kuhfus, »Ein Held, wer mit der Zeit geht«, in: Karl-Heinz Pohl, Gudrun Wacker, Liu Huiru (Hg.), *Chinesische Intellektuelle im 20. Jahrhundert – Zwischen Tradition und Moderne*, Hamburg 1993, S. 209–331.

Wirklichkeit die Stärke der alten Formen, denn Aufgabe der Literatur sei es, Realität nicht minuziös naturalistisch widerzugeben, sondern sie zu erfassen; und dies vermöchten die alten Formen durch ihre modellhafte und überzeichnende Darstellungsweise durchaus.

Doch nach Ais Ansicht besitzen sie auch eine Schwäche, und zwar ihre Tendenz zur Formalisierung (*geshihua*), ein Merkmal der gesamten traditionellen Elitekunst Chinas: Je gebildeter man war, desto mehr konnte man sich an der verfeinerten Formensprache der nach ausgeklügelten prosodischen und rhetorischen Regeln (Tonregeln, Parallelismen etc.) verfassten Lyrik, den stilisierten Formen der Gestik und des Gesangs in der Pekingoper oder den kunsthistorischen Anspielungen in der Malerei ergötzen. Diese Formalisierung, die sich jeweils in einem elaborierten Regelwerk äußerte, stelle, so Ai Siqi, zum einen eine Fessel dar – sie bilde nämlich eine erhebliche Einschränkung des Künstlers, die Wirklichkeit zu erfassen –, zum anderen führe sie dazu, dass die alten Formen der breiten Masse des Volkes unzugänglich und unverständlich blieben. Je ausgeprägter die Formalisierung sei, umso mehr würden die alten Formen mit ihrer kultivierten und stilisierten Sprache zu einem bloßen Gegenstand des ästhetischen Genusses einer gebildeten Oberschicht. Fazit: Ai Siqi hält die Tendenz zur Formalisierung in den alten Formen der Kunst für einen Ausdruck der konservativen Seite der chinesischen Gesellschaft.[25]

Der Tenor der Stimmen ist also, dass das Dichten in alten Formen eine unzeitgemäße, konservative und elitäre Beschäftigung ist. Diese Meinung teilt sogar Mao selbst, wenn er knapp zwei Jahrzehnte später Zang Kejia, dem Herausgeber von *Shikan*, anlässlich der Veröffentlichung seiner ersten achtzehn Gedichte schreibt:

> Diese Dinge habe ich eigentlich nicht offiziell veröffentlichen wollen, denn sie sind im alten Stil geschrieben, und ich fürchtete, die Verbreitung von derartigen Irrtümern könnte die Jugend auf Abwege führen. [...] Heute soll man hauptsächlich im neuen Stil dichten. Es mag angehen, gelegentlich auch mal ein Gedicht im alten Stil zu schreiben, doch sollte man die Jugend nicht dazu ermuntern, denn diese Formen engen das Denken ein (sic!) und sind zudem auch schwer zu lernen.[26]

[25] *Wenxue yundong*, S. 397.

[26] MZDSCX, S. 163 f.; vgl. Schickel, *Mao Tse-tung*, S. 45 f.

Die Diskussion um die nationalen Formen hatte in Yan'an während der Jahre 1938–1940 stattgefunden, als Maos Gedichte der ersten Schaffensperiode schon geschrieben waren. Aus der Yan'an-Periode ist bezeichnenderweise kein Gedicht von Mao veröffentlicht worden[27], und dies wohl nicht ohne Grund: Die Yan'an-Zeit war nicht nur die Zeit des antijapanischen Krieges (1937–1945) und des Bürgerkrieges (1945–1949), sie war auch die Zeit der Konsolidierung von Maos Autorität durch die Ausrichtungsbewegung (*zhengfeng*), die – was die Literatur betrifft – mit seinen »Reden bei der Aussprache über Literatur und Kunst in Yan'an« im Jahre 1942 einen Höhepunkt erreichte.[28] Diese Reden markieren für das neue China das Ende künstlerischer Freiheit und den Beginn des literarischen Dogmatismus. Von nun an durfte die Literatur nur mehr Magd der Politik bzw. »Rädchen und Schräubchen im revolutionären Räderwerk« sein. Das Ergebnis war, dass alle Autoren aufhörten, kreativ zu sein, und nur noch »studierten«. Es drängt sich der Eindruck auf, dass Mao – die *zhengfeng*-Kampagne selbst ernst nehmend – praktizierte, was er predigte, und wie die anderen Literaten in Yan'an zu schreiben aufhörte, insbesondere, da er sich zuvor in höchst unfortschrittlichen, unorthodoxen und elitären dichterischen Formen bewegt hatte.

Das erste Gedicht nach der Yan'an-Phase ist datiert vom April 1949, als der Sieg im Bürgerkrieg faktisch errungen ist und sich Maos zukünftige Rolle als politischer Führer Chinas und »Dynastiegründer« abzeichnet. Damit beginnt seine zweite Schaffensperiode mit dem »Sieben-Wort-Regelgedicht« – der »formalisiertesten« der klassischen Formen – als dominantem Typus.

[27] Robert Payne gibt allerdings an, Mao habe in Yan'an während Sitzungen Gedichte geschrieben, »so wie andere Leute ›Männchen‹ kritzeln«, und danach habe es stets unter den Genossen eine Jagd auf Verse gegeben, die er achtlos auf den Boden geworfen habe. Robert Payne, *Mao Tse-tung*, Hamburg 1951, S. 296, zitiert nach Schickel, *Mao Tse-tung*, S. 44.

[28] Siehe hierzu Merle Goldman, *Literary Dissent in Modern China*, Cambridge (MA) 1967.

4. Bedeutung der Form

Hier soll nun der zuvor aufgeworfenen Frage nachgegangen werden, welche Signifikanz die beiden lyrischen Muster – das *ci*-Lied und das Regelgedicht (*lüshi*) –, in denen Mao ausschließlich dichtete, als Form haben.

Für das *ci*-Lied sind zwei Punkte wichtig:

1. Unter den klassischen lyrischen Formen ist das *ci* eine relativ »freie« Form. Es besitzt zwar fast ebenso strikte prosodische Vorschriften (Ton- und Reimschemata etc.) wie das Regelgedicht, doch gibt es hunderte verschiedener *ci*-Melodiemuster mit jeweils unterschiedlichen Zeilenlängen, Tonmustern, Reimschemata usw. Das heißt, die Freiheit, die das *ci* erlaubt, ist eine Freiheit der Wahl für eine bestimmte Melodieform, wodurch der lyrische Gedanke mehr Möglichkeiten erhält, eine geeignete Ausdrucksform zu finden.[29] Mao benutzt insgesamt achtzehn verschiedene Liedmuster (*cipai*) für seine neunundzwanzig *ci*-Lieder.
2. Ursprünglich war das *ci*-Lied eine »unseriöse« Form. Von zentralasiatischen Melodien abstammend, florierte es während der Tang-Zeit im Singmädchen-Milieu der damaligen Hauptstadt Chang'an. Bis zur Nördlichen Song-Zeit diente es den Literaten zum Ausdruck von »frivolen« Gedanken, für welche die würdigere Form des *shi*-Gedichtes unpassend gewesen wäre, d. h. also für Liebes- und Boudoir-Lyrik. Ab der Nördlichen Song-Zeit erleben wir durch Su Shi (1037–1101) eine Erweiterung der Thematik des *ci*, so dass es nun auch als Ausdruck philosophischer oder heroisch-patriotischer Gedanken dient. Su Shi wird damit zum Begründer eines neuen Stils, des sogenannten »heroisch-freien« (*haofang*) Stils, in welchem dann auch andere Song-Literaten wie Lu You (1125–1210) und Xin Qiji (1140–1207) dichteten.

Wie sehr Mao dieser Tradition des »heroisch-freien« Sils verbunden ist, geht daraus hervor, dass er ein Gedicht des für seinen Patriotismus berühmten Dichters Lu You – dem »Alten, der tut wie es ihm

[29] Die Musik der Melodien ist allerdings verlorengegangen; was sich erhalten hat, sind die rhythmischen Muster der Melodien.

gefällt«, so die Bedeutung seines Literatennamens Fangweng[30] – unter Beibehaltung des Melodieschemas inhaltlich variiert (»Yong mei«, Ode auf die Winterkirsche[31]). Auch deuten verschiedene Anleihen bei entsprechenden klassischen Gedichten darauf hin, wie z. B. die Allusionen in dem ausgesprochen »heroisch-freien« Gedicht »Xue« (Schnee) an Su Shis *ci* (»Chibi huaigu«, In Gedenken an vergangene Zeiten bei der Roten Wand, nach der Melodie *Nian nu jiao*)[32]. Maos *ci*, die, wie er selbst bekundet, zum Teil auf dem Pferderücken während des Kampfes gegen Chiang Kaisheks Truppen bzw. auf dem Langen Marsch entstanden sind[33], gehören also zu dieser kämpferisch-freien und patriotischen Tradition.

Ganz anders das Regelgedicht, welches in der Tang-Blütezeit seinen Höhepunkt erreichte: Mit seinen vielen zu beachtenden Vorschriften ist es weit strenger als das *ci*. Die Anzahl der Zeilen ist festgelegt auf acht, die der Zeichen pro Zeile auf jeweils fünf oder sieben. Kein Zeichen darf zweimal erscheinen. Grammatische Hilfswörter (sogenannte »leere Zeichen«) sind zu vermeiden. Reim ist obligatorisch am Ende jeder geraden Zeile. Antithetische Parallelführung der Satzglieder ist vorgeschrieben für die dritte und vierte sowie für die fünfte und sechste Zeile. Schließlich muss jede Silbe einem Tonschema von alternierenden ebenen und unebenen Tönen folgen, was dem Gedicht Wohlklang verleiht.

Im Gegensatz zum *ci* ist das *shi* mit seiner auf den Klassiker *Shijing* (Buch der Lieder) zurückreichenden Tradition die würdigere und gesetztere Ausdrucksform des chinesischen Literaten. Es ist die Form der seit der Song-Zeit periodisch auftretenden Archaisten (*fugu pai*), die sich bemühten, durch penible Beachtung von Vorschriften und Nachahmen von orthodoxen Modellen (vor allem im Stil der Tang-Blütezeit) anspruchsvolle Lyrik zu verfassen. Zudem steht der Aspekt der Regelhaftigkeit oder Regeltreue (*fa*)

30 Burton Watson, *The Old Man Who Does as He Pleases: Selections from the Poetry and Prose of Lu Yu*, New York 1973.

31 MZDSCX, S. 113; Übers. siehe Schickel, *Mao Tse-tung*, S. 41.

32 In Tang Guizhang (Hg.), *Tang Song ci jianshang cidian* (Handbuch der *ci*-Lieddichtung der Tang- und Song-Zeit), Nanjing 1986, S. 384; siehe Tilemann Grimm, »Zu Mao Tse-tung's ›Gedichten im alten Stil‹«, in: *NOAG* 84 (1958), S. 24 ff., dort auch mit weiteren Beispielen; vgl. Schickel »Schneeblindheit«, S. 70 f.

33 Payne zitiert nach Schickel, *Mao Tse-tung*, S. 44.

auch in enger Beziehung zur konfuzianischen Orthodoxie, oder besser, zum »real-existierenden« Konfuzianismus, der sich bekanntlich seit seiner Einrichtung als Staatsdoktrin in der Han-Zeit zunehmend als nur äußerlich konfuzianisch, im Inneren jedoch als legalistisch (*wai ru nei fa*) zeigte, wobei der Legalismus eine das Individuum einschränkende, in vieler Hinsicht sogar totalitäre Ideologie dastellt.[34]

In seiner Studie über den Archaismus der Ming-Zeit schreibt Richard John Lynn über die Bedeutung des Regelgedichts für den Archaisten Li Mengyang (1475–1529): »Das erfolgreiche Gedicht ist der Schnittpunkt des idealen Dichters als Person und des idealen sprachlichen Ausdrucksmittels, in welchem der Dichter sich verwirklicht als ein *Idealvertreter seiner Kultur*, und zwar indem er seinen Charakter, seine Empfindsamkeiten, Gefühle und Ideen in der gebilligten Form der Dichtung artikuliert. Und diese gebilligte Form ist der Stil der Tang-Blütezeit.«[35]

Mao Zedongs dichterische Praxis ist ein Beispiel dafür, dass diese Charakterisierung auch heute nichts von ihrer Gültigkeit verloren hat. Ab 1949 war Mao nicht nur als »Dynastiegründer«, sondern auch als moderne Verkörperung des traditionellen Ideals der Vereinigung von *wen* und *wu* nichts weniger als ein »Idealvertreter seiner Kultur«. Insofern sollte es nicht überraschen, dass in Maos zweiter Schaffensphase, die – im Gegensatz zur eher von martialischen Leistungen geprägten ersteren Periode – hauptsächlich von zivilen Herausforderungen (Aufbau des rückständigen und durch Krieg verwüsteten Landes[36]) gekennzeichnet ist, die Form des *lüshi* dominiert.

[34] Im Gegensatz dazu besitzen die daoistische und die ihr verwandte chanbuddhistische (jap. Zen) Tradition nicht nur gesellschaftlich eine Tendenz zum Anarchischen, sondern stehen auch im künstlerisch-literarischen Bereich einer freien, spontanen Kreativität und Natürlichkeit näher.

[35] R.J. Lynn, »Alternate Routes to Self-Realization in Ming Theories of Poetry«, in: Susan Bush, Christian Murck (Hg.), *Theories of the Arts in China*, Princeton 1983, S. 325, Hervorhebung K.H.P.

[36] Gleichsam programmatisch dazu die letzte Zeile des ersten Gedichtes dieser Schaffensperiode »Renmin jiefangjun zhanling Nanjing« (Als die Volksbefreiungsarmee Nanjing erobert): »Der Menschenwelt rechter Weg: die Öde wandeln zu Feld.« Übers. Schickel, *Mao Tse-tung*, S. 27.

5. Poetische Vorbilder

In welchem Stil und nach welchen Vorbildern dichtete Mao in seinen *lüshi*? Es ist bekannt, dass er die sogenannten »drei Li« bewunderte – drei Tang-Dichter, die alle den Familiennamen Li tragen: Li Bai (701–762), Li He (791–817) und Li Shangyin (813?–858)[37]. Über Li Bai und Li He äußert sich Mao in dem erwähnten Brief an Chen Yi aus dem Jahre 1965. Darin nennt er Li Bais und Li Hes Werke als empfehlenswerte Lektüre und Vorbilder, jedoch mit einem nicht unwichtigen Zusatz: Li Bai habe kaum *lüshi*, und Li He nur wenige *lüshi* in der Fünf-Wort-Form, jedoch kein einziges Sieben-Wort-*lüshi* geschrieben[38]. Im Gegensatz dazu sind elf von Maos dreizehn *shi*-Gedichten Sieben-Wort-Regelgedichte und zwei Sieben-Wort-Vierzeiler (*jueju*, »halbe Regelgedichte«). Zum Fünf-Wort-Regelgedicht schreibt Mao in seinem Brief an Chen Yi, er habe es nie erlernt und auch keines in dieser Form veröffentlicht.[39]

Betrachten wir kurz seine drei Vorbilder: Li Bai ist einer der Hauptvertreter der Tang-Blüte, Li He gehört zur Mitte- und Li Shangyin zur Spät-Tang-Zeit. Li Bai gilt als der ungebundene, »romantische« und daoistisch inspirierte Genius, dessen Gedichte unnachahmlich sind. Li He wird häufig als Dichter des »Dämonischen« bezeichnet. Er gilt als unorthodox, schwierig, gar als gefährlich.[40] Seine Gedichte sind nicht in der qingzeitlichen und heute noch populären Anthologie der »Dreihundert Tang-Gedichte« enthalten. Li Shangyins Gedichte schließlich zählen zu den schwierigsten klassischen Gedichten überhaupt. Sie sind anspielungsreich, häufig versteckt erotisch und »obskur«. (Theoretiker der modernen chinesischen »obskuren Lyrik« [*menglong shi*] berufen sich gerne auf ihn als klassischen Begründer einer »obskuren« Tradition in China.[41]) Alle drei Li waren entweder gar nicht oder nur marginal erfolgreich im öffentlichen Leben; sie gelten gleichermaßen als

[37] Siehe z. B. Wu Benxing, »Mao Zedong«, S. 13.

[38] MZDSCX, S. 167.

[39] Dass er sich darin versuchte, zeigt das 1994 in *Shikan* veröffentlichte Gedicht. Siehe Fn. 4.

[40] William H. Nienhauser (Hg.), *The Indiana Companion to Traditional Chinese Literature*, Bloomington 1985, S. 536 f.

[41] Z. B. Pan Xiutong, »Hanxu mei yu menglong« (Suggestiv-schön und obskur), in: *Wenyi Yanjiu* 4 (1983), S. 86 ff.

»romantisch«, regellos und unorthodox. Es stellt sich nun die Frage, ob Maos Dichtung den Einfluss dieser bewunderten Vorbilder widerspiegelt. Nun wird man schwerlich Maos schmales Œuvre von dreizehn *shi*-Gedichten mit dem gewaltigen und vielgestaltigen lyrischen Ausstoß eines Li Bai oder Li Shangyin vergleichen können. Will man also diesen Vergleich überhaupt zulassen, so lässt sich mit ziemlicher Sicherheit sagen, dass erstens keine formale Affinität zu Li Bais und Li Hes Gedichten besteht, und zwar aus Gründen, die Mao in seinem Brief an Chen Yi selbst genannt hat (siehe oben), und dass zweitens die erwähnten stilistischen und thematischen Merkmale, für die die drei Li bekannt sind, sich in Maos *shi*-Gedichten kaum wiederfinden (eher in seinen *ci*).

Vom Formalen her betrachtet legt das Regelgedicht, in welchem Mao dichtete, vielmehr eine Verbindung zu einem anderen großen Dichter der Tang-Blüte nahe: Das Sieben-Wort-*lüshi* ist Du Fus Form. Er hat es wie kein anderer beherrscht und populär gemacht. Du Fus Gedichte gelten als regelhaft und »erlernbar«, weshalb sein Stil und seine Sieben-Wort-Form bis heute schulbildend blieben[42]. Die Archaisten der Ming- und Qing-Zeit, die extensiv die Regeln der Dichtkunst erörterten und pedantisch jedes Zeichen abwägten, orientierten sich an seinem Vorbild; und dieser Einfluss lässt sich auch noch in Mao Zedongs poetischer Praxis aufzeigen. Wenn z. B. Du Fu in einem Vers dichtet »Im Alter werde ich immer sorgfältiger mit prosodischen Regeln« (*Wan jie jian yu shilü xi*)[43], so finden sich in Maos Brief an Chen Yi vergleichbare Äußerungen, so seine Ermahnung, im *lüshi* komme es gerade darauf an, die Regeln zu beachten[44]. Analysiert man Maos Gedichte nach dem prosodischen Regelwerk, so zeigt sich, dass er sich weitgehend an diese Maßgabe gehalten hat.

Thematisch ist die Nähe zu Du Fu nur indirekt erkennbar, denn Hauptmerkmale von Du Fus Lyrik – seine menschliche Wärme und sein Mitleid – fehlen bei Mao Zedong. Doch besteht auch eine Affinität: Beide sind »politisch engagierte« Dichter. Aus Du Fus Versen

[42] Siehe hierzu auch Li Zehou, *Der Weg des Schönen – Wesen und Geschichte der chinesischen Kultur und Ästhetik*, hg. von Karl-Heinz Pohl und Gudrun Wacker, Freiburg 1992, S. 252 ff.

[43] *Quan Tang shi* (Vollständige Gedichte der Tang-Zeit), Peking 1960, *juan* 234, S. 2586.

[44] MZDSCX, S. 166.

spricht immer die konfuzianische Sorge um Land und Volk (*you guo you min*). Dem entspricht Maos nationalrevolutionäres Engagement und seine kommunistische Ideologie, die ja nicht zuletzt aufgrund ihrer Verwandtschaft zum legalistisch-konfuzianischen Denken einen derartig guten Nährboden in China gefunden hat.

In Maos Briefen und Gedichten gibt es weitere Anzeichen für seine Nähe zur regeltreuen, archaistischen Tradition:

- Von der Südlichen Song-Zeit angefangen bildete die Dichtung der Tang-Blütezeit das orthodoxe Vorbild fast aller späteren Archaisten.[45] Maos Bevorzugung von Gedichten der Tang-Blüte und seine Kritik an der Song-Lyrik, die er mit seiner scheinbar modernen Forderung nach »bildlichem Denken« in der Lyrik untermauert,[46] liegen ganz auf dieser Linie.
- Die im 2. und 3. Verspaar verlangten Parallelismen im Regelgedicht sind bei Mao oft recht konventionell und regelhaft: Z. B. finden sich in vier seiner *lüshi* Gegenüberstellungen von Himmel (*tian*) und Erde (*di*).[47] Runde Zahlen wie hundert, tausend oder zehntausend werden ebenso häufig parallelgeführt (in dem ersten der beiden Gedichte »Song wenshen« [Lebwohl Seuchengott] gleich zweimal[48]). In einem Brief über Lyrik an Hu Qiaomu aus dem Jahre 1959 hebt Mao eine Parallelführung aus seinem Gedicht »Deng Lushan« (Aufstieg zum Lushan) als besonders gelungen hervor[49]. Sie ist wohl besser als die gerade erwähnten klischeehaften Parallelismen, doch wirkt das Verspaar mit seiner geographischen Gegenüberstellung (der Blick vom Lushan flussaufwärts und flussabwärts) eher konventionell und handwerklich solide: Mao verstand gewiss, wie auch die Archaisten, die Regeln und das *gongfu* des Dichtens.

[45] Z. B. Li Mengyang, der »Erzarchaist« der Ming: »Prosa muß sein wie die der Qin- und Han-Zeit, Dichtung wie die der Tang-Blüte.« (*Ming shi* [Annalen der Ming-Zeit], Peking 1974, *juan* 286, S. 7348) Allerdings gab es auch immer wieder »heterodoxe« Archaisten, die sich die Lyrik der Mitte- und Spät-Tang oder auch die der Nördlichen Song zum Vorbild nahmen.

[46] Brief an Chen Yi, MZDSCX, S. 167 f.

[47] MZDSCX, S. 91, S. 92, S. 104 und S. 116.

[48] MZDSCX, S. 91, S. 104 und S. 109.

[49] MZDSCX, S. 165 und S. 99. In Schickels Übersetzung (S. 40): »Wolken quern die Neun Arme, treiben zum Gelben Kranich; / Wellen hinunter nach San Wu, sprühender Weißer Dunst.«

In Maos *lüshi* ist also kaum (bis auf eine von Li He übernommene Zeile)[50] ein thematischer, stilistischer oder formaler Einfluss der drei Li zu sehen. Mit ihrer Unorthodoxie und betonten Unkonventionalität scheinen sie für Mao eher ein kollektives *alter ego* darzustellen – oder eine dichterische Attitüde des Unkonventionellen und Unorthodoxen, die er als oberste politische Autorität einer totalitären »Orthodoxie« offenbar gerne annahm. Außerdem entsprach Maos Bewunderung für die »drei Li« dem seit der 4. Mai-Bewegung anhaltenden Trend, alles, was nur entfernt mit der konfuzianischen Tradition in Verbindung gebracht werden konnte, zu kritisieren und gleichzeitig unorthoxe Denker und Literaten – meist unter dem Etikett »proto-materialistisch« – aufzuwerten. In der Kulturrevolution erreichte diese Tendenz bekanntlich ihren Höhepunkt. Damals bekam auch Du Fu die Schandmütze des »Konfuzianers« aufgesetzt, und Guo Moruo verfasste – wohl wissend um Maos Vorlieben – eine Monographie über Li Bai und Du Fu, in welcher er Li Bai als »revolutionären«, unkonventionellen Geist pries und Du Fu als zur Aristokratenschicht und Grundbesitzerklasse gehörend abwertete.[51] Wie dem auch sei, Mao Zedongs dichterische Praxis – seine Regeltreue in der Sieben-Wort-Form – deuten weniger auf den Einfluss der »drei Li«, sondern eher auf seine Nähe zur orthodoxen, sich an Du Fu orientierenden archaistischen Tradition der chinesischen Lyrik hin.

6. *Schluss*

Zusammengefasst lässt sich Folgendes festhalten: Maos Dichten in alten Formen ist Zeichen seiner literarischen Kultiviertheit (*wen* und *ya*), die – gepaart mit martialischen Fähigkeiten – zum traditionellen Persönlichkeitsideal gehört. Während der 20er und 30er Jahre entspricht er mit seiner dichterischen Praxis nicht dem litera-

[50] Die zweitletzte Zeile in dem Gedicht »Als die Volksbefreiungsarmee Nanjing erobert«, in: MZDSCX, S. 66 und S. 69. In Schickels Übersetzung (S. 30): »Der Himmel, hat er Gefühl, der Himmel sogar wird alt« (*Tian ruo you qing tian yi lao*). Das Gedicht von Li He trägt den Titel: »Jintong Xianren ci Han ge« (Abschiedslied auf Han von dem Goldbronze-Unsterblichen), *Quan Tang shi, juan* 391, S. 4403.

[51] Guo Moruo, *Li Bai yu Du Fu* (Li Bai und Du Fu), Peking 1971.

rischen Trend seiner Zeit; sie lässt sich insofern als Zeichen seiner Unkonventionalität verstehen. Der Meinung seiner Mitstreiter in der Yan'an-Periode nach zu urteilen, ist sie jedoch eher Ausdruck seiner Konservativität und seines Sinozentrismus.[52]

Die beiden Formen, in denen er dichtete, spiegeln zwei Seiten und zwei Lebensphasen von ihm wider: Im *ci*-Lied knüpft er an die *haofang*-Tradition an. Sie steht für seine kämpferische, unkonventionelle und patriotische (bzw. nationalrevolutionäre) Seite – was von kommunistischen Kritikern der sechziger Jahre (z. B. von Guo Moruo) gerne als Vereinigung von »revolutionärem Realismus« und »revolutionärer Romantik« apostrophiert wird. Das *ci* ist somit die dominante Form seiner jüngeren Jahre (bis ca. 43), das er jedoch auch im Alter noch pflegt.

Lässt sich Maos *ci*-Dichtung, die er in der relativ freien Zeit des Kampfes zwischen 1923–1936 verfasste, noch als Ausdruck seiner zwar konservativen, doch auch unkonventionellen und gegen den literarischen Zeitgeist gewendeten Einstellung verstehen, so gewinnt dieser Kontrast ab 1942 bzw. ab 1949 eine neue Qualität. Nach Gründung der Volksrepublik entspricht das neue, umgangssprachliche Gedicht nicht mehr einer Zeitströmung, die aus einer literarischen Revolution entstand, sondern ist eine von oben verordnete Form, und zwar verordnet von einem Herrscher, der für sich selbst andere Maßstäbe gelten lässt, ja sogar sich zunehmend der »formalisiertesten« der klassischen chinesischen Dichtformen, dem Sieben-Wort-*lüshi*, zuwendet. Das *lüshi* ist somit nicht nur die Form seines

[52] Dafür spricht auch, dass er abgesehen von Lu Xun, den er wie einen Heiligen verehrte (und der trotz seiner Rolle als Pionier der modernen chinesischen Literatur fast ausschließlich in klassischen Formen – meist ebenfalls im Sieben-Wort-*lüshi* – dichtete), nichts von der modernen chinesischen – und noch weniger von der westlichen Literatur – hielt. Wie mehrfach bezeugt, bestand im literarischen Bereich seine Lektüre fast ausschließlich aus klassischen Romanen, Gedichten, Geschichtswerken u. ä. Lu Xuns zwiespältiges Verhältnis zur chinesischen Tradition ist inzwischen vielfach hervorgehoben worden, so dass auch in seinem Falle das stereotype Bild des ikonoklastischen Neuerers ihm nicht mehr gerecht wird. Seine Dichtung in klassischen Formen wird meist als die privateste Seite seines facettenreichen literarischen Werkes verstanden. Siehe z. B. Lin Yü-sheng, *The Crisis of Chinese Consciousness: Radical Antitraditionalism in the May Fourth Era*, Madison 1979, oder Leo Ou-fan Lee, *Voices from the Iron House: A Study of Lu Xun*, Bloomington 1987.

Alters, sondern vor allem die des politischen Führers – eines »Idealvertreters seiner Kultur« – und Herrschers: Sie ist gleichsam die »imperiale« Form. Was seine Beherrschung dieses Mediums betrifft, so steht Mao hier in einer langen Tradition illustrer Vorläufer. Allerdings ist seine Leistung auf dem Gebiet »imperialer« Dichtung im Vergleich zu manchem seiner Vorgänger – zumindest quantitativ – als eher bescheiden einzustufen: Der Qianlong-Kaiser (reg. 1736–1796) der Qing-Dynastie z. B. war stolz darauf, 454 Bände (*juan*) mit *shi*-Gedichten zu veröffentlichen – jedoch wird auch bei ihm, nicht anders als heute bei Mao, die Autorschaft der über 42.000 unter seinem Namen veröffentlichten Gedichte angezweifelt.[53]

Maos Festhalten an der Form des Sieben-Wort-*lüshi* und seine Regeltreue implizieren schließlich eine Nähe zur archaistischen und somit auch zur legalistisch-konfuzianischen Tradition. In seiner schon zitierten Studie über den Archaismus der Ming-Zeit bemerkt Richard John Lynn beiläufig: »Archaismus und autoritäre Staatsideologie scheinen viel gemeinsam zu haben.«[54] Mit Maos Dichtung als Beispiel könnte man bekräftigend ergänzen: Sie haben es auch heute noch.

[53] Arthur Hummel (Hg.), *Eminent Chinese of the Ch'ing Period*, Washington (DC) 1943, S. 371.

[54] Lynn, »Alternate Routes«, S. 337.

Muammar al-Gaddafi (*1942)

DIE FLUCHT IN DIE HÖLLE (1993)

Wie hartherzig sind doch die Menschen, wenn sie gemeinsam das Maß überschreiten! Welch ein gewaltiger Strom, der mit keinem Mitleid hat, der sich ihm in den Weg stellt! Der sein Schreien nicht hört und ihm die Hand nicht entgegenstreckt, wenn er ihn anfleht und um Hilfe bittet. Ja, ohne Aufhebens stoßen sie ihn vor sich her. Die Tyrannei eines Einzelnen ist die schändlichste aller Tyranneien, doch der Despot ist ein Einzelner, den die Gemeinschaft beseitigen kann, ja, sogar ein unbedeutendes Individuum kann ihn, womit auch immer, beseitigen. Die Tyrannei der Massen dagegen ist die brutalste Art von Tyrannei, denn wer kann sich allein gegen den reißenden Strom, gegen die blinde umfassende Macht stellen?

Die Höllenfahrt eines armen Despoten
Zum Schreib- und Denkstil Muammar al-Gaddafis

Heiner Lohmann

Der Poet als armer Despot

Folgt man dem lyrischen Alter Ego, dem der reale Despot Muammar al-Gaddafi die oben angeführten Sätze in den Mund legt, so sind Despoten eine schutzlose, verfolgte und in ihrer Existenz bedrohte politische Spezies. Mehr noch – in der gesamten Geschichte *Die Flucht in die Hölle*, die mit der zitierten Textpassage beginnt, wird mit keinem Wort erwähnt, was so »schändlich« an der Tyrannei eines Einzelnen sei. Denn Tyrannen sind gar keine, sie sind unschuldig, sie unterdrücken nicht, sie werden unterdrückt. Es sind die erbarmungslosen, dumpfen, mit kollektiver Wucht agierenden Massen, die den Despoten ihr aufopferungsvolles Handwerk legen:

> Sie verschworen sich gegen Hannibal und ließen ihn Gift nehmen. Savonarola verbrannten sie auf dem Scheiterhaufen und brachten ihren Helden Danton zur Guillotine. Sie zerschlugen Robespierre, ihrem geliebten Redner, die Kiefer, und den Leichnam Mussolinis schleiften sie durch die Straßen. Und sie spuckten Nixon ins Gesicht, als er das Weiße Haus verließ, in das sie ihn, ihm applaudierend, gebracht hatten. Wie schrecklich! Wer kann empfindungslosen Personen predigen, Empfindungen zu hegen?![1]

Das lyrische Ich, dem Gaddafi seine Stimme verleiht, stellt sich als väterlicher Autokrat vor, als »Wohltäter, der aus der Wüste kam, als Befreier aus Fesseln und Ketten«.[2] Die Massen lieben ihren Tyrannen, aber sie haben kein Erbarmen mit ihm, kennen nicht »ihre

[1] Muammar al-Gaddafi, *Das Dorf, das Dorf, die Erde, die Erde und der Selbstmord des Astronauten*, München 2004 [Original: Libyen 1993], S. 59.

[2] Ebd., S. 61 f.

Pflichten«. In ihren Forderungen an den gütigen Despoten sind sie unersättlich wie wilde Tiere, während er selbst ein asketisches Nomadenleben führt: »Was suche ich also, ich der herumschweifende Beduine, in einer modernen verrückten Stadt, deren Bewohner, immer wenn sie mich finden, nach mir schnappen.«[3] Unversehens ist aus dem Despoten ein vormoderner Wüstennomade geworden, die eigentlich von ihm Beherrschten entpuppen sich als moderne, zivilisierte Städter. »Ich Beduine, der weder lesen noch schreiben kann, ich weiß nicht, wie man den Verputz macht, kenne nicht die Bedeutung von Kanalisation. Ich trinke das Regenwasser und das Wasser aus dem Brunnen mit meinen beiden Händen.«[4] Obwohl er nichts besitzt, bedrängen ihn die Massen in den Städten mit ihren Forderungen nach einer besseren Infrastruktur, nach Grundbesitz und Nahrung. Der Beduine dagegen ist besitzlos und empfindsam. »Ich bin nämlich sehr sensibel im Gegensatz zu den Bewohnern der Stadt [...].« Er, der Nicht-Despot-Despot, hat als Befreier der Massen mehr geleistet, »als ein Einzelner aufzubringen vermag, aber die Bewohner der verrückten Stadt fordern alles auf einmal von mir. Ich habe das Gefühl, ich bin der Einzige, der nichts besitzt [...]. Und da ich nichts verlangt habe, nichts besitze, ist meine Situation eine besondere, ja eine seltsame geworden. Deshalb war und bin ich fast stündlich diesen Belästigungen ausgesetzt [...].«[5]

Die Ungereimtheiten in der hier vorgestellten Geschichte werfen einige Fragen auf: Warum belästigen wohlhabende Städter einen besitzlosen Beduinen mit materiellen Forderungen? Warum lieben sie ihn und trachten ihm zugleich nach dem Leben? Warum verwandelt sich der Konflikt zwischen einem autokratischen Herrscher und seinen Untertanen unter der Hand in einen Gegensatz zwischen Stadt und Wüste? Warum eigentlich ist der Despot kein Despot, sondern ein »Erretter« und Wohltäter, über den die Massen obrigkeitliche Macht ausüben (»Warum gebt ihr mir keinen Reisepass?«)?

Einige Interpreten erkennen in der Geschichte, die als interessanteste und wichtigste des Bandes gilt und in der englischen Ausgabe titelgebend ist, Gaddafis Paranoia, seine zunehmende Angst

[3] Ebd., S. 60.
[4] Ebd., S. 61.
[5] Ebd., S. 62.

vor einem Umsturz und vor Attentaten oder, wie der Herausgeber und Übersetzer des Bandes, Gernot Rotter, meint, »Gaddafis psychische Befindlichkeit zu Anfang der neunziger Jahre«.[6] Diese empiristische Lesart erklärt allenfalls das Thema, nicht jedoch die textimmanente Form. Vor allem erklärt sie nicht die Grauzone von desymbolisierten Metaphern und Verwechslung, in der sich die Geschichte bewegt.

Rotter glaubt an der Diktion zu erkennen, dass Gaddafi die Geschichten nicht aufgeschrieben, sondern frei auf Band gesprochen hat. Das ist der Eindruck, den der Leser vor allem von der Geschichte *Die Flucht in die Hölle* gewinnt. Der Erzähler schwadroniert drauflos, in freier Assoziation lässt er sich von dem treiben, was ihm gerade einfällt. Den roten Faden, den er zu Beginn der Geschichte thematisch mit der Schändlichkeit der Einzelherrschaft und dem Gegensatz zwischen Herrscher und Beherrschten aufgenommen hat, gibt er sehr bald aus der Hand. Die höchst unplausiblen sequenziellen Sprünge im Fortgang der Erzählung überbrückt er mit Pseudometaphern, die nicht aufgehen. In der Hauptfigur bleibt die Verbindung zwischen dem Despoten und dem Beduinen ungeklärt. Die einzige Übereinstimmung ist beider Larmoyanz und Gejagdsein. Desgleichen wird nicht deutlich, was die despotenmordenden Massen mit den modernen, zivilisationsbedachten Städtern gemeinsam haben, in die sie sich verwandeln.

Auch die Befreiung vom Despoten wird ambivalent dargestellt: »Wie ich die Freiheit der Massen liebe, wenn sie, ohne einen Herren über sich zu haben, losbrechen, nachdem sie ihre Fesseln gesprengt haben; wenn sie Freudenrufe ausstoßen und singen nach all der Mühsal und Not.«[7] Was wird hier beschrieben? Der Freiheitskampf? Aber der Herrscher ist nicht mehr da und die Fesseln schon gesprengt. Die Freude nach der Befreiung? Die Massen brechen gerade erst los, um sich zu befreien. Hinzu kommt, dass noch im Satz vorher der »reißende Strom« als »brutalste Art von Tyrannei« geschildert wurde. Auch dies eine Ambiguität zwischen revolutionärer Umsturzgewalt und der diktatorischen Herrschaftsform der Massen.

Gaddafi treibt die Differenzlosigkeit bis zum Äußersten. Es lässt sich anhand des Textes nicht einmal bestimmen, worin sich der

[6] Ebd., Vorwort, S. 10.
[7] Ebd., S. 59.

Despot und die Volksmassen unterscheiden. Der Despot figuriert von Anfang an als Unterdrückter, der dem Volk hilfeschreiend die Hände entgegenstreckt, und die Volksmassen als Unterdrücker und Vollstrecker. Die Beziehung zwischen den Parteien ist reziprok. »Ja, wie lieben sie ihn und fürchten ihn gleichzeitig. Ja, ich liebe und fürchte die Massen, wie ich meinen Vater liebe und fürchte.«[8]

Die hier genannte patriarchalische Beziehung des »Wohltäters, der aus der Wüste kam«, zu seinen undankbaren Untergebenen ist allerdings keine. Denn der Despot ist das Kind der Massen, ein Sohn des Volkes, der mit der Strafe der Massen rechnen muss: »Ich liebe die Massen wie meinen Vater, und ich fürchte sie, wie ich ihn fürchte. Wer könnte in einer regierungslosen beduinischen Gesellschaft einen Vater daran hindern, sich an einem seiner Söhne zu rächen.«[9] Auch dies ist ein Satz, der das Verhältnis von despotischen Massen und Autokrat verschleiert. Der Hinweis auf die beduinische Gesellschaft insinuiert das Recht des Vaters auf Bestrafung seines Sohnes. Dieses Recht gerät aber ins Zwielicht durch die Bemerkung, man könne einen Vater nicht daran hindern, denn diese Formulierung wiederum konnotiert ein zweifelhaftes Recht. Außerdem ist hier nicht von Bestrafung, sondern von Rache die Rede. Rache ist zwar in der beduinischen Tradition eine soziale Regelungsmaßnahme, betrifft aber nur Personen, die nicht zur Familie und zum Stamm gehören. Also auch kein Vater-Sohn-Verhältnis. Die hermeneutische Verwirrung ist an das Extrem der Unverständlichkeit gelangt. Die Strukturen der Geschichte haben sich aufgelöst, sie verliert ihren inneren Sinn, wirkt verworren und zusammenhanglos.

Arno Widmann, Feuilletonchef der *Frankfurter Rundschau*, erkennt in dieser Erzählung »neun Seiten Weltliteratur. Es gibt wahrscheinlich von keinem Autokraten der letzten dreitausend Jahre auch nur im entferntesten einen ähnlichen Text. Gaddafi ist der einzige, der einen kalten Blick auf die Liebe der Massen hat. Er ist so kalt, dass er auch etwas sagt über die Liebe überhaupt [...]. Dass er das konsequent von der Seite des Herrschers aus betrachtet und nicht eine Sekunde lang – politisch korrekt – auch von der Seite der Beherrschten, das macht den Reiz und die Kraft dieses

[8] Ebd.

[9] Ebd.

Textes aus.«[10] Widmann übertreibt nicht nur, was den gesamten Band betrifft (»Es sind zwölf Texte, und fast jeder davon ist eine Offenbarung [...]. Es gibt bei uns nicht ein einziges solches Buch«), er liest auch in *Die Flucht in die Hölle* hinein, was er erwartet, und missversteht damit die Erzählung, weil nicht Liebe oder der kalte Blick sie charakterisiert, sondern eine anmaßende Larmoyanz, weil sie nicht von schlüssiger Differenz lebt, nicht zwischen Herrscher und Beherrschten, nicht zwischen Liebenden. Vielleicht gibt es tatsächlich »von keinem Autokraten der letzten dreitausend Jahre auch nur im entferntesten einen ähnlichen Text«, der sich dermaßen hermetisch dem Verständnis entzieht.

Widmanns Rezension ist ein für die Gaddafi-Rezeption über lange Zeit typischer Ausdruck illusionären Verstehens. Diese hermeneutische Einstellung, die die Verstehensproblematik fremder symbolischer Äußerungen beseitigt, anstatt sie als Herausforderung anzunehmen, die das Überraschende und Unbequeme des Fremden für sich vereinnahmt, ist auf der Seite des *Grünen Buches* ebenso anzutreffen wie auf der seiner Interpreten. Auch das *Grüne Buch* Gaddafis ist, wie ich nachgewiesen habe,[11] Opfer eines westlichen intellektuellen Soziozentrismus geworden. Es wurde durchgängig für einen politischen Text gehalten, obwohl sein mythischer Charakter mit Händen zu greifen ist.

Die Erzählung *Die Flucht in die Hölle* bietet dem Leser keinen Anhaltspunkt dafür, worum es in der Geschichte eigentlich geht. Hier gibt es Parallelen zum Grünen Buch. Sämtliche Inhaltsangaben, die ich über diese Erzählung wie auch über das *Grüne Buch* gelesen habe, sind behelfmäßige, der gebotenen Kürze geschuldete Annäherungen, die dem inneren Sinn des jeweiligen Werkes nicht gerecht werden. Die einzige zu findende Lesart, Gaddafi stelle im Grünen Buch seine Ideen eines direktdemokratischen Partizipationsmodells vor, ist Ergebnis eines an den Oberflächenstrukturen haftenden Irgendwie-Verstehens. Ich habe detailliert nachgewiesen, dass Gaddafi aufgrund kategorialer Konfundierungen seines reifi-

[10] http://www.perlentaucher.de/artikel/1962.html#a2 (letzter Aufruf 12.2. 2011).

[11] Heiner Lohmann, *Strukturen mythischen Denkens im Grünen Buch Mu'ammar al-Gaddafis. Eine kommunikationstheoretische Untersuchung zur Rationalität eines soziozentrischen Weltbildes im Islam mit einer Neuübersetzung des Grünen Buches im Anhang*, Münster 2009, S. 66 ff.

zierenden sprachlichen Weltbildes ideale Geltung nicht von Faktizität, Theorie nicht von der Realität, nicht einmal Sprache und Welt streng unterscheidet. Er kann, mit anderen Worten, sein Modell der direkten Demokratie von der faktischen Weltordnung nicht trennen. Ihm fehlen die Kriterien, um seine Deutungen als subjektiv zu verstehen. Es ist insofern konsequent, dass er seine Autorschaft des direktdemokratischen Modells mit der Menschheitsgeschichte verwechselt.

> Die Volkskongresse und Volkskomitees sind kein Fantasieprodukt, so sehr sie auch ein Ergebnis des menschlichen Denkens sind, das alle Erfahrungen des Menschen mit der Demokratie aufgenommen hat.[12]

> Das alles [Gaddafis Ausführungen über den Ursprung des Sozialen, H.L.] sind Tatsachen, die vom Ursprung des menschlichen Lebens an bestehen; es sind keine auf eigenem Urteil beruhenden Vorstellungen.[13]

Wir sehen hier, in welche Widersprüche die Verwechslung von internen Sinnzusammenhängen (Konzept der direkten Demokratie) und externen Sachzusammenhängen (historische Ereignisse) führt. Nach der zirkulären Logik der beiden Zitate ist Gaddafis direkte Demokratie nichts Erdachtes, aber Ergebnis des menschlichen Denkens, das sich wiederum von den historischen Erfahrungen der Menschen, die es interpretiert, nicht streng unterscheidet.

Wir haben es hier mit der tief in der nomadischen Kultur Libyens wurzelnden *Illusion ewigen, ungebundenen Beduinentums* zu tun, von der Gaddafi sich in vielen seiner Werke mehr oder weniger stark leiten lässt und die er zur Rechtfertigung seiner faktischen Militärdiktatur instrumentalisiert. Die strukturellen Möglichkeiten einer solchen Ideologie- und Illusionsbildung sind nur um den Preis einer strukturellen Verflechtung von Sprache und Welt sowie

[12] MFĞ, Min maktabat al-fikr al-ÊamÁhÐrÐ. Sammlung von Erklärungen, Ansprachen und Gesprächen Mu'ammar al-QaÆÆÁfÐs, in: Al-markaz al-ÁlamÐ li-dirasÁt wa-'abÎÁ× al-kitÁb al-'aÌÅar (Hg. Internationales Zentrum zum Studium und zur Erforschung des Grünen Buches, Tripolis), Tripolis, jährlich ab Sept. 1969, Bd. 42, S. 179, 11.4.1983.

[13] *Das Grüne Buch*, Kapitel 3, »Die umma«.

einer weitgehenden Entdifferenzierung von Weltkonzepten zu haben, also dessen, was als objektive Tatsache, soziale Norm und subjektive Authentizität zu gelten hat. Weil diese Geltungssphären im *Grünen Buch* ein Syndrom bilden, kann Gaddafi die direkte Demokratie nach Belieben als seine eigene Idee oder als »immer schon« bestehende Tatsache ausgeben. Es ist daher nicht nur ungenau, sondern unzutreffend zu behaupten, Gaddafi schlage sein Modell vor. Zutreffender ist die Lesart, dass er das zur Weltordnung hypostasierte Verwandtschaftsystem expliziere, aber auch dies ist die Beurteilung eines externen Beobachters, die der systematischen Zweideutigkeit des *Grünen Buches* nicht gerecht wird.

Unter diesen Vorzeichen ist die ausnahmslos zu findende Lesart zu beurteilen, in der »Flucht in die Hölle« fliehe ein Despot vor den Massen. Denn die Protagonisten und Handlungsstrukturen sind vollkommen uneindeutig. Das lyrische Ich, von dem niemand weiß, wer es ist (ein Ex-Tyrann/Hirtennomade?) und warum (Freiheitswille/Habgier?) es von wem (den Volksmassen/den Städtern?) bedrängt und verfolgt wird, flieht schließlich in die Hölle.

Die Höllenfahrt als Weltflucht an einen besseren Ort

Sein Höllenfluchtmotiv weiß Gaddafi durchaus in eindrucksvollen Worten zu schildern:

> Ich bin tatsächlich zweimal vor euch in die Hölle geflohen, um mich selbst zu retten. Euer Atem belästigt mich, zwingt mich zur Einsamkeit, vergewaltigt meine Persönlichkeit, sucht mit Heißhunger und wilder Gefräßigkeit mich auszupressen, meinen Saft zu trinken, meinen Schweiß zu lecken und meinen Atem zu saugen. Dann werft ihr mich weg, um erneut zu beginnen. Euer Atem verfolgt mich wie rasende Hunde, deren Speichel in den Straßen eurer wahnsinnigen modernen Stadt fließt. Wenn ich dem entfliehe, verfolgt er mich über Spinnweben und Blätter des Halfa-Grases. Deshalb beschloss ich, ganz allein in die Hölle zu fliehen.[14]

[14] al-Gaddafi, *Das Dorf, das Dorf, die Erde, die Erde und der Selbstmord des Astronauten*, S. 64 f.

Die Pointe der Höllenfahrt, ja der tiefere Sinn des Motivs, einen extrem unwirtlichen Ort als Zuflucht zu wählen, liegt in der impliziten Bewertung, die dem Fliehenden zugemuteten Lebensumstände seien das denkbar Schlimmste, ärger noch, als es der Ort der Verdammten ist. Diese Erwartung des Lesers wird in ihr Gegenteil verkehrt. Denn die Hölle ist eine Oase, ein kühler Ort der Ruhe und Beschaulichkeit. »... doch die Hölle ist vollkommen still und ruhig. Beständig wie die Berge, die sie umgeben. Eine seltsame Stille umfasst sie, ein feierliches Schweigen hüllt sie ein. Ich habe keine lodernde Flamme gesehen.«[15] Die Hölle ist keine, sondern ein himmlischer Ort, vor dem die Sonne verblasst. »Die Hölle verbarg sogar die Sonne vor mir, die zu nichts wurde. Nichts blieb außer der Hölle und vor allem ihr Herz.«[16]

In diesem apokalyptischen Szenario gelangt der Fliehende endlich zu sich selbst. »Auch ich selbst ging auf in meiner Seele, und meine Seele ging auf in mir, beide suchten Schutz beim anderen, umschlangen den anderen.«[17] Hier findet also die dritte Verwandlung statt. Nachdem der Tyrann zu einem einfachen Wüstennomaden mutiert ist, begibt sich dieser mit neuer Identität auf eine existenzialistische Reise. »Meiner eigenen Existenz wurde ich mir bewusster als an jedem anderen Ort und zu jeder anderen Zeit.«[18] Und das Motiv der Verfolger, vor denen sogar die Tiere auf der Flucht sind, hat mephistophelische Züge angenommen. Sie wollen nicht mehr die Macht, nicht mehr Besitz, sondern seine Seele: »Es ist euer ständiger Wunsch, mich und meine Seele zu trennen, weil dies zu eurer eigenen Ruhe und Gelassenheit beiträgt.«[19] Hier ist nun die Erzählung zu ihrem Höhepunkt und Ende gelangt, und ihr Sinn scheint sich zu enthüllen. Die moderne Welt raubt der traditionalen Lebensweise ihre Seele. »Wir – d. h. ich und meine Seele – sind in eurer Stadt wie zwei gefährliche Verbrecher ... Gebt mir nur meine Seele, meine Seele, an der ich entdeckte, dass ihr sie verunstaltet habt und ihre lobenswerte Natur zu verderben trachtet.«[20]

[15] Ebd., S. 66.
[16] Ebd.
[17] Ebd.
[18] Ebd.
[19] Ebd., S. 67.
[20] Ebd.

Ist die Erzählung *Die Flucht in die Hölle* also die metaphorische Schilderung der Entfremdung und Entwurzelung traditionaler Gesellschaften durch das Eindringen der Moderne? Diese Deutung liegt nahe. Wozu aber dann die Figur des paranoischen Despoten? Handelt es sich vielleicht eher um die Schilderung eines alternden, gütigen Autokraten, dem seine Untergebenen ans Leben wollen? Wozu aber dann die habgierigen Städter, die den besitzlosen Beduinen bedrängen? Wozu der Seelenraub? Oder haben wir es mit einem fabulösen Assoziationenpool zu tun, aus dem jeder nehmen kann, was er will? Referentielle Offenheit oder Beliebigkeit?

»Demokratien sind die schlimmsten Tyranneien«

Einen Fingerzeig auf den geschlossenen Charakter der Gaddafischen Denkweise gibt es in der folgenden schon zitierten Textstelle der Erzählung: »Die Tyrannei eines Einzelnen ist die schändlichste aller Tyranneien, doch der Despot ist ein Einzelner, den die Gemeinschaft beseitigen kann, ja, sogar ein unbedeutendes Individuum kann ihn, womit auch immer, beseitigen. Die Tyrannei der Massen dagegen ist die brutalste Art von Tyrannei, denn wer kann sich allein gegen den reißenden Strom, gegen die blinde umfassende Macht stellen?«[21]

Dies ist die einzige Passage der Erzählung, in der Gaddafi nicht fabuliert, sondern argumentiert. Auch hier, wo es um einen einfachen Zusammenhang geht, verliert sich der Erzähler in narrativer Differenzlosigkeit. Denn der propositionale Gehalt der Textstelle lässt sich gar nicht benennen, weil er sich in einem Widerspruch auflöst. Worum geht es? Hier wird etwas gegeneinander abgegrenzt, was sich gar nicht unterscheidet. »Die Tyrannei eines Einzelnen ist die schändlichste aller Tyranneien« und »Die Tyrannei der Massen dagegen ist die brutalste Art von Tyrannei«. Letzteres wird damit begründet, dass man gegen die Massen nicht ankommt. Wenn das so ist, müsste der einzelne Tyrann in seiner Angreifbarkeit ein gütiger Herrscher sein, das ist er aber nicht, seine Herrschaft ist die »schändlichste aller Tyranneien«. Gaddafi macht hier nicht das Handeln zum Maßstab legitimer Herrschaft, sondern etwas, das gar

[21] Ebd., S. 59.

keine ethische Kategorie ist: die Stabilität der Herrschaft. Auch hier konfundiert er interne Sinnzusammenhänge (ideale Gültigkeit eines Anspruchs) und externe Sachzusammenhänge (Dauer und Stabilität faktischer Herrschaft). Er vermengt einen Geltungs- und einen Ordnungsbegriff. Je stabiler die Macht, umso größer die moralische Autorität und Legitimität des Herrschers. Ein Tatsachenurteil und ein Werturteil finden sich konfundiert. Verbrämt wird dieser Kategoriensprung durch Begriffe wie »reißender Strom« und »blinde umfassende Macht«.

Wir stehen hier vor einer typischen Gaddafi'schen Widersprüchlichkeit bzw. Pseudoargumentation, die in einer Konfusion von Grundbegriffen begründet ist. Das ist hier auch deswegen interessant, weil im *Grünen Buch*, wie wir noch sehen werden, die Kombination von Tautologien und Widersprüchen bis zum hermeneutischen Schwindel systematisiert wird, sodass die Interpretationsarbeit sich darin erschöpft zu erklären, wie diese Inkonsistenzen zustande kommen.

Hierzu ein Beispiel aus dem *Grünen Buch*, in dem es ebenfalls um die Legitimität von Herrschaft geht: »Die schlimmsten Diktaturen, die die Welt erlebt hat, bestanden im Schatten der Parlamente.«[22]

Wie kommt der Autor des *Grünen Buches* zu einer solchen Aussage? Er steigert sie noch durch die paradoxe These, gerade das direktdemokratische Element des Volksentscheids in Sachfragen entlarve den Parlamentarismus als Willkürsystem: »Volksabstimmungen sind ein Betrug an der Demokratie. Wenn man ja und nein sagt, hat man nicht wirklich seinen Willen artikuliert, sondern hat durch die Konzeption der modernen Demokratie Zügel angelegt bekommen. Es ist lediglich erlaubt, ein einziges Wort zu sagen: ja oder nein! Dies ist das äußerste und härteste diktatorische Unterdrückungssystem.«[23]

Wir verstehen diesen superlativischen Gewaltvorwurf nur, wenn wir ihn als fundamentalistischen Versuch Gaddafis durchschauen, der eigenen tribalen Lebenswelt gegenüber den formalisierten Legitimationstypen der modernen parlamentarischen Demokratien Ultrastabilität und einen exklusiven Geltungsanspruch zu verleihen. Wahrhaft demokratisch ist für den Autor des *Grünen Buches*

[22] *Das Grüne Buch*, Kapitel 1, »Die Parlamente«.

[23] *Das Grüne Buch*, Kapitel 1, »Die Volksabstimmung«.

nur das Verwandtschaftssystem, es ist naturwüchsig, substanziell, konkret und allen anderen sozialen Formationen zeitlos übergeordnet. In ihm konfundieren auf soziozentrische Weise die soziale und die objektive Welt. Im *präreflexiven* Weltbild Gaddafis ist Demokratie weder organisierbar noch graduierbar. Je weiter sich Gesellschaften evolutionär von diesem Muster einer von Verwandtschaftsbeziehungen gebildeten Weltstruktur entfernen, umso despotischer sind sie. Daher fallen die parlamentarischen Demokratien moralisch hinter die Entwicklungsstufe noch so restriktiver autokratischer Herrschaftssysteme zurück. Je größer der Formalisierungsgrad der Handlungsbereiche und je länger die Entscheidungswege, umso despotischer ist das betreffende Herrschaftssystem. Andererseits kommt Gaddafi nicht umhin, einen Demokratiefortschritt in der Geschichte zu erkennen, das ist er seinem Anspruch schuldig, die endgültige demokratische Lösung der Menschheitsprobleme gefunden zu haben. Der Ausdruck »endgültig« kommt in diesem Sinne im Grünen Buch 17-mal vor. In seiner Vorstellung ewiger tribaler Sozialstrukturen bemisst Gaddafi, wie in der Erzählung »Die Flucht in die Hölle«, Legitimität nicht an der idealen Gültigkeit und Anerkennungswürdigkeit sozialer Nomen, sondern an ihrer kruden Faktizität.

Aus der Koinzidenz von Faktizität und Geltung folgt die Einebnung aller Differenzen. Hermeneutisch bedeutet dies, dass auf der politischen Ebene der Unterschied zwischen demokratischen und despotischen Herrschaftssystemen, zwischen Macht und Gewalt aufgehoben und auf der sozialen Ebene der Wertmaßstab für Handlungen abhandengekommen ist. So werden Täter und Opfer ununterscheidbar, die Forderungen der Stadtbevölkerung nach zivilisatorischen Errungenschaften (»Baue uns ein anderes Haus, schaffe uns eine bessere Verbindung, errichte uns eine Straße im Meer…«) erscheinen so monströs und apokalyptisch, dass sie dem Protagonisten die Seele rauben und die Hölle erfreulicher erscheinen lassen als die Erfüllung dieser Ansprüche. »… die Bewohner der verrückten modernen Stadt fordern alles auf einmal von mir«, »diese Massen, die nicht einmal barmherzig zu ihren Errettern sind, ich glaube, sie verfolgen mich, verbrennen mich«.

Despoten sind keine Despoten, die Stadt ist die Hölle, die Hölle der Himmel und der demokratisch gewählte amerikanische Präsident Richard Nixon findet sich in die illustre Reihe historischer Tyrannen aufgenommen – nicht wegen seiner Taten, sondern weil er ein Opfer von Entmachtung wurde. Vor diesem Hintergrund wird verständlich, dass Gaddafi einmal auf die Frage eines Journalisten nach der unsinnigsten Beschuldigung, die man gegen ihn erhoben habe, antwortete: »Dass ich ein Diktator und Terrorist sei.« Wir dürfen dem Mann, der sich daran machte, den repressivsten Polizeistaat der arabischen Welt zu errichten, glauben, dass er das tatsächlich so meint. Wie dies mit seiner beduinischen Mentalität und seinem archaischen Weltbild zusammenhängt, werde ich weiter unten bei der Besprechung des *Grünen Buches* darlegen.

Geschichten über die Lebensfeindlichkeit der Moderne und die Zurückgebliebenheit der islamischen Welt

Die übrigen elf Erzählungen in dem Band *Das Dorf, das Dorf, die Erde, die Erde und der Selbstmord des Astronauten* sind für die vorliegende Thematik weniger erwähnenswert. Insgesamt sind sie mehr als eine Aneinanderreihung pseudophilosophischer Belanglosigkeiten, die viele Rezensenten darin sehen. Alle Erzählungen weisen mehr oder weniger ausgeprägte autobiografische Züge auf. Rotter urteilt zutreffend, wenn er feststellt, dass sie sich »zwischen philosophischem Anspruch, beduinischen Träumereien, ironischer Gesellschaftskritik und politischer Satire«[24] bewegen.

In den ersten vier essayistischen Kapiteln »Die Stadt«, »Das Dorf, das Dorf«, »Die Erde, die Erde« und »Der Selbstmord des Astronauten« kommen die zerstörerischen Folgen der Zivilisation zur Sprache. In einer prototypischen Überzeichnung finden sich die Idylle von Land und Dorf auf der einen Seite und die hässlichen, menschenverachtenden, lebensfeindlichen Züge des modernen Lebens andererseits gegenübergestellt. Die Stadt ist anonym und unfrei (»Verbote, Bändigungen, Behinderungen und Einschränkungen«), rücksichtslos, rastlos, oberflächlich, schmutzig, entwurzelt, vergiftet, blenderisch (»die ganze Stadt besteht nur aus täuschenden Erscheinungen«), hektisch. Das Dorf erscheint dagegen human, sozial und solidarisch, frei von äußerem Zwang, voller natürlicher Schönheit (»Der Mond hat einen Sinn, der Anblick des Himmels ist ein Genuss und der Horizont ist sichtbar«).

[24] al-Gaddafi, *Das Dorf, das Dorf, die Erde, die Erde und der Selbstmord des Astronauten*, Vorwort, S. 9.

Unplausibel ist die Behauptung, die Stadt sei »ein Albtraum des Lebens und keine Freude«, sonst »hätte man sie von Anfang an dafür entworfen«. Auch schiefe Vergleiche finden sich: »Die Stadt ist das Grab der gesellschaftlichen Bindung, und wer sie betritt, schwimmt gezwungenermaßen auf ihren Wogen, die ihn von Straße zu Straße, von Stadtviertel zu Stadtviertel und von einem Freund zum nächsten tragen.«[25]

Auf den Wogen eines Grabes zu schwimmen ist kein leicht eingängiges Bild.

Der Leser wäre geneigt zu blättern, statt zu lesen, wenn dem Autor nicht gelegentlich drastische Sprachbilder und Formulierungen gelängen, die ihm niemand zugetraut hätte.

> Sie [die Stadt, H.L.] breitet sich in alle Richtungen aus, und ihr Wachstum kennt keine Grenzen. Wie ein Algenteppich legt sie sich über ihre ganze Umgebung, verspritzt mit ihren Tentakeln ihre Gifte, vernichtet die reine Luft, verunstaltet und verdunkelt das Bild der Natur, bläst Rauch, Dämpfe, Gase hinaus, erstickt den Atem, besudelt alles, verschleiert die Sterne, den Mond und sogar die Sonne, schreit, kreischt, pfeift und lärmt, sodass sie das Gehör zerstört, Kopfschmerz erzeugt und die Nerven anspannt.[26]

Die Grenze zum Kitsch ist fließend, wenn die Idylle von Dorf und Land beschrieben wird. »Dort [im Dorf, H.L.] ahmt man die Vögel und Blumen und ihr Streben nach Freiheit und Aufgeschlossenheit nach [...]. Dort leben fröhliche und gesellige Kinder, Kinder der Sonne und des Mondes, Kinder des linden Lufthauchs und der stürmischen Winde, ohne Furcht vor dem Freiheitsdrang.«[27]

Der zweieinhalbseitige Essay »Die Erde, die Erde« ist ein Appell, die Schöpfung zu bewahren (»[...] zerbrecht nicht dieses einmalige Behältnis, das unersetzbar ist«). In »Der Selbstmord des Astronauten« kehrt ein Astronaut von einer Weltraumfahrt zurück, wo er vergeblich nach Leben gesucht hat. Er ist den natürlichen Grundlagen so entfremdet, dass er sich das Leben nimmt, weil er keinen Beruf findet, der ihn ernährt. In einer anderen Erzählung macht

25 Ebd., »Die Stadt«, S. 21.
26 Ebd., »Die Stadt«, S. 27.
27 Ebd., »Die Stadt«, S. 33.

sich Gaddafi über die Ungebildetheit der einfachen Bevölkerung lustig, die politischen und zivilisatorischen Fortschritt verhindert. Der hymnische Verehrer einer vormodernen Lebensweise zeigt sich hier als ironischer Kritiker fortschrittsfeindlicher Traditionalität.

»Der Tod« ist stark autobiografisch geprägt. Es ist die schönste, berührendste und in ihrer sprachlichen Klarheit gelungenste Geschichte des Bandes. Der Autor erzählt nach einführenden Gedanken, ob der Tod männlich oder weiblich sei, sehr persönlich und einfühlsam vom jahrzehntelangen Kampf seines Vaters gegen den Tod.

> Mein Vater wurde im Allgemeinen matter und matter, und während wir uns immer mehr verkrampften, zerrissen waren von Trauer und Schmerz, zuweilen weinten, lächelte er entspannt in der Todesohnmacht. War dies der Tod, gegen den er in den Schlachten von al-Qardabiya, Tala und al-Milh gekämpft hatte? War dies die giftige Schlange, die ihm in der leeren Wüste bei anderen Gelegenheiten aufgelauert hatte? War dies der Tod, der verbissene, provozierende Feind, der Siegesgewisse, der Verblendete, den sein provokantes Wesen und seine Siegesgewissheit zu Hetze und Leichtsinn verleiteten?[28]

Am Ende »ergab« sich sein Vater dem Tod wie einer Frau.

Es finden sich ferner drei politische Satiren, in denen Gaddafi die Uneinigkeit der Muslime und die verschiedenen islamistischen Gruppierungen mit ihrem kleinkarierten, realitätsfernen Festhalten an alten Büchern verspottet. Den Band beschließt »Der Fastentrommler am Mittag«, ein Loblied auf die fürsorgliche Figur des Fastentrommlers, der während des Fastenmonats Ramadan die Muslime frühzeitig weckt, damit sie noch vor Sonnenuntergang etwas essen, um bis zum Sonnenuntergang durchzuhalten. Man darf vermuten, dass Gaddafi sich hier selbst charakterisiert.

[28] Ebd., »Der Tod«, S. 93.

Immunität gegen die Moderne – das Grüne Buch *als eskapistischer Mythos*

Während das belletristische Werk des libyschen Staatschefs weitgehend unbekannt ist, hat sein *Grünes Buch* (erschienen zwischen 1976 und 1979) über den Kreis der einschlägig damit Befassten hinaus eine relative Bekanntheit, ja Berühmtheit erlangt. Das liegt zum einen an den extensiven Propagandaaktivitäten Gaddafis. Das mit hohem finanziellen Aufwand in Tripolis betriebene Weltzentrum zum Studium des *Grünen Buches* soll andere Staaten und Völker zur Übernahme von Gaddafis Gedankengut bewegen. Von dort aus wurde die Verbreitung des *Grünen Buches* – bislang in rund 50 Sprachen übersetzt – betrieben und weltweite Symposien zum *Grünen Buch* organisiert. Andererseits haben das Attribut »grün« im Titel und sein als »Dritte Universaltheorie« bezeichneter Inhalt im Westen die Illusion genährt, der Wüstensohn lege eine authentische, irgendwie alternative politische Dritte-Welt-Theorie vor. Anstatt die eigene Erwartung für das kulturell Fremde offen zu halten, verlegte sich die westliche Rezeption in Wissenschaft und Feuilleton darauf, das *Grüne Buch* entweder als lächerlich, belanglos und unbedarft zu denunzieren oder als politischen Text, pragmatischer oder utopischer Natur, misszuverstehen. Diese deskriptivistischen Positionen eines externen Beobachters verstehen die Doktrin des *Grünen Buches* als eine methodisch geordnete Menge wahrheitsfähiger Sätze, die als solche widerlegt oder bestätigt werden kann.

Hingegen legt der hermetische Charakter des *Grünes Buches*, seine für Kulturfremde objektive Unzugänglichkeit, die systematische Inkohärenz seines Begründungs- und Bedeutungspotenzials die Vermutung eines geschlossenen Weltbildes, eines narrativen Mythos nahe. Mythen sind keine diskursiven Theorien, sie dienen nicht der argumentativen Klärung, sondern der Identitätsstiftung, daher sind sie, einer religiösen Überzeugung ähnlich, nicht widerlegbar. Sie können nicht falsch, allenfalls unzureichend oder unangemessen sein.

Mit Habermas' Kommunikationstheorie lässt sich der für das *Grüne Buch* charakteristische Zusammenhang zwischen Verständlichkeit, illusionärer Weltdeutung und Legitimation stringent erklären.[29] Auf dem niedrigen Niveau der Produktivkräfte archaischer

[29] Lohmann, *Strukturen mythischen Denkens im Grünen Buch Mu'ammar al-Gaddafis*, S. 82 ff.

Gesellschaften ist Zwecktätigkeit über Werte und Normen in der Lebenswelt verankert. Nur so kommen die für die materielle Reproduktion notwendigen Handlungen zustande. Objektive Notwendigkeiten verbinden sich auf diese Weise mit übergeordneten Ideen und Werten, die zu ihrer Rechtfertigung dienen. Die Bestandserhaltung des Systems ist also eng mit dem identitätsverbürgenden Traditionswissen verbunden. Dieses Wissen ist durch fremde Weltbilder bedroht, weil sein ganzheitlicher Deutungsvorschuss solche dissonanten Erfahrungen nicht abdeckt. Diese Erfahrungen überfordern das Begründungs- und Rechtfertigungspotenzial des Weltbildes und können daher nicht konsonant verarbeitet werden.

Aus der Angreifbarkeit der normativen Grundlagen vormoderner Gesellschaften folgt ihre Immunisierungsbedürftigkeit. Ein Identitätskonflikt, der durch die dissonante Erfahrung fremder Überzeugungen und Lebensformen entsteht, stellt ein Risiko dar, das nicht vollständig unterdrückt werden kann. Wegen seines kritischen Potenzials darf er aber nicht offen zutage treten, er muss unbewusst, d. h. illusionär, abgefangen und abgewehrt werden. Dies geschieht durch die typischen kognitiven Beschränkungen des konkreten Denkens. Sprachlich konstituierte Weltbilder erfüllen dabei die stabilisierende Funktion der einheitssichernden Weltauslegung als Mittel zur Bewältigung eines identitätsbedrohenden Grundkonflikts.[30] Einen solchen Konflikt stellt beispielsweise die enttäuschende Konfrontation archaischer Gesellschaften mit der Moderne dar. Mythische Weltbilder erfüllen diesen Zweck, indem sie Bedeutungs- und Wirklichkeitsaspekte vermengen, d. h., sie ziehen keinen präzisen Schnitt zwischen Interpretationen der Welt und der Realität selbst. Das, *woraus* die Angehörigen archaischer Gesellschaften ihre Interpretationsleistungen bestreiten (die eigene faktische Lebenswelt), koinzidiert mit dem, *worüber* eine Verständigung überhaupt möglich ist. Dieser Konkretismus eliminiert aus dem kommunikativ verwendeten Wissen das kontrafaktische, gegenüber Zeit und Raum neutralisierte Moment des Fehlbaren, des Ideellen und Hypothetischen. Habermas hat für diesen Mechanismus einer internen Exkommunikation problematischer Inhalte den Begriff der systematisch verzerrten Kommunikation verwendet.[31] Die Verzerrungen sind in die Grundbegriffe des sprachlichen

[30] Ebd., S. 107.

[31] Ebd., S. 82 ff.

Weltbildes eingebaut, also dessen, was als objektive Tatsache, als soziale Norm, als subjektives Erlebnis und als sprachliche Verständigung zu gelten hat – mit der Folge einer illusionären Weltdeutung. Illusionär insofern, als mythische Weltbilder Sozialbeziehungen als Abstammungsverhältnisse interpretieren. Als normative Sperren der Kommunikation schützen sie die illusionäre Konfliktdeutung und -bewältigung gegen Kontingenzen durch Widerspruch, Kritik und neue Erfahrungen. Äußerungen soziozentrisch-mythischer Weltbilder sind nicht schlechthin unsinnig oder unverständlich, vielmehr leuchten sie denjenigen, die das Weltbild teilen, unmittelbar ein. Die kognitiven, moralisch-praktischen und expressiven Gehalte des kulturellen Wissens sind auf eine ebenso inspirierende wie opake Weise unaufgebbar, weil identitätsverbürgend miteinander verschränkt. Für die Angehörigen liegt die Undurchsichtigkeit ihrer kulturellen Äußerungen auf einer präreflexiven Ebene, weil sie an den Grundbegriffen des Weltverständnisses ansetzt.

Vor diesem Hintergrund wird deutlich, warum das *Grüne Buch* eine kohärente Definition des Sozialen nicht leisten kann: weil sie ein Begründungspotenzial überfordert, dem sich Stammeszugehörigkeit ontologisch als alternativ- und zeitlose, unverlierbare Eigenschaft darstellt. Der englische Ethnologe John Davis hat Mitte der 1970er Jahre, also etwa zu der Zeit, als das Grüne Buch entstand, beim libyschen Stamm der Zuwaya eine Konfliktbewältigungsstrategie festgestellt, die er »illusion of continuity« nennt. In Situationen eines Konflikts mit der Staatsgewalt entzeitlichen die Angehörigen der Zuwaya ihr Sozialsystem verwandtschaftlicher Beziehungen zu einer ultrastabilen und institutionell unverfügbaren Sozialstruktur. Davis verwendet für diese Flucht vor einem tief greifenden Konflikt den deutschen Ausdruck »Drang nach Ewigkeit«[32] und spricht von einem »ad hoc approach to eternity and salvation«.[33]

[32] John Davis, *Libyan Politics. Tribe and Revolution: An account of the Zuwaya and their government*, London 1987, S. 238.

[33] Ebd., S. 178.

Der Schriftsteller als Weltvernichter und Erlöser: »Eines meiner Worte kann die Welt zerstören oder retten«

Bevor ich aufzeige, wie das eskapistische Weg-Interpretieren eines Konflikts sich in den Begründungsstrukturen des *Grünen Buches* niederschlägt, möchte ich die Funktionsweise und -bedingungen des illusionären zeitweisen Ausweichens in die Zeitlosigkeit auf der Mikroebene, d. h. am interpersonalen Konfliktverhalten Gaddafis, veranschaulichen. Es ist wichtig, diese Mentalität kennenzulernen, um den keineswegs naheliegenden Zusammenhang zwischen Despotie und schriftlichem Werk Gaddafis zu verstehen. Als Beispiel soll ein bemerkenswertes Interview dienen, das die italienische Journalistin Oriana Fallaci 1979 mit Gaddafi in Libyen führte. Im Zeitraffer ist zu erleben, wie die Großmut und Ritterlichkeit des Beduinen Gaddafi, in dem Maße wie er in einer sich steigernden Konfliktsituation seine Ehre als Mann und Autor verletzt sieht, in eine Weltvernichtungs- und -erlösungsfantasie umschlagen.

Zum Verständnis der Konfliktsituation ist als Beschreibung der Gesprächsszene, die zum Tribunal wird, vorauszuschicken, dass dort zwei Menschen aufeinandertrafen, die von ihrem kulturellen Hintergrund und moralischen Bewusstsein her und in ihrer persönlichen Lebensführung unterschiedlicher kaum sein können. Hier der charismatische Rhetoriker, der keinen Widerspruch duldende Machthaber, Gewaltmensch, Beduine und Mann Gaddafi, der den kulturellen Horizont seines Wüstenstaates nie überschritten hat, der gefürchtet und bewundert, mit einem Wort: respektiert werden will (was in der beduinischen Mentalität zusammenhängt), der sich in der Öffentlichkeit mit einer weiblichen Leibgarde umgibt und hier alles darauf anlegt, seine italienische Gesprächspartnerin zu beeindrucken, indem er, angetan mit einem malerischen, würdevollen Beduinengewand, sie in einem hochgesicherten Armeelager empfängt. Auf der anderen Seite die westlich aufgeklärte, emanzipierte, welterfahrene Starreporterin, die schon zahlreiche bedeutende Persönlichkeiten aus Politik, Kultur und Wissenschaft schonungslos interviewt hat.

Fallaci zeigt sich nicht im Geringsten von der martialischen und malerischen Inszenierung Gaddafis beeindruckt. Ohne sich über dessen politische Macht und Verantwortung Illusionen zu machen, hält sie sich nicht mit Höflichkeiten auf, sondern geht Gaddafi hart an, stellt seine Beliebtheit in Libyen und seine angeblich gute Reputation in weiten Teilen der Welt infrage und vergleicht ihn mit Hitler und Mussolini. Sie stellt ihn wegen fragwürdiger politischer Maßnahmen und Äußerungen zur Rede, insistiert, duldet keine Ausflüchte und fasst ihn bei seinen Widersprüchen. Auf offensichtliche Unwahrheiten antwortet die Journalistin mit Ironie und Spott.

Gaddafi wehrt sich gegen die Angriffe auf seine Ehre als Mann und politischer Führer, aber seine Paraden prallen an der Unerbittlichkeit und Hartnäckigkeit seines weiblichen Gegenübers ab. In der spannungsgeladenen Konfrontation obsiegt schließlich in ihm der Stolz des Beduinen, gegen das Gefühl von Demütigung und mangelndem Respekt, gegen die Verletzung seiner Würde und seines Selbstbildes um jeden Preis die Oberhand zu behalten. Bei dem obsessiven Bemühen, keine Schwäche, keine Lüge, kein Scheitern zuzugeben und keine Verantwortung zu übernehmen, gerät er in der sich radikalisierenden Spirale von Ehrverlust, Rache und Selbstüberhöhung zusehends in die Defensive. Es ist interessant und aufschlussreich zu beobachten, wie er in den irrationalen Sog der ihm aufgezwungenen Selbstverteidigung gerät, aus dem er sich schließlich in einer Mischung aus Ohnmachts- und Allmachtsfantasie nur durch Ausweichen in einen Welterlösungs- und -vernichtungswahn retten kann.

In die Ecke gedrängt und im Dilemma zwischen *muruʾa* (»Großmut«) und *tarallub* (»Dominanzstreben«), unternimmt er den ersten Fluchtversuch:

> **Gaddafi:** Sie müssen begreifen, dass ich kein Präsident oder Minister bin. Ich vergeude meine Zeit nicht mit solchen Bagatellen. Mich interessieren Theorie, Freiheit, Kampf und mein Grünes Buch. Ich dachte, Sie seien hierhergekommen, um mit mir über mein Grünes Buch zu sprechen. Stattdessen befragen sie mich seit Beginn unserer Zusammenkunft immer nur über den Iran, über Botschaften und Diplomaten, die als Geiseln festgehalten werden, Idi Amin und dergleichen. Ich habe Ihre Fragen aus Höflichkeit beantwortet. Offen gestanden jedoch langweilen mich diese Fragen zutiefst.

Aber anstatt nun respektvolles Interesse am *Grünen Buch* zu zeigen, verlegt sich Fallaci auf Ironie und trifft damit empfindlich zugleich das Charisma des Autors und Politikers:

> **Oriana Fallaci:** Wenn Sie sich nicht als Diktator betrachten und auch nicht als Präsident, ja nicht einmal als Minister, dann sagen Sie, was Sie eigentlich sind?
> **Gaddafi:** Ich bin der Führer der Revolution. Das zeigt mir, dass Sie mein Grünes Buch nicht gelesen haben.
> **Fallaci:** Im Gegenteil, ich habe es gelesen. Es dauert nicht sehr lange, wie Sie wissen, allenfalls 15 Minuten, so dünn ist es. Meine Puderdose ist größer als Ihr Grünes Buch ... Sagen Sie, haben Sie das alles selbst geschrieben?

Nun beginnt Gaddafis Abwehr irrationale Züge anzunehmen. Zunächst stellt er Libyen als das Reich der Freiheit gemäß dem *Grünen Buch* dar. Als Fallaci ihn daraufhin mit der Realität der Hinrichtungen von Offizieren und Studenten zwei Jahre zuvor konfrontiert, vollführt der Autor des *Grünen Buches*, sich steigernd und von der Ironie der Gesprächspartnerin angetrieben, einen apokalyptischen Ausweichschritt in destruktiven Größenwahn:

> **Gaddafi:** Das Grüne Buch ist ein Produkt des Kampfes der Menschheit. Das Grüne Buch weist den Menschen den Weg zur Emanzipation. Das Grüne Buch ist das Evangelium, die neue Lehre, die Lehre des neuen Zeitalters, des Zeitalters der Massen.
> **Fallaci:** Sie sind nicht sehr bescheiden, nicht wahr?
> **Gaddafi:** Nein, ich bin nicht bescheiden, weil ich den Angriffen der ganzen Welt standhalten kann und weil das Grüne Buch die Probleme der Menschheit und der Gesellschaft gelöst hat.
> **Fallaci:** Dann sind Sie eine Art Messias, der neue Messias?
> **Gaddafi:** Ich sehe mich selbst nicht so, aber ich wiederhole, das Grüne Buch ist das neue Evangelium. In Ihrem Evangelium heißt es: ›Am Anfang stand das Wort.‹ Das Grüne Buch ist das Wort. Eines meiner Worte kann die Welt zerstören oder retten. Carter [1977–1981 amerikanischer Präsident, H.L.] kann jeden Krieg gegen uns führen: Um sich zu verteidigen, braucht die Dritte Welt nur mein Grünes Buch, mein Wort. Ein Wort, und die ganze Welt könnte explodieren, alle Werte könnten sich ändern, ihr Gewicht, ihr Umfang überall und für immer.
> **Fallaci:** Glauben Sie an Gott?
> **Gaddafi:** Natürlich, warum fragen Sie mich so etwas?
> **Fallaci:** Weil ich dachte, Sie wären Gott.
> (Ende des Interviews)

Um dieses Konfliktverhalten zu verstehen, ist es unerlässlich, die Mentalität des *at-taghallub* zu kennen. Im beduinischen Kontext bezeichnet der arabische Begriff *at-taghallub* (»Überwältigung«, »Meisterung einer Situation«) das Bestreben, in jeder Konfliktsituation die Oberhand zu gewinnen, in jeder Lebenslage zu siegen, die eigene Ehre und die des Stammes zu mehren. Der irakische Soziologe al-Wardi vertritt die These, »dass der Kern der Beduinenkultur oder seine allgemeine Eigenart mit einem einzigen Wort, dem Wort *at-taghallub* (siegen wollen) umschrieben werden kann«.[34] Mit der Mentalität des *at-taghallub* erklärt al-Wardi den Behauptungswillen des Beduinen und dessen Abneigung gegen jede Form von Autorität und Herrschaft: »Der Beduine will [...] in seinem tiefsten Herzen Überlegener, nicht Unterlegener sein; er will durch seine Macht, durch die Macht seines Stammes und durch seine *muru'a* [Männlichkeit, Ritterlichkeit, Stolz, Großmut, H.L.] siegen.«[35]

Offensichtlich unterscheidet Gaddafi im Konflikt mit seiner Interviewpartnerin nicht zwischen realen und imaginären Fähigkeiten. In seiner Vernichtungs- und Erlösungsfantasie gehen ihm die physische Zerstörung der Welt und die Revolutionierung ihrer symbolischen Ordnungen durcheinander. Der Schriftsteller als Demiurg und Weltzerstörer zugleich – eine weltmächtige Selbstüberschätzung eines Buchautors, eine magische Entgrenzung von Möglichkeitshorizonten. Vor diesem Hintergrund wird verständlich, dass Gaddafi wähnt, das Ende des Kommunismus in seinem *Grünen Buch* vorausgesagt zu haben, die libysche Revolution von 1969 sei die Nachfolgerin und Vollenderin der Französischen, in Libyen herrsche die direkte Demokratie nach den Ideen des *Grünen Buches* usw.

Es sind vornehmlich vier Eigenschaften, die den libyschen Staatschef in den Augen der Weltöffentlichkeit auszeichnen: Rigorosität bis zur Gewaltsamkeit, Größenwahn, Unberechenbarkeit und Skurrilität (»Ich bin der Führer der arabischen Führer, der König der Könige Afrikas und der Imam der Muslime«). Die beduinische Tradition des *at-taghallub* begünstigt die Entwicklung von Persönlichkeitsstrukturen, die der Pionier der Narzissmusforschung Heinz Kohut »archaisches Größenselbst« genannt hat. Den betroffenen Menschen leitet eine »primitive Größenfantasie«, er kann

34 Ali al-Wardi, *Soziologie des Nomadentums*, Darmstadt 1972, S. 60.

35 Ebd., S. 64.

nicht zwischen realen und imaginären Fähigkeiten unterscheiden. Die kulturelle Analogie zu diesem Psychogramm findet sich nicht nur im exzentrischen Auftreten, sondern auch in der entgrenzten Bedeutung, die Gaddafi seinem *Grünen Buch* und sich selbst als Autor beimisst. Hier liegt bei Gaddafi sowohl analytisch als auch realpolitisch die Schnittstelle von Dichtung und Despotie: ein absoluter Wahrheitsanspruch, fußend auf einer illusionären Deutung von der Welt, von sich selbst und von der Sprache. Vor der Totalität dieses Anspruchs erschüttert jede Kritik an den mit der Macht des Faktischen versehenen Institutionen, am *Grünen Buch* und dessen Autor die Welt als Ganzes.

Die »Dritte Universaltheorie« des Grünen Buches – *eine Pseudoargumentation*

Das *Grüne Buch* erschien zwischen 1976 und 1979 sukzessive in drei Teilen in arabischer Sprache in Libyen. Seinem eigenen Anspruch nach versteht sich das Grüne Buch als eine universale Gerechtigkeitskonzeption. Sein Autor unternimmt es, die politischen, ökonomischen, sozialen und kulturellen Probleme nicht nur traditionaler, sondern auch moderner Gesellschaften zu erklären und zu lösen. In seiner äußeren Darstellungsform behandelt das Grüne Buch politische, wirtschaftliche, soziale und kulturelle Themen in drei Kapiteln. Diese beziehen sich in ihren programmatischen Überschriften auf jene drei Subsysteme, deren komplementäre Ausdifferenzierung ein charakteristisches Merkmal moderner Gesellschaften darstellt: administrative Macht, Wirtschaft und die sozialintegrative Gewalt der lebensweltlichen Solidarität. Ein Inhaltsverzeichnis fehlt in der arabischen Ausgabe, eine Auflistung der Kapitel- und Abschnittsüberschriften ergibt folgendes Bild:

Kapitel 1
Die Lösung des Demokratieproblems. Die Demokratie.
Die Volksmacht. Die politische Basis der Dritten Universaltheorie
– Der Herrschaftsträger
– Die Parlamente
– Die Partei
– Die Klasse
– Die Volksabstimmung

- Volkskongresse und Volkskomitees
- Die šarĐ'a der Gesellschaft
  - Wer kontrolliert den Lauf der Gesellschaft?
  - Wie kontrolliert die Gesellschaft ihre Richtung, wenn sie von ihrer šarĐ'a abgewichen ist?
- Die Presse

Kapitel 2
Die Lösung des ökonomischen Problems. Der Sozialismus.
Die ökonomische Basis der Dritten Universaltheorie
- Das Bedürfnis
- Die Wohnung
- Der Lebensunterhalt
- Das Fahrzeug
- Der Boden
- Beispiele für Lohnarbeit zugunsten der Gesellschaft, für Lohnarbeit zum privaten Nutzen und für Arbeit ohne Lohn
- Andere Beispiele
- Der Hausdiener

Kapitel 3
Die soziale Basis der Dritten Universaltheorie
- [Einleitung]
- Die Familie
- Der Stamm
- Die 'umma
- Die Frau
- Die Minderheiten
- Die Schwarzen
- Die Ausbildung
- Musik und Kunst
- Sport, Reiten und Aufführungen

Es ist vermutlich unter anderem dieser methodische Anschein, der die überwiegende Mehrzahl der Interpreten annehmen lässt, es handele sich hier um eine Theorie und nicht um einen pseudoargumentativen Mythos, d. h. um einen bloß graduellen, nicht um einen kategorialen Unterschied in den Begründungsvorstellungen. Denn nach dem äußeren Eindruck dieser inhaltlichen Zuordnung scheint das *Grüne Buch* sich nicht nur grundbegrifflich auf dem

Differenzierungsniveau moderner Gesellschaften zu bewegen, es werden auch formale Eigenschaften der Interpretationsleistung Gaddafis suggeriert: Methodischer Aufbau sowie ein gewisser Grad semantischer Präzision und Systematik lassen eine relative theoretische Fundierung der Problemzuordnung erwarten, die sich außerdem im Textverlauf mit Begriffen wie Volkssouveränität, Machtkampf, Staat, Gesetz, Weltgemeinschaft, Pressefreiheit, Lohnarbeit, Eigentumsverhältnisse, Produktionsmittel, Profit, Ausbeutung, Religion, Tradition, Kunst/Kultur, Theater, Sprache, Sport usw. als eine rationale empfiehlt.

Ich werde zunächst darlegen, was ich meine, wenn ich das *Grüne Buch* als einen hermeneutischen Grenzfall bezeichne. Das *Grüne Buch* weicht, wie ich sagte, dem Druck des ungelösten Identitätsproblems angesichts einer pluralistischen Weltlage durch thematische Exkommunikation des Anderen aus, die wie eine innere Zensur wirkt. Durch semantische Gleichschaltung wird die wahre Natur des Problems verschleiert, es kann nur unter Vorbehalt, d. h. chiffriert, auftreten. So kann die kulturell gültige Illusion über die konkrete Einheit der Welt erzeugt und aufrechterhalten werden. Die Desymbolisierung von Begriffen hilft, wie das folgende Beispiel zeigt, bei der analogischen Herstellung von Ähnlichkeit und damit auch bei der Beweisführung, dass die Menschheit eine Familie im Weltmaßstab ist: »Der Stamm ist eine Familie, die sich durch Fortpflanzung vergrößert hat, der Stamm ist also eine große Familie. Die 'umma ist ein Stamm, der sich durch Fortpflanzung vergrößert hat, also ist die 'umma ein großer Stamm. Die Welt ist eine 'umma, die sich durch Vermehrung in 'umam verzweigt hat, also ist die Welt eine große 'umma.«[36]

Dieses genealogische Deutungsmuster operiert mythisch-analogisierend: Nichts ist so verschieden, dass es nicht miteinander in Wechselbeziehung steht. Dabei geraten Identisches und Ähnliches, das Allgemeine und das Besondere auf eine Ebene. Die analogische Formel lautet: Familie = Stamm, Stamm = 'umma; 'umma = Welt. Daraus folgt: Familie = Welt; die Menschheit ist eine Familie im Weltmaßstab. Gaddafis Begriffe zur Kennzeichnung sozialer Entitäten erfassen diese als Totalitäten; sie sind in ihrem Umfang unbegrenzt, d. h., es sind Synonyme, die nichts denotieren und alles

[36] *Das Grüne Buch,* Kapitel 3, »Der Stamm«.

konnotieren. Nach der Schlussregel: alle A sind B, alle B sind C, daher: alle A sind C (nach dem Muster: ›Alle Menschen sind Säugetiere, alle Hunde sind Säugetiere, also sind alle Hunde Menschen‹) werden Ähnlichkeit mit Identität und Teil-Identität mit Totalidentität verwechselt:

> Die Beziehungen zwischen dem Einzelnen und einer Gruppe sind soziale Beziehungen, es sind die gegenseitigen Beziehungen innerhalb eines qawm. Die Grundlage, auf der sich der qawm herausbildet, ist die qawmiya [...]. Die Beziehungen innerhalb des qawm sind soziale Beziehungen. Sozial leitet sich von Gruppe ab, es sind die gegenseitigen Beziehungen innerhalb der Gruppe. qawmiya leitet sich von qawm ab, es sind die gegenseitigen Beziehungen innerhalb des qawm. So sind die sozialen Beziehungen Beziehungen innerhalb des qawm und die Beziehungen innerhalb des qawm soziale Beziehungen. Denn die Gruppe ist ein qawm, und der qawm ist die Gruppe, selbst dann, wenn die eine kleiner ist als die andere. [37]

Hier kann den Leser schon ein hermeneutischer Schwindel erfassen. Diese tautologischen Definitionen, die das Soziale schlechthin unter dem Terminus ›qawm‹ subsumieren, erklären nicht nur nichts, sie heben auch die Differenzen zwischen Gesellschaftstypen unterschiedlichen Umfangs und unterschiedlicher Komplexität auf. ›Sozial‹, ›qawm‹ und ›Gruppe‹ sind austauschbare Termini, ihre symbolische Bedeutung steht in einer konkretistischen Beziehung zu dem repräsentierten Sachverhalt ›natürliche Sozialität‹. Diese synonymisierende Beliebigkeit in der Wahl der Begriffe stellt einen Grundzug des *Grünen Buches* dar. Die tragenden Begriffe zur Kennzeichnung sozialer Diversität dienen nicht der Präzisierung des Gemeinten, sondern der narrativ-suggestiven Identitätsbeglaubigung. Der Familienverband als Ausgangspunkt und Endziel der Welterklärung begrenzt die logischen Operationen auf einen selbstbezüglichen Zirkel.

Die folgende Textpassage zeigt, wie weit die Desymbolisierung bzw. die semantische Erosion im *Grünen Buch* geht.

[37] *Das Grüne Buch*, Kapitel 3, [Einleitung].

> Die sunna der diktatorischen Herrschaftsträger ist an die Stelle der natürlichen sunna getreten. Die positiv gesetzten qawanin [Pl. von qanun, H.L.] traten an die Stelle der natürlichen qawanin und gingen so der Maßstäbe verlustig. Der Mensch ist überall Mensch, ein und derselbe im Charakter und in den Gefühlen; daher war der natürliche qanun ein logischer namus für den Menschen als solchen. Dann kamen die Verfassungen als positiv gesetzte qawanin, die die Menschen nicht als Gleiche betrachteten. Für diese Ansicht gibt es keine andere Rechtfertigung als den Willen der Herrschaftsträger, sei es eines Individuums, einer Kommission, einer Klasse oder einer Partei, die Völker zu beherrschen.[38]

Derselbe Begriff denotiert auch sein Gegenteil, während umgekehrt zwei unterschiedliche Begriffe denselben Referenten haben. Durch diese alternierende gegenbegriffliche Homonymie und Synonymie wird das Fremde neutralisiert und die kontrafaktische Konfrontation mit der Wirklichkeit politisch organisierter Gesellschaften, welche die eigene Identität infrage stellt, unterlaufen.

Um ihre Idealität gebracht, vertreten die desymbolisierten Totalbegriffe den Familienverband real, weshalb sie beliebig austauschbar sind:

> Die Religion schließt die Tradition ein, und die Tradition ist Ausdruck des natürlichen Lebens der Völker. Daher ist die die Tradition einschließende Religion eine Bestätigung des natürlichen qanun. Die nichtreligiösen, nicht auf Tradition beruhenden shara'i' [Plural von sharia, H.L.] sind ketzerische Neuerungen von Menschen gegen Menschen. Sie sind folglich unrechtmäßig, weil sie der natürlichen Quelle, nämlich Tradition und Religion, beraubt sind.[39]

Der argumentative Zirkel dieser Erklärung sozialer Beziehungen ergibt sich aus der Synonymie der Begriffe Religion, Tradition, natürliches Leben der Völker und natürlicher qanun, die einander ›einschließen‹, ›ausdrücken‹, ›bestätigen‹. Auch hier wird die suggestive Kraft eines identitätsstiftenden Vokabulars an die Stelle dif-

[38] *Das Grüne Buch*, Kapitel 1, »Die Scharia der Gesellschaft«.

[39] Ebd.

ferenzierender Begriffe gesetzt, wobei »natürliches Leben der Völker« an die Ungebundenheit nomadisierender Verbände erinnert.

Ich möchte nun darlegen, wie sich die Überschneidung zwischen Werk und realer Despotie Gaddafis in den Begründungsstrukturen des Grünen Buches widerspiegelt. So führt die zwischen Objektivität, Normativität und Authentizität kaum differenzierte Normgeltung in einen performativen Widerspruch über die theoretische und faktische Exklusivität der direkten Demokratie: »Alle heute in der Welt bestehenden Herrschaftssysteme sind undemokratisch, solange sie sich nicht nach dieser Methode [der im *Grünen Buch* explizierten Volkskongresse, H.L.] richten.«[40]

Wir haben diese Behauptung schon in der Formulierung »Die schlimmsten Diktaturen, die die Welt erlebt hat, bestanden im Schatten der Parlamente« kennengelernt. Gaddafi verurteilt alle Herrschaftssysteme, die sich von der archaischen Selbstlegitimation einer Stammesgesellschaft abgekoppelt haben – von den autokratischen Despotien bis zu den repräsentativen Demokratien westlichen Zuschnitts – gleichermaßen als undemokratisch. Wenn das Verwandtschaftssystem eine objektive Weltordnung darstellt und sich mit der sprachlichen Kommunikation zu einem essentizalistischen Exklusivitätsanspruch vereint, also Theorie und Praxis koinzidieren, dann sind Demokratietheorien nicht etwa unzulänglich oder unrealisierbar, sondern so undemokratisch wie die Systeme, die sie beschreiben: »Die Demokratie hat nur eine Methode und eine Theorie. Die Verschiedenartigkeit und Unähnlichkeit der Systeme, die behaupten, demokratisch zu sein, beweist bloß, dass sie undemokratisch sind.«[41]

Es liegt auf der Hand, welchen Selbstwiderspruch Gaddafi sich mit diesem Totalitätsanspruch einhandelt: Er ist selbst Teil des Pluralismus, den er als Beweis der Falschheit aller selbst ernannten demokratischen Gesellschaftsentwürfe anführt. Die direkte Demokratie des Grünen Buches ist folglich auf ambivalente, d. h. deskriptiv-evaluative Weise so ›wahr‹ (= existent) und zugleich so ›falsch‹ (= unrichtig) wie alle anderen. Zugehörigkeit und Fremdheit, Inklusivität und Exklusivität sind aufgehoben. Es gibt keine spezifischen Bedingungen der Demokratie, die Spielräume für unterschiedliche Lebensformen und Vorstellungen eröffnen; so wenig

40 *Das Grüne Buch*, Kapitel 1, »Volkskongresse und Volkskomitees«.

41 Ebd.

wie es mehr oder weniger gerechte Formen des Zusammenlebens gibt. Hier tritt die implizite Strategie einer illusionären Weltdeutung hervor: In der Vorstellung eines ewigen Beduinentums wird das Bedrohlich-Fremde subsumiert. Die Aufhebung der Verhältnisse von Inklusion und Exklusion wandelt das Andere in Vertrautes um.

In diesem verzerrten Sinnkontext ist das *Grüne Buch* nicht etwa eine subjektive sprachliche Hervorbringung, sondern mythisch mit dem apriorischen Perfekt ihres Gegenstandes ausgestattet: immer schon vorhanden, immer schon wahr. »Wenn also das Grüne Buch sagt: ›Repräsentation ist Betrug‹, so hat das nicht eine Person geschrieben, sondern es ist eine unmittelbare Eingebung.«[42] »Man sollte das Grüne Buch nicht danach betrachten, als hätte ich diese intuitiven Selbstverständlichkeiten und ewigen Aussprüche verfasst, die im Grünen Buch stehen.«[43] »Wenn wir sagen ›Keine Demokratie ohne Volkskongresse‹, wer kann sich das ausdenken und verfassen und wer könnte sagen, der Soundso hat das geschrieben?«[44] In einem Text ohne Autor verschmelzen Form und Inhalt, er ist weder interpretierbar noch kritisierbar.

Das Grüne Buch *als Instrument der Legitimation und Repression*

Realpolitisch hat dieser absolute Wahrheitsanspruch, ausgedrückt in einer »letzten«, nicht mehr interpretierbaren Sprache, Folgen für Gaddafis Herrschaftslegitimation. Das *Grüne Buch* genießt in Libyen den Rang einer politischen Verfassung. In seinem Namen halten sich Gaddafi und seine Clique seit 1969 an der Macht, werden politische und wirtschaftliche Maßnahmen gerechtfertigt, politisch Missliebige verfolgt. Systematisch wurde versucht, die libysche Gesellschaft den Normen des *Grünen Buches* zu unterwerfen. Dass dieses auf einem für westliche Standards verblüffend niedrigen Verständlichkeitsniveau liegt und sich durch hermeneutische Beliebigkeit auszeichnet, trägt zum Willkürcharakter der damit gerechtfertigten Handlungen bei. Aus der ehrenwerten direktdemokratischen Idee der Volks-Dschamahiriyya hat deren Führungsclique einen

42 MFĞ, Bd. 42, S. 154.

43 Ebd., S. 155.

44 Ebd.

Spitzel- und Überwachungsstaat gemacht, in dem es keine unabhängigen Gewerkschaften, keine Parteien, keine Zivilgesellschaft und keine Mittelschicht gibt.

Dagegen erscheint es paradox, dass der libysche Staatschef noch während des Aufstands gegen ihn nicht müde wurde zu beteuern, in Libyen herrsche das Volk, er habe kein politisches Amt und könne daher nicht zurücktreten. Wie konnte der Militärdiktator Gaddafi seine Untergebenen, wenigstens bis zu dem Zeitpunkt, als seine Prunk- und Verschwendungssucht und das Ausmaß seiner politischen Unterdrückung unübersehbar wurden, glauben machen, seine Herrschaft und das politische System in Libyen entsprächen dem im *Grünen Buch* explizierten direktdemokratischen Partizipationsideal? Diese Frage muss im Kontext des libyschen Mythos der Herrschaftsfreiheit gesehen werden. Die paradoxe Legitimation erklärt sich aus der hohen Übereinstimmung des libyschen Mythos der Herrschaftsfreiheit mit den Ausführungen des *Grünen Buches*. Gaddafi hätte für die kontrafaktische Behauptung einer direktdemokratischen Struktur der libyschen Gesellschaft, wenigstens eine Zeit lang, nicht ein gewisses Maß an Verständnis voraussetzen und tatsächlich erzielen können, wenn sein Geltungsanspruch nur von einem Sanktionspotenzial gedeckt und nicht intern mit kulturell anerkannten Gründen verbunden wäre.

Der Legitimationsglaube weiter Teile der libyschen Bevölkerung, dass die Machtausübung Gaddafis und seines revolutionären Kommandorats die akephale Herrschaftstradition des nomadischen Beduinentums fortführe, verdankt sich den strukturellen Möglichkeiten der Ideologie- und Illusionsbildung, die diesem Glauben innewohnt. Es ist die kulturell gültige soziozentrische Überzeugung von der Ewigkeit, vom metasozialen Rang verwandtschaftlicher Solidarbeziehungen, die der Propagandaredner Gaddafi sowohl teilt als auch politisch nutzt, wenn er einerseits seine despotische Herrschaft für übereinstimmend mit dem direktdemokratischen Ideal des *Grünen Buches* erklärt und für dieses andererseits die großen kulturellen Errungenschaften und politischen Ereignisse der Menschheitsgeschichte reklamiert. Entgegen den Versprechungen und Verheißungen der libyschen Revolutionäre aber spielt sich die Etablierung von Volkskongressen und Volkskomitees, die im *Grünen Buch* als menschheitsgeschichtliche Endlösung vorgestellt wird, in Libyen pseudodemokratisch auf der politisch unbedeutenden kommunalen Ebene ab; sie hat keinen Einfluss auf die weitreichenden und wirklich wichtigen Entscheidungen, diese bleiben Gaddafi, seiner Clique und den von ihm bestimmten und kontrollierten Gremien vorbehalten.

In keinem nordafrikanischen Land ist die widersprüchliche Spannung zwischen propagierter Freiheitsnorm und politischer Praxis so stark wie in Libyen; hinter der Fassade direkter Demokratie verbirgt Gaddafi seine in Nordafrika beispiellos unumschränkte Macht. Komplementär ist in keinem nordafrikanischen Land der Topos der Herrschaftsfreiheit als kontrafaktisches Problemlösungsmuster so stark im kollektiven Gedächtnis verwurzelt wie in Libyen, wo die Urbanisierung in einem strukturverändernden Ausmaß erst in den 1960er Jahren einsetzte, als die Einnahmen aus den Erdölvorkommen stiegen. Paradoxerweise sind es in Libyen die Machthaber selbst, die Repräsentanten eines autoritären Regimes, die ihre institutionalisierte Machtstellung mit dem tribalen Egalitarismus einer noch lebendigen beduinischen Vergangenheit zu rechtfertigen suchen. Diese ambivalente Einstellung zum Staat teilen sie mit der Bevölkerung vor dem historischen Hintergrund einer glorifizierten herrschaftsfreien beduinischen Vergangenheit.

Archaischer Fundamentalismus

Sind die im *Grünen Buch* dargelegten Überzeugungen Gaddafis fundamentalistisch? Die konsequente Aufhebung von sozialen Inklusivitäts- und Exklusivitätsverhältnissen qualifiziert das *Grüne Buch* insofern dazu, als Ausdruck eines fundamentalistischen Weltbildes interpretiert zu werden, als es keinen Spielraum zulässt, sein Verhältnis zu fremden Weltsichten zu reflektieren. Obwohl auch das *Grüne Buch* für eine privilegierte Lebensform Exklusivität beansprucht, unterscheidet es sich doch, gerade weil es diese Exklusivität theoriestrategisch nivelliert, in seiner soziozentrischen Ursprünglichkeit vom traditionalistischen Fundamentalismus, der als Reaktion auf eine überwältigende gesellschaftliche Modernisierung entstand und als moderne Erneuerungs- und *Gegen*bewegung auftritt.

Davon trennt das *Grüne Buch* ein Entwicklungsniveau, auf dem die ideale Geltung einer besseren Gesellschaft sich gegen die faktische Geltung verwandtschaftlicher Normen kommunikativ nicht durchsetzen kann. Die im *Grünen Buch* *explizierte*, nicht *proponierte*

Lebenswelt ist rituell, d. h. in ihrem identitätsverbürgenden Kern durch interne Sperren im kommunikativen Negations- und Erneuerungspotenzial gesichert. Kulturelle Innovation, welcher Art auch immer, schließt Gaddafis Fundamentalismus aus. Daher ist seine direkte Demokratie weder retrospektiv noch prospektiv ausgerichtet, sie lebt in der ewigen Gegenwart mythisch-genealogischer Anfänge.

Während der traditionalistische Fundamentalismus eine längst zerfallene Substanzialität nachzuahmen sucht, zehrt der Fundamentalismus des *Grünen Buches* von der unberührten Substanzialität naturwüchsiger Anerkennungsverhältnisse, die soziokulturell noch unmittelbar präsent und zugleich durch und durch mythisch ist: präkategorial, entzeitlicht, alternativlos, unanfechtbar. Die *Illusion ewigen Beduinentums* ist strukturell keine moderne Ideologie, sondern im Gegenteil Deutungsmuster einer zwar im Übergang begriffenen, aber als soziale Erfahrung noch präsenten Lebensweise. Gaddafi selbst wurde im Beduinenzelt in der Wüste geboren und erlebte die familialen Bindungen als primordiale Welterfahrung und Ordnungsmodell. Aus diesem Zauber naturwüchsiger Bindungen erklärt sich, dass im *Grünen Buch* die strukturellen Möglichkeiten fehlen, jenen utopischen oder restaurativen, am Kontrastbegriff einer besseren Vergangenheit orientierten Zug, der dem traditionalistischen Fundamentalismus eigen ist, auszubilden.

Die moderne fundamentalistische *Ideologie* der politischen Instrumentalisierung religiöser Überzeugungen hebt sich von Gaddafis monogenetischer *Illusion* einer Menschheitsfamilie dadurch ab, dass sie *bewusst* darauf verzichtet, sich gegen die konkurrierenden Geltungsansprüche fremder Weltbilder mit Gründen zu behaupten, während dem *Grünen Buch*, das auf dem Niveau einer vorsprachlich integrierten Gesellschaft argumentiert, diese Gründe noch gar nicht zur Verfügung stehen.

Die von Gaddafi explizierte Lebensform mag mit ihrem Egalitarismus gegenüber den von der Modernisierung entwurzelten und fragmentierten Gesellschaften den Vorteil einer bruchlosen Integration, das Fehlen einer systemisch erzeugten Sozialverhältnisgewalt vorweisen. Als Modell für pluralistische Gesellschaften fehlt ihr die universalistische Perspektive einer idealen Kommunikationsgesellschaft, aus der eine vernünftige Lösung des Problems erkennbar wird, wie ein zivilisierter Streit der Überzeugungen geführt werden kann, ohne dass eine Partei den eigenen Geltungsanspruch aufgeben muss.

Die Originalität des *Grünen Buches* ist nicht in der Formulierung einer kohärenten Lehre oder im kognitiven Gehalt seiner Aussagen zu suchen. Sie liegt vielmehr im Bedeutungspotenzial seines mythischen Weltbildes, in dem sich die Authentizität einer Lebensweise spiegelt, die Gaddafi auf eine für Widersprüche und Zweideutigkeiten höchst unempfindliche Weise expliziert. Den okzidentalen Interpreten weist der hohe Grad sprachlicher Verschlüsselung darauf hin, wie angreifbar und immunisierungsbedürftig die darin enthaltene Weltdeutung ist. Empfindlich ist sie nicht als theoretisches System deskriptiver Aussagen, sondern als umfassender Überzeugungskomplex, in dem sich eine partikulare Lebensweise und konkrete Identität artikulieren.

Saddam Hussein (1937–2006)

MACH DIE FESSELN LOS (2007)

Entfessle deine Seele. Sie ist mein Seelenanverwandter
Und du bist, wen meine Seele liebt.
Kein Haus hätte mein Herz beschützen können so wie du
Und wär ich dieses Haus, wärst du dessen Tau
Du bist die sanfte Brise
Du linderst meinen Seelenschmerz
Und unsere Baath-Partei blüht wie ein grüner Zweig.
Medizin kann den Leidenden nicht heilen
Doch die weiße Rose tut es.
Die Feinde schmiedeten ihre Pläne, stellten Fallen auf
Und fuhren damit fort trotz aller Fehler.
Es ist ein Plan des Hochmuts und der Leere
Ein Fehlschlag, wie es sich erweisen wird
Wir zerstören ihn, wie Rost den Stahl zerfrisst
Wie einen Sünder, verzehrt von seinen Sünden
Wir kannten keine Schwäche
Wir wurden durch unsere Moral gehärtet.
Unser ehrenhafter Stand, Gefährte unserer Seele,
Die Feinde trieben Fremdlinge in unser Meer
Wer ihnen dient, wird bitter weinen.
Hier entblößen wir unsere Brust vor den Wölfen
Und werden nicht zittern vor dem Ungeheuer.
Wir kämpfen gegen die schwersten Herausforderungen
Und schlagen sie zurück, wenn Gott es will.
Wie würden s i e sich halten, müssten sie Ähnliches erdulden?
Ihr Leute alle, wir lassen euch nicht im Stich

Und in den Katastrophen ist unsere Partei der Führer.
Ich opfre meine Seele für dich auf und für unser Volk
Denn Blut ist billig in den harten Zeiten
Wir knien niemals und beugen uns nicht, wenn wir angreifen
Doch sogar unsre Feinde behandeln wir mit Ehren. …

»Nur aus dem Blut fließt die gültige Schrift«
Das Prinzip der tyrannischen Eigenhändigkeit: Zum literarischen Werk von Saddam Hussein

Burkhard Müller

Wir sitzen zu dritt über dem kurzen Text und versuchen ihn ins Deutsche herüberzuholen. Nicht nur verstehe ich ihn nicht, sondern ich kenne noch nicht einmal die Buchstaben, ja sehe nicht, was die einzelnen Buchstaben sind. »Geschrieben von Saddam Hussein aus seinem Gefängnis, er gab es seinem Anwalt für die Veröffentlichung. Jetzt kommt es.« Wir sind bereit.

أما وقد جار الزمان علي	*Nachdem die Zeit uns Unrecht getan hat*
ففي الآخر العدا خاسرينا	*Am Ende des Rennens sind wir die Verlierer*

Bewegend ist das nicht, aber irgendwie scheint es doch Sinn zu ergeben.

وأظلمت ديار كانت منورة	*So wurden Städte, die früher beleuchtet waren, dunkel*
بل أظلم عراق الهدى حادينا	*Auch den Nachbarn wurde der Irak wegweisend ins Dunkel*

Der wegweisende Irak? Was hat das zu bedeuten? Eigentlich, erfahre ich von Leyla und Jussuf, heißt es »Führer einer Karawane«. Also der Irak geht voran, die anderen Kamele folgen. »Kamel« hat natürlich im Arabischen keine beleidigenden Konnotationen. Mit den Nachbarn könnte z. B. der Iran gemeint sein.

وأجفلت بعد ان كانت آمنة	*Die ›Städte‹, die früher in Sicherheit lebten, verfielen in Schrecken*
وعلى الرؤوس غبارها والطينا	*Staub und Schlamm fielen auf die Köpfe*

Staub kann auf die Köpfe fallen, das ist klar. Aber Schlamm? Der kommt doch meistens von unten. Liegt das an unserer Übersetzung, oder ist das Bild schief? Weder noch, wie ich erfahre: In den arabischen Ländern ist es üblich, sich zum Zeichen der Trauer Schlamm auf die Stirn zu schmieren. (Leyla wird mir später ein paar Bilder mailen, die diese Praxis in Gebrauch zeigen.)

واشتد غرابها مستنكرا ضحيته	*Ihre Raben sind stark geworden und verleumdeten ihre Opfer*

Wer bitte sind »sie«? Das scheint sich dem Verfasser von selbst zu verstehen. Und wie muss man sich einen verleumdenden Raben vorstellen? Leyla ruft eine befreundete arabische Schriftstellerin in London an. Sie kann uns nur eingeschränkt weiterhelfen. »Dieser Bastard! Dieser Hundesohn!« ruft sie übers Telefon. »Das versteht kein Mensch, und ich soll es verstehen?«

ينقر الجوارح منها والعيونا	*Sie picken in ihre Wunden und Augen*
عندها تناخى النشامى عليها	*Die Tapferen haben sich zusammengetan*
ومن غيرهم من صعبها يشفينا	*Und die anderen Länder können uns heilen*

Das könnte sich auf Saudi-Arabien beziehen. Vielleicht aber auch nicht. Die Arbeit ermüdet uns. Sie wird immer wieder unterbrochen, wenn Leyla dazwischenruft: »So ein Dreck! So ein Dreck!«

وارتجف فيها نخوة كل عرق	*Und es bebte in jeder Ader von ihnen*

Wenn es ein Dreck ist, dann ein dunkler. Hocharabisch sei es, erfahre ich, aber in niedrigem Stil. Darauf soll ich mir einen Reim machen.

يميته العار بها لا البينا	*Die Schande tötet ihn ›wen?‹, nicht uns*

Einen Reim kann ich mir schon deswegen nur schwer machen, weil ich von der Form dieses Gedichts nicht das Mindeste verstehe. Hat es eine feste Form? Wenn ja, wie ist sie gemeistert? Es wird telefonisch noch ein kurdischer Schriftsteller zugeschaltet, der in Deutschland lebt. Einhellige Meinung aller vier inzwischen beteiligten Stimmen: Zwar lässt sich ein Bemühen um Form insofern erkennen, als einige (nicht alle) Zeilen ein »Gewicht« tragen, einen Reim also; aber die Sache ist ganz schwach und stümperhaft gehandhabt.

وثار باردها يواجه صواعقهم	*Die Kühnen begegnen dem Donner des Feindes*
ليس سوى الحمية تصد والدينا	*Nur Tapferkeit und Religion können ›den Donner?‹ abwehren*
ودماء برة اعتادت العطاء	*Sie ›das Volk? Die Soldaten?‹ haben dankbares Blut, das immer gewohnt ist, nur zu geben*

Das »dankbare Blut« klingt höchst suspekt. Leyla und Jussuf ist vor 33 Jahren die Flucht vor Saddam Hussein gelungen. Die DDR gab ihnen Asyl, seither wohnen sie in Chemnitz, oder Karl-Marx-Stadt, wie es damals noch hieß. Der Schnee im ersten Winter war für sie eine überwältigende Erfahrung.

وكان صوت الآذان حادينا	*Die Stimme des Gebetsrufs leitet uns*

Ihr Chauffeur hatte weniger Glück. Er fiel der Staatsmacht in die Hände, wurde gefoltert und halbtot seiner Familie vor die Haustür geworfen.

وصوت امرأة العرب بكت	*Und die Stimme der arabischen Frau weint*

Eine Freundin von Leyla, Lehrerin, war noch im Irak geblieben, während ihr Mann bereits heimlich ausgereist war; sie wollte bald unauffällig nachkommen. Eines Tages erschien Saddam in ihrer Schule, in einer Pause, als gerade Häppchen gereicht wurden, strahlender Laune. Er legte die Hand auf den Arm der Freundin, die am Essen war, und fragte in freundlichem Ton: »Wie geht es denn deinem Mann?« Ihr blieb der Bissen im Hals stecken. Saddam tätschelte sie und gab ihr den Rat: »Schluck erst mal runter, Mädel, und dann erzähl's mir!«

وهلهلت ضد العدو غازينا	*Und jubelt gegen den siegreichen Feind, der uns überfallen hat*

Wir sind durch, und froh, es hinter uns gebracht zu haben.

Saddam Hussein wurde 1937 als uneheliches Kind in der kleinen irakischen Stadt Tikrit geboren und wuchs bei einem Onkel auf, der Oberst in der Armee war. Schon mit neunzehn Jahren beging er, im Auftrag seines Stammes, seinen ersten Mord, an einem entfernten Verwandten. Mit einundzwanzig nahm er an einem Attentat gegen den Premierminister teil, woraufhin er das Land verlassen musste. Er kehrte zurück, musste nochmals fliehen, kehrte wieder zurück, und diesmal klappte der Putsch: die Baath-Partei – seine Partei – übernahm 1968 (ein zweites Mal) die Macht. Ab 1969 war er formal Vizepräsident, hatte aber faktisch schon damals die Macht inne. Wenn der Präsident eine Erklärung im Fernsehen verlas, stand Saddam daneben, in der Hand eine Kalaschnikow. Das stellte die Verhältnisse auch optisch klar. Erst 1979 ließ er sich auch formell zum Präsidenten und Vorsitzenden der Baath-Partei ernennen.

In dieser Zeit lernte Leyla ihn kennen. Er stand eines Tages in ihrem Tennisclub, zwei Rackets unter dem Arm, und erklärte ihr, sie dürfe ihm das Tennisspielen beibringen. Dem ließ sich schwer entrinnen. Der Saddam dieser Zeit war, wie Leyla ihn erinnert, ein außerordentlich charmanter junger Mann, der, wenn er nicht gerade seine Feinde liquidierte (gern auch persönlich), die Leute durchaus einzuwickeln wusste. Er konnte auf seine Weise recht galant sein. Einmal, erzählt mir Leyla, habe er eine Behörde besichtigt und die Beschäftigten scherzend um ihre Meinung zu einem großen Gemälde befragt, das dort an der Wand hing. Die Anwesenden, zitternd vor Angst (denn sie wussten wirklich nicht, was das werden sollte), gaben fahrige Antworten: Ist eigentlich ganz schön usw. Nur eine Frau trat frech vor, sah ihm in die Augen und erklärte: Herr Vizepräsident (er legte Wert darauf, mit seinem Titel angesprochen zu werden), so hübsch dieses Bild auch sein mag, ich würde mir doch wünschen, dass stattdessen dort ein Bild von Ihnen hinge! Saddam schnippte mit den Fingern, ein Bodyguard enteilte und kehrte gleich darauf wieder mit einem Brillant-Collier und einem Paar passender Ohrringe, und Saddam ließ es sich nicht nehmen, dies alles seiner Bewunderin mit eigener Hand anzulegen.

Auch bei der Emanzipation der Frauen, die ihm ein großes Anliegen war, griff er persönlich ein. Er unterhielt eine Hotline, die jederzeit von jedem im Land angerufen werden konnte, speziell aber von Frauen, die von ihrem Ehemann misshandelt wurden. Saddam überließ diese Aufgabe nicht etwa einer Sekretärin, sondern (so berichtet es Leyla) ging stets persönlich ans Telefon, nahm die Beschwerde entgegen und ließ den Ehemann gegebenenfalls verhaften und ein paar Tage lang von der Polizei verprügeln; dann durfte er wieder heim und merkte es sich.

Unter Saddams Herrschaft begann es dem Land spürbar besser zu gehen. Die Ölindustrie wurde 1973 verstaatlicht, der neue Reichtum benutzt, um die Infrastruktur auszubauen, Straßen, Schulen und Universitäten entstanden, die Alphabetisierungs-Quote der Mädchen stieg auf 90 Prozent an (seit dem Einmarsch der Amerikaner ist sie, laut Angaben der UNESCO, wieder auf 23 Prozent gesunken).

Eine Staats- und Regierungsform wie die irakische hing offenbar in ganz erheblichem Maß davon ab, dass der Diktator Dinge, die in jeder komplexer entwickelten Gesellschaft auf dem Weg der Arbeitsteilung delegiert und erledigt werden, in eigener Person und auf direktem Weg übernahm; das betraf das Morden so gut wie das Reformieren der Verhältnisse. Wenn man nicht alles selber tut! Nichts ging hier seinen behördlichen und strukturell vorgezeichneten Gang, alles wurde durch die Entscheidungen eines Einzelnen geregelt. Tyrannen von der Art Saddam Husseins gelten in westlichen Augen als megalomanisch; dabei tun sie nur das Nötige, das einzig Mögliche, um den Laden zusammenzuhalten. Was dem Ausland als Größenwahn erscheint, entspringt einem umfassenden Verantwortungsgefühl. Sie opfern dieser Aufgabe ihr ganzes Leben hin. Ungeheure Massen Arbeit halsen sie sich auf; sie müssen immerfort in Vorsicht und Angst vor den Feinden leben, die sie sich in ihrer Position unvermeidlich machen. Dass Saddam Dutzende Paläste im ganzen Land unterhielt, hatte nur zum Teil mit seiner Prunksucht zu tun, viel mehr dienten sie ihm dazu, ständig auf Achse sein zu können, damit niemand wusste, wo er sich gerade aufhielt. Er schlief pro Nacht nur vier bis fünf Stunden (meint Jussuf) oder gar nur zwei bis drei (meint Leyla) und wachte jedes Mal in einem anderen Bett auf. Es blieb ein hohes Berufsrisiko dabei. In den tiefsten Stunden der Nacht zog er gern durch Bagdad, wie sein großes Vorbild, der Kalif Harun al-Raschid, und klopfte an die Türen seiner schlaftrunkenen Untertanen, um sie in Schrecken zu stürzen und durch seine Großmut zu erstaunen. Großmut und Schrecken verschränkten sich in seiner Hand aufs Engste. Er pflegte teure ausländische Limousinen von weißer Farbe zu verschenken, immer vollautomatische Wagen: Denn bei diesen ließen sich, wenn sie zufällig in den Tigris fielen, Türen und Fenster nicht mehr von Hand öffnen. Und so wusste, wer dieses Geschenk erhielt, was ihn demnächst erwartete.

Die einzelne starke Hand zeugt immer von der Schwäche des Ganzen; der Tyrann, und nur der Tyrann, ist derjenige, der sich dieses Zustands erbarmt. Es hätte die Amerikaner warnen sollen, als sie 2003 im Irak einmarschierten: Nach dem Sturz Saddams und der Auflösung seiner beiden leibwachenartigen Privat-Institutionen, der Baath-Partei und der Armee, war hier schlechterdings nichts an Infrastruktur und ziviler Gesellschaft vorhanden, womit sich hätte Staat machen lassen. Das einsetzende Chaos war voraussehbar.

Auch Saddams literarische Ambitionen muss man in diesem Zusammenhang des alternativlos Eigenhändigen sehen. Seine westlichen Kritiker haben sie als Ausdruck pathologischer Selbstüberschätzung gewertet und damit vor allem zu erkennen gegeben, wie wenig sie die Eigenart dieses Staatswesens verstanden. »Er hatte jeglichen Bezug zur Realität verloren«, befand ein Journalist. »Er hielt sich für einen Gott, der alles konnte, einschließlich Romane schreiben.« Doch wer, bitte, hätte stattdessen die Literatur verfassen sollen, die dem Land nottat? Auf die Literaten war hier so wenig Verlass wie auf die Genossen in Armee und Parteileitung, welche darum von Zeit zu Zeit gesäubert werden mussten. Als Modus eigenständiger Tätigkeit kam hier ausschließlich der Verrat in Frage. Und da sich die Rezeption von Büchern nur schwer zentral überwachen lässt, wurden daraus auch Theaterstücke verfertigt, die sich dann alle gemeinsam anschauen mussten. Nur die Mutigsten unter den Zuschauern wagten es in der Pause, sich Dinge darüber ins Ohr zu flüstern.

Im Westen läuft das freilich anders. Der Popstar Bono, der sich einer gerechteren Welt verschrieben hat, erhielt, wie er in einem Artikel für das *Time Magazine* berichtete, das Privileg, den amerikanischen Präsidenten George W. Bush auf dessen Afrikareise im Flugzeug begleiten zu dürfen. Bush erwies sich erstaunlich informiert über den Inhalt von Bonos neuem Buch. Dieser konnte sich eine kleine Bosheit nicht verbeißen. »Wen haben Sie denn das Buch lesen lassen, Mr. President?« Woraufhin Bush grinste und erwiderte: »Und wen haben Sie es schreiben lassen, Bono?« Nicht schlecht, die Retourkutsche. Insgesamt zeigt der kleine Schlagabtausch recht deutlich, wie wenig Literatur ab einer gewissen Höhenlage des Einflusses und der Macht noch als eine persönliche Angelegenheit erscheint. Das war im Irak jedenfalls anders. (Anders auch darin, dass der Popstar das Flugzeug wohl kaum lebendig verlassen hätte.)

Neben einigen politischen Büchern und etlichen Gedichten hat Saddam Hussein insgesamt vier Romane verfasst. Das ist das Allererstaunlichste. Dass ein Tyrann seine praktischen Grundsätze auch in Buchform niederlegt, ist zu erwarten; dass er seine Weisheiten schriftlich bündelt, damit siebenjährige Schulmädchen sie auswendig lernen und aufsagen, befremdet niemanden; und für ein Gedicht bleibt hin und wieder ein Loch im Terminkalender, das bei der hohen Effizienz des Tyrannen-Alltags wohl hinreichen mag, ein paar Verse zu schmieden oder hinzuwerfen. Aber ein Roman lässt seinen Autor nicht so leicht vom Haken; Romane sind nicht nur beim Lesen, sondern erst recht beim Schreiben wahre Zeitfresser. Vier Romane, das macht einem Profi Ehre. Und es verhält sich ja auch bei Saddam nicht so wie bei manchen anderen ex-jugoslawischen oder ex-sowjetischen Despoten, die, aus kleinen Verhältnissen stammend, ihren Weg in die Sphäre der Macht auf dem Umweg einer Existenz als Intellektuelle genommen haben, denn in ihren Gesellschaften galt der Geist noch was; dieser Typus gibt das Schreiben beim Antritt der Macht zumeist auf wie ein Mann nach seiner Eheschließung das Tanzen. Nein, Saddam hat seine sämtlichen Romane erst im Amt geschrieben.

Er tat dies incognito und setzte auf den Einband: »Ein Buch von seinem Autor«. Da war es wieder, das Motiv des Harun al Raschid, der unerkannt durchs nächtliche Bagdad streift. Aber es wurde natürlich dafür Sorge getragen, dass niemand über den Verfasser im Unklaren blieb. Und so nahm dieses Incognito operettenhafte Züge an, wie in der »Perichole« von Jacques Offenbach, wo der Vizekönig von Peru sich in Verkleidung unters Volk mischt, während dieses um ihn herumtanzt und singt: »Incognito, Incognito, wie schön ist ein Incognito!«

Einer dieser Romane ist auch ins Deutsche übersetzt worden: *Zabiba und der König*.

Sein Weg in den Westen war verschlungen. Erst studierten ihn, als Saddam noch regierte, der amerikanische und der israelische Geheimdienst, um sonst schwer zu erhaltende Rückschlüsse auf Saddams seelischen Zustand zu ziehen. Nach Saddams Sturz ließ ihn dann ein amerikanischer Patriot (so sah er sich selbst) auf eigene Kosten ins Englische übertragen, aus Interesse und um speziell den Angehörigen der Besatzungstruppen im Irak samt ihren Familien eine Unterhaltung der besonderen Art zu gewähren. Um jede Anmutung des Komplizentums zu tilgen, wurden nicht nur gehässige Fußnoten eingefügt, sondern auch darauf hingewiesen, dass Saddam keinen Pfennig Tantiemen erhielt.

Recht so! Denn hatte sich der Irak nicht unter Saddam geweigert, ein entsprechendes internationales Abkommen zu unterzeichnen? Saddam seinerseits hatte sich schon im Voraus schadlos gehalten, indem er für den Umschlag das romantische Kitschgemälde eines nordamerikanischen Künstlers entwendete; dieser wiederum hatte mit panischer Verleumdung des Plagiators reagiert, wusste er doch, dass der bloße Anhauch einer Seelenverwandtschaft seiner künstlerischen Karriere daheim ein jähes Ende setzen konnte.

In Deutschland hingegen beschritt man, wie in der Frage des Kriegs gegen den irakischen Tyrannen, so auch bei der Betrachtung seines Werks einen Sonderweg. Der Verlag, das Haus »de facto«, kündigte an: »Eingebettet in die zarte Liebesgeschichte sind viele philosophische Überlegungen, die der Autor über den Staat, das Zusammenleben der Menschen, über die Einsamkeit des Monarchen und viele andere Punkte mehr anstellt. [...] Mit viel Weisheit wird die hohe und schwierige Kunst des Staatenlenkens dargelegt.«

Das Vorbild des Buchs geben zweifellos die Märchen aus tausend und einer Nacht ab. Aber die Rahmenhandlung unterscheidet sich davon. Der Erzähler teilt mit, er habe die Geschichte von seiner Großmutter in der erbärmlichen Hütte seiner Kindheit gehört, einer der zähen, weisen, liebevollen Frauen, wie sie so typisch seien für dieses Land. Und auch Zabiba selbst stammt aus einer armen Familie. Der Name bedeutet »Rosine« (offenbar hängen die Zibeben damit zusammen); und sie heißt deswegen so, weil ihre Mutter in der Schwangerschaft einen so furchtbaren Heißhunger auf Rosinen entwickelt habe, aber ihrer Armut wegen sich keine verschaffen konnte, nicht eine einzige. So nannte sie – denn zu den wenigen Rechten der Frauen gehört es, ihren weiblichen Kindern den Namen zu geben – ihre Tochter, als sie zur Welt kam, Rosine. Es ist eine Rapunzelgeschichte; und wenigstens in diesem einen Augenblick wird sie von Zartheit und Frische gestreift.

Die Armut und die Sache der Frau nimmt sich der Autor erkennbar zu Herzen, *sie* lässt er triumphieren. Zabiba nähert sich kraft ihrer Schönheit und Klugheit dem König, ihm gibt sie in seiner unglücklichen Isolation und der Düsternis seines Schlosses zu denken und bringt ihn, eine zweite Scheherezade, auf den Weg der Besinnung und Besserung. Er verwandelt sich in einen Kämpfer für sein Volk, beide kommen als Märtyrer ums Leben. Vieles an den Vorgängen bleibt erzählerisch unklar. Zum Schluss wird eine demokratische Volksversammlung einberufen, die mit dem alten Regime abrechnet. Als Gedenktag für die Protagonisten wird der 17. Januar bestimmt, wohl nicht ganz zufällig der Jahrestag des amerikanischen Angriffs 1991.

Was man, auch ohne beim Geheimdienst zu sein, dem Buch ohne weiteres abgewinnt, das ist sein allegorischer Gehalt: Zabiba ist das Volk und der König Saddam, die sich in der unmittelbaren Naturrechtlichkeit ihrer Liebe zueinander über formale Bindungen hinwegsetzen. Dass beide verheiratet sind, spielt nur insofern eine Rolle, als die sich daraus ergebenden Ansprüche zornig beiseite gewischt werden. Das Mädchen aus dem Volk bekommt Gelegenheit, die amtierende Königin exquisit zu demütigen; und als Zabibas legitimer Gatte sie vergewaltigt, straft ihn der König aufs Härteste.

Was taugt dieses Buch als Buch? Schlechter als Stephenie Meyer und ihre unsäglichen Vampir-Sagas sei das jedenfalls auch nicht, urteilt ein Blogger. Das mag so sein; aber es geht am Charakter des Werkes vorbei. Die in ihren Gewohnheiten eingehauste westliche Literatur-Rezeption bekommt das Phänomen nicht in den Griff, weder in der Apologie noch im Verriss. Was der deutsche Verlag in seinem Klappentext vorlegt, wird man schwerlich als ganz aufrichtig bezeichnen können. Doch auch die Kritikerin der *Neuen Zürcher Zeitung* übersieht in ihrem ziemlich pharisäischen Unmut wesentliche Aspekte. Dass der König nur knapp einem Giftanschlag entgeht, kommentiert sie (und sie schließt damit zugleich ihren Artikel ab): »Wenn Saddam seine Macht in der Praxis mit brachialer Gewalt zu wahren wusste – dann scheint er denkende Leser außer Gefecht setzen zu wollen, indem er sie mit Kamillentee ersäuft.« Diese geschmäcklerische und zugleich moralisierende Ironie ist mehr als matt. Sie verkennt, dass solche Literatur nichts Individuell-Kulinarisches an sich hat; Saddam nimmt, was er kriegen kann, bedient sich eigener und fremder Traditionen, vereindeutigt sie zu seinen Zwecken, wandelt sie um in den Schlachtruf des Führers. Ein Schlachtruf ist kein Hobby, weder für den, der ihn ausstößt, noch für denjenigen, der ihn hört. Solche Literatur ist nicht schöngeistige Kür, sondern Pflicht bis in den Tod.

Das gilt auch für etwaige Zuarbeiter. *Zabiba* soll nicht ohne Hilfe entstanden sein. Die Witwe des Betreffenden erinnert sich, dass ihr Mann eines Tages aus seinem Büro weg von Saddam vorgeladen wurde und drei Tage erhielt, um Saddams Notizen zu bearbeiten; es klingt seinerseits wie eine Geschichte aus tausend und einer Nacht. Am Abend kam er kreidebleich heim und erzählte seinen Kindern: »Unser Onkel hat mir einen speziellen Auftrag erteilt.« Wenig später starb er; er hatte einen tiefen Schluck aus einem Krug in der Küche genommen und brach tot zusammen. (So viel zur Tödlichkeit von Kamillentee.) Niemand zweifelte am Urheber des Mordanschlags. Dieser hatte neuerlich seine Eigenhändigkeit bekräftigt, so und so.

Saddam hat, wie gesagt, noch drei weitere Romane geschrieben. Leyla hat sie für mich, nicht ohne Schwierigkeiten, über eine Bekannte in Jordanien beschafft, wo man alles Schmuggelgut des Orients bekommt. Ich kann wenig damit tun, als sie in der Hand zu wiegen und ihre Umschläge zu betrachten. Großformatige Paperbacks sind es, auf dickem Papier, schon etwas bestoßen.

Männer und eine Stadt heißt einer, wohl sein erster, in dem Saddam die Geschichte seines Aufstiegs und des Aufstiegs seiner Partei erzählt. Und der Umschlag zeigt genau jene Straße in Bagdad, wo er damals sein erstes Attentat beging, und genau jenes Auto, einen protzigen gelben Straßenkreuzer, das er in die Luft jagen wollte! Leyla ist sich da ganz sicher. Freilich nur als eine Art Fußnote; darüber, in den Lüften, tummeln sich ein arabischer Krieger auf dahinsprengendem Ross; ein Raubvogel, drapiert mit der irakischen Flagge, woran ein beschriftetes herzförmiges Medaillon hängt; eine Moschee und ein Halbmond, gebogen aus einem Palmzweig; alles bunt und ziemlich fetzig, aber auch etwas schlampig hingeworfen.

Dickster Band ist *Alqala al Hasine* (»Die uneinnehmbare Festung«), noch bunter diesmal, mit geprägtem goldenem Titel. Eine schöne und stolze Frau wird von einem Tumult aus Minaretten und Raketen umringt, wieder tauchen Ross und Reiter auf, Burnus und Mähne wehen, darunter moderne Artillerie. Es geht um die Geschichte eines irakischen Stammes durch die Jahrhunderte. »Kann der Mensch leben ohne eine Sache?« übersetzt Leyla. »Ohne Sache kann er zwar leben, aber nur in einem beschränkten Umkreis, wie

Bienen, Ameisen, Rehe, Wölfe, Tiger, Löwen und ihre Jungen, Schakale und Vögel, Igel, Kriechtiere. Aber hat Gott den Menschen dafür geschaffen, nur für die Triebe? Nur Heiden sagen so etwas!« Ein Vertreter der westlichen Rhetorik, spürt man, hätte die Aufzählung gekürzt, weil sie ihm ein wenig überinstrumentiert erschiene; mindestens hätte er die Igel gestrichen.

In den Wochen und Monaten, bevor der Krieg von 2003 losging und während die USA ständig den Druck auf ihn erhöhten, hat sich Saddam offenbar mit besonderer Leidenschaft und Energie seinem letzten Roman gewidmet. Er wurde praktisch am Vorabend der Kampfhandlungen fertig, der größte Teil der Auflage verbrannte. Dieser Band ist schlichter als die anderen gehalten; er zeigt nur das Porträt des Verfassers auf weißem Grund, das Druckbild wirkt ungleichmäßig. Der Titel scheint bei der Übersetzung gewisse Probleme zu bereiten; die englischsprachigen Quellen machen daraus abwechselnd »Devil's Dance«, »Begone, Demons!« und »Get Out Of Here, Curse you!« Leyla gibt ihn wieder mit »Komm raus aus ihr, du Verfluchter«, wobei das »ihr« überrascht. Wir können den Bezug nicht eindeutig klären. Wieder geht es, so weit sich den Beschreibungen entnehmen lässt, um den Kampf des arabischen Volkes, diesmal gegen eine satanisch-zionistische Weltverschwörung. Die Araber, angeführt vom Erzähler Abraham, dringen ins Land des Feindes ein und zerstören seine zwei mächtigsten Türme. Wollte Saddam, nachdem seine Nicht-Beteiligung am 11. September gegen alle entsprechenden Versuche der Regierung Bush zweifelsfrei erwiesen worden war, diese Unterlassung, für die er doch büßen sollte, als hätte er die Tat begangen, wenigstens symbolisch wieder gut machen? In gewisser Weise war er ja durch den Krieg zum unschuldigen Opfer geworden. Das ließ vielleicht seine Tyrannen-Ehre nicht zu.

Und noch ein weiteres literarisches Werk, ein fremdes zwar, aber doch auf innigere Weise seins als irgendein anderes, hat Saddam hinterlassen. In rund fünfzig Sitzungen, ein Jahr lang jede Woche, hatte er sich insgesamt 26 Liter Blut abzapfen lassen. Es diente dazu, ein Exemplar des Korans zu schreiben. Roh und fromm zugleich wirkt diese Geste, anmaßend und demütig, Ausdruck jedenfalls dessen, was Saddam meinte, das unmittelbare, unzerreißbare Bündnis seines Eigensten mit dem Allgemeinen. Aus seinem Blut sollte die wahre, bindend gültige Schrift fließen, und zwar die *ganze*. Faust braucht zur Bekräftigung des Pakts mit dem Teufel nur ein

Tröpfchen von dem ganz besonderen Saft als Unterschrift, der Rest durfte in Tinte aufgesetzt werden. Der Tyrann verströmt sich über Hunderte von Seiten. Das Buch soll irgendwo in einem Museum stecken; es stellt einen gläubigen Muslim vor ein Dilemma. Denn der Koran ist heilig, unrein aber das Blut, jedes Blut. Die bloße Existenz dieses Buchs ist ein Frevel.

Acht Jahre ist es nunmehr her, dass Saddam Hussein vernichtend geschlagen, gejagt, aufgespürt und vor Gericht gestellt wurde. Für die Ermordung von mindestens 290.000 Menschen sollte er sich verantworten. In dieser Zeit schrieb er sein letztes Gedicht. Es heißt darin (ich übersetze aus der englischen Version, also um zwei Ecken):

> Hier entblößen wir unsere Brust vor den Wölfen
> Und werden nicht zittern vor dem Ungeheuer.
> Wir kämpfen gegen die schwersten Herausforderungen
> Und schlagen sie zurück, wenn Gott es will.
> Wie würden s i e sich halten, müssten sie Ähnliches erdulden?

Die Amerikaner entwürdigten ihn nach Strich und Faden vor den Kameras der Welt, als sie ihn verwirrt und verwahrlost aus seinem Erdloch zogen; aber sie hätten gern eine ordentliche formgerechte Hinrichtung gehabt. Daraus wurde leider nichts; es gelang dem ungeheuren Hass, den Saddam in den fünfunddreißig Jahren seiner Herrschaft gegen sich gesammelt hatte, sich einzuschleichen und die Prozedur zu untergraben.

Schon die Wahl der Richtstätte entsprang dem Geist der Vergeltung. Sie befand sich in direkter Nähe zu einem Ort, wo der Tyrann einen Fleischwolf für seine Gegner aufgestellt hatte. Einen Fleischwolf? frage ich ungläubig. Ja genau, sagen Leyla und Jussuf, einen Fleischwolf, wie man ihn zur Erzeugung von Hackfleisch verwendet, nur entsprechend größer. Dort wurden die Opfer lebendig hineingeworfen und zermahlen. Auf seinem letzten Weg wurde Saddam beschimpft und verhöhnt, die Erhängung wurde heimlich mitgeschnitten und der verwackelte Film zum Hit im Internet. Unter den vermummten Henkerknechten sollen einige von Saddams Todfeinden gewesen sein, die für das Privileg, es ihm ganz persönlich heimzuzahlen, hohe Bestechungssummen hingelegt hatten. Nur so, wenn sie tätig selbst dabei waren, schien ihnen ihre

Rache befriedigt. Es ist die Rede von einer Million Dollar. Gegen diesen innigen Wunsch kam das Prinzip der Rechtsstaatlichkeit nicht auf. Die spiegelbildliche Genugtuung, die die Beteiligten in diesem Moment empfanden, können wir nur ahnen.

Auch der amerikanische Präsident Bush wollte wenigstens symbolisch an diesem Vorgang partizipieren. Er sorgte dafür, dass er die Pistole Saddam Husseins bekam. Mit welchem Schauder mag er, der, anders als sein Gegner in diesem Krieg, nicht eine Sekunde in Gefahr geschwebt hatte, er, der unberührbare Sieger vorab, dieses authentische Metall berührt haben? Was für ein Gefühl mag es sein, dieses Eigenhändige aus zweiter Hand? Vielleicht äußert sich ja sein Ghostwriter dazu.

Saparmyrat Nyýazow (1940–2006)

DU BIST EIN TURKMENE! (2001)

Komm mein Herz, lass uns ins Land ziehen,
Deine Weiden voller Löwen, mein ruhmreicher Turkmene!
Es ist die Zeit des bescheidenen, bekümmerten Helden,
Du bist der Turkmene, heldenhaft wie Dschelaleddin!

Wähle den Vollblüter tausend Flügeln gleich,
Lass uns knien und beten an den Füßen der Berge,
Lass uns den Vater beobachten, auf den Bergen,
Du bist der Turkmene, geschmückt mit dreihundertsechzig
Gaben!

Eure Männer hellsichtig wie Korkut,
Eure Mütter aufnehmend wie Yunus,
Bist du einmal allein, sind alle da, um zu helfen,
Du bist der Turkmene, gesegnet wie der große Agayunus!

Du bist heldenhafter als ein Held und doch bescheiden,
Du bist kampffreudiger als der Kampf, aber dennoch ehrenvoll
auf dem Schlachtfeld!
Du bist stark und nichts kann dich beugen,
Aus dem Karakum bist du, Turkmene, die unbesiegbare
Erzmine!

Du und deinesgleichen, ihr stellt Geschichte dar,
Deine Vorfahren, Väter, Sippen, Ahnen,
Kräftig wie sich erhebende edle Pferde,
Du bist der Turkmene, der heldenhafte mit flinken Armen!

Weise sind deine Herren und Gebieter,
Stets am Himmel strahlen eure Fahnen,
Eure Worte sind voller Glanz, eure Herzen mit Güte erfüllt,
Der Turkmene, sein Herz und sein Gesicht immer rein, voll edlem Schein!
Dein erster Vorfahre Oguz Khan, Korkut dein Meister,
Die Geschichte von sechzig Jahrhunderten birgt dein Gedächtnis,
Karakum ist dein gedeckter Tisch, dein Schatz,
Du bist der fruchtbare, ertragreiche, durch Reichtum beseelte Turkmene!

Saparmyrat Nyýazows *Ruhnama* und die Erfindung Turkmenistans

Riccardo Nicolosi

1. Ruhnama *und das postsowjetische Turkmenistan als panegyrischer Raum*

In der turkmenischen Hauptstadt Aşgabat befindet sich ein sonderbares Denkmal: In einer weitläufigen Parkanlage, die die postsowjetische Unabhängigkeit des Landes zelebriert, steht in der Mitte eines breiten Springbrunnens die monumentale, ca. 10 Meter hohe Kopie eines Buches, das auf seinem Deckel den Titel *Ruhnama* sowie Namen und Konterfei des Autors, Saparmyrat Türkmenbaşi, in Goldreliefs trägt (Abb. 1).

Ruhnama (wörtlich: »Das Buch des Geistes«) ist das Hauptwerk des ersten turkmenischen Präsidenten Saparmyrat Nyýazow (1940–2006), der sich 1993 vom turkmenischen Volksrat (*Halk Maslahaty*) den Titel »Türkmenbaşi« (»Oberhaupt der Turkmenen«) ver-

leihen ließ. Sonderbar an diesem Denkmal ist vor allem die Tatsache, dass es sich mechanisch ›aufklappen‹ lässt: Die Öffnung des monumentalen Buches leitet ein multimediales Spektakel ein, bei dem unter den Klängen turkmenischer Musik das Portrait Türkmenbaşis, Manuskriptseiten des Buches sowie propagandistische Filme über die ›ruhmreiche‹ turkmenische Geschichte auf die Innenseiten des Monuments projiziert werden. Die gezeigten Szenen beziehen sich auf Textstellen in der *Ruhnama*, deren feierliche Lesung über Lautsprecher für den ganzen Park übertragen wird.[1]

Was zunächst wie ein ›architektonisches Symptom‹ der Megalomanie eines zentralasiatischen Alleinherrschers aussieht, der das Horaz'sche *Exegi monumentum* wortwörtlich zu nehmen scheint und seinem Buch ein Ehrenmal errichtet, ist vielmehr nur eine – wenn auch eine besonders auffällige – Manifestation der Allgegenwart der *Ruhnama* im postsowjetischen Turkmenistan.[2] Seit ihrer

[1] Zu Nyýazows Lebzeiten fanden diese ›Lesungen‹ allabendlich statt, unter dem neuen Präsidenten Gurbanguly Berdimuhamedow wurden sie auf besondere Anlässe beschränkt. Zum *Ruhnama*-Monument im Kontext der postsowjetischen, den Personenkult Nyýazows zelebrierenden Architektur der turkmenischen Hauptstadt vgl. Jan Šir, »Cult of Personality in Monumental Art and Architecture: The Case of Post-Soviet Turkmenistan«, in: *Acta Slavica Iaponica* 25 (2008), S. 203–220, bes. S. 206 f.; ferner Slavomír Horák, »Mify velikogo Turkmenbaši«, in: *Vestnik Evrazii – Acta Eurasica* 2/28 (2005), S. 105–133. Verw. Internetversion: http://files.slavomirhorak.webnode.cz/200000073-7d3f97f339/turkmenistan-actaeurasica2005.pdf (letzter Aufruf 17.2.2011). Englische Version: »The Ideology of the Turkmenbashy Regime«, in: *Perspectives on European Politics and Society* 6/2 (2005), S. 305–320; Katrin Heinritz, *›Defekte Demokratisierung‹ – ein Weg zur Diktatur? Turkmenistan und die Republik Sacha (Jakutien) in der Russischen Föderation nach dem Ende der Sowjetunion*, Frankfurt a. M. u. a. 2007, S. 138.

[2] Die metaphorische Gleichsetzung von literarischem Werk und dauerhaftem Denkmal wurde spätestens mit Aleksandr Puškins Horaz-Transposition des *Exegi monumentum* (*Carmina* III, 30) zum festen Bestandteil der russischen und vor allem – im Rahmen des staatlichen Puškin-Kultes – der sowjetischen Kultur (vgl. A.S. Puškin, »Ja pamjatnik sebe vozdvig nerukotvornyj…« [Ein Denkmal habe ich errichtet, nicht von Menschenhand geschaffen…], 1836). Es ist deshalb nicht unwahrscheinlich, dass Nyýazow, der in Leningrad studierte, im Falle des *Ruhnama*-Monuments – genauso wie in vielen anderen Bereichen seines Personenkultes – Versatzstücke aus der sowjetischen Kultur in den postsowjetischen Raum transportiert und zugleich grotesk outriert hat.

Veröffentlichung im Jahr 2001 und bis zu Nyýazows Tod bestimmte die *Ruhnama* das Leben der Turkmenen auf geradezu diktatorische Art und Weise: Sie galt offiziell als alleinige Lebensleitlinie und wichtigste Grundlage der Erziehung aller Turkmenen vom Kindergarten bis zur Universität.[3] Im Rahmen der von Türkmanbaşi durchgeführten Radikalreform des Bildungssystems, die zur Reduzierung von Schul- und Studienzeiten, zur Streichung von Schulfächern sowie zur Schließung von Fakultäten, der Akademie der Wissenschaften und der Nationalbibliothek führte, wurde die *Ruhnama* zum Haupttextbuch sowohl für Schüler als auch für Studenten sämtlicher Studienrichtungen. Sogar für den Erwerb des Führerscheins war ein Kurs von 16 Stunden *Ruhnama*-Auslegung verpflichtend. In den Buchläden des Landes gab es kaum anderes zu kaufen als die *Ruhnama*, die bereits 2005 die Millionenauflage überschritten hatte. Das Staatsfernsehen veranstaltete regelmäßige Lektüren des Buches, deren Zitate den öffentlichen Raum – Straßen, Plätze, Amtsgebäude, Bildungseinrichtungen – sowie die Tageszeitungen ›schmückten‹. Im Zuge des Umbenennungseifers, der die Regierungszeit Nyýazows charakterisierte, wurde der Monat September in »Ruhnama« und der dem Studium der *Ruhnama* gewidmete Samstag in »Ruhgün« (»Tag des Geistes«) umbenannt.[4]

3 *Ruhnama* besteht aus zwei Bänden: Der erste Band (*Ruhnama. Reflexionen über die geistigen Werte der Turkmenen*) erschien Ende 2001, der zweite Band (*Ruhnama. Der geistige Reichtum der Turkmenen*) im Januar 2005. Da sich der zweite Band inhaltlich und stilistisch vom ersten Band nicht wesentlich unterscheidet, konzentrieren sich folgende Ausführungen auf Band 1, der nach der verfügbaren deutschsprachigen Internet-Fassung zitiert wird. Da diese Fassung gravierende sprachliche Mängel enthält, wurde sie mit der englischen Ausgabe: *Rukhnama. Reflections on the Spiritual Values of the Turkmen*, Ashgabat 2005, abgeglichen und gegebenenfalls modifiziert. Verweise werden direkt im Fließtext mit Seitenzahlangabe in Klammern gesetzt.

4 Die Umbenennung des Monats September in »Ruhnama« ist dadurch zu erklären, dass Nyýazow die Niederschrift des Buches angeblich am 12. September 2001 abgeschlossen hat, wie der handschriftliche Eintrag auf der letzten Seite der *Ruhnama* (S. 398) bezeugen soll. Der für politische Umwälzungen typischen Logik der Erneuerung durch Namensgebung folgend, wurden unter Türkmenbaşi neben sämtlichen Monaten und Wochentagen auch geographische Orte, Städte sowie alle Straßen in Aşgabat umbenannt (vgl. Heinritz, *›Defekte Demokratisierung‹ – ein Weg zur Diktatur?*, S. 135 f.). Ziel dieser Maßnahme war es, die Entsowjetisierung des

Zahlreiche Übersetzungen[5] sollten Türkmenbaşis »Reflexionen über die geistigen Werte der Turkmenen« in der ganzen Welt verbreiten, wobei auch dem All dieses geistige Gut nicht vorenthalten wurde: Ein Exemplar des Buch kreist bereits seit einigen Jahren in einem Satelliten um die Erde.[6] Schließlich trat Türkmenbaşis »heiliges Buch« sogar in Konkurrenz mit dem Koran: Ein Exemplar der *Ruhnama* musste am Eingang jeder Moschee ausgestellt und von den Gläubigen als heiliges Objekt betrachtet werden; Zitate aus der *Ruhmana* zieren neben Koranversen die Wände der in Nyýazows Heimatdorf Gypjak 2004 eröffneten Moschee, der größten in Zentralasien, die »Türkmenbaşis Spiritualität« (*Türkmenbaşynyň Ruhy metjidi*) gewidmet ist und in der Nyýazow begraben wurde.[7] Von

Landes durch die Einführung von turkmenischen Namen symbolisch zu inszenieren. Vgl. dazu Barbara Kiepenheuer-Drechsler, »Trapped in Permanent Neutrality: Looking Behind the Symbolic Production of the Turkmen Nation«, in: *Central Asian Survey* 25/1–2 (2006), S. 129–141, bes. S. 134. Zur Sprachpolitik Turkmenistans im Kontext der postsowjetischen zentralasiatischen Staaten vgl. Jacob M. Landau, Barbara Kellner-Heinkele, *Politics of Language in the ex-Soviet Muslim States*, London 2001.

5 Übersetzungen in 21 Sprachen finden sich auf der staatlichen Homepage: http://www.turkmenistan.gov.tm/ruhnama/ruhnama-index.html (letzter Aufruf 17.2.2011). Die Mehrzahl der angefertigten Übersetzungen wurde von ausländischen Firmen finanziert, die sich dadurch Vorteile auf dem turkmenischen Markt verschaffen konnten. Deutsche Übersetzungen, die allerdings nicht zu erwerben sind, wurden von Daimler-Chrysler (Bd. 1) und Siemens (Bd. 2) angefertigt. Diese dubiose Geschäftspraxis prangert der Dokumentarfilm *Shadow of the Holy Book* von Arto Halonen (Art Films Production, 2007) an. Vgl. dazu Robert A. Saunders, »Turkmenistan: Rage Against the Ruhnama«, in: *Transitions Online*, 03.03.2009 (http://www.tol.org/client/article/20408-rage-against-the-ruhnama.html [letzter Aufruf 17.02.2011]).

6 Über diese Omnipräsenz der *Ruhnama* im postsowjetischen Turkmenistan vgl. Horák, »Mify velikogo Turkmenbaši«; Kiepenheuer-Drechsler, »Trapped in Permanent Neutrality«, S. 131; Ksenija Soljanskaja, »Bog vsech Turkmen«, in: *Gazeta.ru*, 21.03.2006 (http://gazeta.ru/2006/03/21/oa_192919.shtml [letzter Aufruf 17.2.2011]); Heinritz, *›Defekte Demokratisierung‹ – ein Weg zur Diktatur?*, S. 171 f.; Katrin Heinritz, »Im Land des großen Turkmenbashi«, in: *Eurasisches Magazin*, 31.03.2006. Verw. Internetversion: http://www.eurasischesmagazin.de/artikel/?artikelID=20060309 (letzter Aufruf 17.2.2011).

7 Vgl. dazu Šir, »Cult of Personality in Monumental Art and Architecture, S. 214; Kiepenheuer-Drechsler, »Trapped in Permanent Neutrality«, S. 132.

der Heiligkeit seines Buches war Nyýazow so überzeugt, dass er 2006 behaupten konnte, dass die dreimalige Lektüre der *Ruhnama* den Gläubigen den Eintritt ins Paradies garantiert.[8]

Diese staatlich verordnete Omnipräsenz der *Ruhnama* im postsowjetischen Turkmenistan lässt sich sicherlich im Kontext des geradezu maßlosen Personenkultes um Türkmenbaşi betrachten, der dank seines Buches nicht nur zum ersten Literaten[9] und Historiker[10] des Landes, sondern sogar zum »letzten Propheten Gottes«[11] erklärt werden konnte. Durch die medial ständig hervorgehobene Symbiose zwischen Autor und Werk, die die Verehrung der *Ruhnama* mit der Verehrung Türkmenbaşis gleichsetzte, trug die *Ruhnama* zur Verwandlung Turkmenistans in einen epideiktischen Raum, zur Inszenierung eines permanenten, einhelligen Jubelns um

Zu den Protesten, die diese Maßnahmen in der muslimischen Gemeinde Turkmenistans hervorriefen, vgl. Felix Corley, »Turkmenistan: President's Personality Cult Imposed on Religious Communities«, in: *Forum 18 News Service*, 01.03.2005 (http://www.forum18.org/Archive.php?article_id=522 [letzter Aufruf 17.2.2011]).

8 Vgl. Soljanskaja, »Bog vsech Turkmen«.

9 Nyýazow firmiert auch als Autor von einigen Gedichtbänden, die in großen Auflagen publiziert wurden und – wie die *Ruhnama* – als Pflichtlektüre im Schulunterricht fungierten. Für seine Werke erhielt Nyýazow mehrmals den von ihm selbst 2002 instituierten »internationalen« Preis »Magtymguly«. Genauso wie im Falle der *Ruhnama* (s. u.) bestehen berechtigte Zweifel über seine Autorschaft: Es wird berichtet, dass während einer offiziellen Veranstaltung Türkmenbaşi eines »seiner« bekanntesten Gedichte so unsicher vorgelesen habe, als ob er den Text zum ersten Mal sehen würde. Vgl. dazu Slavomír Horák, »Portret prezidenta Turkmenbaši kak osnova turkmenskogo režima«, in: *Vestnik Evrazii – Acta Eurasica* 2007, 2. Verw. Internetversion: http://files.slavomirhorak.webnode.cz/200000072l0e2c11dcc/turkmenbashi_actaeurasica2007.pdf (letzter Aufruf 17.2.2011).

10 In Ergänzung zur *Ruhnama* sollte Nyýazow, der »Bitte« des Volksrates (*Halk Maslahaty*) folgend, eine neue Geschichte Turkmenistans verfassen. In diesem Zusammenhang sprach die turkmenische Presse von der übermenschlichen Fähigkeit Türkmenbaşis, allein ein Werk zu verfassen, das normalerweise die langjährige Arbeit von vielen Wissenschaftlern verlangt. Trotzdem wurde das Werk nie publiziert. Vgl. dazu Horák, »Portret prezidenta Turkmenbaši kak osnova turkmenskogo režima«.

11 Šir, »The Case of Post-Soviet Turkmenistan«, S. 214.

die Person Nyýazow wesentlich bei.[12] Die *Ruhnama* selbst zeugt fortwährend von der Selbststilisierung Nyýazows als Propheten, der durch Gottes Inspiration dem turkmenischen Volk die verlorene Identität zurückgibt, um es in die lichte Zukunft eines neuen »Goldenen Zeitalters« zu führen:

> Mein verehrtes Volk, meine liebe Nation! Dieses Buch heißt Ruhnama der Turkmenen und wurde durch die Inspiration des allmächtigen Gottes, die er meinem Herzen zuteil werden ließ [...], niedergeschrieben. (S. 2)
>
> Ruhnama ist das Buch der Einheit und Verbundenheit, denn es ist die einzige Grundlage, welche die Geschichte der turkmenischen Nation mit der Gegenwart verbindet. (S. 12)
>
> Die Ruhnama ist das Reifezeugnis des turkmenischen Volkes! Sie ist das Hauptwerk und das Handbuch der Turkmenen. Sie ist die Zusammenfassung der Anstrengungen des turkmenischen Volkes in seiner jahrtausendlangen Geschichte, seiner Vernunft, seiner Würde, seiner Sitten und Traditionen, seiner Ziele und Wünsche, die Gesamtheit seiner Prinzipien und Aktivitäten! (S. 13)
>
> Geehrte Landsleute! Wir haben in kurzer Zeit unseren würdigen, stabilen Staat gegründet und die erste Stufe unserer Entwicklung beendet. Die zweite Stufe muss in unserer Seele, in unserem Gedächtnis, in unserem Blut und in unserem Herzen erreicht werden! Diese großen Umwälzungen werden wir mit unserem Buch Ruhnama verwirklichen! (S. 15)[13]

[12] Zu Nyýazows Personenkult vgl. insbesondere Horák, »Mify velikogo Turkmenbaši« und ders., »Portret prezidenta Turkmenbaši kak osnova turkmenskogo režima«.

[13] Diese explizite ›Autopanegyrik‹ nimmt ungewöhnliche Formen an, wenn Nyýazow den Wirkungsansprüchen der *Ruhnama* sogar eine kosmische Dimension verleiht: »Die Ruhnama muss das Zentrum des Universums werden. Alle kosmischen Gegenstände, die im Weltall entstehen und entstehen werden, sollen in ihrem Gravitationsfeld ihre Kreise ziehen.« (S. 47)

Würde sich die Bedeutung der *Ruhnama* in ihrer tragenden Funktion für den Personenkult Türkmenbaşis erschöpfen, wäre dadurch allerdings nicht erklärt, warum ausgerechnet Nyýazows *opus magnum* die Demontage des Türkmenbaşi-Kultes unter dem neuen Präsidenten Gurbanguly Berdimuhamedow weitgehend überlebt hat.[14] Während Türkmenbaşis Bild aus der Öffentlichkeit mittlerweile verschwunden ist[15], spielt die *Ruhnama* auch im Post-Nyýazow-Turkmenistan eine zentrale Rolle und bleibt fester Bestandteil der neuen Staatsideologie Berdimuhamedows, obwohl Letzterer sich sonst um eine klare Absetzung von seinem Vorgänger bemüht.[16] Die *Ruhnama* stellt eines der wenigen Kontinuitätselemente zwischen altem und neuem Regime dar und spielte nicht von ungefähr eine Hauptrolle in der Inaugurationszeremonie des neuen Präsidenten Anfang 2007.[17]

14 Zur neuen politischen Ideologie von Gurbanguly Berdimuhamedow, zu der auch die Demontage des Personenkultes Türkmenbaşis gehört, vgl. Slavomír Horák, »›Velikoe vozroždenie‹: prodolženie ideologičeskoj tradicii Turkmenistana«, in: *Politeks* 5/3 (2009), S. 108 f. Verw. Internetversion: http://www.politex.info/content/view/600/30/ (letzter Aufruf 17.2.2011).

15 Stärkster symbolischer Akt in diesem Kontext war die Entfernung der goldenen, sich nach der Sonne drehenden Statue Türkmenbaşis von der Spitze des so genannten »Bogens der Neutralität«, der die Skyline des postsowjetischen Aşgabat dominiert.

16 Trotz grundlegender Revision der Nyýazow'schen Bildungsreform bleibt die *Ruhnama* auch unter Berdimuhamedow wichtiges Element des turkmenischen Schul- und Hochschulsystems: *Ruhnama*-Kurse wurden zwar abgeschafft, Nyýazows Werk fungiert aber weiterhin als wichtiges Textbuch über die turkmenische Geschichte. Vgl. dazu Naz Nazar, »Turkmenistan: Window Dressing«, in: *Transitions Online*, 01.12.2008 (http://www.tol.org/client/article/21056-window-dressing.html [letzter Aufruf 17.2.2011]). Jedes Jahr im September (dem früheren *Ruhnama*-Monat) finden zahlreiche Veranstaltungen, darunter eine wissenschaftliche Konferenz, statt, die der *Ruhnama* gewidmet sind. 2008 wurde als eine der ersten Arbeiten der 2007 neugegründeten staatlichen Produktionseinrichtung »Turkmenfilm« die Verfilmung einiger historische Episoden aus der *Ruhnama* unter dem Titel »Die Melodie der Seele« produziert. Vgl. dazu Gul'nara Abikeeva, »Kino i kul'turnye vlijanija v Central'noj Azii«, in: *Neprikosnovennyj zapas* 66/4 (2009). Verw. Internetversion: http://magazines.russ.ru/nz/2009/4/ab17-pr.html (letzter Aufruf 17.2.2011).

17 Vgl. Horák, »›Velikoe vozroždenie‹«.

Die Bedeutung der *Ruhnama* für das postsowjetische Turkmenistan geht also offensichtlich über ihre prominente Stellung in einem »totalitären Disneyland« hinaus[18], und ihr Inhalt stellt – trotz etlicher skurriler Stilblüten – bei weitem keinen »blühenden Unsinn« dar.[19] Die *Ruhnama* – so die These – spielt vielmehr eine zentrale Rolle bei der Konstruktion der nationalen Identität Turkmenistans nach der Unabhängigkeit des Landes im Jahr 1991: Sie dient der Erfindung der turkmenischen Nation als ethnische, linguistische und historische Einheit – vor allem durch die Modellierung der Vergangenheit im Sinne einer kohärenten nationalen Geschichte, die ihre Kulmination im »Goldenen Zeitalter« unter Türkmenbaşi findet.[20] Und es ist gerade ihr Status als literarische Formulierung

[18] So wurde Nyýazows Turkmenistan häufig – und in manchen Hinsichten nicht zu Unrecht – beschrieben. Vgl. z. B. Erich Follath, »Stalins Disneyland«, in: *Der Spiegel* 2001/3, S. 130–136. Besonders in journalistischen Artikeln wurden die zahlreichen grotesken Züge des Regimes Türkmenbaşis ›genüsslich‹ hervorgehoben: von der Dunkelfärbung der Haare Nyýazows, die offiziell als wundersame Verjüngung des Präsidenten, ja sogar als Zeichen seiner Heiligkeit deklariert wurde; über den Bau eines 50 Kilometer langen Gesundheitspfades durch die Berge, den nicht nur jede Schulklasse, sondern auch sein gesamtes Ministerkabinett absolvieren musste; bis hin zu den leer stehenden, lediglich als Attrappen gebauten Hotels und Hochhäusern in Aşgabat oder zur der Eissporthalle, die Nyýazow inmitten der Wüste bauen ließ. Vgl. z. B. Heinritz, »Im Land des großen Turkmenbashi«.

[19] Als »blühende[n] Unsinn«, der »selbst Gaddafis ›Grünes Buch‹ nüchtern wie ein Brief vom Finanzamt erscheinen [ließ]« bezeichnet beispielsweise Sonja Zekri eine von ihr exemplarisch zitierte Passage aus der *Ruhnama* (Sonja Zekri, »Ein Turkmene ist kein Clown«, in: *Süddeutsche Zeitung*, 26/27.02.2011, V2/3).

[20] »Erfindung der Nation« im Sinne der klassischen Arbeiten von Benedict Anderson, *Imagined Communities: Reflections on the Orogon and Spread of Nationalism*, London 1983 und Eric Hobsbawn, »Inventing Traditions«, in: ders., T. Ranger (Hg.), *The Invention of Tradition*, Cambridge 1983, S. 1–15. Zu den *nation-building*-Prozessen in Zentralasien nach dem Ende der Sowjetunion vgl. Graham Smith (Hg.), *The Nationalities Question in the Post-Soviet States*, London, New York 1996, S. 315–409; ders. et al., *Nation-building in the Post-Soviet Borderlands. The Politics of National Identities*, Cambridge 1998, S, 139–164; Oliver Roy, *The New Central Asia. The Creation of Nations*, London, New York 2000. Zum postsowjetischen *nation-building*-Prozess in Turkmenistan vgl. Shahram Akbarzadeh, »National Identity and Political Legitimacy in Turkmenistan«, in: *Nationalities Papers* 27/2 (1999), S. 271–290; Ahmet T. Kuru, »Between the State and

eines umfangreichen *nation-building*-Projekts, der die *Ruhnama* auch für die neue Staatsideologie von Berdimuhamedow unverzichtbar macht.[21]

2. *Mythos als Geschichte.* Nation-building-*Strategien in der* Ruhnama

Auf einem ersten Blick scheint die *Ruhnama* aufgrund ihrer »chaotischen Struktur«[22] nicht besonders geeignet zu sein, ein *nation-building*-Programm in kohärenter Form zu propagieren. In der Tat weist Nyýazows Werk zahlreiche argumentative Brüche, Tautologien und logische Widersprüche auf, die mit einer äußerst heterogenen Stilistik und Gattungsstruktur einhergehen: Argumentative, narrative und lyrische Passagen wechseln sich abrupt und ohne erkennbaren Grund ab, der Text mutiert fortwährend von einem historischen zu einem moralischen Traktat, von einer autobiographischen Erzählung zu einer Gedichtsammlung, von einem in Beamtensprache verfassten Entwicklungsplan zu einer prophetischen Zukunftsvision.[23] Diese heterogene, ja collageartige Struktur scheint auf eine nicht unwahrscheinliche kollektive Autorschaft

Cultural Zones: Nation Building in Turkmenistan«, in: *Central Asian Survey* 21/1 (2002), S. 71–90; Kiepenheuer-Drechsler, »Trapped in Permanent Neutrality«.

21 Sein ideologisches Programm nennt Berdimuhamedow »große Renaissance« und versteht darunter eine neue historische Etappe in der turkmenischen Geschichte, die dem »goldenen Zeitalter« von Türkmenbaşi folgt und es zugleich überwindet. Vgl. dazu Horák, »›Velikoe vozroždenie‹«. Dieses Konzept bedient sich des historischen Modells der *Ruhnama*, dem es lediglich eine neue Etappe hinzufügt.

22 Horák, »Mify velikogo Turkmenbaši«.

23 Dabei weckt Nyýazows kakophonischer Stil unfreiwillig Assoziationen an Formen postmodernen Schreibens. Die Platzierung am Ende von Kapitel 4 eines längeren Abschnittes des im sowjetischen Duktus verfassten »sozialen und wirtschaftlichen Entwicklungsplans« (S. 197–200) erinnert an die finale Implosion von Vladimir Sorokins Roman *Marinas dreißigste Liebe*, als der Text in die wortwörtliche Reproduktion von sowjetischen politischen Reden mündet, die die ganze fiktionale Welt verschlingen.

hinzuweisen, wobei Nyýazows Beitrag zur Textkomposition sich vermutlich auf mündlich vorgetragene Ergänzungen zu bestimmten Textstellen beschränkt hat: Darauf scheinen plötzliche Texteinschübe hinzuweisen, die mit den Worten »Jetzt möchte ich [...] nennen« (S. 47), »Ich will betonen« (S. 190) oder »Ich möchte eure Aufmerksamkeit auf [...] lenken« (S. 221) eingeleitet werden. (Eine sichere Autorschaft kann man indes für die zahlreichen Textstellen bestimmen, die aus fremden Werken wortwörtlich übernommen wurden.)[24]

Auch die Gliederung in fünf Abschnitte (Der Turkmene [S. 2–52], Der Weg des Turkmenen [S. 53–100], Die turkmenische Nation [S. 101–144], Der turkmenische Staat [S. 145–201], Die geistige Welt des Turkmenen [S. 202–291]), dient keinerlei inhaltlicher Systematisierung. Und trotzdem gelingt es Nyýazow, ein in sich kohärentes, eindeutiges Bild der turkmenischen Nation zu formulieren: Nicht durch stringente Argumentation, sondern mithilfe einer spiralförmigen Struktur, in der einige wenige Thesen und thematische Einheiten immer wieder aufgegriffen und amplifiziert werden. Innerhalb dieser ›unstrukturierten Struktur‹ erfüllen die zahlreichen Wiederholungen die Funktion, die immer gleichen Behauptungen, die argumentativ nur schwach begründet werden, durch Iteration zu affirmieren.[25]

[24] Besonders bei C.E. Bosworths *Islamic Dynasties. A Chronological and Genaological Book*, Edinburgh 1981, hat sich Nyýazow großzügig bedient. Vgl. dazu Čoušir Toppyev, »Saparmyrat Nijazov pojman na vorovstve«, in: *Ėrkin Turkmenistan*, 03.06.2003 (http://www.erkin.net/chronicle2/news800.html [letzter Aufruf 17.2.2011]). Der Authentifizierung der Autorschaft sollen anscheinend die zahlreichen im Buch abgebildeten handschriftlichen Notizen und Korrekturen Nyýazows dienen.

[25] Mit dieser häufigen Wiederholung von Thesen und thematischen Einheiten korrespondiert auf der mikrostrukturellen Ebene die ausgeprägte Tendenz zur Tautologie. Bei den Ausführungen über die Haltung des turkmenischen Volkes zu den im Islam grundlegenden Kategorien *harām* (das Verbotene) und *halāl* (das Erlaubte) heißt es beispielsweise: »Die turkmenische Nation liebt das Rechtmäßige. Aus diesem Grund erlaubt unsere Nation das Unrechtmäßige nicht. Auch ihren Kindern nicht. [...] Der Turkmene hasst am meisten Unrechtmäßiges. Unser ehrenvolles Volk möge in rechtmäßigen Verhältnissen leben. Mögen die Speisen der Turkmenen rechtmäßig sein! Rechtmäßiges erhebt den Turkmenen zum Thron Gottes! Der Weg des Turkmenen ist der rechtmäßige Weg!« (S. 128). Die zahlreichen Tautologien erzeugen einen ›Mantra-Effekt‹, der an die »hyp-

Unter den thematischen Leitmotiven in der *Ruhnama* spielt die summarische Darlegung der turkmenischen Geschichten von den Anfängen bis zur Gegenwart die Hauptrolle. Der Modellierung der nationalen Vergangenheit sind weitere rekurrierende Motive untergeordnet, die bestimmte Aspekte des postsowjetischen Turkmenistans betreffen: die Neutralität des Landes; seine politische Einheit in Opposition zur traditionellen Stammeskultur; Alleinherrschaft und Paternalismus; Nyýazows autobiographische Erzählung. Die (noch zu erläuternden) Thesen, die mit diesen weiteren thematischen Einheiten in Verbindung stehen, gewinnen ihre Begründung ausschließlich aus der Version der turkmenischen Geschichte, die in der *Ruhnama* präsentiert wird. Die Einordnung von zentralen Aspekten des Regimes Türkmenbaşis in das große Narrativ der turkmenischen Nation dient dazu, sie als historisch gewachsene Größen zu legitimieren.

Obwohl Nyýazow behauptet, dass die *Ruhnama* »kein Geschichtsbuch« (S. 29) ist, da sie vielmehr die »moralischen Prinzipien« erläutert, mit denen man nationale Geschichte schreiben soll (S. 51), muten längere Passagen der *Ruhnama* wie ein historisches Kompendium an. Besonders in den Kapiteln 2 und 4 werden antike und mittelalterliche Reiche und Dynastien (angeblicher) turkmenischer Abstammung aufgelistet und mit genealogischen Bäumen versehen (S. 79 f.). Die Menge an dargebotenen Namen, Daten und Fakten erzeugt eine pseudowissenschaftliche Evidenz, die das historische Konstrukt einer fünftausend Jahre alten turkmenischen Nation offensichtlich stützen soll. Besonders auffällig in diesem Konstrukt ist die offensive Propagierung einer turkmenozentrischen Vision der Weltkultur:

> Mein Ziel, für das ich die Ruhnama geschrieben habe, ist folgendes: Ich möchte offenbaren, welchen enormen Beitrag das turkmenische Volk für die übrige Welt auf dem Gebiet der Wissenschaft, der Literatur, der Zivilisation, ja in jedem Lebensbereich geleistet hat. (S. 40)

notische Funktion« (Michail Vajskopf, *Pisatel' Stalin*, Moskau 2002, S. 35) von ähnlichen stilistischen Merkmalen in der Prosa Stalins erinnert.

> Der erste Wagen wurde von den Turkmenen entwickelt. […] Die Turkmenen waren es, die als erste die Kunst der Legierung von Metall beherrschten und dadurch verschiedenste Instrumente herstellen konnten. (S. 37)

> Die Erfolge, die das turkmenische Volk im Bereich der Wissenschaft errungen hatte, haben […] die Entwicklung der europäischen Wissenschaft vorangetrieben. Das turkmenische Rad hat die Entwicklung der Weltwissenschaft beschleunigt. (S. 41)[26]

Aber anders als diese Zitate vermuten lassen, dient die Nyýazow'sche Neuerfindung der turkmenischen Geschichte nicht primär dazu, Turkmenistan als Wiege der Zivilisation nach außen zu profilieren. Ihre Hauptfunktion besteht vielmehr in der Modellierung einer nationalen Identität, die als Legitimationsinstrument für die politischen Strukturen des postsowjetischen Turkmenistans fungieren soll. Aus diesem Grund beansprucht Türkmenbaşi für die *Ruhnama* eine exklusive Stellung innerhalb der nationalen Geschichtsschreibung: Sie sei die einzig wahre Quelle des historischen Wissens über die Turkmenen, auch weil sie frühere, tendenziös falsche Konzeptualisierungen der turkmenischen Geschichte revidiere:

> Ruhnama […] ist die einzige Grundlage, welche die Geschichte der turkmenischen Nation mit der Gegenwart verbindet. Bis jetzt gab es in der turkmenischen Kulturgeschichte die unterschiedlichsten Texte, spezielle Texte, aber es gab keinen alles umfassenden Text. Allein die Ruhnama soll diese Lücke ausfüllen. Die Ruchnama soll der turkmenischen Nation ein einheitliches und geschlossenes Konzept, eine einheitliche und geschlossene Lebensphilosophie bieten. (S. 12 f.)

[26] Über weitere phantasmagorische Behauptungen turkmenischer ›Wissenschaftler‹, die im Fahrwasser der *Ruhnama* beispielsweise die turkmenische Erfindung der Schrift oder den Einfluss der turkmenischen juristischen Tradition auf die Verfassung der USA postuliert haben, vgl. Horák, »Mify velikogo Turkmenbaši«.

> Die Turkmenen haben eine sehr ruhmvolle Geschichte. [...] Aber die turkmenische Geschichte wurde von irgendwelchen Leuten geschrieben, nicht von turkmenischen Historikern. Und diese Leute schrieben die turkmenische Geschichte so, wie sie wollten. Niemand darf die Turkmenen durch falsche Geschichtsschreibung beflecken, weil sie eine reine und unbefleckte Natur haben! (S. 38)

Es gehört zu den beängstigenden Aspekten des Regimes von Türkmenbaşi, dass diese emphatisch deklarierte Einzelstellung der *Ruhnama* nicht zuletzt durch die Zerstörung von 25.000 Geschichtsbüchern, die dem Nyýazow'schen Konzept nicht entsprachen, erreicht wurde.[27] Wissenschaftliche Kriterien spielen ohnehin keine Rolle in der *Ruhnama*: Die Konstruktion einer in sich kohärenten historischen Entwicklung, die keine Kontingenz, sondern nur immer wiederkehrende Gesetzmäßigkeiten kennt, geschieht ohne jeglichen Verweis auf historische Quellen und durch die Tilgung des kategorialen Unterschieds zwischen Mythos und Geschichte. Nur so kann Nyýazow seinem Volk eine Geschichte präsentieren, deren unterschiedliche Phasen nach einer immergleichen Logik funktionieren und als Hypostasen einer unveränderbaren Grundstruktur erscheinen. Dadurch erreicht Türkmenbaşi, dass Vergangenheit und Gegenwart sowohl explizit als auch implizit permanent miteinander in Verbindung gebracht werden, damit der turkmenische Leser aus der eigenen Geschichte die ›richtigen‹ Schlüsse ziehen kann:

> Die Ruhnama ist das Buch, das die Turkmenen anleitet, so dass sie die Fehler der Vergangenheit nicht in der Zukunft wiederholen, sondern immer und überall ein beispielhaftes Leben führen und den rechten Weg weisen. Ich glaube, sie wird zu einer wichtigen Richtschnur der Turkmenen werden. (S. 170)

Um dieses Ziel zu erreichen, entwirft Nyýazow auf knapp 300 Seiten ein überdeutliches Bild des postsowjetischen Turkmenistans als neues »Goldenes Zeitalter« der turkmenischen Nation, die zum ers-

[27] Vgl. dazu Kuru, »Between the State and Cultural Zones«, S. 77.

ten Mal in ihrer Geschichte einen eigenen Staat gründen konnte.[28] Dabei dient die Konstruktion der nationalen Vergangenheit nicht so sehr dazu, den neugegründeten Staat mit einer möglichst alten, kulturell homogenen Tradition auszustatten, um seine noch junge Existenz zu legitimieren. Ziel der Nyýazow'schen Geschichtsmodellierung ist vielmehr die Begründung seiner totalitären Ideologie als historische Notwendigkeit.

Ohne jeglichen Hinweis auf die unbestrittene historische Tatsache, dass Turkmenistan erst in der Sowjetzeit und lediglich als Kunstgebilde entstand[29], führt Nyýazow den Ursprung der turkmenischen Nation auf den mythischen Heerführer Oghus Khan zurück, der, als »direkter Nachkommen Noahs« (S. 146), vor fünftausend Jahren den ersten turkmenischen Staat gegründet habe.[30] Zugleich habe er den turkmenischen »Geist« geschaffen, der über fünf historische Epochen »seine Eigenheit« immer bewahrt habe (S. 204). Die nachfolgenden Epochen werden so charakterisiert, dass sie als Hypostasen einer im Kern gleichbleibenden kulturhistorischen, ethnischen und linguistischen Einheit erscheinen.[31] Diese Kulturepochen werden mit mythischen oder historischen Figuren

[28] Der Darstellung der turkmenischen Geschichte sind das ganze zweite Kapitel und Teile von Kapitel 4 (S. 205–235) und Kapitel 5 (S. 277–287) gewidmet, wobei die gleichen Informationen von Kapitel zu Kapitel in immer konziserer Form wiederholt werden.

[29] Bis zur Konstituierung der sowjetischen Republik Turkmenistan waren die turkmenischen Stämme in miteinander verfeindeten Föderationen organisiert, die keine Staatenbildung kannten und in politischer Anarchie lebten. Vgl. dazu Heinritz, *›Defekte Demokratisierung‹ – ein Weg zur Diktatur?*, S. 85 ff.; Marie-Carin von Gumppenberg, Udo Steinbach (Hg.), *Zentralasien. Geschichte. Politik. Wirtschaft. Ein Lexikon*, München 2004, S. 284 f. Zur Konstruktion der turkmenischen Identität in der Sowjetzeit vgl. Adrienne Edgar, *Tribal Nation: The Making of Soviet Turkmenistan*, Princeton 2004.

[30] Oghusische Turkstämme besiedelten das Territorium des heutigen Turkmenistan erst im 5. bzw. 6. Jh. n. Chr. Der Name »Turkmene« als Bezeichnung für diese Stämme erscheint zum ersten Mal Ende des 10. Jahrhunderts in arabischen Quellen. Vgl. dazu Gumppenberg, Steinbach (Hg.), *Zentralasien. Geschichte. Politik. Wirtschaft*, S. 284.

[31] »Die wahre Einheit der Turkmenen ist die Einheit von Sprache und Blut.« (S. 12)

identifiziert, die eine prophetische Abstammungslinie konstituieren, an deren Ende sich Türkmenbaşi befindet, der alle Charakteristika seiner Vorgänger in sich vereint: Von Dede Gorkut, dem Helden des gleichnamigen türkischen Epos, der den turkmenischen Geist mit dem Geist des Islam vereinigt habe; über Seldschuk Khan, Begründer der Dynastie der Seldschuken und Verkörperung der »Epoche des Schwertes« (S. 206), d. h. der politischen Expansion der Turkmenen, die zur Gründung von zahlreichen Reichen, u. a. des Seldschuken- und des osmanischen Reiches, führte[32]; bis hin zum Dichter Magtymguly (1733–1797), der den turkmenischen Geist in einer Phase des politischen Niedergangs durch seine künstlerische Produktion am Leben erhalten habe.[33] Nach der sowjetischen Zeit, in der das turkmenische Volk »in den Ruinen seines Geistes lebte« (S. 209), weil seine Identität negiert wurde, trete der turkmenische Geist nach der Unabhängigkeit des Landes im Jahr 1991 in das »fünfte Goldene Zeitalter« ein, das Zeitalter seiner »Reife«:

> Das nationale, 5. Goldene Zeitalter des turkmenischen Geistes beginnt am 27. Oktober des Jahres 1991. Letztendlich hat Allah der Allmächtige unserem Volk ein sehr interessantes Schicksal bestimmt. Zu jedem Beginn eines neuen Jahrtausends erhebt sich der Geist der Turkmenen von neuem. Und siehe da, am Anfang des dritten Jahrtausends hat sich dieses Ereignis wiederholt. Gott ließ die Turkmenen ihre schöpferische Inspiration wiederfinden. Dieses Zeitalter ist das Zeitalter der Reife des turkmenischen Geistes. (S. 209)

[32] In Kap. 2 (S. 53–100) werden über 70 Staaten turkmenischer Abstammung aufgelistet.

[33] Die Legitimierung der Nachfolge Türkmenbaşis geschieht auch durch die Inszenierung einer magisch-mystischen Kommunikation zwischen ihm und seinen »Vorgängern« (S. 101 f.), an deren Ende er von den Geistern seiner Eltern als neuer Prophet der turkmenischen Nation inthronisiert wird: »Allah hat die vier Helden der Turkmenen zu Nachfolgern der Propheten ernannt. Heute hat dich Allah zum Nachfolger dieser vier Helden berufen. Widme dein Leben der Einheit der Turkmenen, zeige ihnen den richtigen Weg ins Goldene Zeitalter, mein Sohn!« (S. 102)

Dass Ereignisse und historische Phasen in diesem Geschichtsschema eine reine strukturelle Funktion haben, die sie beliebig formbar macht, zeigt vor allem die Konzeptualisierung der jüngsten, sowjetischen, Vergangenheit Turkmenistans. Die mehrmals wiederholte Behauptung, dass in der Sowjetzeit die kulturelle Identität der Nation unterdrückt und das Land ausgebeutet worden sei[34], dient offensichtlich dazu, die Unabhängigkeit Turkmenistans und den Beginn der Herrschaft Nyýazows als epochale Wende in der Geschichte des Landes zu inszenieren. Um diese argumentativ wichtige Dichotomie zwischen einem glorreichen »Jetzt« und einem düsterem »Früher« zu gestalten, muss Türkmenbaşi jedoch die jüngste Vergangenheit vollkommen umschreiben, denn erst durch die Sowjetunion gelangte das 1924 gegründete Turkmenistan überhaupt zu einer nationalen Identität. Paradox ist außerdem die Tatsache, dass Nyýazow bei der Konstruktion »seines« Turkmenistans auf die Kriterien nationaler Identität (Einheit von Sprache, Territorium, Ökonomie und Kulturgeschichte) zurückgreift, die in den 1930er Jahren von Stalin herausgearbeitet wurden[35], wobei er freilich das teleologische Geschichtsmodell des historischen Materialismus durch die mythische Konzeption der Wiederkehr von goldenen Zeitaltern ersetzt.

3. *Vergangene Gegenwart, gegenwärtige Vergangenheit. Legitimierung der Macht durch Geschichtsmystifizierung*

Diese mythische Dimension der turkmenischen Geschichte mit ihrer zyklischen Zeitstruktur und dem gleichbleibenden ethnischen, linguistischen und spirituellen Kern[36] ermöglicht Nyýazow,

[34] »Die sowjetische Herrschaft hat nichts für die Entwicklung des turkmenischen Volkes, das der eigentliche Besitzer des Landes ist, getan, sondern war ganz im Gegenteil für dessen Rückständigkeit verantwortlich. Dieser Staat hat versucht, während er die natürlichen Reichtümer der Turkmenen im Namen und zu Gunsten anderer verbrauchte, deren nationale und geistige Werte vollkommen auszurotten.« (S. 179)

[35] Vgl. dazu Kuru, »Between the State and Cultural Zones«, S. 71.

[36] »Die turkmenische Nation besaß vom Moment ihrer Existenz an einen nationalen Geist. Zu jeder Zeit hat dieser in einer sich ständig verändernden Welt seine Eigenheit bewahrt und hat, ohne seine Werte zu verlieren, ununterbrochen fünf Epochen überdauert.« (S. 204)

die zentralen Elemente seiner Ideologie als Konstanten der nationalen Vergangenheit zu betrachten und dadurch ihre Notwendigkeit zu legitimieren.[37] Türkmenbaşis Politik der Verbindung von Autoritarismus mit Paternalismus findet beispielsweise ihre historische Begründung im »Testament« von Oghus Khan, in dem von der Notwendigkeit von Alleinherrschaft (»Zwei Menschen können nicht gleichzeitig herrschen. Wenn es einen Khan gibt, ist das Land in Ordnung, gibt es zwei, degeneriert das Land« [S.70]) und zugleich von der Barmherzigkeit des Herrschers (»Der Herrscher ist der Vater der Obdachlosen und Waisenkinder. Der Herrscher muss ihnen näher sein als der eigene Vater« [S. 62]) die Rede ist.[38]

Als Meilenstein in der postsowjetischen Politik Turkmenistans deklarierte Türkmenbaşi – neben der Unabhängigkeitserklärung – den von der UNO im Jahr 1995 offiziell anerkannten Status der »permanenten Neutralität«. Der Neutralitätsstatus wurde als eine der tragenden Säulen der Ideologie Nyýazows inszeniert.[39] Seine Bedeutung lag vor allem in der Rechtfertigung der absoluten Isolation des Landes, seiner Abschottung gegen Einflüsse von außen.[40] Die Neutralität Turkmenistans wird in der *Ruhnama* als Realisie-

[37] Zur Rolle des mythischen Denkens in der Ideologie Türkmenbaşis vgl. Slavomír Horák, Svetlana V. Rjazanova, »Mifologičeskoe i religioznoe v ideologii postsovetskogo Turkmenistana«, in: *Politeks* 2/2 (2006), S. 323–331. Verw. Internetversion. http://www.politex.info/content/view/214/30/ (letzter Aufruf 17.2.2011).

[38] Nyýazows Absolutismus vereinte die despotische Kontrolle über alle Sphären des turkmenischen Lebens und die Unterdrückung jeglicher Form von Andersdenken mit einem paternalistischen Subventionssystem: Gas, Wasser, Strom, Wohnraum und Grundnahrungsmittel wurden den Turkmenen umsonst bzw. zu symbolischen Preisen zur Verfügung gestellt. Vgl. dazu Heinritz, *›Defekte Demokratisierung‹ – ein Weg zur Diktatur?*, S. 149 ff.

[39] Der 12. Dezember, der Tag der UNO-Resolution, wurde zum Nationalfeiertag erklärt und der Monat Dezember in »Bitaraplyk« (»Neutralität«) umbenannt. In der panegyrischen Architektur Aşgabats bekam der so genannte »Bogen der Neutralität« eine – auch im geographischen Sinne – zentrale Stellung. Vgl. dazu Šir, »Cult of Personality in Monumental Art and Architecture«, S. 205.

[40] Vgl. dazu Kiepenheuer-Drechsler, »Trapped in Permanent Neutrality«, S. 136 f.

rung eines alten, im Ursprung der Nation verankerten Traums dargestellt:

> Immerwährende Neutralität ist nach der Unabhängigkeit das zweite grundlegende Prinzip, das wir verwirklicht haben. Dass der Himmel über uns immer ruhig bleiben möge, war vor fünftausend Jahren Oghus Khans Wunsch und Gebet, und dieses Ziel ist Wirklichkeit geworden. Unsere Vorfahren glaubten, dass Frieden und Ruhe über unserem blauen Himmel regieren sollten. (S. 168 f.)

Um dies argumentativ zu bekräftigen, weist Nyýazow wiederholt auf die Friedensliebe als Haupteigenschaft des turkmenischen Volkes hin:

> Der Turkmene nimmt nie mit Gewalt, denn er weiß, dass Allah den Schwachen beisteht. (S. 127)

> Bescheiden, genügsam, geduldig und barmherzig sein: Das ist der eigentliche Charakter der Turkmenen. (S. 133)

> Es liegt im Blut eines jeden Turkmenen, gegenüber anderen Nationen, Menschen mit unterschiedlichen Religionen und religiösen Lehren Respekt zu zeigen. Die Turkmenen sind ein humanes, gerechtes, großzügiges, offenherziges, geduldiges, bescheidenes und ehrliches Volk. Größten Respekt gegenüber anderen Nationen zu zeigen, war immer eine besondere Eigenschaft der Turkmenen. (S. 186)

Obwohl er sich dabei auf generalisierende, historisch nicht kontextualisierte Behauptungen beschränkt, muss Nyýazow doch in Kauf nehmen, dass sein Geschichtskonstrukt in diesem Punkt eine eklatante Paradoxie aufweist: Das Prinzip der Friedfertigkeit der Turkmenen kollidiert mit dem Prinzip der Einbeziehung aller turkstämmigen Dynastien in die Geschichte des Landes, weil dazu dann auch die Mongolen mit ihren alles andere als friedlichen Heerführern Dschingis Khan und Tamerlan gehören müssten. Da hier aber die fiktionale Umschreibung der Geschichte an ihre Grenzen stößt, deklariert Nyýazow die Mongolen schlichtweg für Nicht-Turkmenen, ja sogar für Feinde der turkmenischen Nation:

> Die turkmenische Nation hat es geschafft, die unbarmherzigen Ungerechtigkeiten und schrecklichen Schäden von Besatzern wie Alexander dem Großen, Dschingis-Khan und Tamerlan zu überleben und die Ehre, Erhabenheit, Tradition und das kulturelle Erbe des Oghus Khan bis auf die heutigen prachtvollen Tage zu bewahren. (S. 104)[41]

Bei dieser Strategie der Legitimierung der eigenen Ideologie durch ihre Rückbindung an die (fiktive) Geschichte Turkmenistans spielt die permanente Wiederholung der Notwendigkeit der Einheit und Integrität der Nation eine zentrale Rolle:

> Turkmen heißt Einheit. Einheit und Verbundenheit sind die höchsten Werte der Turkmenen. (S. 113)

> Die Prinzipien der turkmenischen Nation sind Einheit und Verbundenheit. (S. 115)

> Einheit und Verbundenheit sind die ewigen Grundprinzipien der turkmenischen Nation. (S. 117)

> Die Macht des Reiches hängt von der Einheit und Verbundenheit des Volkes ab, das sein Land und seine nationalen Werte schützt und heilig hält. (S. 151)

Diese litaneiartigen Iterationen sind kein poetisches Ornament, sondern haben eine bestimmte argumentative Funktion: Sie dienen der Bekämpfung der traditionellen Stammeskultur Turkmenistans und ihrer politischen und sozialen Macht. Die Teilung der Turkmenen in rivalisierende Stämme und Stammesföderationen war schon zur Sowjetzeit ein Hindernis für die Realisierung der politischen Einheit gewesen.[42] Die sowjetische Regierung versuchte dieses Problem durch ein (prekäres) Gleichgewicht zwischen der zentralisierenden Macht der Partei und der lokalen Macht der fünf größten

41 Vgl. zu dieser Paradoxie Horák, »Mify velikogo Turkmenbaši«.

42 Vgl. dazu Šochrat Kadyrov, *Nacija plemen. Etničeskie istoky, transformacija, perspektivy gosudarstevennosti v Turkmenistane*, Moskau 2003; Paul Georg Geiss, »Turkman Tribalism«, in: *Central Asian Survey* 18/3 (1999), S. 347–357.

Stämme (Teke, Yomut, Ersary, Salyr und Saryk) zu lösen.[43] Die Stammesstruktur war jedoch inkompatibel mit dem Absolutismus Türkmenbaşis, der zwar den Stammältesten durch die Schaffung des Ältestenrats (Aksalks) ein symbolisches Mitspracherecht einräumte, ihren Einfluss aber stark eingrenzte.[44] Die *Ruhnama* präsentiert fortwährend die Stammeskultur als ein Relikt aus der Vergangenheit, das in Opposition zur Idee der Nation und zu ihrer Realisierung steht:

> Heute, nachdem Turkmenistan ein unabhängiger Staat geworden ist, sind Stammes- und Klanbeziehungen für die Einheit der turkmenischen Nation schädlich. [...] Die Idee des Stammes ist vergänglich, sie bildet nur eine Vorstufe auf dem Weg zur nationalen Einheit. In der modernen Zeit schadet diese Auffassung der nationalen Einheit Turkmenistans. Nun müssen wir die Idee der Klangesellschaft aufgeben! Die Diskussion über Stamm und Klan soll abgeschlossen sein. Jeder Turkmene soll sich Mühe geben, dass es nicht zu einer solchen Diskussion kommt. Alle Turkmenen sind Brüder. (S. 104 f.)

> Die Zeit der Klans und Stämme ist vergangen, für die Zukunft gilt die nationale Einheit als Basis. (S. 113)

> Die goldene Persönlichkeit der Turkmenen muss uns dahin führen, alle nationalen Gefühle und alle nationalen Werte an vorderste Stelle zu rücken. Im Goldenen Zeitalter müssen wir die Ideen von Stammesgesellschaft und Rassismus ausmerzen. Um das zu tun, müssen wir von überholten Stammesdifferenzen und ihrer Bestimmung loskommen. (S. 142)

43 Vgl. dazu Slavomír Horák, »Changes in the Political Elite in Post-Soviet Turkmenistan«, in: *China and Eurasia Forum Quarterly* 8/3 (2010), S. 27–46, hier S. 29–34.

44 Vgl. dazu Heinritz, *›Defekte Demokratisierung‹ – ein Weg zur Diktatur?*, S. 116; Horák, »Changes in the Political Elite in Post-Soviet Turkmenistan«, S. 36. Als symbolisches Eingeständnis der Bedeutung der Stämme für die turkmenische Kultur kann auch die Gestaltung der Nationalfahne gelten, auf der fünf Sterne und fünf Teppichmuster abgebildet sind, die sowohl die Regionen des Landes als auch die größten Stammesföderationen repräsentieren. Vgl. dazu Kuru, »Between the State and Cultural Zones«, S. 73.

Im historischen Rückblick erscheint die Aufteilung in Stammesföderationen und die Zwietracht zwischen ihnen als primäre Ursache des Niedergangs der turkmenischen Nation im 18. Jahrhundert:

> Erinnert euch. Im 18. Jahrhundert versuchte der große Magtymguly Einheit unter den Turkmenen zu schaffen. Obwohl er sich dabei sehr viel Mühe gab, hörte niemand auf ihn. Denn die Turkmenen hatten keine Führer! Jeder Stammesführer hätte akzeptieren müssen, dass der andere Stammesführer genauso mächtig war wie er. Nur auf diese Weise wäre ein Bündnis der Stämme möglich gewesen. Aber ein ehrenvoller Stammesführer oder ein Khan, der die Macht eines anderen Stammes akzeptiert hätte, um Bündnisse zu schließen, war damals nicht zu finden. (S. 116)

Um diese fatale Dichotomie zwischen Tribalismus und nationalem Geist zu überwinden, erscheint an der Schwelle zum 21. Jahrhundert die langersehnte Figur des Türkmenbaşis, der das Land vereint und in ein neues goldenes Zeitalter führt. Damit diese prophetische Rollenzuschreibung nicht nur durch den bereits dargelegten typologischen Bezug auf den Mythos, sondern auch durch den Bezug auf die eigene Biographie plausibilisiert wird, mystifiziert Nyýazow in der *Ruhnama* nicht nur die nationale Vergangenheit, sondern auch sein eigenes Leben.[45]

Mithilfe fragmentarischer narrativer Passagen[46] erzählt Nyýazow Episoden aus seiner Kindheit und Jugend und inszeniert sich dabei als jemand, der durch traumatische Erlebnisse die Eigenschaften erworben hat, die ihn zum »Türkmenbaşi« gemacht haben. Der Tod seiner Eltern spielt dabei die zentrale Rolle. Sein Vater, Atamyrat Nyýazow, über den eigentlich gar keine gesicherten Informationen existieren, fiel der *Ruhnama* nach als Held im zweiten Weltkrieg.[47]

[45] Zur Mystifikation der Biographie Nyýazows auch jenseits der *Ruhnama* vgl. Horák, »Portret prezidenta Turkmenbaši kak osnova turkmenskogo režima«.

[46] Vgl. z. B. S. 18–27 und S. 106 f. Das autobiographische Narrativ wird vor allem im zweiten Band der *Ruhnama* entfaltet, seine Grundelemente sind aber bereits im ersten Band präsent.

[47] Über die Umstände des Todes erfährt der junge Saparmyrat von zwei ehemaligen Kameraden des Vaters, die er während seiner Leningrader Studi-

Seine Mutter sowie seine Geschwister und engsten Verwandten verliert der achtjährige Saparmyrat bei dem schweren Erdbeben, das 1948 die Stadt Aşgabat vollständig zerstört. Nach dem traumatischen Verlust seiner ganzen Familie wird Nyýazow von entfernten, nomadisierenden Verwandten aufgenommen, die ihn jedoch zu schwerer körperlicher Arbeit zwingen. Daraufhin beschließt der kleine Saparmyrat, mit seiner Verwandtschaft zu brechen und ins Kinderheim zu ziehen. Dieser Schritt, der gemessen an den damaligen sozialen Verhältnissen eigentlich unmöglich war, spielt in Nyýazows autobiographischem Narrativ eine wichtige symbolische Rolle: Dadurch wird eine radikale Ablösung von den sozialen Bindungen der Stammeskultur inszeniert, die Nyýazow für die Rolle des »Hauptes aller Turkmenen« prädestiniert. Türkmenbaşi, der seiner Abstammung nach dem einflussreichen Stamm der Teke angehörte, wurde offiziell niemals mit seinem Stamm in Verbindung gebracht, sondern ausschließlich als Oberhaupt einer Über-Stammes-Nation, als »Vater einer großen Familie« (S. 179) dargestellt. Niemand außer ihm – so die Botschaft in der *Ruhnama* – wäre deshalb in der Lage gewesen, für die turkmenische Nation einen eigenen, unabhängigen Staat zu gründen.

****

Aus den vorangegangenen Überlegungen dürfte deutlich geworden sein, dass die *Ruhnama* mehr war als ein groteskes Ausstellungsstück in der totalitären Wunderkammer, in die Türkmenbaşi sein Land verwandelt hatte. Die *Ruhnama* spielte vielmehr eine zentrale Rolle bei der Konstruktion der kulturellen Identität des postsowjetischen Turkmenistans, indem es argumentative Strategien für die Modellierung der nationalen Geschichte zur Legitimation der Macht Türkmenbaşis bereitstellte. Was auf den ersten Blick wie das Produkt eines unfreiwilligen Dadaismus aussieht, erweist sich bei näherer Betrachtung als ein in sich kohärentes und überaus machtvolles Konstrukt: Die *Ruhnama* konstruiert die symbolische Ord-

enzeit trifft. Die Einführung dieser sekundären Erzählinstanzen dient offensichtlich dazu, die Geschichte des Vaters durch »Augenzeugen« zu plausibilisieren. Bezeichnend ist außerdem die Tatsache, dass diese Gespräche während der Sommerferien stattfinden, als Nyýazow in der Bibliothek die Geschichte seiner Nation studiert.

nung der autokratischen Herrschaft Nyýazows und steuerte dadurch die Produktion weiterer, textueller sowie visueller Elemente seiner Machtrepräsentation. Inwieweit Türkmenbaşis Entwurf der turkmenischen Nation diese tief prägen konnte, ist aufgrund der immer noch bestehenden Isolation des Landes schwer zu sagen. Aufschlussreich ist allerdings eine Szene aus dem bereits zitierten Dokumentarfilm *Shadow of the Holy Book* von Arto Halonen, die eine eklatante Diskrepanz zwischen der Allgegenwart der *Ruhnama* im öffentlichen Leben unter Nyýazow und den tatsächlichen Kenntnissen des Buches beim Volk zeigt: Nachdem ein in Aşgabat interviewter Taxifahrer eine enthusiastische Lobrede auf den Präsidenten und auf sein Buch gehalten hat, reagiert er auf die Bitte, seine Lieblingstextstellen aus der *Ruhnama* zu nennen, mit langem, verlegenem Schweigen.

Radovan Karadžić (*1945)

SARAJEVO (1971)

Ich höre wie das Unglück schreitet
in der Gestalt eines Käfers – Doch wenn die Stunde schlägt,
Wird der Käfer zerquetscht so wie ein alter Sänger
von der Stille zermürbt wird und sich in Stimme verwandelt.

Die Stadt verbrennt wie ein Klumpen Weihrauch,
und in dem Rauch windet sich unser Bewusstsein.
Durch die Stadt gleiten leere Anzüge. Rot
stirbt der Stein, eingemauert ins Haus. Pest!

Still. Eine Kolonne gepanzerter Pappeln
marschiert hinauf. Aggressor –
Luft strömt durch unsere Seelen
und mal bist du Mensch und mal Luftgeschöpf.

Ich weiß, all dies ist das Vorspiel von Wehklagen:
Welche Pläne schmiedet das schwarze Metall in der Garage?
Schau – wie sich die Angst in eine Spinne verwandelt,
im Computer nach der Antwort sucht.

»In meinem Glauben ist nichts verboten« Metamorphosen des Radovan Karadžić

Slavoj Žižek

Was bedeutet, um es mit Heideggers Begriffen zu fassen, genau das »ist«, wenn wir auf Plakaten für einen Blockbuster Sätze lesen wie »Sean Connery IST James Bond in...« oder »Matt Damon IST Bourne in...«? Es ist nicht einfach eine starke Identifikation des Schauspielers mit dem Filmhelden, dass »wir uns niemand anderen vorstellen können, der ihn spielt«. Zunächst muss man bemerken, dass sich solche Identitätsbehauptungen immer auf eine Serienfigur beziehen, so dass man hier, um die Identifikation zu verstehen, um die es geht, einen dritten Begriff neben dem Schauspieler und dem Filmhelden einführen sollte: das Filmimage des Schauspielers (John Wayne als harter Westerntyp etc.) – *dieses* Image und nicht der reale Schauspieler wird mit dem Filmhelden identifiziert.

Was ist dann aber mit einer einzigen Rolle (keine Serienrolle), die mit dem Schauspieler verschmolzen wird? Was ist mit einem Werbespruch wie »Anthony Perkins IST Norman Bates«, den wir sicher nie hören werden? Wie erwartet, hat er die Karriere des Schauspielers ruiniert... Als der Führer der bosnischen Serben, Radovan Karadžić, wegen ethnischer Säuberungen angeklagt und festgenommen wurde, hat man entdeckt, dass er sich in den letzten Jahren als Flüchtling, als spiritueller Heiliger »in aller Öffentlichkeit« versteckt hatte, an Versammlungen und Vorträgen teilnahm, bei denen bis zu mehreren hundert Menschen zusammenkamen, und für das Magazin *Zdrav Život* (»Gesundes Leben«) Beiträge verfasste. Können wir dann also auch sagen »Radovan Karadžić IST Dragan Dabić«? Der Letztere ist nicht nur eine Maske des Ersteren, er ist dessen »innere Wahrheit«. Die Beziehung der beiden ist, in anderen Worten, die einer echten Parallaxe. Sein Redakteur bei *Zdrav Život*, Goran Kojić, hat gesagt: »Er bot mir Artikel an, die von den Ähnlichkeiten und Unterschieden zwischen Meditation und *tihovanje* [dem Gebet der serbisch-orthodoxen Athos-Mönche] handelten. Mir gefiel der Text wirklich gut, und ich habe ihn in mehreren Teilen in unserem Magazin veröffentlicht.« Hier ist ein

Auszug aus dem Text: »Nicht nur in der Zeit, die du beim Gebet verbringst, oder in bestimmten Haltungen, die du einnimmst, sondern in einer Reihe von Momenten, in denen du in dich selbst eintauchst (die wir als Sich-Zusammennehmen beschreiben können), beruhigst du das leidenschaftliche und zwanghafte Wiedererleben des Alltags. Für jede Hausfrau ist das der einsame, frühe Morgenkaffee, wenn die Familie noch nicht aufgestanden ist.«

»Dragan Dabić« ist nicht nur eine Maske, eine Fiktion, um Karadžićs wahre Identität zu verschleiern. Natürlich ist »Dragan Dabić« eine Fiktion, eine Scheinrolle, aber hier erhält Lacans These, dass »Wahrheit die Struktur einer Fiktion« hat, ihr ganzes Gewicht: Die fiktive Person »Dabić« liefert den ideologischen Schlüssel zu dem »wahren« Kriegsverbrecher Karadžić. Hier ist ein Spruch des Geistheilers Dabić, dessen Behandlungen auf die Freisetzung der »menschlichen Quantenenergie« der Patienten zielte, die jeden Menschen mit dem Kosmos verbindet (wir schwimmen hier entschieden in den Wassern Jung'scher Libido): »Die Grundlage jeder Religion ist die Idee des Lebens als heilig (was Religionen von Sekten unterscheidet).« Wir sind hier unmittelbar in das heidnische (vorchristliche) Universum des kosmischen Lebens und seiner Heiligkeit geworfen – und, wie die Erfahrung uns lehrt (und Walter Benjamin uns bereits gewarnt hat), wann immer die Heiligkeit des Lebens als solche proklamiert wird, ist der Geruch von echtem vergossenem Blut nie weit entfernt.

Platos Ruhm leidet unter seiner Forderung, die Dichter aus der Stadt zu werfen – ein eher vernünftiger Rat aus Sicht dieser post-jugoslawischen Erfahrung, wo ethnische Säuberung durch die kühnsten Träume der Dichter vorbereitet worden ist. Sicher, Milošević »manipulierte« die Nationalgefühle – aber es waren die Dichter, die ihm das Material lieferten, das zur Manipulation führte. Sie – die ernsthaften Dichter, nicht die korrupten Politiker – stehen am Ursprung von all dem, als sie in den 70ern und frühen 80ern die Saat des aggressiven Nationalismus säten, und das nicht nur in Serbien, sondern auch in den anderen ex-jugoslawischen Republiken. Wir in Post-Jugoslawien hatten anstelle des militärisch-industriellen Komplexes den *poetisch-industriellen*, der von den beiden Zwillingsfiguren Radovan Karadžić und Ratko Mladić personifiziert wird. Radovan Karadžić, Psychiater von Beruf, war nicht nur ein skrupelloser politischer und militärischer Führer, sondern auch Dichter. Seine Dichtung sollte nicht als lächerlich abgetan werden – sie verdient eine sorgfältige Lektüre, da sie den Schlüssel für das Verständnis bereithält, wie ethnische Säuberung funktioniert. Unter den alten chinesischen Sprichwörtern, die von »Dr. Dabić« persönlich ausgewählt worden sind, findet sich auch folgendes: »Wer mit seinen Feinden nicht einig werden kann, wird von ihnen kontrolliert.« Das passt perfekt zu Karadžićs Beziehung zu den bosnischen Moslems. Hier sind die ersten Zeilen eines Gedichts ohne Titel, das durch die Widmung »…für Izet Sarajlić« identifiziert werden kann:

> Bekehrt euch zu meinem neuen Glauben, Leute
> Ich biete euch was bislang noch niemand geboten hat:
> Ich biete euch Rohheit und Wein.
> Jenen, der kein Brot hat, wird das Licht meiner Sonne wärmen.
>
> Volk! In meinem Glauben ist nichts verboten,
> Es gibt Liebe und Getränke
> Und Blicke in die Sonne, so viel ihr wollt
> Denn diese Gottheit verbietet euch nichts.
>
> Oh folgt meinem Ruf, Brüder des Volkes.[1]

Die Aufhebung moralischer Verbote durch das Über-Ich ist die wesentliche Eigenschaft des heutigen »postmodernen« Nationalismus. Hier wird das Klischee umgedreht, leidenschaftliche ethnische Identifikation bringe ein straffes Set an Werten und Überzeugungen in der verwirrenden Unsicherheit einer modernen säkularen globalen Gesellschaft zurück: Der nationalistische »Fundamentalismus« dient eher als Operator eines geheimen, kaum verhohlenen *Du darfst*! Ohne volle Anerkennung dieses perversen pseudobefreienden Effekts des heutigen Nationalismus und ohne anzuerkennen, wie das obszön freigiebige Über-Ich die explizite Gestalt des sozialen symbolischen Gesetzes ergänzt, sind wir dazu verdammt, seine wahre Dynamik zu verfehlen.

[1] Radovan Karadžić, *Svejesen/Vseosen'*, Moskau 2004, S. 10 (dt. von Kristin Lindemann). Eine englische Übersetzung der Gedichte findet sich online unter: http://www.pbs.org/wgbh/pages/frontline/shows/karadzic/radovan/poems.html (letzter Aufruf 12.4.2011).

Hegel erwähnt in seiner *Phänomenologie des Geistes* das »verborgene Wirken des Geistes«: die untergründige Veränderung der ideologischen Koordinaten, die von der Öffentlichkeit meistens nicht wahrgenommen wird und die dann plötzlich explodiert und jeden überrascht. Genau das ist in Ex-Jugoslawien in den 70ern und 80ern passiert, so dass es schon zu spät war, als die Lage in den späten 80ern explodierte und der alte ideologische Konsens durch und durch faul war und in sich zusammenfiel. Das Jugoslawien der 1970er und 1980er war wie die sprichwörtliche Katze im Cartoon, die über den Abgrund hinausläuft – sie fällt nur dann herunter, wenn sie endlich nach unten schaut und ihr klar wird, dass kein fester Boden mehr unter ihren Füßen ist. Milošević war der Erste, der uns alle gezwungen hat, wirklich nach unten in den Abgrund zu schauen... Um die Illusion zu zerstreuen, dass der poetisch-industrielle Komplex eine Besonderheit des Balkans ist, sollte man zumindest Hassan Ngeze erwähnen, den Karadžić von Ruanda, der in seiner Zeitung *Kangura* systematisch Hass gegen die Tutsi säte und zu ihrem Genozid aufrief. Man macht es sich zu leicht, wenn man Karadžić und Konsorten als schlechte Dichter abtut: Andere ex-jugoslawische Nationen (und Serbien selbst) hatten Dichter und Schriftsteller, die als »groß und »authentisch« galten und die sich ebenso in nationalistischen Projekten engagierten. Und was ist mit dem Österreicher Peter Handke, ein Klassiker der europäischen Gegenwartsliteratur, der demonstrativ am Begräbnis von Slobodan Milošević teilgenommen hat? Vor fast einem Jahrhundert witzelte Karl Kraus, bezogen auf den Aufstieg des Nationalsozialismus in Deutschland, dass Deutschland von einem Land der *Dichter und Denker* zu einem Land der *Richter und Henker* geworden sei – eine solche Wende sollte uns vielleicht nicht allzu sehr überraschen...

Wir sollten nun einen Schritt weiter gehen und die gleiche Logik auf die Vergangenheit anwenden. Im Juni 1998 hat Carlos Westendorp, der oberste UN-Verwalter von Bosnien, die Verwendung des epischen Dramas *Der Bergkranz* in bosnischen Schulbüchern verboten und behauptet, dass dieses Gedicht »die nationalen Gefühle der Moslems verletzten könnte« und sein Autor, Petar II. Petrović-Njegoš, »ein Ideologe der ethnischen Säuberung« sei. Wir haben es hier wohlgemerkt nicht nur mit etwas zu tun, das als das größte literarische Werk der gesamten serbischen Literatur betrachtet wird, sondern auch mit einem Text, der einen mythischen Status besitzt und als grundlegender Text der serbischen Nationalidentität angesehen wird – diesen Text zu verbieten ist ungefähr so wie Homer in griechischen Schulen, Shakespeare in englischen oder Dante in italienischen zu verbieten. Viele Kritiker taten diese Maßnahme als eine ins Extrem gesteigerte politische Korrektheit ab; nicht nur als ein lächerliches-anachronistisches Zurückverlegen unserer postmodernen multikulturellen Haltung und Gefühle in die Geschichte, sondern auch als ein kulturell-imperialistisches Aufzwingen einer besonderen liberalen Empfindlichkeit auf andere Kulturen. Was also macht den *Bergkranz* zu einem so gefährlichen Text in den Augen einiger Politiker und Kulturverwalter?

Das Epos ist vom montenegrinischen Bischof Petar II. Petrović-Njegoš verfasst und erstmals in Wien im Jahre 1847 veröffentlicht worden. Es beruht vage auf historischen Ereignissen in Montenegro, die sich gegen Ende des 17. Jahrhunderts zugetragen haben und die als »Auslöschung der konvertierten Muslime« (Istraga Poturica) bekannt sind, als die Montenegriner sich entschlossen, schlicht alle ihre Landsleute (Männer, Frauen und Kinder) zu töten, die zum Islam konvertieren wollten. Die zentrale Figur ist Prinz Danilo, der zu dieser Zeit über die Vielzahl der montenegrinischen Stämme und Clans herrschte. Das Epos beginnt mit einer Versammlung von Stammesführern, bei der Danilos Krieger vorschlagen, Pfingsten durch eine »Säuberung« ihres Landes von allen Nichtchristen zu feiern. Jedem muss klar sein, dass es hier um einen Konflikt unter »Brüdern« vom selben Blut geht. Im alten, durch Stämme organisierten Montenegro gab es eine Zeremonie, um eine Blutfehde zu schlichten, die Kuma genannt wurde. Als die Moslems nun eine Kuma vorschlagen, wenden Danilos Männer ein, dass eine Kuma-Zeremonie eine Taufe erfordere. Ganz modern bieten dann die montenegrinischen Moslems, deren Vertreter ebenfalls bei der Versammlung anwesend waren, eine ökumenische Analogie an, indem sie behaupten, die muslimische Zeremonie des Haareschneidens sei in ihrer Tradition eine Parallele zur Taufe. Ihr Hauptpunkt ist ein Aufruf zu religiöser Toleranz: Warum können unterschiedliche religiöse Richtungen nicht in der gleichen ethnischen Gruppe koexistieren?

> Mag das Land auch wenig Raum uns bieten,
> Können doch zwei Glauben sich vertragen
> Wie in einer Schüssel zwei Gerichte,

Leben wir denn brüderlich wie bisher,
(Größrer Liebe können wir entraten).[2]

Diesen Aufruf tut Bischof Danilo als satanische Versuchung ab, und seine Männer antworten mit einem Schwall skatologischer Beleidigungen, die von dem Refrain »*Tako, vec nikako*« (»So sei es, nicht anders!«)[3] begleitet werden – das Abschlachten ist der einzige Weg. Danilo befiehlt dann die vollständige Vernichtung der muslimischen Montenegriner: »Laßt vom Aussatz uns das Land befreien! / Mög das grause Schreckenslied ertönen.– / Auf den blut'gen Fels den Heil'gen Altar!«[4] In dem sogenannten »Massaker am Heiligen Abend« werden tatsächlich alle getötet: *Der Bergkranz* endet mit der triumphalen Vernichtung aller muslimischen Montenegriner als formaler Initiation der serbischen Nationalstaatlichkeit: Das Vergießen muslimischen Bluts wird als Taufakt dargestellt.

(Doch was soll des breiten ich erzählen?
So weit nur die Ebene von Cetinje,)
Ist entflohn kein Aug-, Ohrenzeuge,
Kundzutun, wie ihnen es ergangen.
Jeder sprang über unsere Klinge,
Der zum Christentum sich nicht bekehrte,
Doch wer vor dem heiligen Christ sich neigte,
Sich bekreuzte mit dem Christenkreuze,
Den erkannten wir an als unsern Bruder.
Türkenhäuser legten wir in Asche,
Daß kein Rest und keine mehr künde
Von dem heimischen Giftgeschwür der Sünde.[5]

Das nun ist »ein Fall für den Staatsanwalt«: In der heutigen Situation in Ex-Jugoslawien kann die grundlegende Botschaft des Epos nur als ideologische Legitimierung für die »ethnische Säuberung«

[2] P.P. Njegoš, *Der Bergkranz*, Einl., Übers. und Komm. von Alois Schmaus, München 1963, S. 44.

[3] Ebd., S. 32.

[4] P.P. Njegoš, *Der Bergkranz*, übers. von Katharina A. Jovanovits, Leipzig 1939, S. 36.

[5] P.P. Njegoš, *Der Bergkranz*, Einl., Übers. u. Komm. von Alois Schmaus, München 1963, S. 110.

der slawischen Moslems in Bosnien erscheinen, indem es das preist, was man als ihren ersten paradigmatischen Fall betrachten kann. Wie kann man vergessen, dass Karadžić und seine Gefolgsleute sich ebenfalls als unkorrumpierbares »Bergvolk« betrachteten, das das korrupte Tal von Sarajevo belagerte und damit ein Echo der berühmtesten Zeile aus einem anderen anti-türkischen Epos aus derselben Zeit ist, *Čengić Aga's Tod* von Ivan Mažuranić: »gnjezdo vrh timora vije, jer sloboda u ravnici nije« (»Adler horsten immer nur auf Bergen / Tief im Thale findet ihr nur Schergen«)?[6] Tatsächlich wurde Njegoš' Text von den serbischen Nationalisten schon vor 1990 auf diese Weise verwendet, nämlich als Text, der den Serben sagt, wie sie heute handeln sollen – hier ist ein Ausschnitt aus einem wissenschaftlichen serbischen Text aus den 1930er Jahren:

> Die Macht der Türken schwappte über den Balkan wie eine Flutwelle. Montenegro war zu Beginn des 16. Jahrhunderts das letzte der serbischen Länder, das überschwemmt worden ist. Ende des 17. Jahrhunderts tauchte es wieder in die Freiheit empor – als erstes der serbischen Länder. Doch was die Türken mit militärischer Kraft Dank der Unzugänglichkeit des montenegrinischen Territoriums nicht erreichten, das begann nun ihre Religion. Die Ausbreitung des Mohammedanismus unter den montenegrinischen Stämmen wurde zu einer ernsten Gefahr. Christentum und Nationalität mit mehr oder weniger einfachen Leuten waren das Gleiche. Wenn das Christentum weichen würde, dann mit ihm die nationalen Gebräuche. Die Sprache würde bleiben, doch das Volk wäre von einem Großteil der serbischen Nation getrennt und würde sich wie in einem Nebel fühlen. Das kann man heute in Bosnien beobachten: Die Mohammedaner sprechen serbisch und betrachten sich als Serben, doch ihr Energiestrom ist blockiert worden und mischt sich nicht mit dem des christlichen Serbien; er fließt nirgendwohin und stagniert. Der Rasseninstinkt der Montenegriner stand in tödlicher Opposition zum Mohammedanismus. Nach der Volkstradition begann Bischof Danilo Ende des 17. Jahrhun-

[6] Ivan Mažuranić, *Čengić Aga's Tod,* aus dem Kroat. übertr. von Wilhelm Kienberger, Zagreb 1876, S. 33. Nach Slavoj Žižeks englischer Übersetzung auf Deutsch: »Der Adler baut sein Nest hoch oben auf einem Berg, weil es im Tal keine Freiheit gibt.«

derts oder zu Beginn des 18. Jahrhunderts mit der Ausrottung des Mohammedanismus in Montenegro.[7]

Was ist nun mit dem offensichtlichen Vorwurf, dass diese Argumentationslinie lächerlich anachronistisch ist und moderne Einstellungen in die Vergangenheit projiziert, und dass man, wenn man so denkt, ebenso zahllose Klassiker verbieten müsste, angefangen mit Homers *Ilias*, die sich ebenfalls durch eine Stammesethik auszeichnet? Das Problem ist, dass es in dieser Zeit *tatsächlich* unterschiedliche Einstellungen gab: Das Epos wurde in den 1840ern verfasst, und Njegoš kannte seine zeitgenössische romantische und aufklärerische Literatur und Ideologie; und wie wir gesehen haben, gab er diese verschiedenen Einstellungen im Epos selbst wieder, in dem die muslimischen Montenegriner für religiöse Toleranz plädierten. Übrigens gilt das Gleiche für viele ähnliche Fälle, in denen die Entschuldigung Verwendung findet, dass man die Vergangenheit nicht an heutigen Maßstäben messen sollte. Hier sind zum Beispiel die Befehle von George Washington an General John Sullivan vom Hauptquartier am 31. Mai 1779:

> Der Feldzug, den zu befehlen Sie ernannt sind, richtet sich gegen feindliche Stämme von sechs indianischen Nationen und deren Verbündete und Anhänger. Unmittelbare Ziele sind die völlige Zerstörung und Verwüstung ihrer Siedlungen und die Gefangennahme so vieler Menschen jeden Alters und Geschlechts wie möglich. Es ist ganz wesentlich, ihre Ernte zu vernichten und sie an neuen Pflanzungen zu hindern.
>
> Ich würde empfehlen, dass ein Posten im Zentrum des indianischen Gebiets eingerichtet wird, der von der ganzen Streitkraft mit ausreichend großer Ausrüstung bezogen wird, während einzelne Truppen losgeschickt werden, um alle Siedlungen in der Umgebung zu verwüsten, und zwar mit der Anweisung, dies auf die effektivste Weise auszuführen, also nicht nur in das Land einzufallen, sondern es zu zerstören.

[7] Vladeta Popović, *Introduction to first English edition of* The Mountain Wreath, London 1930. Online unter: http://www.njegos.org/petrovics/vpopovic.htm (letzter Aufruf 12.4.2011).

> Sie sollten auf keinen Fall auf irgendein Friedensangebot eingehen, bevor ihre Siedlungen nicht vollständig vernichtet worden sind. Unsere zukünftige Sicherheit beruht auf ihrer Unfähigkeit, uns zu verwunden, und auf dem Schrecken, in den die Ernsthaftigkeit dieser Bestrafung sie versetzen wird.[8]

Nur ein Jahrzehnt später zeigten die angeblich weniger »freiheitsliebenden« Jakobiner in Paris eine viel größere Treue zur Freiheit und Gleichheit aller Menschen, indem sie die vollen Menschenrechte und politischen Rechte der haitianischen Rebellen anerkannten und gesetzlich verfügten. Die gleiche gespaltene Haltung kann man bei Winston Churchill beobachten, der in den Zeiten des Buren-Kriegs schrieb: »Ich bin sehr für den Gebrauch von Giftgas gegen unzivilisierte Stämme.« Was immer man über Lenins erbarmungslose Machtausübung sagen kann, Giftgas gegen die ganze Bevölkerung lag jenseits seiner Vorstellung. – Auch muss man sagen, dass genau weil Njegoš den modernen Universalismus kannte, sein Hinnehmen der Vernichtung der konvertierten Montenegriner tatsächlich die spezifisch moderne Form des Rassismus vorwegnimmt, eines Rassismus, der sich nicht in Begriffen des Kampfes von einer bestimmten Rasse gegen eine bestimmte andere präsentiert, sondern für sich selbst einen universellen Status reklamiert, so dass der Andere nicht nur als minderwertig angesehen, sondern seine Humanität selbst geleugnet wird. Kein Wunder, dass Njegoš in seinem Brief vom 7. Oktober 1847 an den osmanischen Pascha Skopljak schrieb, der Wesir von Shkodra und selbst ein muslimischer Montenegriner war (man bemerke die unfreiwillige Ironie des Namens: auf Serbisch assoziiert man »Skopljak« unmittelbar mit »kastriert«): »Erstens dient das, was du sagst, dazu, unsere Herzen zu reinigen und dann an unseren Grenzen Nettigkeit und Harmonie herzustellen. Mein Herz ist immer rein und für Menschen sauber, doch bei einem unmenschlichen Volk ist ein Mann dazu gezwungen, sich unmenschlich zu verhalten, er kann nicht anders, selbst wenn er wollte.«

8 http://etext.virginia.edu/etcbin/toccer-new2?id=WasFi15.xml&images=images/modeng&data=/texts/english/modeng/parsed&tag=public&part=165&division=div1 (letzter Aufruf 12.4.2011). Es ist eine interessante Tatsache, dass Washington während der Zeit des Unabhängigkeitskrieges der reichste Mann in den 13 Kolonien war.

Nach der Standard-Interpretation des *Bergkranzes* verdeutlicht der Hauptplot – die Vernichtung der Konvertierten – das grundlegende Thema des Epos: den Kampf um Freiheit, Gerechtigkeit und Würde. Indem sie einen lokalen Makel in ihrer Gesellschaft bekämpfen – die Anwesenheit von muslimischen Konvertiten –, kämpfen die Helden für Ideale, die die ganze Menschheit betreffen. Und in der Tat gibt es keinen Widerspruch zwischen diesen beiden Ebenen: Es ist gerade der universelle Charakter des montenegrinischen Kampfes, das heißt die Tatsache, dass sie für universelle Freiheit, Gerechtigkeit und Würde eintreten, der ihre Gegner aus diesem universellen Raum ausschließt.

Walter Benjamin hat behauptet, dass Kunstwerke oft wie Aufnahmen für einen Film wirken, für den noch kein Entwickler entdeckt worden ist, so dass man auf die Zukunft warten muss, um sie richtig zu verstehen. Das gilt sicher für William Shakespeare, dessen Fähigkeit, auf Einsichten hinzuweisen, die eigentlich erst in spätere Epochen gehören, oft ans Unheimliche grenzt. Lieferte nicht lange vor Satans berühmtem »Evil, be thou my Good? / Das Böse sei mein Gutes«[9] aus Miltons *Paradise Lost* Shakespeare die Formel für das diabolische Böse in *Titus Andronicus*, wo die letzten Worte des reuelosen Aaron lauten: »Und tat ich je ein einzig gutes Werk / Von ganzem Herzen wünsch' ich's ungeschehn«? Ist nicht Richard Wagners Kurzschließen von Sehen und Hören im letzten Akt von *Tristan*, der oft als der entscheidende Moment der Moderne gilt (der sterbende Tristan *sieht* Isoldes Stimme) schon ganz deutlich im *Sommernachtstraum* formuliert, wo Pyramus in der ersten Szene im fünften Akt sagt: »Ein' Stimm ich sehen tu; ich will zur Spalt und schauen, Ob ich nicht hören kann meiner Thisbe Antlitz klar«? Usw. usw. Doch was, wenn wir dieselbe Logik auf den *Bergkranz* anwenden? Was, wenn die jüngsten »ethnischen Säuberungen« in Bosnien auch als Entwickler verwendet werden können, der allein uns dazu befähigt, die vollen Implikationen eines jahrhundertealten Epos richtig zu verstehen?

Doch warum kommt gerade heute diese religiös (oder ethnisch) gerechtfertigte Gewalt auf? Weil wir in einem Zeitalter leben, das sich selbst als post-ideologisch begreift. Weil auf der Grundlage von massenhafter Gewalt keine größeren öffentlichen Streitereien mehr

[9] Deutsche Übersetzung von Adolf Böttger, bei zeno.org.

mobilisiert werden können, also Kriege, weil unsere vorherrschende Ideologie uns dazu aufruft, das Leben zu genießen und uns selbst zu verwirklichen, ist es für die Mehrheit schwierig geworden, ihre Abscheu vor Folter und Töten zu überwinden. Die große Mehrheit der Bevölkerung ist spontan »moralisch«: einen anderen Menschen zu töten, ist für sie zutiefst traumatisierend. Um sie dazu zu bringen, braucht man daher einen größeren »heiligen« Grund, der kleinliche individuelle Belange bezüglich des Tötens trivial erscheinen lässt. Religiöse oder ethnische Zusammengehörigkeit füllen diese Rolle perfekt aus. Sicherlich gibt es pathologische Fälle von Atheisten, die fähig sind, aus reinem Vergnügen einen Massenmord zu begehen, nur um des Mordes willen, doch sind das seltene Ausnahmen. Die Mehrheit muss gegen ihre elementare Sensibilität für das Leiden anderer »betäubt« werden. Daher braucht man einen heiligen Grund. Religiöse Ideologen behaupten für gewöhnlich, dass – wahr oder falsch – Religion einige ansonsten böse Leute dazu bringt, Gutes zu tun; aus heutiger Erfahrung heraus sollte man es eher mit Steve Weinbergs Behauptung halten, dass ohne Religion gute Menschen Gutes tun und böse Menschen Böses, und dass nur Religion gute Menschen dazu bringen kann, Böses zu tun.

(Übersetzt aus dem Englischen von Alexander Roesler)

Tyrannische Poesie oder Poesie von Tyrannen

Boyan Manchev

Warum glauben politische Führer unserer Tage – und unter diesen vor allem Diktatoren und totalitäre Herrscher –, sie müssten sich künstlerisch betätigen? Ist das eine abartige Koketterie der Mächtigsten, die ihre Macht auch über die sentimentalen Register der menschlichen Seele verbreiten wollen, oder bereits eine Manie à la Nero? Fühlen sie sich vielleicht getrieben von einer dunklen Notwendigkeit? Ich denke, die dritte Hypothese trifft es, und möchte versuchen, das kurz zu erklären.

Moderne Diktatoren sind nicht nur weit entfernt vom Nero-Syndrom, tatsächlich handelt es sich um das genaue Gegenteil. Denn worin bestand Neros Manie? Er betrachtete Dichtung als das Reich kapriziöser Musen, sah sich selbst als deren Verehrer und Favoriten. Seine poetisch-politischen Extravaganzen könnte man durchaus als Vorlage des Genres *capriccio* betrachten. Politik war für ihn etwas Vulgäres, auch das Volk fand er vulgär. Doch der Kaiser-Dichter hatte – das stand dem Göttlichen zu – die Möglichkeit, das Volk in sein sentimental-hysterisches Szenario einzubeziehen; er konnte Rom samt seinen lebenden Bewohnern in Flammen setzen, um seine Sensitivität, seine Einbildungskraft zu reizen, damit ihn die Raserei der Musen ergriff und sich das Rohmaterial einer gemeinen Welt poetisieren ließ.

Die kapriziösen Launen der Musen sind die einzige Willensbekundung, die zählt. Von der Masse des Volks wird der göttliche Poet nicht gespiegelt. Auf ihre Bewunderung kann er ebenso gut verzichten wie auf ihr Fleisch, wenn es darum geht, Rohmaterial für den Sockel seines Denkmals zu beschaffen. Er müht sich nicht, arbeitet nicht, projiziert nur seine überfeinert-entstellten Gefühle auf die brutale Welt da draußen. Er hat keine Mission. Er ist ein Genie. Nero war kein Heros, kämpfte nicht mit formlos-chthonischen Kräften und Ungeheuern, schon gar nicht für das Wohl der Menschen. Er war Gott, das genügte. Götter sind nicht vom Wahn getrieben, nicht von Manie und Furor, sie sind nur unberechenbar und launenhaft, ihr Begehren ist eben viel stärker als ihr Wille. Nero ist ein Ungeheuer mit sentimentaler Seele. Er kommuniziert ausschließlich mit den Göttern in seiner außerhalb des Gewöhnlichen liegenden, transzendent-heiligen Sphäre.

Niemals hätte Nero eine Erklärung wie die folgende formuliert: »Auch Politik ist eine Kunst, vielleicht die höchste und umfassendste, die es gibt.« Wer aber sind die Hohen Künstler*, die aus der rohen Masse des Volkes den Körper des Staates formen? Wer diese Ingenieure der menschlichen Seele? Und warum sollte ausgerechnet ihre, die Staatskunst, die höchste aller Künste sein? Natürlich stammt die ebenso größenwahnsinnige wie symptomatische Formulierung von Josef Goebbels, dem verkorksten Hirn des monströsesten Projekts der Moderne. Sie findet sich einem Brief, den Goebbels 1933 an Wilhelm Furtwängler schrieb. Darin heißt es:

> Auch die Politik ist eine Kunst, vielleicht die höchste und umfassendste, die es gibt. Und wir, die wir die moderne deutsche Politik gestalten, fühlen uns dabei als künstlerische Menschen, denen die verantwortungsvolle Aufgabe anvertraut ist, aus dem rohen Stoff der Masse das feste und gestalthafte Gebilde des Volkes zu formen. Es ist nicht nur die Aufgabe der Kunst und des Künstlers, zu verbinden; es ist weit darüber hinaus ihre Aufgabe, zu formen, Gestalt zu geben, Krankes zu beseitigen und Gesundem freie Bahn zu schaffen.[1]

Die Rhetorik von Goebbels' Brief könnte in ihrer Schrecken einflößenden Anmaßung verräterischer nicht sein. Man braucht deshalb kritische Kraft und Beherztheit, um sie von Nahem zu analysieren.

* Im Original »Supreme«, das Höchste, Allwaltende, Erhabene. Die darin wohl auch enthaltene Anspielung auf den Suprematismus (der im Folgenden eine Rolle spielen wird) lässt sich ins Deutsche nicht mitnehmen. Mir scheint, eine Anspielung auf den Hohepriester nimmt die Intentionen des Autors am besten auf. (Anm. des Übers.)

[1] *Deutsche Allgemeine Zeitung*, 11. April 1933, abgedruckt in: Paul Meier-Benneckenstein (Hg.), *Dokumente der deutschen Politik*, Bd. 1: *Die Nationalsozialistische Revolution 1933*, bearbeitet von Axel Friedrichs, Berlin 1935, S. 255–258. Zitiert nach: http://germanhistorydocs.ghi-dc.org/pdf/deu/German84.pdf (letzter Aufruf 8.6.2011).

1. These – *Plastizistische* Ideologie: Die Philosophen-Wächter formen den Staat*

Der kritische Philosoph wird – so wie Philippe Lacoue-Labarthe vor fünfundzwanzig Jahren[2] – in Goebbels' Äußerung die pathologische Perversion einer der mächtigsten rhetorischen Traditionen des abendländischen Denkens wiedererkennen, die dessen Vorstellungen vom künstlerischen Schaffen, von Kunst und Politik bestimmt hat: die Tradition, die ich im Anschluss an Lacoue-Labarthe die *onto-figurologische* oder auch *plastizistische Ideologie* nennen möchte. Diese Tradition verdanken wir Platon, dem Urvater des abendländischen Denkens.

Platons politisches Projekt ist untrennbar mit seinem ontologischen verbunden: Er war der Begründer der *Ontopolitik*. Deshalb unterstehen seine Prinzipien der Staatskonstruktion unmittelbar den Prinzipien der Ontologie. Die Einführung der onto-logischen Prinzipien, der Prinzipien der Vernunft, setzt einen Akt der Formierung, der Figuration, der Gestaltung (*plattein*) voraus, eine, wie Lacoue-Labarthe sagt, fundamentale *Ontotypologie*. Die Überwindung der rohen und formlosen Masse träger Materie wird ermöglicht durch die plastizistische Operation der Figuration, durch Nachahmung des poietischen, schaffenden Tätigseins der ewigen Ideen. Ich werde im Folgenden die Ausdrücke *Figurologie* und *plastizistische Ideologie* synonym verwenden, und zwar aus etymologischen Gründen. Das lateinische Verb *fingere* entspricht dem griechischen *plattein* (*plassein* oder *plattein* – das Verb kann mit »formen«, »gestalten« übersetzt werden, aber auch »erfinden« oder »imaginieren« heißen). Figuration oder Gestaltung ist auch das Formen eines wohlgestalten Körpers. Die Legende, dass der ursprünglich nach seinem Großvater Aristokles benannte Philosoph sich den Beinamen *Platon* zugelegt haben soll, belegt das auf sprechende Weise. (Wie Diogenes Laërtius berichtet, bekam er den Namen *Platon* – griechisch »breit« – wegen seiner stattlichen Erscheinung.) Auch der Ort des politischen Gebildes, die politische Gemeinschaft der *polis*,

* Von Neoplastizismus (auch Neuer Gestaltung) spricht Piet Mondrian in *Le Neoplasticisme*, dem grundlegenden Essay von 1920, in dem er seine frei entworfene, reduktionistische Bildsprache erläutert.

2 Vgl. Philippe Lacoue-Labarthe, *Die Fiktion des Politischen. Heidegger, die Kunst und die Politik*, Stuttgart 1990, S. 99 ff.

ist ein Körper – er ist der »rohe Stoff der Masse«, der geformt werden muss, wenn es sein muss, auch durch eugenische Praktiken: »Krankes zu beseitigen und Gesundem freie Bahn zu schaffen«. Die Polis ist der eigentliche Gegenstand von Platons plastizistischer Ideologie.

Platons Philosophen-Wächter, diejenigen nämlich, die Dichter und Künstler am liebsten aus dem idealen Staat vertrieben hätten, waren tatsächlich keine anderen als die Hohen Künstler. Denn sie besaßen die plastizistische Kraft des *eidos* – oder waren besessen von ihr. Sie waren es, die den Körper der Polis formten: die Künstler des Staates. Platons Onto-Figurologie oder plastizistische Ideologie etabliert die Grundbeziehung zwischen der politischen und der ästhetischen Darstellung. Selbst wenn Platon ein Gegner der Dramendichter war, finden wir die exemplarische Gestalt seiner plastizistischen Ideologie in Sophokles' Figur des König Ödipus. König Ödipus war ein Philosoph: derjenige, der die politische Macht auf die Muster des Logos gründete. Damit auch der einzige griechische Heros, der weder (wie Herkules) körperliche Kraft noch (wie Odysseus oder Theseus) List einsetzte. In diesem Sinn steht Ödipus beispielhaft für den Ursprung der Politik oder der *Logik der Politik*. Gleichzeitig aber ist er der Begründer der plastizistischen Ideologie, zumindest insofern, als die Vernichtung des rohen, vorpolitischen *kratos** der Sphinx zugleich die Vernichtung der chthonisch-unförmigen Monstrosität war. Wie Platons Philosophen-Wächter kämpfte auch Ödipus, der Philosoph, gegen den chthonischen *kratos* und die dämonischen *phantasmata*. Ödipus *formte* den Körper der Stadt mit der Kraft des Logos. Ödipus-Philosoph ist der *poietes* der Polis. Sein Akt der Gewalt war konstitutiv: Und als Akt konstitutiver Gewalt repräsentiert er die Geburt des Politischen – Gewalt, die der Schöpfung gleich ist.

Damit können wir nun verstehen, warum ein Nero Platons Albtraum gewesen wäre: Der sentimentale, seinen göttlichen Status prätendierende Tyrann war das genaue Gegenteil der sich selbst formenden und formativen politisch-ästhetischen Elite, der Aristokratie des Logos, die den idealen Staat regieren sollte. Aus Platons Perspektive kann Nero nur als Wahnsinniger erscheinen, besessen von den eigenen *phantasmata*, seinen substanzlos dämonischen Bil-

* *Kratos* (griechisch: Macht), Sohn des Pallas und der Styx, ist der Gott oder *daimon* der Macht; dem Mythos nach schmiedet er den Aufrührer Prometheus an den Felsen, Anm. des Übers.

dern, die als finstere Heuchler den lichten Platz der Ideen für sich beanspruchen. Hätte Platon einen Nero erlebt, er hätte ihn als endgültigen Beweis dafür betrachtet, dass Dichtung eine große Gefahr für die politische Ordnung darstellt.

2. Antithese – Die tyrannische Dichtung: Romantische Revolution und Tyrannei der Freiheit

War Nero also ein romantischer Dichter *avant le jour* – insofern nämlich, als die Romantik in der Regel als Umkehrung des Platonismus betrachtet wird?

So jedenfalls hat Nietzsche das Wesen der Romantik erläutert: als einen Versuch, den Platonismus umzukehren. Und tatsächlich hat die Romantik eine radikal neue Beziehung zwischen dem Politischen und dem Ästhetischen begründet. Auf den ersten Blick war sie eine *Banditen-* oder *Piraten-*Dichtung, poetisches Banditentum. Denn die Romantik und ihre Dichter wollten nicht nur die Macht der Tyrannen bekämpfen, sondern Macht überhaupt. Zudem gründete ihr Kampf mit ästhetischen und politischen Tyrannen auf einer theomachischen und einer demiurgischen Wendung. »Ich muss ein System erschaffen, oder ich werde zum Sklaven des Systems eines anderen« (»I must Create a *System*, or be enslav'd by another Man's«, William Blake, *Jerusalem*). Die romantische Umkehrung des Platonismus machte die Phantasie zur neuen onto-poietischen Kraft. (Platon dagegen hat sie sowohl in *Der Staat* wie in *Der Sophist* als Reich der poetischen oder sophistischen *phantasmata*, der falschen Imitationen der Ideen, verworfen und wollte sie aus dem idealen Staat vertreiben.)

Auf diese Weise wurde Platons Philosoph zum Poeten – zum »Mann des Absoluten«.' In den Worten des bulgarischen Philosophen Janko Janeff: »Der Schaffensprozess ist wild, eine Erregung, Liturgie des Rauschs voller Rhythmus und tränenvollem Geist, während die moralische Tat stets ein klares und nüchternes Bewusstsein voraussetzt. Sie ist für den Menschen in seiner empirischen Existenz, die Schöpfung dagegen – für den Menschen des Absoluten.«[3]

[3] Janko Janeff, »Creation and Conscience« [Творчество и съвест], in: *Стрелец* 1927, 12. Wieder abgedruckt in: *Season* (Herbst 2002), S. 148 f.

Der romantischen Poesie galt der Tyrann als negativer Archetypus des Politischen: so für Chénier, de Sade, Byron, Shelley, Hugo, Puškin, Lermontov, Mickiewicz, Petöfi, Botev etc. Doch war der Tyrann nicht nur eine thematische Gestalt; er war auch ein struktureller Knotenpunkt der romantischen Dichtung. Der historische Begriff des Tyrannen verdankt seinen neuzeitlichen Ruhm der rhetorischen Figur des Tyrannen, wie sie die moderne Dichtung neu in Szene gesetzt hat. Diese Figur hatte einen machtvollen kritischen Effekt: Sie enthüllte die tyrannische Struktur der Macht in Monarchie und Imperium. Darum, und bezeichnend genug, bleibt Hölderlin beim griechischen Wort *Τύραννος* und übersetzt Sophokles' Tragödientitel nicht mit *König Ödipus*, sondern mit *Ödipus der Tyrann*. Der neue Held ist nicht länger der antike König-Tyrann, sondern von nun an der Heros, der die göttliche Macht herausfordert: *Der entfesselte Prometheus* des Percey Shelley. In diesem Sinn verdanken wir die moderne Figur von Tyrann und Tyrannei der romantischen Dichtung. Sie ist der negative Horizont des revolutionär-romantischen Drängens nach politischer und ästhetischer Freiheit.

So betrachtet, folgt auch Karl Marx eher der Romantik als deren Kritiker Hegel. Die »Erfindung der Kunst« in der Moderne ist eine politische Frage *par excellence*, insofern Kunst – romantische Kunst – sich selbst erfindet: als alternatives Paradigma zur Welt, wie sie ist, zur bereits existierenden politischen Welt. Letztlich setzt Romantik sich selbst als Paradigma im strikten Sinn des Wortes – als Modell nämlich der kulturellen und darum der politischen Welt. Diese innere Verbindung von Kunst und Politik kommt immer dort zum Ausdruck, wo es um Veränderung, um Metamorphose der Welt geht. Die Romantiker haben die ästhetische Aufgabe als ontologische formuliert: als Aufgabe für die Welt. Die Romantiker wollten nichts weniger als ein Wiedererschaffen der Welt, sie wollten, wenn schon keine ganz andere Welt erfinden, dann die gegebene wenigstens überschreiten. Als onto-poietische Kraft ist romantische Dichtung ein Projekt der Welterschaffung, und infolgedessen auch ein Projekt der aktiven Veränderung der Welt. In gewisser Weise nimmt die Vorstellung, eine neue, romantische Welt schaffen zu können, Marx' Begriff verändernder Praxis vorweg – nämlich die Idee, dass die Menschen die Welt durch ihre Praxis selbst erschaffen. Insofern ist das Projekt der Romantiker politisch *par excellence*.

Diese Dichtung will handeln, formen, die Menschen aufwecken und die Tyrannen hängen; sie verlangt also auch absolute Hingabe und Macht über die Seelen der Menschen. Sie dient längst nicht mehr dem Spiel oder der Unterhaltung. Es geht dieser Dichtung um nicht weniger als um ein ontologisches Projekt, um den weltschaffenden Genius und sein Betätigungsfeld. Deshalb, in ihrer radikal emanzipatorischen Haltung, ist diese Dichtung ihrerseits tyrannisch. Aus diesem Grund spreche ich von *tyrannischer Dichtung*.

Diese, die tyrannische Dichtung der radikalen Moderne, wollte die Macht des Dichters als die einzig erhabene Macht etablieren – von Blakes theomachischen Ambitionen über Nietzsche zu Kazimir Malevič oder Velimir Chlebnikov, dem »Vorsitzenden der Erdhalbkugel«. Die tyrannische Dichtung (re)konstruiert eine absolute, imperative Macht. Und sie bedeutet schließlich auch Souveränität des Diskurses: Der Dichter, der gegen die Tyrannen kämpft, setzt sich selbst als heroische Subjektivität, als absolute und darum tyrannische Einzigartigkeit. Allein durch ihre Form, nämlich durch die des imperativen Sprechakts, ist tyrannische Poesie nicht inklusiv, sondern exklusiv. Und aus diesem Grund auch nicht repräsentativ: Das Handeln der absoluten, unvergleichlichen Einzigartigkeit im Sinne dieses Diskurses – die heilig-immanente Sprache des Dichter-Heros – bringt eine fundamentale Trennung gegenüber der Masse der Menschen mit sich. Paradox genug: Indem sie für die revolutionäre Demokratie kämpft, etabliert die tyrannische Dichtung unausweichlich eine absolute Einzigartigkeit und setzt diese der gleichförmigen Masse entgegen. (So etwa in Christo Botevs berühmtem Gedicht »Chadži Dimităr«, dessen Held im Gebirge stirbt, in einem Raum jenseits des Alltäglichen, in Gesellschaft wilder Tiere und Feen – an einem Ort wilder Freiheit, einer erhabenen Welt einsamer Einzigartigkeit, der zugleich der Ort eines paradox tragischen Idylls ist, den niederen Gefilden der gewöhnlichen Welt, dem Herdendasein der Menschen und ihrer Unterwürfigkeit entgegengesetzt.)[4] Das heroisch-revolutionäre Subjekt hat eine tyrannische, oft irrationale Macht über die Seelen: Es nimmt von ihnen Besitz.

Nur eine *tyrannische Dichtung* kann den Tyrannen entgegentreten.

[4] Vgl. die Untersuchung des Gedichts durch den Literaturwissenschaftler Nikola Georgiev (Никола Георгиев, »Ботевата балада ›Хаджи Димитър‹ [опит за разбор]«, in: *Литературна мисъл* [1974]).

Selbst wenn sie Gegenspieler sind, erscheinen der romantische Dichter und der neue Tyrann einander strukturell ziemlich nahe, sie betätigen sich im gleichen Feld der Intensität. Die romantischen Ursprünge der Begriffs- und Bilderkette Dichtung-Heroismus-Gewalt-Tyrannei lassen sich an einer Reihe literarischer Beispiele studieren. Im Fall Bulgariens könnten wir Botevs Dichterkollegen Stefan Stambolov[5] nennen. Er wurde 1887 – neun Jahre nach Gründung des unabhängigen Staates Bulgarien, für den er gemeinsam mit Botev gekämpft hatte – zum Ministerpräsidenten und ließ seine demokratischen Gegenspieler in die sogenannte Schwarze Moschee werfen, ins schauerlichste Gefängnis der Hauptstadt Sofia. Was wäre wohl mit Botev geschehen, wäre dieser nicht bereits 1876 in der Schlacht gegen die osmanische Armee getötet worden? Was wäre aus ihm, dem lebenden Denkmal, geworden, der wie Ivan Vasov als »Patriarch der bulgarischen Literatur« gilt? Schwer zu sagen, wenn man an seine anarchistische, dunkel individualistische Seele denkt. Wäre er, wie Che Guevara, möglicherweise zum Anhänger einer »permanenten Revolution« geworden? Oder wäre er ebenfalls im Gefängnis gelandet, vielleicht hingerichtet worden durch einen neuen Tyrannen, möglicherweise durch seinen früheren Dichterkollegen Stambolov? Aber vielleicht wäre er ja auch selbst zum Tyrannen geworden.

Geht das, kann ein nationaler Dichter-Heros wirklich zum Tyrannen werden? Das ist die für uns entscheidende Frage: Nur indem wir sie beantworten, können wir auch Hypothesen über die dichterischen Exerzitien eines Tyrannen entwickeln.

Hier können wir zunächst zwei Schlüsse ziehen:

a. Der tyrannische Schatten des Helden wird auf den Körper der Nation projiziert. Er nährt diesen mit seinen dunklen Kräften, ergreift Besitz von ihm. Wie die Nation – das politische Projekt der Moderne – war auch die tyrannische Poesie ein universalis-

[5] Die beiden revolutionären Führer veröffentlichten ihre Gedichte 1875 in einem gemeinsamen Band: *Lieder und Gedichte von Botev und Stambolov.* Das Buch wurde zur einer Inspirationsquelle der nationalen, revolutionären Befreiungsbewegung Bulgariens.

tisch-immanentes Projekt; sie besaß darum nationale Priorität, fungierte als Inspirationsquelle der Nation.

b. Das Verhältnis des Tyrannen zur Poesie ist undenkbar ohne die tyrannische Macht letzterer, ohne die Kraft, die der Tyrann zur Imitation braucht, damit er die Stelle der Poeten-Heroen übernehmen und die tyrannische Macht ihres Diskurses neutralisieren kann. Er muss das (vor-)politische Idyll rekonstruieren, muss, um es anders zu sagen, die zu formende rohe Masse hervorbringen – den Körper des Volkes.

Zwei Wege gibt es, sich die romantische Poesie anzueignen. Einerseits durch die demokratische Normalisierung des Helden: Er muss auf eine »repräsentative Stimme« reduziert werden, doch auch diese Normalisierung führt unweigerlich zum Kult des Heros; andererseits durch die Begründung eines Vorbilds für politisches Heldentum, das wiederum auf demjenigen des romantischen Dichterhelden beruht. Damit haben wir eine neue Form der plastizistischen Ideologie; sie vereint die Einzigartigkeit des nietzscheanischen Charakters mit der Repräsentation, und zwar durch den Akt der Teilhabe (*methexis*) am Rohmaterial des Volkes. Wer den Volkskörper formen will, muss auch am Organ der Schöpfung teilhaben.

So wird der revolutionäre Energiegenerator tyrannischer Poesie schließlich vom Tyrannen übernommen und auf eine Allzweckwaffe reduziert, um neue Formen der Tyrannei in Geltung zu setzen: als totale Macht der Väter der Nation, später auch der gesamten Menschheit. Die demiurgisch ontopoetische Kraft romantischer Dichtung – der Dichtung, die sich gegen die Tyrannen wandte – wird auf diese Weise schließlich in eine strukturelle Matrix neuer essentialistischer Projekte, neuer Formen der Tyrannei transformiert. Wenn dies aber möglich ist, dann nur, weil die strukturellen Voraussetzungen dafür *gegeben* waren. Die romantische Dichtung hat eine neue Art Kraftmaschine in Gang gesetzt, die das onto-theologische Muster ablöst: Sie etabliert die Dichtung als onto-poietische Kraft.

3. SYNTHESE – *Radikaler politischer Heroismus: totale Moderne, Wiederbelebung des romantischen Nationalismus oder Regression in den Primitivismus?*

Selbst wenn Nietzsche Platon und Platonismus loswerden wollte, fanden radikale moderne und antimoderne Ideologen einen Weg, auf dem sich Platons und Nietzsches Perversionen wiederum pervertieren und zusammenzwingen ließen: im plastizistischen Wahn, im *Furor* des gestaltenden Willens. Den Ideologen der Moderne ist es gelungen, ein monströses Dispositiv zu etablieren, in dem die Macht des heroischen Willens an die Stelle der platonischen Vernunft tritt. Platons plastizistische Ideologie war um das Heroische zentriert. Als Folge davon wurde die plastizistische Ideologie auf eine Perversion von Nietzsches heroischer Ontologie des Schaffens gegründet, so bei d'Annunzio in Italien, bei Jünger in Deutschland, bei Cioran in Rumänien oder bei Janko Janeff in Bulgarien:

> Als allererstes muss sich der neue bulgarische Schriftsteller ein für alle Mal von der Armee jener moralischen Idioten absetzen, die sich weiterhin Autoren nennen könnten und deren Namen doch nur schwarze Löcher sind. [...] Es besteht eine tiefe Beziehung zwischen dem Metaphysischen und der Unmittelbarkeit des zufälligen Seins. Hier und dort trägt der Schöpferische das Zeichen des Göttlichen.[6]

Von dort ist es nur noch ein Schritt zu den totalen Dichtern der Nation – und nicht nur Janeff hat diesen Schritt getan. Der bulgarische Philosoph, der sich im Februar 1944 in Dresden aufhielt und während der Luftangriffe starb, hatte sich der »Bewegung« angeschlossen, einige seiner letzten Bücher wurden im nationalsozialistischen Verlag für Kulturpolitik veröffentlicht: *Der Mythos auf dem Balkan*, 1935, und *Aufstand gegen Europa*, 1937.

[6] Janeff, »Creation and Conscience«, S. 148 f.

– Die Poieten der Nation

Macht, Kampf, das zum Krieg ertüchtigende und produktive Potential der Hohen Schaffenden waren nun die gefragten Qualitäten. Nichts von Neros ›femininer‹ Sentimentalität, kein hysterischer Individualismus. In ihrer Erhabenheit sind die Hohen Künstler die Helden des Volkes, sie formen den kollektiven Körper, sie sind die Ingenieure der menschlichen Seele, nichts Geringeres also als die Schöpfer einer neuen Welt: Darum gilt Politik als die höchste, erhabene Kunst. Sie wird zur Angelegenheit einer ontologischen Poiesis, anders als bei Platon allerdings ohne eine transzendente Welt der Ideen. Demiurgisch destillieren diese neuen Schöpfer die Welt *ex nihilo* – sie entspringt dem fruchtbaren und mächtigen Chaos ihrer Imagination. Wie Athene ist sie eine Ausgeburt der neuen poetischen Superhirne – die Welt ist deren physische Erweiterung und Fortsetzung. Darum muss die neue Weltordnung aus dem konstitutiven »poetischen« Exzess heraus geformt werden, aus der rohen Gewalt der Inspiration. Athene lässt den Kopf ihres Vaters zerplatzen.

Die neuen Hohen Künstler sind natürlich Künstler des Staates, des Entstehungsortes einer kommenden Welt: Sowohl die stalinistische Version des Kommunismus wie der Nationalsozialismus sind radikale Formen der plastizistischen Ideologie. Nationalsozialismus ist National-Plastizismus. Als Symptom enthüllt er die Grundstruktur der gesamten ideologischen Tradition der politischen Poiesis, radikalisiert durch die »totalen Künstler« des Dritten Reichs. NSK – Neue Slowenische Kunst – war eine der Künstlergruppen der letzten Jahrzehnte, die auf symptomatische Weise die Kriege in Ex-Jugoslawien vorhersagten und dabei versuchten, dieses Symptom durch das gefährliche Mittel der Überidentifikation zu veranschaulichen. In Michael Bensons Dokumentarfilm *Predictions of Fire* (1996) erklärten Protagonisten der NSK: »Beide, Adolf Hitler, der es nicht auf die Kunsthochschule schaffte, und Josef Stalin, der sich selbst Ingenieur der menschlichen Seele nannte, verwandelten Gesellschaften in riesige rituelle Dystopien. War der Staat ein Kunstwerk, waren sie die Künstler, die Menschen ihr Material. Auch wenn der Staat eine Kirche wäre, stünde ihre Rolle fest. Sie wären Gott.«

Stalin war es tatsächlich: Iosif Vissarionovič Džugašvilis Pseudonym »Stalin« leitet sich ab vom russischen Wort сталь' ab, Stahl; er war der Stahl-Künstler, der sich der erhabenen Aufgabe annahm, so weiches Material wie menschliche Seelen zu formen. War der *Stählerne* die Muse von Nikolaj Ostrovskijs *Wie der Stahl gehärtet wurde* (1932), dieses Modellromans des sozialistischen Realismus? Auch Stalins Pseudonym ist nach der Logik des Symptoms zu lesen. Handfertigung wird schrittweise in industrielle Produktion überführt: Industrialisierung der Dichtung, Produktionskunst – »Ein Sender, Millionen Empfänger«. »Sozialismus ist Sowjetmacht plus Elektrifizierung.« Über das Verhältnis des Totalitarismus zur Beschleunigung der industriellen Revolution ist eine Menge geschrieben worden. Heideggers berühmt-berüchtigtes Wort von der »Fabrikation von Leichen in Gaskammern und Vernichtungslagern« (1949) hat zu empörten Reaktionen geführt; es hätte ganz anders geklungen, wäre es im Kontext von Horkheimers und Adornos *Dialektik der Aufklärung* aufgetaucht. Doch bliebe die Betonung der industriellen Produktion ungenügend, würden wir nicht auch auf das dahinterliegende poietische Muster verweisen. Ljubov' Sergejevna Popova, die Brüder Vesnin, Tatlin, Lisickij und Rodčenko waren die dunklen Gegenspieler, die man aus der Bahn der Geschichte herausdrängen musste. Der neue Hohe Künstler musste *Produktionskunst* [производственное искусство] zerstören, auf die gleiche Weise, wie der Spätromantiker Josef Goebbels, mit einer übermenschlichen historischen Mission ausgestattet, die monströse »Entartete Kunst« der Expressionisten, von Dada und Bauhaus – die ihre eigene monströse Wahrheit enthüllte – ausradieren musste. (Tatsächlich war Goebbels nicht nur der Autor einer Dissertation über den romantischen Schriftsteller Wilhelm von Schütz und inbrünstiger Leser von Nietzsche und Houston Stewart Chamberlain, der sein politisches Programm inspirierte, sondern auch Autor des Romans *Michael – ein deutsches Schicksal in Tagebuchblättern* [1929], von zwei Theaterstücken, die nie aufgeführt wurden, und von einigen Gedichten. Zweifellos war Goebbels unzufrieden mit seiner wenig erfolgreichen literarischen Karriere. Er fand aber Möglichkeiten der Kompensation, und das nicht nur durch radikale Kunstkritik, die sich gegen die Perversion ›seiner‹ romantischen Ideale richtete, sondern dadurch, dass er die mächtigste, universelle, die menschlichen Seelen direkt beeinflussende künstlerische Gestalt erfand: den Hohen Künstler des Staates.)

Zur gleichen Zeit betrachtete sich auch Stalin, der Seelen-Ingenieur und ehemalige Seminarist, der den Künstlerfreund Trockij entmachtet hatte, als Kunstexperte, so wie viele der späteren Hohen

Künstler. Wo liegt der Grund für diese Neigung? War es nur eine Art neronisches, privates Hobby? Musste er nicht von seinem heroischen Piedestal herabsteigen, wenn er sich mit den profanen Übungen des ewig schmähenden Zoilos von Amphipolis abgab? Keineswegs. Kunst war faszinierend als Vorbild, zugleich aber auch gefährlich, denn sie war eine Alternative zur tyrannischen Macht. Und genau aus diesem Grund bot sie dem Tyrannen ein privilegiertes Betätigungsfeld. Kunst war ein Zankapfel. Und zwar aus einem einfachen Grund: Der Tyrann wäre nichts lieber als Hoher Poet. Er ahmt die Struktur der tyrannischen romantischen Dichtung nach, indem er sie pervertiert. Ästhetik war das Feld, auf dem sich die energetische Struktur der Macht formen ließ. Politisches Charisma musste den poetischen Heroismus der Romantik nachahmen. Darum und im Bewusstsein der Gefahr, die die Künste darstellen, musste der hohe politische Künstler auch zum obersten Kunstrichter werden, zu demjenigen, der die *poietischen* Gegner neutralisiert. Um es an einem Gegensatz klar zu machen: Ein Mann wie Richard Nixon kümmerte sich kaum um die Ginsbergs oder Burroughs, so wenig sich andere demokratische Regimes gestern wie heute um ihre künstlerischen Kritiker kümmern. (Was hätte ein Schlingensief einem Kohl anhaben können?) Wo das Gewebe eines Staates eher kein Produkt ästhetischer Praktiken ist, wird der Einsatz der Kunstkritik überflüssig. Die Honecker, Husak oder Schiwkow dagegen haben sich um ihre Künstler gekümmert; sie waren, auch wenn sie sich so nicht nannten, Kunstkritiker. Und vor ihnen hatten Stalin und Goebbels häufig zum Mittel (auch physisch) vernichtender Kritik gegriffen. Zugleich wusste Stalin genau, wie man den Trennstrich zwischen dem individualistischen (und darum bürgerlichen?) ästhetischen Vergnügen und der politischen Notwendigkeit der Kunstkritik zieht. Insgeheim behielt der ehemalige Seminarist und spätromantische Dichter seinen privaten neronisch-hysterischen Literaturgeschmack. Offiziell ließ er Šostakovičs Oper *Lady Macbeth von Mnzensk* oder Bulgakovs Roman *Meister und Margarita* verbieten, privat reservierte er für sich selbst das Vergnügen einer konzertanten Aufführung und wohl auch der Lektüre des Romanmanuskripts.[7]

7 »Es ist anzunehmen, dass Stalin im Fall Šostakovič von seinen Gefühlen übermannt wurde. Nicht nur fand er Handlung und Musik der Oper empörend, sondern sie widersprach seinem damaligen kulturpolitischen Kurs,

4. Die Dichtung schlägt zurück: Allgemeine Ökonomie statt romantischem Heroismus

Betrachten wir die strukturelle Dimension der radikalen Moderne und ihrer plastizistischen Ideologie etwas näher. Dazu sollten wir zunächst das ›neronische Syndrom‹ der Tyrannen, die Politik ästhetisieren wollen, mit den radikalen ästhetischen Praktiken der jeweiligen Epoche konfrontieren, an denen die Tyrannen sich ausrichten.

Die radikale Moderne hat radikale Reglements der Repräsentation etabliert: den Versuch totaler Repräsentation. Eine neue Welt, geboren aus der alles erfassenden Anstrengung eines totalen Formwillens, führt notwendig zu einem totalen System der Signifikation, in dem alle Elemente in einer Hierarchie der Signifikanten organisiert sind. Diese umfasst alles, ist monozentrisch und duldet keine zufällige zentrifugale Bewegung. Die totalitären *Onomatopoietiken*, könnte man sagen, nehmen eine Position ein, die derjenigen des radikalen Avantgardekünstlers strukturell diametral entgegengesetzt ist. Denn der Avantgardekünstler wollte die konventionellen Regeln der Repräsentation zerstören und stattdessen völlig neue Formen der (Nicht-)Signifikation entwickeln. Doch war der avantgardistische Wille zum Experiment und zur Schaffung einer neuen Welt nicht nur mit anarchischer oder nihilistischer Freiheit verbunden, er war auch häufig, vor allem in seinen radikalsten Ausprägungen, ein Kampf, mit dem technischer Minimalismus und Purismus sowie strikt formale Regeln und Ordnungen durchgesetzt werden sollten. Ein solcher Kampf war das Auslöschen der repräsentativen Funktionen durch Kazimir Malevič und Alexej Kručenych, später durch Aleksandr Rodčenko[8] und Piet Mondrian. Natürlich waren ihre radikalen Gesten zutiefst politisch: Die radikale Abkehr von der Repräsentation, von allen konventionellen Systemen der Signifikation bedeutete, dass radikal neue Sprachen zu schaffen waren, neue semantische und expressive Formen, Formen von unvergleich-

und zu allem Überfluss wurde ihr Komponist als Genie gepriesen, und das nicht nur in der Sowjetunion, sondern auch im Ausland. Das war meiner Meinung nach der auslösende Faktor, der Stalin die Fassung verlieren ließ.« (Solomon Wolkow, *Stalin und Schostakowitsch*, Berlin 2004, S. 176).

8 1921 stellte Rodčenko drei monochromatische in den drei Primärfarben Rot, Gelb und Blau gehaltene Gemälde aus, die das Ende der Malerei signalisieren sollen.

lich rigider Ästhetik und menschlicher Stärke. Die von Kručenych und Chlebnikov geschaffene Kunstsprache *zaum* (häufig mit dem unglücklich engen Begriff »transrational« übersetzt) etwa zeigte solche onto-poietischen Ambitionen ganz offen und ging darin sehr viel weiter als Dada in seiner anarchischen Verspieltheit (das dabei nicht weniger politisch war). Die ultimative Manifestation der neuen Sprache war die Übersetzung von Marx-Texten in die *zaum*-Sprache.[9] Vielleicht sogar des *Kapitals*?

Diese demiurgischen Gesten der neuen Heroen befanden sich strukturell in perfektem Gleichklang mit der neuen demiurgischen Politik der Sowjets. Die Alte Welt brach zusammen, eine neue war zu schaffen. Nur menschliche Praxis und Poiesis konnte sie gestalten, nämlich durch die Kraft politisch-ästhetischer Imagination. Stalin hat die onto-poietischen Energien der radikalen Avantgarden mit neuem konservativen Zugriff eingeschränkt und abgewürgt; doch bewahrt seine Unterstützung von Nikolaj Marrs fragwürdigen, der Parteilinie in ihrer Ablehnung von de Saussure und Trubeckoj folgenden Sprachtheorien vielleicht doch eine geheime Verbindung zur Erbschaft von *zaum*. Kručenychs berühmte *zaum*-Verse *dyr bul ščyl ubeščur*, die, wie der Dichter erläutert hat, die Quintessenz der russischen Seele zum Ausdruck bringen, klingen wie ein Vorzeichen von Marrs' akademischer Protosprache, denn sie bestehen aus den vier in allen Sprachen verbreiteten »Urlauten« *sal, ber, yon* und *rosch*.

Das Bemühen um totale Repräsentation, die mit der totalen Präsenz des Dings an sich korrespondiert, war nicht die einzige Obsession der radikalen ästhetischen Moderne. Jenseits der Verehrung eines totalen Willens zum Formen, eines umfassenden Akts der Gestaltung und des damit korrespondierenden postwagnerianischen Strebens nach dem *Gesamtkunstwerk** gab es auch noch das Bemühen um einen Bruch mit der Logik von Formgebung und Repräsentation als solcher. Wir könnten diesen ›Versuch‹, der sei-

[9] Am 23. Dezember schrieb Igor' Terent'ev, auch er *zaum*-Poet und radikaler Theatermacher, an Kručenych: »In Petrograd habe ich etwas hundertmal Wichtigeres getan als alles, was ich bislang in meinem Leben tat. Ich habe Marx in die *zaum*-Sprache übersetzt und *zaum* auf den taktilen Stoff des Marxismus angewendet.« (Zitiert nach Igor Terentiew, *Complete Works*, Bologna 1988, S. 400).

* Im Original deutsch, Anm. des Übers.

nen symbolischen historischen Höhepunkt 1968 hatte, als eine Bewegung hin zu einer »allgemeinen Ökonomie« (im Sinn des Begriffs bei Georges Bataille) der Formierung, einer allgemeinen Ökonomie des Plastizismus verstehen, die dramatische Folgen für die plastisch-ideologische Tradition hatte. Diese Bewegung führte zu ausufernden ästhetischen Aktionen, zerbrach den Rahmen der Repräsentation, intervenierte im Bereich des Realen und demonstrierte machtvoll die Gewalt, die im System von Signifikation und Repräsentation steckt; sie deutete auf deren politische Matrix und auch auf deren politische Instrumentalisierung. Die Bewegung hatte Bezüge sowohl zu Trockij als auch zu Wilhelm Reich und zu deren Ideen, ebenso zu Bataille und Antonin Artaud, gewann nach dem Zweiten Weltkrieg und insbesondere in den 1960er Jahren zunehmend Einfluss, hat eine ganze Linie späterer Avantgarden, das Aufkommen der Performance-Kunst sowie den Film inspiriert. Man denke an Josef Beuys und an den Wiener Aktionismus und dessen politische Agenden, an Marina Abramović und ihre Performances, die Gewalt in der Gesellschaft sichtbar machten, an Dušan Makavejevs Reichianismus und Trotzkismus, an Jerzy Grotowksis Auseinandersetzung mit charismatischer Macht, an die neue Welle anarchischer Promiskuität im tschechoslowakischen Film, an Věra Chytilovás *Tausendschönchen – kein Märchen* (1966) oder an Juraj Jakubiskos *Vögel, Waisen, Narren* (1972). Diesen Künstlern gelingt es, eine radikale Alternative zu den totalitär-totalen Kunstwerken (Staat, Volk, Menschheit) zu fördern, das Projekt einer neuen tyrannischen Poesie – ein ästhetisches bolschewistisches oder trotzkistisches Utopia. Mit dieser neuen Bewegung schlägt die Ästhetik zurück gegen die etablierten totalitären Regimes, die das ontopoietische Erbe der tyrannischen romantischen Dichtung an sich gerissen und neutralisiert hatten. So markierte die neue antitotalitäre Ästhetik das Ende des selbstbezogenen Subjekts der Moderne, damit auch des modernen poetisch-politischen Heroismus; das Ende der Moderne selbst.

Um das zusammenzufassen: Trockijs Vorstellung einer permanenten Revolution, Wilhelm Reichs Praxis eines permanenten Orgasmus korrespondieren mit einer strukturell identischen Idee im Bereich der Ästhetik: mit der Vorstellung eines zurückgehaltenen Akts ästhetischer Formierung. Der radikale Avantgarde-Künstler versucht die formative Energie zu bewahren, anstatt sie dadurch zu schwächen, dass sie in einer tatsächlich verwirklichten Form fixiert wird. Darum erscheint der künstlerische Akt als ein Zurückhalten der konstituierenden Kraft des formativen Akts: was sich in die Richtung fortentwickelt, die inzwischen als »performance art« und »live art« bekannt wurde. Und wenn die neuen onto-politisch-ästhetischen Tyrannen auf der Ebene der plastizistischen Ideologie als Gegenstück zur radikalen Avantgarde auftraten, so ahmten sie doch deren Versuch nach, die konstitutive Kraft der Poesie zurückzuhalten: Wie die Künstler der radikalen Avantgarden betrachteten sich totalitär herrschende Tyrannen als revolutionäre Schöpfer *ex nihilo*, die die konstituierende poetische Kraft zügeln wollten, um im permanenten Akt der Schöpfung, in deren konstitutivem Moment verbleiben zu können. Die kommunistische Welt oder die Welt der einen reinen Rasse wurden nicht auf einmal geboren: Sie mussten historisch durch jeweils eine permanente revolutionäre Aktion geschaffen werden, mit der totalen Hingabe sich erschöpfender, kollektiver und kreativer Energie. Die Ingenieure der menschlichen Seele und Hohen Künstler des Staates hatten die Aufgabe, die energetische Ladung permanent sicherzustellen, sie waren so etwas wie die *Stromerzeuger* des Volkes. Doch die politische Provokation radikaler Ästhetik, der Versuch, ein Regime radikaler Ökonomie zu etablieren – eine Provokation, die mit neuen Formen politischen Widerstands und Kampfes verbunden war –, ließ erkennen, dass die permanente Aktualisierung revolutionär-konstitutiver Macht nur eine Prätention des Totalitarismus war, nicht viel mehr als eine diskursive Figur. Die Hohen Künstler des Staates haben den ›heroischen‹ Willen zur Form zur repressiven Maschinerie von Parteiapparat und Geheimpolizei formalisiert, die den Auftrag hatten, jeden möglicherweise gefährlichen Ausbruch von Energie zu kontrollieren und einzudämmen, der sich – mit konstitutivem Potential – im Körper des Volkes hätte ausbreiten und vielfach subjektivieren können.

Epitaph für den poetischen Tyrannen

Makavejevs *WR – Die Mysterien des Organismus* (1971), eines der *chef-d'œuvres* der »1968er«-Zeit, ein Wilhelm Reich gewidmetes sexpolitisches Meisterstück, das Trockijs Vorstellung der permanenten Revolution mit Reichs revolutionärer Theorie des Orgasmus und Batailles Forderung einer allgemeinen Ökonomie verbindet –

war ein Ausbruch anti-totalitärer Energie, der dem Drehbuchautor und Regisseur das Exil eintrug. *Die Mysterien des Organismus* zeigen eine gefährliche und frenetische Wahrheit: Ein formierter kollektiver Körper ist unmöglich geworden, ebenso die totale Emotion, die einem einzigen charismatischen Führer gewidmet wird. Die Unterwerfung unter die charismatische, sexualpolitische Macht, so wie sie auf Hugo Jaegers Farbphotographien* eines Hitler dargestellt wird, den österreichische Frauen anschwärmen, gelingt nicht mehr; doch wurde diese Möglichkeit ersetzt durch promiskuitive Dynamik eines kraftvollen und fröhlich-orgiastischen kollektiven Körpers, der einen Zustand staatsfreier anarchischer Freiheit (de)formiert. Der bittere politische Sarkasmus des Films kulminiert in der Schlussepisode, in der der sowjetische Eislaufvirtuose, »Künstler des Sowjetvolkes« und begeisterte Propagandist, der auf den bezeichnenden Namen Wladimir Iljitsch hört, mit der Kufe seines Schlittschuhs Milena köpft, seine jugoslawische Anhängerin, zugleich leidenschaftliche Feministin, die, auf der Suche nach einer »organischen, auf befreiter Arbeit und Liebe gegründeten Gesellschaft«, überzeugt die freie Liebe praktiziert. In den absurden Schlusssequenzen hält der abgetrennte Kopf einen ideologischen Monolog, während der reizende blonde Künstler des Sowjetvolks steif wie eine Wachsfigur und mit blindem Blick durch die winterlichen Felder wandert, die Hände in die Luft erhoben, das Gesicht von übermächtigen Gefühlen verzerrt, und dabei ein lyrisches Lied von Bulat Okudžava singt, ein poetisches Gebet zu Gott. Und so kulminiert die sexpolitisch befreiende allgemeine Ökonomie, personifiziert von Milena und einem fingierten Reich, in einer ideologischen Überzeugung, die stärker ist als der Tod, stärker als die gewalttätige Unterdrückung des Tyrannen, der im Namen von Kommunismus und Menschheit handelt. So wird die formierende, totalitäre, männliche Sexualmacht poetisch in den Irrsinn getrieben.

* Vgl. die Fotosammlung bei Time Life Pictures, z. B. die Fotos 50654513–16 und 50654521 (www.timelifepictures.com).

Die Stimme aus Milenas abgetrenntem Kopf bekräftigt das: »Wir pulsierten in den Schwingungen des Universums, und konnten es doch nicht ertragen. Wladimir ist ein Mann mit … großen Ambitionen … großer Energie … Er ist ein Romantiker … ein Asket … ein genuin roter Faschist!«

Wladimir, Urheber des Satzes »Schließlich sind wir doch alle Kommunisten«, ist der Tyrann, der seine radikale Alternative zerstört, und damit unbewusst auch das, was ihm Beispiel und Energie gab. Makavejev war einer derjenigen, die das Gegenmittel gegen die totalitäre Aneignung der romantischen onto-poietischen Wut erfunden haben: nämlich Kontaminierung radikaler Polit-Ästhetik mit einer allgemeinen Ökonomie. Das war der Weg, der auf eine selbstzerstörerische Bahn führte – und die erschreckendsten Praktiken der falschen, nämlich politischen allgemeinen Ökonomie sollten zwanzig Jahre später in Makavejevs Heimat explodieren, wo neue ›Romantiker‹ und Möchte-gern-Heroen noch einmal versuchten, die Körper der Menschen mit Waffen und ›poetischen‹ Phantasmata in Form zu bringen. Auf diese Weise hat die radikale Avantgarde, nachdem sie gegen die tyrannische Macht ›immunisiert‹ war, zurückgeschlagen, sie hat das auto-immunisierende Rezept entwickelt, das den totalen Willen des totalitären Hohen Künstlers mit einer Injektion letaler Ambitionen in die Falle lockte. Erstarrt in ihrer selbstverordneten heroischen Aura, waren die Tyrannen unfähig, über den Schatten ihres eigenen Monuments, über das Formalisierte hinauszublicken. So wurden sie als formative Kraft impotent: Sträflich ignorierten sie die neue und unerhörte poietische Energie, die von unten heranwuchs und darauf aus war, sie zu verjagen. Wladimir Iljitsch, der Tyrann, der wieder zum sterblich verzerrten Idioten wurde, zu einer isolierten Figur, ist nichts als ein Mannequin. Man betrachte dieses ›poetische‹ Ende: Der blinde Tyrann hat alle seine Macht über das Reale eingebüßt und wandert als geisterhaft poetische Erscheinung in eine metaphysische Leere, den Blick verhängt vom Schleier sinnloser und sterbenslangweiliger sentimentaler Verschwendung. Die Geschichte wiederholt sich: Wie wir von Marx wissen, wird, was Tragödie war, beim zweiten Mal zur Farce. Wladimir Iljitschs gebannter Blick verbreitete nicht länger den Schrecken und die Scheu vor des Tyrannen Oedipus ausgestochenen, blutenden Augen. Der neue Tyrann war an den Punkt gelangt, an dem seine Dichtung vor dem machtvollen Wiedererwachen der Dichtung erlöschen musste: einer Dichtung, als revolutionäre Waffe gnadenloser Satire wiedergeboren.

(Übersetzt aus dem Englischen von Klaus Binder / KUP)

Zu den Autorinnen und Autoren

Richard Bosworth lehrt europäische Geschichte an der University of Western Australia in Perth und der University of Reading. Seine Publikationen zur italienischen Geschichte des 20. Jahrhunderts und insbesondere die von ihm verfasste Biographie Benito Mussolinis erlebten mehrere Auflagen in verschiedenen europäischen Sprachen.

Veröffentlichungen: *Mussolini*, London 2002; *Mussolini's Italy: life under the dictatorship 1915–1945*, London u. a. 2005; (Hg.) *The Oxford handbook of fascism*, Oxford u. a. 2009.

Christian Alexander Braun ist Lehrbeauftragter und Studienberater an der LMU München. Er promovierte mit einer Arbeit über nationalsozialistischen Sprachstil.

Veröffentlichungen: *Nationalsozialistischer Sprachstil. Theoretischer Zugang und praktische Analysen auf der Grundlage einer pragmatisch-textlinguistisch orientierten Stilistik*, Heidelberg 2007; (Hg. zus. mit Michael Mayer et al.) *Deformation der Gesellschaft? Neue Forschungen zum Nationalsozialismus*, Berlin 2008.

Evgenij Dobrenko bekleidet den Lehrstuhl für Russian Studies an der University of Sheffield. Er ist Autor und Herausgeber zahlreicher Standardwerke zur Geschichte der sowjetischen Literatur und Kunst.

Veröffentlichungen: (Hg. zus. mit Eric Naiman) *The Landscape of Stalinism: The Art and Ideology of Soviet Space*, Seattle u. a. 2003; *Political Economy of Socialist Realism*, New Haven 2007; (Hg. zus. mit Marina Balina) *The Cambridge Companion to Twentieth-Century Russian Literature*, Cambridge 2011.

Ulrich Gotter ist Professor für Alte Geschichte an der Universität Konstanz. Er beschäftigt sich vor allem mit der Geschichte der römischen Republik der Kaiserzeit.

Veröffentlichungen: *Der Diktator ist tot! Politik in Rom zwischen den Iden des März und der Begründung des Zweiten Triumvirats*, Stuttgart 1996; (Hg. zus. mit Ulrich Eigler et al.) *Formen römischer Geschichtsschreibung von den Anfängen bis Livius: Gattungen - Autoren - Kontexte*, Darmstadt 2003.

Suk-Young Kim lehrt russische Literatur und ostasiatische Kulturgeschichte am Department of Theater and Dance an der University of California in Santa Barbara. Sie ist Autorin und Herausgeberin mehrerer Publikationen zur nordkoreanischen Kultur.

Veröffentlichungen: (Zus. mit Kim Yong) *Long Road Home: Testimony of a North Korean Camp Survivor*, New York 2009; *Illusive Utopia: Theater, Film, and Everyday Performance in North Korea*, Ann Arbor 2010.

Heiner Lohmann ist Freier Lektor, Redakteur und Autor in Münster. Er studierte Soziologie, Arabistik, Islamwissenschaft, Kommunikationswissenschaft und Publizistik und promovierte in Soziologie über das *Grüne Buch* Muammar al-Gaddafis.

Veröffentlichungen: *Strukturen mythischen Denkens im Grünen Buch Mu'ammar al-Qaddafis. Eine kommunikationstheoretische Untersuchung zur Rationalität eines soziozentrischen Weltbildes im Islam mit einer Neuübersetzung des Grünen Buches im Anhang*, Berlin u. a. 2009.

Boyan Manchev ist Philosoph und Kulturtheoretiker. Er ist Programmdirektor und Vizepräsident des Collège International de Philosophie, Paris und Professor für Philosophie an der Neuen Bulgarischen Universität, Sofia.

Veröffentlichungen: *L'altération du monde: Pour une esthétique radical*, Paris 2009; *La Métamorphose et l'Instant: Désorganisation de la vie*, Straßburg 2009.

Christiane Friederike Marxhausen ist Humangeographin und Sprachwissenschaftlerin. Sie promovierte mit einer wissensgeographischen Studie über die sprachliche Konstruktion europäischer Identitätsangebote im Rahmen der Identitäts- und Bildungspolitik der Europäischen Union.

Veröffentlichungen: *Die »geopolitical imaginations« zweier US-amerikanischer »intellectuals of statecraft«: Isaiah Bowman und Robert Strausz-Hupé. Ein Beitrag zur kritischen Analyse geopolitischer Diskurse*, Heidelberg 2010; *Identität – Repräsentation – Diskurs: Eine handlungsorientierte linguistische Diskursanalyse. Zur Erfassung raumbezogener Identitätsangebote*, Stuttgart 2010.

Burkhard Müller ist Dozent für Latein an der TU Chemnitz, freier Literaturkritiker und Autor. Er ist Träger des Alfred-Kerr Preises für Literaturkritik 2008 und Verfasser mehrerer Publikationen zur Geschichte der deutschen Literatur.

Veröffentlichungen: *Das Glück der Tiere. Einspruch gegen die Evolutionstheorie*, Berlin 2000; *Der König hat geweint. Schiller und das Drama der Weltgeschichte*, Springe 2005; *Die Tränen des Xerxes. Von der Geschichte der Lebendigen und der Toten,* Springer 2006; *Lufthunde. Portraits der deutschen literarischen Moderne*, Springe 2008; *B – eine deutsche Reise,* Berlin 2010.

Riccardo Nicolosi lehrt slavistische Literaturwissenschaft an der Universität Bonn. Er ist Verfasser und Herausgeber zahlreicher Publikationen zur Geschichte der slavischen Literaturen und Literaturtheorie.

Veröffentlichungen: *Die Petersburg-Panegyrik. Stadtliteratur im russischen 18. Jahrhundert*, Frankfurt am Main u. a. 2002; (Hg. zus. mit Renate Lachmann et al.) *Rhetorik als kulturelle Praxis*, München 2008; *Der Degenerationsroman. Wissen und Erzählen im Russland der 1880er Jahre*, München 2011.

Karl-Heinz Pohl ist emeritierter Professor an der Universität Trier. Autor und Herausgeber zahlreicher Publikationen zur chinesischen Philosophie und Literaturgeschichte.

Veröffentlichungen: (Hg.) *Chinese Thought in a Global Context: A Dialogue Between Chinese and Western Philosophical Approaches*, Leiden u. a. 1999; *Ästhetik und Literaturtheorie in China – Von der Tradition bis zur Moderne*, München 2007; *China für Anfänger. Eine faszinierende Welt entdecken*, Freiburg 2008.

Slavoj Žižek lehrt Philosophie an der Universität Ljubljana und der European Graduate School in Saas-Fee.

Veröffentlichungen: *First as tragedy, then as farce*, London u. a. 2009; *Auf verlorenem Posten*, Frankfurt am Main 2009; *»Ich höre dich mit meinen Augen«. Anmerkungen zu Oper und Literatur*, Konstanz 2010.

Literaturnachweise

S. 65 Benito Mussolini, »Babeuf« (1902), in: ders., *Opera Omnia*, Bd. 1, Florenz 1964, S. 27 (deutsche Übersetzung von Bernice Kaminskij).

S. 95 Josef Stalin, »***« (1895) [»Durch dieses Land streifte er...«], in: Simon Sebag Montefiore, *Der junge Stalin*, Frankfurt a. M. 2007, S. 363.

S. 177 Adolf Hitler, Auszug aus *Mein Kampf* (1924), in: ders., *Mein Kampf*, München 1940, S. 116.

S. 211 Kim Il-sung, »Poem Dedicated to Comrade Kim Jong Il on His 50th Birthday« (1992), http://www.uriminzokkiri.com/Newspaper/english/2007/2007-02-17-r1.htm (letzter Aufruf 20.3.2011, deutsche Übersetzung von KUP).

S. 225 Mao Zedong, »Schnee« (1936), in: ders., *37 Gedichte*, übersetzt und mit einem politisch-literarischem Essay erläutert von Joachim Schickel, München 1967, S. 26.

S. 249 Muammar al-Gaddafi, »Die Flucht in die Hölle« (1993), in: ders., *Das Dorf, das Dorf, die Erde, die Erde und der Selbstmord des Astronauten*, München 2004, S. 59.

S. 283 f. Saddam Hussein, »Unbind it« (2007), in: *The New York Times*, 04.01.2007 http://www.nytimes.com/2007/01/04/world/africa/04iht-web.0104saddamtext.4098500.html?_r=2 (letzter Aufruf 20.3.2011, deutsche Übersetzung von KUP). Leider ist es den Herausgebern nicht gelungen, das arabische Original ausfindig zu machen.

S. 299 f. Saparmyrat Nyýazow, »Du bist ein Turkmene!« (2001), zitiert nach der von der turkmenischen Regierung im Internet veröffentlichten deutschsprachigen Fassung der *Ruhnama* (http://www.turkmenistan.gov.tm/ruhnama/ruhnama-nem.html, letzter Aufruf 20.3.2011), S. 192, mit kleineren sprachlichen Modifikationen.

S. 325 Radovan Karadžić, »Sarajevo« (1971), in: ders., *Slovenski gost*, Belgrad 1992, S. 61 (deutsche Übersetzung von Kristin Lindemann).